KB148023

공자가
만든 세상

공자가 만든 세상

초판 1쇄 펴낸날 | 2016년 9월 20일
초판 2쇄 펴낸날 | 2016년 12월 15일

지은이 | 마이클 슈먼
옮긴이 | 김태성
펴낸이 | 김외숙
펴낸곳 | (사)한국방송통신대학교출판문화원
　　　　03088 서울시 종로구 이화장길 54
　　　　전화 02-3668-4764
　　　　팩스 02-741-4570
　　　　홈페이지 http://press.knou.ac.kr
　　　　출판등록 1982년 6월 7일 제1-491호

출판위원장 | 권수열
편집 | 박혜원 · 이강용
본문 디자인 | 티디디자인
표지 디자인 | 최원혁

ISBN 978-89-20-02037-7 (03150)

값 18,000원

동아시아의 저력과 한계의 근원, 그가 다시 돌아왔다!

공자가 만든 세상

마이클 슈먼 지음   김태성 옮김

지식의날개

한국은 유교와 민주주의의 용광로

동아시아의 학자와 정치평론가는 물론 일반인들조차 한국을 '가장 유교적인' 국가로 꼽는 데 주저하지 않는다. 그런 인식은 어쩌면 당연하다. 한국은 거의 상상하기 어려울 정도의 정치적·경제적·사회적 격변을 겪었다. 그리고 그 격변의 시간 동안 유교사상과의 지속적인 연결 고리를 유지했다. 제국에서 민주주의로, 빈곤에서 부유로, 또 고립에서 세계화로 전환하면서도 한국은 한결같이 유교적인 국가였다. 근대 이후 특히 서양의 영향을 많이 받고 또 국민들이 해외에서 일하고 공부하는 경우도 빈번했지만, 유교사상을 국가 차원에서 전면 재검토한다거나 뿌리 뽑으려는 시도 따윈 없었다. 유교의 원조국인 중국은 달랐다. 공산당 수뇌부를 비롯한 정치 지도자들은 쇠퇴와 퇴보를 거듭한 중국을 공자의 탓으로 돌리며 그의 이념을 다른 정치적·사회적 사상으로 교체하려고 기를 썼다.

그런데 질문이 있다. '유교적'이라거나 '더 유교적'이란 정확히 뭘 의미하는가? 문제는 유교에 대한 정확한 정의가 없다는 사실과 공자조차 그런 정의를 내리지 않았다는 것이다. 고대 문헌을 기초로 한 가르침이 다 그렇듯이 공자의 가르침도 세기를 지나며 지속적으로 재해석되었다. 근래에 와서는 공자의 가치 자체에 대한 학자, 정치가, 그리고 일반인들 사이의 논란이 분분하다. 일부에서는 동아시아에 경직되고 억압적인 사회구조를 초래한 한물간 옛 현자로 기억한다. 또 한편에서는 공자의 윤리, 도덕적인 기초에 힘입어 동아시아가 지난 70년 동안 가장 성공적인 지역으로 부상했다고 그를 추켜세운다.

한국에서도 공자의 영향에 대한 논쟁이 활발하다. 대개는 근면성실, 근검절약, 교육의 중요성, 개인보다는 다수주의 등 유교사상의 문화적 영향이 60년대 이후 비약적인 경제성장의 정신적 바탕이 되었다고 믿는 경향이 있다. 또한 격동의 시대를 거치면서도 유교에서 중요시하는 가족과 사회적 융합이 일종의 문화적 접착제 역할을 했다고도 한다.

물론 유교에 대한 비난도 많다. 특히 사회통합을 가로막는 전근대적인 신분이나 계급제를 조장한다는 등의 논란이 그것이다. 공자에 대한 시비는 특히 여성의 사회적 지위에 이르면 여전히 치열한 논쟁거리이다. 여성에게 불리한 한국의 기업문화는 유교문화가 끼친 가장 큰 폐해로 상존하고 있다. 또한 유교는 개인의 개성과 의사표현을 제한하는 부정적인 요소로 인식되고 있는데, 그 결과는 혁신이 둔화된 사회로 이어지고, 개인과 기업의 가치와 경쟁력이 추락한다고 보고 있다. 예를 들어 한국에서는 시대착오적인 상하복종관계가 항공조종사 같은 전문집단에서도 예외가 아닌바, 항공기 추락과 같은 끔찍한 대형사고의 중요한 변수로 작용한 경우도 있었다.

그런데 역설적으로 한국의 예는 유교사상과 서양문화가 공존할 수 있다는 사실도 동시에 보여 준다. 싱가포르의 리콴유와 중국의 시진핑은 민주주의와 유교사회는 잘 어울리지 않는다고 공언한다. 민주주의를 겪지 않고 유교사회로 이어진 사실에 입각해 동아시아 국가는 그 역사에 걸맞은 독자적인 정치체계를 수립해야 한다는 주장이다. 그런데 문제는 그 결과가 독재정권과 인권침해를 야기했다는 것이다.

한국은 그런 견해가 그릇되며 결국 권력의 잇속만 챙기려는 편협한 주장이라는 사실을 증명해 냈다. 한국은 유교사상이 일상생활 속에 스며든 사회를 유지하면서도 활기차고 안정적인 민주주의 사회로 정착했다. 세계를 향해, 또 독재자들을 향해, 한국은 이렇게 말하고 있다. 유교와 민주주의는 조화롭게 공존할 수 있으며, 공자가 또한 독재체제를 지지했다고 주장하는 것은 옳지 않다고.

결론적으로 한국은 문화적 퓨전의 용광로라고 할 수 있다. 유구한 유교사상과 서구 민주주의, 기독교, 해리 포터, 힙합 같은 세계화의 산물이 적극적으로 섞이고 녹아드는 곳이 한국이다. 한국은 지속적으로 전통과 현대, 동양사상과 서양사상, 고대문화와 신문화를 평가하며 그 가치를 치열하게 따질 것이다. 그 과정에서 새로운 시대에 걸맞은 새로운 공자를 포함한, 신선하고 활기 넘치는 글로벌 문화를 형성해 나갈 것이다. 그 길에 이 책이 조금이나마 도움이 되길 바란다.

2016년 9월
지은이 Michael Schuman

차례

공자가 바꾼 세상

2,500년 전에 살았던 중국인이 초청장도 없이 내 결혼식에 나타날
줄은 상상도 못했다.

2009년 봄, 한국계 미국인이며 언론인인 유니스와 오랜 연인관계를
청산하고 결혼하는 날이었다. 식 자체는 흰 드레스를 입는 서양식 예
식이었지만, 그녀의 바람에 따라 결혼식 후에 한국식 폐백도 드리게
되었다. 화려한 꽃무늬로 수를 놓은 한복을 입은 유니스와 나는 그녀
의 부모에게 큰절을 올렸고 답례로 부모님은 다산의 상징인 호두와 대
추를 커다랗게 펼쳐진 치마폭에 던지며 우리를 축복해 주었다.

사실 유니스가 폐백이라는 의식을 처음 말하는 순간 속이 메스꺼워
지는 느낌이었다. 머리를 바닥까지 조아리며 그런 비굴하고 형식화된
행동을 해야 한다는 것 자체가 언짢았다. 유대인식 교육을 받으며 자
라서 그랬는지는 몰라도 사람에겐 자긍심이 무엇보다도 중요하고, 따
라서 누구에게도 굴복하면 안 된다고 배웠다. 연간 행사인 퓨림
(Purim)축제 때 낭독하는 구약성경 에스더서에는 어느 유대인이 자기
에게 절하지 않았다는 이유로 복수심에 불탄 페르시아 장교가 모든 유

대인을 몰살하려 했다는 이야기도 있다. 현대 유대교에서는 하느님에게조차도 완전히 부복할 필요는 없다고 여긴다. 일반적으로 우리 유대인은 잠깐 무릎을 꿇고 머리를 조아리는 정도로 전능한 존재에게 경의를 표한다. 그러나 동아시아에서 허리를 굽히는 인사는 매우 일상적인 행위이며, 타인과 특히 권위에 대한 존중의 표시이다. 가족의 어른, 회사 상사, 고위관리, 혹은 대학 상급자에게까지도 고개를 숙인다. 도쿄에서 오래 산 한 친구는 "수화기를 들고 굽신거리며 통화하는 순간 그건 일본에서 너무 오래 살았다는 증거야."라고 농담을 했다.

특히 유니스의 부모님께 하는 큰절은 보통의 절보다 더 중요한 의미가 있다. 다른 동아시아 국가와 마찬가지로 한국에서도 부모를 공경하는 것은 기본인데, 요즘 서구에서는 쉽게 볼 수 없는 모습이다. 당연히 새 사위인 나는 아내의 부모를 존경한다는 표시로 의무적으로 큰절을 해야 했다. 만일 그러지 않았다면 결혼도 하기 전에 재앙을 자초하는 꼴이 되었을 테고, 골이 난 신부와 나 사이에 어떤 분란이 일어났을지 정말 모를 일이었다.

이 모든 시련은 철저히 공자의 덕분이었다. 기원전 6세기에 태어나 중국에서 '공대인(孔大人)' 혹은 '공자(孔子)'로 잘 알려진 이 철학자는 "효(孝)는 평화롭고 번영을 이루는 사회의 근본"이라며 효성을 삶의 가장 중요한 사상 가운데 하나로 정의했는데, 그런 생각은 공자가 남긴 가장 영구적인 유산이기도 하다. 공자는 또한 사회의 모든 중요한 관계 중에 부자간의 관계가 으뜸이라 하였다. 따라서 부모에 대한 아들의(나의 경우에는 사위) 효성은 꼭 갖추어야 할 가장 근본적인 인성이라고 가르쳤다. 가족에서 성립된 도덕성과 부모-자식 관계를 주관하는 규칙이 바깥 사회에서도 원용될 수 있다고 공자는 믿었다. 즉, 부모 공경에 익숙한 아이들이 학교, 직장, 하물며 저녁 만찬 모임에서도 반듯한 행동을 한다는 거였다. 또 그는 가족 일원 모두가 각자 맡은 역할을 이해하고 이루어 나갈 때 온 세상이 올바른 관계 속에 자리 잡을 것이라고 믿었다. 그런 차원으로 보면, 나는 유니스 부모님께 절함으로써 사회적 조화를 장려하고 우리가 살고 있는 이 세상과 천국 사이의 우주적인 관계 정립에 공헌하는 것일지도 몰랐다.

쉬운 일은 아니었다. 폐백에 깃든 깊은 의미를 충분히 고려했다면 나는 군소리 없이 바닥에 머리를 조아렸어야 했다. 공자는 기본적인 사회적 의식 절차의 중요성을 자주 언급했는데, 그것이 공동체에 소속된 다양한 구성원들이 서로 존중하며 평화로운 관계를 유지하는 방법이라고 믿었기 때문이다. 그러나 훌륭한 유교인이 못 되는 나는 유니스의 마음을 떠본답시고 이 격식에 대한 불편한 속내를 내비쳤다. 혹시 피할 수 있는 방법이 있을까 기대하면서….

허튼 수작이었다. 미국 중부에서 태어나서 자란 유니스는 전통적인 한국 여인상과는 거리가 멀지만 자기가 아끼는 부모와 관련해서는 매우 돈독한 유교인으로 바뀌곤 했다. 그런 유니스에게 폐백에 대한 반감을 표시하자 그녀의 마음 깊숙히 잠복해 있던 유교적 유산―세계의 모든 한국 부모가 자녀들에게 아직도 주입시키는 가족 중심적인 가치관―이 부글부글 끓어오르기 시작했다. 유니스에게 폐백은 양보할 수 없는 중요한 사안이었던 것이다. "해야 돼!"라고 쏘아붙이는 그 말은 마치 무덤에서 나타난 옛 현자가 지팡이로 바닥을 내리치며 나를 꾸짖는 소리 같았다.

쉬운 결정은 아니었지만 결국 받아들이기로 했다. 혼인날 아침, 처남이 될 제임스에게 과외를 받았다. 아무렇게나 할 일이 아니었기 때문이다. 우선 큰절을 제대로 익혀야 했다. 호텔의 구석진 복도에서 긴급 과외가 진행됐다. 서 있는 상태에서 엄지와 검지로 삼각형을 만든 두 손을 이마에 붙인 후 그 상태를 유지하며 몸을 낮추어 무릎을 꿇는다. 그리고 손과 이마가 바닥에 닿을 때까지 상체를 굽힌다. 그 상태를 몇 초간 유지한 후 무릎을 꿇은 채로 머리를 쳐들고 부모님의 말씀을 경청한다.

폐백이 시작되자 내 심장도 뛰기 시작했다. 결혼 행사 중에 가장 긴장된 순간이었다. 친구들이 근처에서 지켜보고 있는 것도 부담이었다. 다행히도 창피스러운 행동이나 누구를 언짢게 하는 상황 없이 무사히 폐백을 드렸고, 특히 유니스의 아버지가 매우 기뻐하는 눈치였다. 그래서 나도 모르게 안도의 숨을 크게 쉬고 있는데… 아니, 이제는 장인 장모께서 내 어머니에게도 신랑 신부의 큰절을 받으시라고 말씀하시는 거였다. 그런데 정말로 나를 놀라게 한 것은 폐백에 대한 거부감을 잘 아는 어머니가 사돈의 제안을 흔쾌히 승낙하더니 무릎을 꿇으며 엎드리는 자기 자식을 못내 흐뭇하게 지켜보시는 것이었다. 그 순간 우리 모두는 진정한 유교인인 듯 보였다.

공자가 우리 결혼에 참석한 것은, 오늘날까지 이 위대한 현자가 사회에 미치는 영향력의 극히 일부를 보여 주는 사소한 예이다. 그의 사상은 처음 알려진 2,500년 전부터 지금까지 정치적 격변, 경제적 변혁, 외부 사상, 종교 및 문화의 격류를 버텨 내며 동아시아 사회에 자리 잡고 있다. 최근 몇십 년간 동아시아는 엄청난 근대화를 달성했다. 그럼에도 이 오래된 유교사상에 대한 이해와 관찰 없이는 중국, 한국, 일본인과 제대로 교류하기 어렵다. 공자의 가르침은 광범위하게 나타난다.

국회 및 정부 부처 공무원들의 정책과 그 정책이 국민과 소통되는 방법에서, 기업 이사회나 공장 현장에서는 대표의 경영 방침과 기업 전략 및 인사 정책에서, 학교에서는 선생님이 학생을 교육하는 방법에서, 침실에서는 남편과 아내 간의 관계에까지 개입된다. 공자는 또 동아시아인들의 민주주의에 대한 인식, 자녀 양육, 직업 선택, 직장에서의 관계, 자아의 정체성 같은 것에도 영향을 미치고 있다. 즉, 공자를 모르고는 탁월한 사업 운영이 불가능하며, 정부 관료와 협의가 힘들어지고, 간단한 데이트도 난해하게 느껴지는 등 일상생활에서 기본적으로 무엇이 동아시아인을 동기부여하는지 이해할 수 없다.

그렇게 보면 공자가 역사에서 가장 중요한 인간 가운데 하나였다는 사실을 부인하기 힘들다. 그의 가르침은 아시아 북쪽에 위치한 일본에서 인도네시아의 자바에까지 이르며, 광대한 지역에 살고 있는 세계 인류의 사분의 일을 차지하는 16억 인구의 삶에 중대한 영향을 미치고 있다. 근대 세계문화에 공자보다 더 큰 영향을 미치고 있는 것은 기독교뿐일 것이다. 동아시아는 공산주의, 성경, 해리 포터, 모카 라테, 맥도날드, 브리트니 스피어스 등 끊임없이 외부 영향을 감수하고 있지만, 유교가 저지되거나, 제거되거나, 대체되기에는 너무 일상의 일부로 되어 있다. 그런 의미에서 공자는 아브라함, 예수, 마호메트, 부처, 아리스토텔레스, 플라톤 등과 나란히 현대 문명의 창시자 가운데 한 사람이다.

이러한 사실에도 불구하고 서양은 공자에 대하여 거의 무지에 가깝다. 그리고 그런 지식 결여는 아주 위험하다. 세계 경제와 수 세기 동안 이어 온 지정학적 국제정치에서 아시아의 중요성은 날로 확대되고 있으며 더불어 공자와 공자가 세운 문화도 같이 성장하고 있다. 따라서 서양 국가들이 새로 부상한 동아시아 국가들과 효과적으로 경쟁하려면, 즉 사업가, 정치인, 정책가들의 의중을 꿰뚫으려면 공자와 그의 철학과 유산에 대한 훨씬 더 깊은 습득이 필요하다. 미국과 유럽에 사는 우리는 동아시아 문명이 공자의 가르침에 절대적인 영향을 받는, 서양문명과는 완전히 다른 철학적 기초 위에 서 있다는 사실을 인식해야 한다.

서양의 학자나 정치인들은 수세기 동안 그리스 철학(아리스토텔레스, 플라톤, 소크라테스), 성경, 기타 유대-기독교의 가르침과 근대 사회의 기반을 닦은 존 로크(John Locke), 토머스 홉스(Thomas Hobbs), 애덤 스미스(Adam Smith) 같은 사상가에 대하여 연구해 왔다. 동아시아에서는 달랐다. 동양의 학자, 작가, 관리들은 통치조직, 교육 주제, 담론의 기준 등에 대한 것을 공자의 말씀을 중심으로 공부했다. 중국에서 사회적 지위를 차지하고 성공을 하려면 공자의 학설과 그에 대한 논평 및 주해에 관한 지식을 닦는 일이 선행 조건이었으며 깨인 자로 인식받기 위한 기본 요건이었다. 이전의 중국 관료들은 공자의 고전집을 읽어 숙지한 대가로 1,900년 동안 일자리를 지켰다. 동아시아에서는 모세가 아니라 공자가 인간이 지켜야 할 계명을 전달한 사람이었던 것이다. 또한 시민과 정부 간의 관계나 사회 일원으로서의 위치를 주장한 사람도 존 로크나 토머스 제퍼슨이 아닌 공자였다. 물론 유교만이 동아시아 문명에 영향을 미쳤다고 할 수는 없다. 예를 들어 불교도 중요한 역할을 했다. 또한 지난 200년간 기독교에서 마르크시즘에 이르는, 동아시아에 유입된 많은 외부 종교나 사상도 영향을 끼쳤다. 그리고 공자 외에도 탁월한 철학가들이 아시아에 많았다. 도교의 창시자인 노자(老子)는 그 영향이 아직도 아시아인의 삶에서 자주 발견되는 중요한 사상가이다. 그러나 공자만큼 동아시아에서 그렇게 긴 세월 동안 영향을 끼친 사람은 없다. 사실상 동아시아 문명의 역사는 공자사상의 발전과 궤를 같이한다.

누구나 자기 인생에 지대한 영향을 미친 선생님 한 사람 정도는 기억할 것이다. 뉴저지 클리프턴 고등학교의 데니스 하딩 선생님이 나에게는 그런 분이었다. 역사라는 주제를 지금까지 사랑하게끔 내게 열정을 불어넣어 주셨고, 그런 바탕에 힘입어 졸업한 지 거의 30년이 지난 지금 나는 이런 책을 저술하고 있다. 지금도 고향에 가면 부모님 댁 근처에 있는 식당에서 선생님과 만나 아침을 함께하곤 한다. 좋은 교육자는 공식을 증명하거나 대통령의 이름을 외우는 것 이상의 영향을 준다. 무엇을 토대로 어떻게 삶을 살아야 하는지를 가르치고 배움과 최상의 것에 대한 열정을 심어 준다.

공자는 역사상 가장 위대한 선생일지도 모른다. 한때 정치인과 관료로 어느 정도 두각도 나타냈지만, 그는 주로 교육자로서 사회생활을 했고, 교육자로서 역사적인 업적을 아시아권에 남겼다. 그에 관한 가장 유명한 서적인 『논어』(論語)는 대부분 덕목, 올바른 정부, 인간관계, 윤리, 역사 등에 대하여 제자들을 교육하면서 나눈 대화 내용으로 이루어졌다. 공자의 가르침에는 중국의 고전적 지혜와 현대 독자들에게도 감동을 주기에 충분한 도덕적 규율과 인류애에 대한 자비로운 시각이 담겨 있다. 그런 스승의 가르침을 소중하게 여긴 제자들이 그다음 세대와 공자의 가르침을 공유하면서 그의 학설이 전수되기 시작했다. 공자의 사후 세대들은 그의 가르침을 연구하고 논의하는 데 그치지 않고 현자의 가르침을 새롭게 해석하기도 했다. 이런 과정을 통해 동아시아의 절대적인 윤리적 기초와 통치 이념을 대표하는 철학론이 형성됐다. 제자들이 공자의 이념을 전파하지 않고 그 유산을 양성하지 않았더라면 지금의 유교는 존재하지 못했을 것이다.

세월이 흐름에 따라 공자의 사상은 점점 동아시아 사회의 절대적인 요소가 되어 갔고, 공자 또한 단순한 선생을 뛰어넘는 인격체로 인식되기 시작했다. 공자는 최고의 현인이며, 중국 문명의 아버지이고, 왕족이 아니었음에도 불구하고 하늘이 내린 '무관의 제왕'으로 부각되었다. 중국이나 한국에서 진정한 신사(군자)를 가려내는 방법은 공자의 가르침에 준거한 평가가 기준이 되었다. 영국의 유명한 19세기 중국학자였던 제임스 레그(James Legge)는 "사람의 우수성은 오로지 공자에 견주어 평가되었고 사회적 덕목과 정치적 지혜도 유일하게 그의 가르침에 의해 평가되었다."고 하였다.[1] 한때는 신비로운 힘과 성인의 모습을 한 신성한 존재로 인식되기도 했다. 페르세우스(Perseus) 같은 영적 존재의 아들이라는 이야기도 있었다. 공자를 기리는 제례는 2,000년간 계속되었다. 여느 중국 마을치고 공자를 기리는 사원이 없는 곳이 없었으며 황제들조차도 공자사원에서 때로는 머리를 숙여야 했다. 제왕들은 공자에게 점점 더 찬란한 직위를 제수했다. 서기 1년에 내린 간소한 '공'(公)으로 시작하여 '뛰어난 현자', '위대한 현자이며 고대의 스승', 최고의 스승이자 완벽한 현자' 등으로 모두 대단한 것이었다. 또한 후손들에게는 귀족의 신분과 토지를 하사했다.

공자는 이러한 높은 찬사와 호화로운 제식을 아마 부끄러워했을 것이다. 역사에서 보면 공자는 스스로를 평범한 인간으로 간주했으며 때론 완전치 못한 사람으로 자처했다. 스스로 총명하지 못하다고 했고 자신의 도덕성을 탓했으며 가난한 처지를 비웃는 등 놀랄 정도로 겸손했다. 자신을 현자는커녕 영웅이라고도 생각하지 않은 듯싶다. "노력

에서는 남과 견줄 만하지만 군자 행세에는 아직 성공하지 못했다."라고 토로한 적도 있다.[2]

신비로움과 전설, 소문과 주장, 조작과 왜곡, 그리고 2,000년 동안 그를 둘러싸고 있던 베일을 벗기고 공자의 진면목을 아는 것은 어려운 일이다. 오늘날 우리가 말하는 공자는 오래 전의 그 공자가 아니다. 아니 100년 전의 공자도 아니다. 20세기 역사가인 구제강(顧頡剛)은 "시대마다 그 시대 고유의 공자가 있었고 또 그 시대 속에서도 여러 공자가 존재하였다."고 말했다. "각 시대마다 공자에 대한 사람들의 생각과 말에 의해 공자의 모습이 바뀌는데, 사람들은 그 사실을 모르고 결국 진실한 공자가 누군지 깨닫지 못한다."[3] 시대가 요구하는 대로 변모하고 적응한 덕분에 공자는 변화의 긴 세월 속에서도 의미 있는 중요한 존재로 남을 수 있었던 반면에 스스로 의도하지 않았던 존재가 된 것이다.

공자의 지지자와 적 모두 그를 인간보다는 상징에 가깝게 여겼다. 그는 중국 문화의 아이콘이었고, 제국 정부를 대표하는 신성한 상징이었으며, 원초적 인간, 압박의 얼굴, 변화의 목소리, 교육의 후원자, 대민 홍보의 수단, 영적 지도자, 그리고 중국의 모든 장점이자 단점이었다. 그는 또한 반동자이자 혁명가, 독재자이자 민주주의자, 봉건영주이자 자본주의자, 뛰어난 학자이자 단순한 사기꾼, 외국인 혐오자이자 세계주의자, 권위의 기둥이자 위험한 반대주의자, 그리고 모범적인 인도주의자이자 영혼의 파괴자였다. 그는 중국 경제의 성공은 물론 실패의 원인이었고, 문화적 근본주의자이면서 세상을 바꾸려는 선지자였으며, 동아시아의 힘과 약점의 근원이었다. 서양에서는 공자를 중국 문명의 화신 내지는 동방의 지혜를 슬기롭게 공급한 자, 미끈한 의상과 현자의 긴 수염을 늘어뜨린 사람 정도로 인식하고 있다. 공자가 지금 세상에 돌아온다면 아마 스스로를 알아보지 못할 것이 뻔하다.

사실 오늘날의 공자를 형성하는 데 중국인들만 기여한 것이 아니다. 역사가인 라이오넬 젠슨(Lionel Jenson)은 현재의 공자는 "여러 세기에 걸쳐 세속인과 기독교인, 서방인과 중국인 등 여러 손을 거쳐 변화되었다."고 했다. 젠슨의 주장이 옳다면 16세기에 중국에 도착한 예수회 선교사들이 공자의 일부분을 구성하였다고 할 수 있다. 새롭고 낯선 문화를 자신들이 이해하기 위해 중국인들은 전혀 생각하지 못했던 논리 정연한 주의로 체계화하여 공자를 그 주의의 성자로 만들었다. 공자(Confucius)라는 이름도 '공'이라는 성을 가진 공대인(孔大人)이라는 의미이기는 하나 사실 거의 안 쓰이는 '쿵푸쯔'라는 말을 이상하게 해석한 예수회인들의 창조물이다. 그래서인지 젠슨은 "우리가 아는 공자는 서양인들이 만든 상상력의 산물"이라고 주장하였다.[4]

거의 비슷한 이유로 공자가 옹호한 교리는 공자 자신만큼이나 규정하기 쉽지 않다. 역사를 통하여 공자의 인성만큼이나 공자의 가르침 또한 타 교리나 신앙 등에서 유행하는 이상과 수행을 적용하는 등, 사상가나 작가, 그리고 제왕들에 의하여 해석되고 재해석되고 검토되고 확장되어 왔다. 그 결과 유교는 전통, 사상, 의식, 개념, 믿음 등을 반영하는 혼합체로 발전했고, 그 와중에 다양한 가닥들이 분기되며 학파 간의 경쟁적인 논쟁과 논란으로 이어졌다. 한국이나 일본같이 중국 밖에서 공자를 자신들의 문화에 동화시킨 국가들도 각자의 관행과 믿음을 공자의 가르침에 주입하였다.

유교사상의 이런 다양성 때문에 아시아인들은 물론, 비아시아인들 사이에서도 이미 오래전부터 그 정체에 대한 논쟁이 분분했다. 때론 도교나 불교 같은 타 종교와 복합적으로 인식되는데, 중국, 한국, 대만

등에 가 보면 사람들이 부처님께 절하는 모습과 비슷한 자세로 공자를 모신 사당에서 절을 한다. 또한 유교는 인간의 행동을 규정하고 가르치는 십계명과 유사한 윤리 계율을 제시한다. 중국 최후 황제의 가정교사였던 중국학자 레지널드 플레밍 존스턴(Reginald Fleming Johnston)은 "서양에서 관찰하는 윤리사상치고 유교에 이미 명시되었거나 암묵적으로 설명하지 않는 것이 없으며, 기독교에서 말하는 덕목 중에 공자의 말을 인용해 설교하지 못할 것이 없다."고 말했다.[5]

그러나 좀 더 자세히 파고들면, 유교를 동서양의 타 종교와 일맥상통한 전통이라고 믿는 것이 문제라는 사실을 깨닫는다. 유교에는 오늘날의 종교에 모두 해당하지만 없는 것이 있다. 즉, 성직자와 '교회'라고 정의되는 조직, 그리고 숭배의 근본적인 대상인 신이 없다. 많은 동아시아인들은 유교철학의 지대한 영향을 기꺼이 시인하면서도 다른 신앙인들이 자신을 '무슬림', '기독교인', '불교인'이라고 규정하는 것과 달리 자신들을 유교인이라고 하지는 않는다. 한국의 성균관대학교 유교학자인 박광영 교수는 한국인 중에 자신을 '유교인'이라고 인식하는 신자 수가 최소 10만 명이라고 하는데, 그래도 5,000만 인구에 비하면 미미한 숫자이다. 그보다는 유교를 문화적 또는 가족적 전통쯤으로 간주하며 자신은 불교인이나 기독교인이라고 말하는 동아시아인이 더 많다. 이런 관점에서는 유교는 종교가 아니라 철학이나 생활방식 내지는 윤리적 가르침이다.

유교사상에서 공자 자신의 역할 또한 혼란을 야기한다. 모세나 마호메트와 달리 공자는 자신의 가르침이 신성하다고 한 적이 없다. 오히려 자기 가르침을 의도적으로 종교와 분리한 듯 보인다. 한 고전 문서에 따르면 "공자님은 별난 사안이나 뛰어난 무력, 혼란, 영적 존재에 대한 언급을 삼가셨다."고 한다. 공자는 다른 종교 창시자들과 달리 인간의 시초, 목적, 미래 같은 심원한 질문에 대한 답을 제시하지 않았다. 창조론이나 인류의 기원도 언급한 적이 없다. 에덴동산이나 출애굽기, 메카의 점령 등, 종교의 근본이 될 수 있는 전설적인 이야기도 없다. 사후세계에 대한 언급도 없었다. 당시 중국에서 이미 널리 의식화된 조상숭배를 공자가 지킨 것을 보면 그도 사후의 존재를 믿었던 것 같으나, 영혼 세상에 대한 의견을 정확히 밝힌 적은 없다. 오히려 죽음에 대한 언급을 기피했다. 어느 제자가 이 주제에 대하여 질문하자 공자는 "삶도 제대로 알지 못하는데 어찌 죽음을 알 수 있겠느냐?"고 되물었다.[6]

그런 주제에 에너지를 소비하는 것을 공자는 시간 낭비로 여겼다. 현재와 그 상황에 매우 충실했던 공자는 당시의 사람들이 직면하고 있는 실질적인 문제 해결에 집중했다. 그는 도덕성을 인간에게 주입하고자 했고, 탁월한 통치를 고집했으며, 가족관계를 강화하고자 했고, 사회의 번영을 모색했다. 그의 목표는 사람들에게 도덕을 가르치고 그 도덕을 기초로 하여 더 나은 사회를 만드는 것이었다. 공자는 알 수 없는 것에 대한 공연한 추론은 더 중요한(그리고 더 실질적인) 화목한 세상을 만드는 데 방해밖에 안 되는 것으로 간주하였다.

공자는 추종자들에게 다음 세상을 기대하기보다는 이 세상에 집중하기를 원했다. 물질적이건 영적이건 자신의 가르침을 따르는 사람들에게 그 어떤 보상도 약속하지 않았다. 천국의 문도, 경건한 자를 영접하는 아름다운 처녀 천사도, 육체의 구속에서 벗어나는 영혼도 보장하지 않았다. 그렇다고 자신의 간곡한 권유를 무시하는 사람을 무시무시한 벌로 위협하지도 않았다. 유교에는 악마도, 영원한 저주도, 달팽이로 부활하는 일도 없다. 학자 리 다이언 레이니(Lee Dian Rainey)는 이렇게 설명했다. "유교 전통에 따르면 악행을 일삼는 자에게 '너는 군자가 아니다.'라고 하는 것이 전부이다." 공자는 사람들이 올바른 행동을 해야 하는 이유는 그렇게 하는 것이 올바르기 때문이라며 미래의 보상을 위해 하는 것은 옳지 않다고 했다. 올바른 행동으로 얻는 것은 명예롭게 행동했다는 자각과 그런 행동이 세상에 조금이라도 보탬이 됐다는 사실이라고 하였다. 유교를 따른다는 것은 자신의 도덕적 완성을 추구하는 것이었다. "의인이 마음을 헤아리는 이유는 자기 양심에 문제가 있는지 또는 못마땅한 부분이 있는지를 성찰하기 위해서이다."라고 공자는 말했다. "소인이 의인과 비교되지 않는 부분이 이것이다. 즉, 소인이 관찰할 수 없는 업적을 의인은 실행한다."[7]

레그는 공자의 지극한 현실성을 들어 '비종교적'인 이 현자의 가르침이 중국을 비종교적인 나라로 만들었다고 말했다. "공자의 냉정한 성격과 지성, 그리고 그 영향은 중국인들 사이의 열정적인 종교감 조성에 전반적으로 불리하였다." 그러나 한편으로는 진실을 포교하고 세상을 구하는 거룩한 운명적인 임무가 자신에게 있다고 공자는 믿은 것 같다. 공자는 자기만이 중국의 평화를 재건할 수 있는 고대의 지식을 지닌 인류의 마지막 희망이라고 생각했다. 그리고 그런 사명을 맡은 자신이기에 신의 가호 같은 것을 누린다고 믿었다. 한 고전에 의하면, 쾅(礦)이라는 곳에서 폭도들에 의해 갇혀 생명이 위험할 때에도 그는 떨지 않았다. 사명을 이룰 수 있도록 하늘이 도와줄 것이라고 믿었다. "학문과 교육은 내게 부여된 사명이 아니던가?"라고 그는 소리쳤다. "하늘이 그것을 파괴할 의도가 없는데, 쾅 사람들이 도대체 나를 어떻게 할 수 있겠는가?" 공자는 언젠가 사람들이 자기에 대해 또 자기가 선택한 길을 이해하지 못한다고 탄식하면서 그래도 하늘은 알아줄 것이라고 스스로를 위로했다. "누가 나를 이해한다면 그건 아마 하늘일 것이다."[8]

공자의 말에서 싹트고 있던 것은 일반적인 도덕적 규율을 초월하는, 더 거대하고 웅장한 인간과 우주와의 연결이었다. 그리고 그런 공자 철학의 중심에는 개인 능력에 대한 신뢰가 자리 잡고 있었다. 즉, 사람이 도덕적으로 행동하면 전 세계가 행복해질 것이며, 반대로 빈곤과 전쟁으로 병든 혼란한 사회는 인간의 이기심과 부도덕의 산물이라는 것이다. 공자는 인간이 우주에서 행할 역할이 있다는 믿음이 있었다. 우리 각자가 매일 하는 행동이 우리 주위 모든 것에 영향을 미친다고 그는 믿었다. 우리가 아무런 목적이나 의미 없이 매일 서로 부대끼며 사는 것이 아니라고 했다. 또 우리의 행동이 부유함과 가난함, 전쟁과 평화, 질서와 무질서, 공정함과 불공정함의 차이를 결정한다고 했다. 단 한 사람의 후덕한 행위가 세상을 변화시키는 신비한 능력이 될 수 있다는 것이다.

이런 모든 것을 주관하는 무언가를 공자는 '하늘'이라고 정의했다. 하늘의 정체가 무엇인지 명확하게 규정하지는 않았으나 미래의 유학자들은 그의 '하늘'을 마치 유대-기독교의 하느님같이 잘못한 자를 벌주고 잘한 자에게 상을 내리는 존재로 받아들였다. 공자는 중국의 고전적 개념으로부터 도덕적인 제왕은 '하늘로부터 신성한 통치권'을 부여받으나 그 권한은 제왕이 잔인하거나 능력이 없을 때에는 다시 빼앗긴다고 하였다. 세월이 지나면서 공자의 가르침에 종종 포함된 종교와 관련된 발언이 더 복잡한 우주론으로 발전됐다. 공자의 솔직 담백한 언행에 영적 깊이가 부여됐다. 그의 가르침은 군자의 행동강령을 넘어서 현자의 자격에 대한 탐구로 재탄생했다. 유교는 유대-기독교나 힌두교 같은 차원의 종교는 아닐지도 모른다. 그렇다고 유교를 무익하거나, 영적 요소가 배제됐다거나, 인간에 대한 기본적인 대답을 제시할 수 없다고 말할 수는 없다.

궁극적으로 유교의 종교성 유무는 종교를 어떻게 정의하느냐에 달려 있다. 서양에서는 공자에 대한 인식을 갖기 시작한 순간부터 공자의 가르침을 자신들의 종교와 비교하여 왔다. 중국에 발을 디딘 최초의 기독교 선교사들은, 사람들이 유교사원에서 정중하게 절하며 공물을 바치는 것을 보고 '원주민들의 종교인가' 하고 생각했으나, 좀 더 관찰한 후 공자를 신으로 모시는 것이 아니라 단지 현자로서 존경을 표시하는 것임을 알았다. 그러므로 공자 예식은 종교적이 아닌 사회적 행위라고 규정하였다. 따라서 공자에 대한 공경과 예수를 믿는 것이 병행될 수 있다고 결론지었다. 기독교로 개종한 중국인들은 교회에 다니면서 동시에 공자의 사원에서 향을 피워도 된다는 의미였다. 그러나 다른 종파에 속했던 프란체스코회와 도미니카회의 기독교 선교사들은 정반대의 생각을 갖고 있었다. 조상을 기리는 중국인들의 제사를 관찰한 그들은 유교가 종교일 뿐만 아니라 더 나가서 토속신앙이므로 기독교로 개종한 중국인들은 공경하는 현자와 의절을 선언해야 한다고 주장했다. 그 후에도 '의식 논란'은 1세기 넘게 계속되었다. 결국 1715년, 교황 클레멘트(Clement) 11세는 예수회의 주장을 물리치고 개종한 중국인은 유교의식에 참여하면 안 된다는 교시를 내렸다. 이에 분노한 중국의 황제는 거의 모든 기독교 선교사들에게 입국 금지를 명령하였다.

유교인이라고 자칭하는 사람들은 유교를 이해하기 위한 서양인들의 접근법이 잘못됐다고 한다. 공자의 가르침은 유대-기독교 신앙과 간단하게 비교할 수 있는 대상이 아니라는 것이다. "대부분의 종교는 교리를 기록한 책자가 있고, 그 안에 적힌 대로 살아가면 구원받을 것이라고 한다. 우리도 책자가 있지만 그러한 것은 적혀 있지 않다."고 유교인이라고 자칭하는 성균관대학교의 박광영 교수는 캠퍼스 안에 있는 공자사원에서 말했다. "타 종교에서는 신과 의식이 필수이다. 그러나 유교는 우리가 살고 있는 이 세상에서 최선을 다하는 것이다. 모든 것은 각자의 행동에 대한 자체 평가에 기초한다. 선하게 타인을 올바르게 대하고 관대해야 한다고 믿는다. 유교는 공자의 가르침을 따르는 것이다."

공자는 고귀한 위상을 누렸지만 항상 사랑받지는 못했다. 주요 종교 창시자나 철학자 가운데 공자만큼 논쟁을 많이 일으킨 사람은 없을 것이다. 아시아인 비아시아인 할 것 없이 공자 그 자신이 문제점의 근원이라고 비판하고 있다. 여성을 탄압하고, 혁신을 저해하고, 농부의 가난을 초래하고, 폭정을 조장하고, 재정 위기를 불러왔으며, 또 공자 때문에 중국은 자본주의 도입이 느려졌고 기술 면에서 미국과 유럽에 뒤지게 됐다고 공자를 비난하는 이들은 주장한다. 그뿐 아니다. 서양의 인권 옹호와 정치적 자유를 흡수한 근대의 동아시아인들은 공자를 민주주의와 인권 신장의 장애물로 보아 왔다.

그런데 어느 정도까지 이러한 비난이 정당할까? 물론 공자가 남긴 유산이 꼭 긍정적이지만은 않다. 특히 서양의 시각에서는 말이다. 그의 철학에서 비롯된 사회는 상상할 수 없을 정도로 계급화되어 있다. 아버지, 남편, 통치자 등 상부층의 위치를 차지한 사람들은 공자의 가르침을 악용하여 자식, 아내, 민중 같은 하부층에 속한 사람들을 지배하였다. 거의 모든 동아시아 정부는 최근까지 중앙집권적이고 독재적이었다. 정치 개혁을 추구하는 핍박받는 자들은 공자의 영향을 받아 경직되어 버린 정부에 대한 유일한 수단으로 폭력을 택하게 되었다. 유교적인 사회구조에서 하부 계급자인 여자가 사회활동을 지향하는 것은 정말로 어려운 일이었다. 동아시아의 수많은 여인들은 교육을 받을 수도 직업을 갖는 것도 불가능하였다. 또 많은 여성이 태어나자마자 아니면 아예 뱃속에 있을 때 자기 부모로 인하여 목숨을 잃었다. 유교식 기업의 경영 관례인 하향식 결정 절차에 의해 하부 직원들은 압박을 받았고, 회사가 창의력이나 경쟁력을 구축하지 못하는 원인이 되었다. 동아시아의 거실, 임원실, 그리고 학교에서 유교의 엄격한 계급체계에 의해 각양각색의 잔인한 행동이 저질러졌다. 한국 학교에서 선배들로부터 끊임없이 괴롭힘을 당한 내 처남 제임스는 "공자가 내 인생을 망쳤다."고 잘라 말했다.

나 또한 유교가 초래한 파괴적인 사례를 직접 목격하였다. 1990년대 후반에 나는 「월스트리트저널」(Wall Street Journal)의 통신원으로 일할 때 서울에서 살았다. 당시 특별히 전통에 얽매여 보이지 않는 두 여자와 함께 일했다. 두 사람 다 해외에서 오래 살아 서구화된 것처럼 느껴졌다. 그러나 나는 서구적인 외형에 속은 거였다. 이 두 여성의 상호 관계를 규정하고 있는 것은 한국의 일반 직장과 다름없는 유교식 계급체계였다. 나이가 위인 여자가 더 젊은 여자를 혹사하고 괴롭혔으며, 일감을 떠넘기고, 개인적인 심부름까지 시키는 것이었다. 주눅이 든 젊은 여성은 나에게 문제를 보고할 엄두도 못 냈다. 갈등을 감지한 나는 서양식대로 편안한 환경을 조성하기 위해 솔직한 토론과 업무 시간, 회사 질서의 공평한 적용 등을 시도하였으나 소용이 없었다. 간단히 얘기하자면 나는 공자를 이길 수 없었다.

여성 동료들도 나름대로 힘들었다. 난 그녀들의 자존심이 업무 수행 도중 자주 손상당하는 것을 목격했다. 여성들은 자신을 낮추어야 했고, 압력을 받았으며, 성적 수치를 견뎌야 했다. 한번은 배려라고는 모르는 듯한 대기업 임원 두 명의 점심 초청에 한 여성 기자와 함께 참석했다가 씩씩거리는 그녀를 어렵사리 진정시켜야 했다. 몸이 가려질 듯 말 듯한 옷차림을 한 종업원들이 무릎을 꿇고 접대를 하는 그런 식당이었다. 또 한 번은 기자회견실에서 마땅히 자기가 차지하고 있던 앞자리를 남성 기자에게 빼앗기고 뒤쪽으로 밀려난 여성 기자가 사무실로 돌아와 분통을 터트린 일도 있었다. 내 나름으로 노력을 많이 하였지만 너무 광범위하게 퍼져 있는 한국 기업 문화의 일부인 여성 차별을 어떻게 해보기에는 역부족이었다.

공자의 명성은 이를테면 이러한 부당한 사례들로 인해 심하게 변색됐다. 오늘날 많은 사람들은 공자는 권위적이며 여성혐오적이고 보수적이며, 또한 너무 오래된 고루한 이야기여서 현대사회에 맞지 않고 구시대에나 통용된다고 생각한다. 또한 많은 동아시아인들은 유교가 삶의 중심을 차지하고 있는 한 현대화가 불가능하다며 공자의 가르침에 등을 돌린다. 중국에서 기술 관련 사업을 하는 옌장(Yan Zhang)은 나와 베이징에서 햄버거를 먹으며 "유교는 역사적 유물"이라면서 "고장난 사상이며, 유교의 중심 교리는 현대사회의 이념과 상충된다."고 말했다.

그러나 이러한 사회적 편견이 무조건 공자 때문이라고 말하는 것은 옳지 않다. 공자의 가르침은 여러 세기 동안 자신들의 이익을 추구하는 제왕, 학자, 관리들에 의하여 왜곡되는 바람에 심지어는 말하지도,

지지하지도 않았던 것에 대하여 공자가 비난받는 일도 있다. 중국 공산당 공동 설립자이며, 완강한 공자 비난자인 20세기의 리다자오(李大釗)는, "우리가 비난하는 것은 공자 자신이 아니라 정치적 우상과 권력자로 성형된 공자이다. 즉, 제왕들로 인해 전제적 능력을 부여받은 공자 말이다."라며 왜곡된 면을 시인했다. 따라서 근대 학자들은 철학자이자 인간인 공자와 그를 추종한 유교인들을 구별하고, 또한 공자의 원래 가르침과 역사를 거치면서 그의 이름으로 중국에서 재구성된 유교를 분별하려고 노력하였다. 그의 이름으로 저질러진 모든 잘못을 공자 탓으로 돌리는 것은 마치 9·11 참사를 마호메트에게 또는 스페인 종교재판을 예수에게 책임지라고 하는 것과 같다. "여러 세기를 거쳐오면서 독단적인 신조를 받아들인 유교가 권위적인 경향을 갖게 된 것은 사실"이라고 유교학자 라우(劉殿爵, D. C. Lau)는 말했다. "그러나 그렇다고 공자에게 그 책임을 묻는 것은 후세 기독교의 지나친 행위를 가지고 예수를 탓하는 것과 마찬가지로 전혀 공정치 못하다."[9]

공정한가 아닌가를 떠나서 국제화는 공자에게 호의적이지 못했다. 지난 200여 년 동안 동아시아 사회에 스며든 서양의 이념으로 인해 사람들은 유교라는 유산의 가치를 재평가하게 됐다. 서양의 정치와 사회 철학이 도입됨과 동시에 가족, 이성관계, 정부와 교육 시스템, 기업운영 등에 대한 색다른 개념들이 소개되고, 양성평등, 개인의 자유, 법치주의 등 미국식 개념이 민주주의와 함께 도입되었다. 이런 새로운 개념들은 동아시아에 크나큰 영향을 미쳤다. 민주주의 운동은 권위적인 정부를 무너뜨렸고 여성들은 정치와 기업 환경에서 더 합당한 위치를 요구하고 있다. 동아시아는 지난 2세기를 통틀어 서구화와 발전을 동일시해 왔는데, 서양의 경제, 정치, 사회 시스템을 모방하기 위해 전력

투구하였다. 자본주의와 산업화는 가난에서 벗어나 세계 무대에서 영향력을 키우는 데 필요한 도구로 이용됐고, 선거제도를 통해 지도자를 세우고 사회 계층을 조정하는 데 이용되었다. 성공의 길은 더 이상 유교학을 통해서가 아니라 하버드(Harvard)나 예일(Yale)을 통해서 가능했다. 언어, 의상, 사회생활의 서구화는 곧 근대화와 경쟁력의 상징이 되었다. 동아시아의 정치가와 개혁가들은 삶, 자유, 행복의 추구를 위하여 폭력을 무릅쓰면서까지 유교의 영향을 제거하려고 시도했다. 이전과 달리 많은 동아시아인들이 유교인으로 인식되고자 하지 않았다. 아니, 공자를 잊으려고 했다.

언뜻 보면 동아시아인들의 이런 노력은 성공한 것처럼 보인다. 오늘날 아시아 어디를 보든 글로벌 문화의 강타에 전통은 수그러들고 있는 느낌이다. 일본의 기모노나 한국의 한복은 결혼식이나 다른 특정 예식 때만 입는 것으로 격하되었다. 동아시아인들도 이젠 세계의 시민처럼 양복, 나이키 운동화, 미니스커트를 즐겨 입는다. 한국과 중국의 젊은 가수들은 미국과 유럽에서 유행하는 힙합 리듬에 맞추어 랩을 하고 춤도 춘다. 중국 사람들은 뷰익(Buick) 자동차와 아이폰(iPhone)을 선호하고 케이에프시(KFC)에서 프라이드치킨을 먹는다. 또 서울에 있는 처남 집은 마치 시카고 근교에 있는 여타 집들과 다름이 없다. 한국임을 깨닫게 하는 것은 주방에서 풍기는 김치 냄새와 겨울에 가동되는 전통 온돌뿐이다. 언젠가 크리스마스 때 처남은 트리를 가리키며 수입된 서양 문화가 사실상 유교와 아시아 문화를 깨끗이 쓸어버렸다고 말했다. "돌아보세요. 아시아적인 물건은 아무것도 없어요."

나는 보이는 게 다가 아니라고 대답했다. 물론 아시아인들도 대부분의 세상 사람들처럼 BMW와 아이비리그 대학 졸업장을 선호한다. 그러나 내 결혼식에서도 드러났듯이 공자는 스타벅스 커피 컵과 미국 드라마 「섹스 앤 더 시티」(Sex and the City) DVD와 브룩스브라더스(Brooks Brothers) 셔츠 바로 밑층에 웅크리고 있다. 공자는 놀랄 만큼 오랜 기간 동아시아인의 삶의 일부가 되어 나의 아내와의 경우처럼 지금도 매일 대인관계나 주위의 세상에 출몰하고 있다. 동아시아인에게는 유교적 규범을 따르는 것이 너무 자연스러운 나머지 그냥 일상의 일부로 여겨진다.

게다가 동아시아 지역의 새로운 부에 힘입어, 동아시아인들은 새롭고 더 자신감에 찬 시각으로 자기들의 오래된 문화를 재방문하고 있다. 동아시아인들은 옛 관행과 가르침, 전통에서 새로운 가치를 찾고 있다. "200년에 걸친 아시아의 서양 식민지화와 지배는 마치 아시아 역사 위에 콘크리트 판을 깐 것과 같다. 아시아는 근대화를 위해서 과거를 거부해야 했다. 아시아의 과거는 짐이었기에 서양의 장점을 집중적으로 배웠다. 그러나 목표를 이룬 지금, 그들은 다른 형태로 과거와 다시 만날 수 있는 준비가 되었다. 그리고 그 일부로 내가 '문화적 자신감'이라고 일컫는 것을 발전시켜야 한다. 이제야 아시아가 그 콘크리트 판에 구멍을 뚫어 과거와 다시 만나고 있다. 아시아에서는 일종의 문화 르네상스가 일어날 것이다. 이런 경향은 지금 아시아에서 일어나고 있는 일 가운데 가장 중요한 사건이다."라고 싱가포르국립대학교 리콴유(李光耀) 공공정책대학원의 학장이자 아시아에서 가장 영향력 있는 학자인 키쇼어 마부바니(Kishore Mahbubani)는 북경에서 만난 점심 자리에서 말했다.

수 세기 동안 아시아인과 비아시아인들의 뇌리에는 서양의 정치적,

사회적 우월함이 주입되어 있었으며, 그 결과로 공자의 가르침이 무력해졌다는 주장 자체를 일종의 문화 제국주의로 여기는 사람들도 있다. 서양의 아리스토텔레스나 칸트의 사상이 아직도 유효하다면 공자의 사상은 왜 유효하지 않느냐는 것이다. 유효하지 않다고 믿는 유일한 이유는 비서양의 사상과 전통에 대한 세계적 편견이 있기 때문이라고 하와이대학교의 대만 출신 철학교수인 리샹 리사 로젠리(Li-hsiang Lisa Rosenlee)는 말했다. 그녀는 "서양과 비서양 철학자에 대한 불균형적인 인식 태도는 비서양에 대한 서양의 식민지적 관점에 그 발단이 있다. 즉, 쓸모없는 전통에 묶인 비서양이 서양의 힘을 빌려 근대화하고자 한다는 편견 말이다."라는 견해를 이메일로 보내왔다.

근대 역사가 증거라면 로젠리 교수의 말마따나 동아시아인들은 유교로 인해 위축될 이유가 없다. 제2차 세계대전 마감을 기점으로 사실 가장 성공한 사회는 유교사회이다. 한국, 중국, 그리고 기타 동아시아 국가는 검약과 근면 같은 유교적 덕목에 힘입어, 역사상 가장 높은 경제 성장을 이루면서 여러 세기를 걸친 가난에서 불과 수십 년 안에 벗어났고, 국제 경제에서도 영향력 있는 새로운 국가들로 발전했다. 다른 개발도상국가들의 경우와는 달리, 공자의 교훈에 따라 재능 있는 자들이 공직을 추구했고 그 덕분에 매우 강한 통치국가로 자리 잡는 것이 가능했다. 또 공자의 유산이라고 여길 수 있는 교육의 중요성이 깊이 뿌리 박혀 있는 까닭에 많은 동아시아 학생들이 세계 명문 대학에 진학하고 있다. 또 유교적인 경영과 노동 관행은 기업으로 하여금 투철한 경쟁력을 갖추게 한 원동력이다. 동아시아의 번영과 안정을 초래한 유교 모델은 최상의 제도와 관습, 아이디어가 서양에서만 유래한다는 인식에 도전하면서 현대사회의 대체 모델로 부각되고 있다. 또 동아시아의 정치인과 사상적 리더들은 서양의 아이디어만 보편적이거나 적합하다고 할 수 없음은 물론, 서양을 모방하는 방법이 진보를 이루고 국제적 영향력을 보유하는 유일한 수단이 아니라고 거침없이 주장한다. "미래의 세계는 서방 세계가 지배하는 단수의 문화체제에서 다수의 성공적인 문명의 다문화체제로 변화할 것이다."라고 마부바니는 내게 말했다.

그 결과는 기대 밖으로 상승세를 타고 있는 공자의 영향력이다. 얼마 전까지만 해도 동아시아인들에게 고루하게 여겨지던 공자의 가르침이 다시 관심을 끌고 있는 것이다. 지난 100년 동안 유교의 영향에서 스스로를 격리시키려 했던 중국에서도 유교 행사가 다시 살아나고 있으며 유교학 교육도 회복된 판이다. 공산당 당대표들의 태도도 바뀌었다. 이젠 1,900년 동안 고급 관료들이 했듯이 공자사원에서 머리를 꼭 조아린다.

그렇다고 공자의 가치에 대한 논란이나 논쟁이 불식된 것은 아니다. 공자의 부활에 대한 냉소적인 관점이 아직도 여전한 경우가 있다. 예를 들어 중국과 기타 지역의 권력자들은 자신들의 목표 달성과 행동을 정당화하려고 이 현자의 가르침을 오용하고 있는데 공자가 알았다면 치를 떨었을 것이다. 세계화와 유교 간의 투쟁은 그 어느 때보다 치열하다. 동아시아인들은 이 오래된 문화를 재발견하면서 어떤 전통이 현대사회에 유익하며 어떤 전통이 유익하지 않은지를 가려내고, 서양에서 들여온 선진 문명 및 이상과 그들의 유교적 전통에서 물려받은 유산을 어떻게 조화시킬지 숙고하고 있다. 사실상 동아시아의 정치적·경제적·사회적 발전은 동아시아인들이 유교를 어떻게 받아들이느냐에 달려 있다고 해도 과언이 아닐 것이다.

어떻게 전개되든지 간에 세계적인 파장이 기대된다. 150년에 걸친 서양화를 뒤로 하고 동아시아인들은 자신들의 전통도 서양이 무시할 수 없는 가치와 지혜를 지니고 있다고 믿기 시작했다. 학자인 장웨이 웨이(張維爲)는 「뉴욕타임스」(New York Times)에서 유교가 남긴 유산의 장점을 논하면서 자랑스럽게 말했다. "해당이 될지 모르지만 중국의 거대한 아이디어에 대하여 서양이 '마음을 열고' 그 아이디어를 배우도록 해야 서양에도 득이 될 것이라고 생각한다."[10]

나 또한 이런 과정을 통해 공자에 대하여 배웠다. 물론 현대의 관점에서 보는 유교사상 가운데는 거꾸로 가는 듯한 두려움마저 자아내는 잔해도 남아 있다. 하지만 그런 것은 성경에도 똑같이 적용된다. 다만 유대-기독교 전통을 따르는 서양에서는 성경에 있는 지혜를 재해석함으로써 유효성을 유지했다. 공자의 가르침도 재해석하지 못할 이유가 없다. 공자의 말에서도 시대, 정치체계, 문화와 상관없이 공통적으로 적용되는 인류에 대한 인도주의적인 시각을 발견할 수 있다. 공자의 가르침에는 국적, 인종, 종교와 상관없이 시간을 초월한 의미 있는 보편성이 있다. 따라서 공자는 과거만이 아니라 미래에도 중요한 사람일 것임에 틀림없다.

1부

공자가 된 공자

1장

인간 공자

"내가 어찌 음식으로 쓰이지 못하고 대신 줄 끝에 매달린 표주박으로
쓰일 수 있단 말인가?"

─공자

기원전 500년에 공자는 정치인으로서의 인생 여정에서 가장 주목할
만한 승리를 거두었다. 현 중국 동부 산둥 지역에 자리 잡고 있던 노나
라의 대신이 된 것이다. 협상에 관한 최고 전문가로 인정받고 있던 공
자는 9년에 걸친 노나라와 이웃 제나라와의 피나는 전쟁 끝에 이루어
진 평화회담을 다룰 대표로서, 노나라의 권력자인 정공과 함께 어느
여름날 국경지대이자 불모지인 샤구(峽谷)로 평화에 대한 기대를 안고
길을 나섰다.

그러나 제나라의 권력자들은 엉뚱한 생각을 품고 있었다. 제나라의
권력자인 진공과 책사는 이 샤구 회의를 노나라를 제압할 적기로 여기
고 사악한 계획을 꾸미기 시작했다. 진공의 한 대신은 라이라고 불리
는 이방인들을 고용하여, 노나라 정공을 납치하는 계획을 진공에게 진

언하면서, "공자는 협상에는 능하나 용기가 없는 자입니다. 라이족 몇 명을 고용하여 무기를 주어서 이 참에 노나라의 군주를 제거하면 원하시는 것을 모두 얻을 수 있을 것입니다.".라며 이 계획을 저지하기에 공자는 너무 심약하고 배포가 없다고 하였다. 이에 따라 진공은 공자 일행이 도착하기 전에 덫을 치고 기다렸다.

그러나 공자를 너무 안이하게 보았음이 곧 드러났다. 천성적으로 조심성이 많은 공자 일행이 정공으로 하여금 최악의 상황에 대비하여 장군과 병사들을 회담에 대동케 하였다. "평화 시에는 전쟁을, 전쟁 시에는 평화를 대비하는 것이 옳다고 들었다."라고 정공에게 진언하여 정공이 그 말에 따랐던 것이다.

양국 대표가 샤구에 도착하면서 회의는 순조롭게 시작되었다. 양국의 공들은 서로에게 절하며 존경심을 표한 후, 세 계단을 올라 단 위에 마련된 의자에 착석하였다. 협상이 시작될 즈음, 제나라가 꾸민 계획이 개시됐다. 완전 무장한 라이족 전사들이 단상으로 몰려들며 위협하였다. 이때의 상황을 "깃발, 깃털, 창, 미늘 창, 칼로 무장한 병사들이 북소리에 맞추어 들이닥쳤다."고 한 고대 역사학자는 묘사하였다. 주군이 위험에 처했음을 즉각 알아챈 공자는 라이 침략자들을 당장에 물리라고 제나라 측에 호령했다. 호의를 갖고 이번 협상에 합의한 정공 앞에서 야만적인 병사들을 고용하여 해치려는 것은 평화적 해결을 위한 노력을 좌절시키는 것임을 제나라 지도자들에게 상기시켰고, 더 나아가 제나라 진공의 무례함을 꾸짖었다. "전쟁용 무기가 호의적인 회담장에까지 오면 안 된다. 이는 그 의도가 불길하고, 도덕적으로도 옳지 않으며, 인간 사이에 갖추어야 할 예의에 어긋난다. 통치자는 이렇게 행동하면 안 된다."고 일갈했다. 공자의 훈계에 할 말을 잃은 제나라 진공은 정공을 납치하려던 계획을 취소하고 라이족을 물리도록 명령하였다.

창피를 당한 제나라 진공은 평화협상에서 매우 불리한 입장에 서게 됐고, 공자는 이러한 상황을 유리하게 활용하였다. 양국이 동맹을 약속하면서, 공자는 이 조약에 서명하는 대가로 전쟁에서 잃은 3개 지역의 반환을 요구했고, 제나라의 회담 당사자들은 그 요구를 들어줄 수밖에 없었다. 그들은 수치심을 안고 힘없이 수도로 귀환하였다. 진공은 공자의 지혜를 인정하면서 수치스러운 굴복에 대하여 대신들을 질책하였다. "노나라에서는 예의 바른 방법으로 주군을 보필하는데 그대들은 야만적인 방법으로 나를 보좌하려 하는구나."[1]라고 한탄하였다.

샤구에서 정확하게 무슨 일이 있었는지에 대해서는 다른 이야기(예를 들어 공자가 라이 침략자들의 사형집행을 명령했다[2]는 등)도 있으나 평화협상에서 공자가 완전히 승리하였다는 사실에는 이의가 없다. 공자는 그의 주군과 나라를 위해 국무에 대한 풍부한 지식과 용기, 지적 능력, 방대한 학습에 기초한 다채로운 기술과 능력을 사용하였다. 평화회담의 결과로 공자는 노나라에서 권력의 정점에 서게 되었다.

그러나 3년 남짓 후에 공자는 추종자 몇 명만 대동한 채 노나라를 떠났고, 다시는 노나라의 권력층에 복귀하지 못했다. 공자는 정공에게 자신의 철학과 도덕적 정부에 대한 고언을 아끼지 않았으나 결국 정공을 설득하는 것에 실패하자 좌절했고 관직을 사직한 후, 그의 조언에 귀 기울여 줄 다른 주군을 찾아 나섰다. 그리고 수년 동안 수백 수천리를 돌아다녔지만 그의 이상에 공감하는 도덕적 군주를 찾지 못했다. 공자는 끊임없이 노력했지만 분열과 혼란에 쌓인 중국을 개혁하겠다는 평생의 숙원은 결국 좌절되고 말았다.

아이러니가 아닐 수 없다. 정말로 흥미로운 것은 공자와 같은 역사적인 인물이 일생 동안 중국 사회에 거의 아무런 영향을 끼치지 못했다는 사실이다. 차후 중국 문명과 궤를 같이할 그의 아이디어는 그가 살아 있을 때에는 단지 몇몇의 지지자만 있을 뿐이었다. 사실 당시 공자의 삶에서 그가 미래의 아시아 역사에 지도적인 역할을 할 것이라는 징조는 거의 없었다. 하지만 향후 2,500년간 끝없이 퇴보했다가 전진하고, 절충했다가 대립하며, 반전되었다가 재탄생하는 혼란과 논쟁의 대상이 된 한 인간에 대한 이야기는 이렇게 시작되었다.

비록 소소하지만 공자의 삶에 일어난 각각의 사건들은 아주 중요하다. 공자의 행동과 말은 중국 문명에 형태를 부여했다. 향후 이 현자의 지지자와 그를 격렬히 반대하는 사람들조차 그의 생애를 해부하고 분석하고 또 재분석하여, 사회생활에 도움이 될 만한 지혜를 찾아 그들의 철학적 사상을 보강하거나 반대로 그의 사상을 공격함으로써 자신들의 생각을 부각시켰다. 공자의 추종자들은 공자의 삶을 정도(正道)의 모델로, 그가 한 행동을 도덕과 고결의 표준으로 승격시켰다. 2,500년 전에 일어난 일들이 오늘날까지 수 세기를 거치면서 동아시아의 행동 패턴과 사상에 영향을 끼쳤다. 따라서 동아시아를 이해하기 위해서는 먼저 인간 공자를 이해해야 한다.

공자의 진면목을 발견하는 것은 결코 쉬운 일이 아니다. 고대의 인물과 관련해 대체로 그렇듯이 역사 속의 공자에 대해 오늘날 우리가 알고 있는 것은 그의 삶에 대한 단편적 자료가 전부이다. 그런데 그런 정보 대부분도 신뢰성에서 의심의 여지가 있다. 예수와 마찬가지로 공자 자신이 작성한 문서는 없는 것으로 추정되는데, 우리가 지금 알고 있는 그에 대한 모든 것은 아마 타인의 글에 의지한 것일 거다. 공자가 죽은 한참 후에 기술한 경우도 있는데 당연히 인간 공자나 그의 삶에 대한 직접적인 정보가 담겨 있을 수 없었다. 공자의 충실한 지지자들은 공자의 지혜와 능력을 부풀리기에 급급했고, 비평가들은 그 반대의 의도를 지니고 있었기 때문에 공자에 대한 자료는 편향될 수밖에 없었다.

공자의 전 생애를 최초로 다룬 이는 중국의 위대한 역사가인 사마천(司馬遷)으로, 그의 기념비적인 저서 『사기』(史己, *Records of Historian*)의 한 장(chapter)이 전부 공자에 대한 내용이다. 그러나 이 글은 이미 신화와 전설이 난무하던 공자 사후 350여 년이 지난 시점의 작품이었다. 공자의 옹호자임을 숨기지 않았던 사마천이었으므로 자신이 우러러 보는 영웅이 초기 중국 사회에 미친 영향력을 부풀려 묘사했을 가능성도 있다. 바로 사마천의 저술이 의심받는 이유이다. 공자의 삶에 대한 언급은 공자와 가장 밀접한 『논어』에 소량 담겨 있는데, 그래도 현자와 그의 생각을 기술한 가장 공신력 있는 저서로 인정된다. 그 안에는 공자에 대한, 또 공자의 발언이라고 지목된 문구가 여기저기 숨어 있다. 그러나 이 책 또한 공자의 사후에 쓰여진 것이어서 정통성을 의심하지 않을 수 없다. 학자들은 수 세기 동안 다양한 자료에 언급된 내용들이 진실인지 가설인지, 전기인지, 칭송을 위한 가공인지, 진짜 공자인지 전설인지를 가려내는 일을 계속하고 있다.

우리는 공자 자신에 대한 것보다는 공자가 살았던, 춘추전국시대라고 불리는, 기원전 771년부터 기원전 5세기 중반까지에 대해서 더 잘 알고 있다. 3세기에 걸친 폭력과 사회적 격변은 공자의 삶과 사상과 철학 형성에 지대한 영향을 미쳤다. 그의 근본적인 목표는 거의 야만적인 형태로 돌변한 국가에 관용을 되찾아 주는 것이었다. 공자의 가르침은 좋은 정부 이론에 집중되었는데, 그는 자기의 이론이 실행만 된다면 지치고 낙심해 있는 중국에 번영과 안정이 가능할 것이라고 믿었다. 이처럼 공자를 그가 살았던 시대에서 분리하거나, 유교를 그가 태어난 시대와 분리하여 생각하는 것은 불가능하다.

당시는 주나라의 지배 구조가 산산조각 나면서 혼란에 빠진 시기였다. 공자의 시대까지 주나라는 5세기 동안 중국을 지배했으나 황실의 지배력은 이미 크게 추락한 상태였다. 제국의 통치체계는 제국에 충성하는 각 제후들이 국토의 영유 지역에 대해 전권을 행사하는 국가조직으로서의 봉건제도였다. 공자 시대에도 지역 세력들이 주 제국의 속국이라는 공식 명칭을 이용하면서 봉건주의 체제가 이론적으로는 지속되고 있었다. 그러나 현실은 달랐다. 기록에 의하면 148개에 이르는 나라들이 서로 경쟁하고 다투고 있었으며 황제는 수도와 근접 지역을 제외하고는 실질적으로 영향력이 없었다. 그렇게 중국은 자치 세력들이 각자의 영토를 넓히고 부를 축적하기 위해 끊임없이 충돌하고 음모를 일삼는 국가로 추락했다.

그런데 이런 정치적 혼란은 지적인 논쟁을 촉발하는 계기가 되면서 인류 역사상 가장 중요한 철학 사조의 시발점이 되었다. 주위의 혼란에 경악하며 암중모색을 거듭하던 일단의 중국 사상가들은 인류 사회와 존재에 대한 기본적 의문에 집중하면서, 나라를 좀먹는 병을 치유할 방법을 모색하기 시작했다. 정부의 합당한 역할은 무엇이며 어떻게 국민을 통치해야 하는가? 선악 사이에 인간의 진정한 본성은 무엇인가? 우주적인 관점에서 인류는 특별한 존재인가? 그렇다면 목적은 무엇인가? 이러한 지적 발전은 그리스 도시국가와 인도 대륙에서 생성된 철학적 움직임의 영향만큼이나 동아시아의 사상에 있어 기본을 구성하는 철학과 문학 전통의 토대를 구축하였다. 공자의 가르침은 이런 혁신적인 사상 개화에 포함됐지만 사실 여러 사상 가운데 하나에 불과했다. 그 시대와 미래의 세기에 더 큰 영향을 끼친 사상들도 많았다. 결국은 공자가 이 철학적 경쟁에서 동아시아의 절대적인 현자로 등극은 했지만, 1,500년이라는 오랜 세월과 과정을 거친 어떤 의미에서는 완전하지 못한 승리자가 된 것이었다.

유교인들은 공자가 그 존재 여부조차 불확실한 중국의 최초 제국으로 추정되는 상왕조의 후손이라고 전통적으로 믿어 왔다. 그런 상왕조가 망하고 주왕조가 일어선 후, 새로이 구축된 봉건제도하에 송나라를 이끈 초기 지도자들이 바로 공자의 조상이었다는 주장도 있다. 결국 송나라의 총애를 잃은 공자의 증조부가 노나라로 도주했다는 것인데, 일부 학자들은 조작된 이야기라고 한다. 즉, 공자의 추종자들이 권력과 특권을 지닌 역사적 인물과 그를 연결시켜 기품 있는 혈통으로 간주되게 한 사례라는 것이다. 조상에 대한 진상이 무엇이든 간에 공자가 태어났을 즈음에는 가문의 귀족 신분이 이미 사라진 지 오래였다. 공자는 귀족보다 한참 낮고, 평민보다는 약간 높은 하급관리 계급이었다. 사마천은 노나라의 귀족 가문인 정씨의 만찬에 참석하려 했던 젊은 공자가 낮은 사회 계급 때문에 쫓겨난 이야기를 기록하고 있다. "우리 정씨는 귀족만 대접한다. 너는 대상이 아니다."라며 그들은 공자를 문전 박대했다.[3] 능력보다 혈통을 더 중히 여기던 그 시대에 변변치 못한 족보는 공자의 삶과 철학에 커다란 영향을 미쳤다. 그는 탄생의 고귀성보다는 실력을 옹호하였으며, 진정한 군자란 부, 칭호, 혈통보다 배움과 도덕성에 달려 있다고 말했다. 오늘날에는 극보수자로 인식되고 있는 공자가 당시에는 사회 변혁의 최첨단에 서 있었다.

어린 공자는 태생부터가 초라하다 못해 추문에 연루되어 있을 정도였다. 아버지 숙량흘(叔梁紇)은 유명한 전쟁 영웅이었다. 전해 내려오는 그의 공훈 중에는 마치 그리스 신화에 나오는 헤라클레스 같은 힘으로 전투 중 포위당한 군사들의 탈출을 돕기 위해 무거운 성문을 높이 들고 버티었다는 이야기가 있다. 공자가 태어났을 때 숙량흘은 이미 많이 늙었을 것이고, 중국 동부에 위치한 노나라의 수도였던 취푸(曲阜)에서 그리 멀지 않은 쩌우라는 작은 마을에서 관리로 있었다고 한다. 후세의 고전에 의하면, 숙량흘에게는 첫째 부인에게서 낳은 딸 아홉과, 첩에게서 낳은 아들 맹피(孟皮)가 있었다. 맹피는 다리가 불구였거나 기형이었다. 숙량흘은 맹피를 대를 이을 후계자로 생각하지 않았다. 늙은 숙량흘은 제대로 된 아들을 낳아 줄 여자를 찾기 시작했다. 같은 지역에 사는 안씨에게 세 명의 딸이 있는데 그중 한 명을 새 아내로 맞으려고 하였다. 안씨는 그 제안에 즉각 동의하면서 "이 사람의 키는 3미터이고 싸움의 기량이 뛰어나니 이 사람과 인연을 맺는 것이 좋겠다."고 딸들에게 말하고 "나이가 꽤 되었고 인색하기는 하나 만족스러울 것이다. 너희 중 누가 시집을 가겠느냐?"라고 물었다고 한다. 언니들은 약아서 입을 다물고 있었으나 가장 어린 딸이 "아버님이 이미 결정하시고 하신 말씀인데 왜 물어보십니까?"라고 하였다. 안씨는 순종하는 딸만이 신부가 될 자격이 있다는 생각에 막내를 숙량흘에게 주기로 결정했다.[4]

여기서 이 이야기가 약간 저속해진다. 두 사람이 첫날밤에 숙량흘의 침대가 아닌 '야외'에서 어울린 결과(野合) 공자가 임신됐으므로 그를 '사생아'라고 해야 한다는 말을 사마천은 남겼다. 그러나 모든 학자가 그 이야기에 동조하는 것은 아니다. 예를 들어 역사학자 젠슨은 사마천이 '야외'라는 장소를 삽입해 공자의 탄생 신화에 신비주의를 불어넣으려 하였다."고 지적했다. 사마천의 이야기를 어떻게 이해하든지 간에 숙량흘과 안가(家)의 십 대 소녀 사이에 정식 혼례가 이루어졌다는 언급은 어디에도 없다.[5]

후세에 공자를 공경하는 사람들이 그의 그저 그런 출생 사연을 못마땅하게 여겨 잉태와 탄생 이야기를 신비하게 가공했을 수도 있다. 예를 들어 한나라 시대에 만들어진 어느 이야기에서는 공자의 아버지가 마치 아름다운 여자와 어울려 신과 같은 인간을 탄생시킨 고대 그리스 신화의 제우스를 연상시키는 마법의 신처럼 그려져 있다. "공자의 어머니 안징재는 어느 날 산책 도중 아주 큰 무덤 언덕에서 잠이 들어 꿈을 꾸었는데, 그 꿈 속에서 검은 황제가 '이리 오라'는 소리를 들었다. 그리고 황제에게 다가간 후 성교하였다. 그런 후 황제는 '너를 속이 빈 뽕나무에 가두겠다'라고 하였다. 깨어난 후 임신한 듯한 느낌이 들은 그녀는 얼마 있다가 속이 빈 뽕나무 안에서 공자를 낳았는데, 우리는 그를 '최초의 현인'이라고 부른다."는 이야기가 그것이다. 또 공자가 이 땅에 태어날 때 즈음해서 예수 이야기처럼 위대한 아기의 탄생을 알리는 전조가 있었다는 소설과 같은 이야기도 있다. 일식, 용, 천국이 그의 왕림을 알렸다는 것이다. 출산은 놀랄 정도로 통증이 없었고 갓 태어난 어린 공자의 가슴에는 최고의 학자가 될 것이라는 명문이 새겨져 있었다고 한다.[6]

아무튼 공자의 어린 시절이 순조롭지 않았다는 것이 대다수의 인식이다. 공자가 걸음마를 시작할 무렵 숙량흘이 세상을 뜨자 어머니 홀로 아이를 키워야 했다. 숙량흘의 가족이 공자의 어머니와 어린 공자를 외면했다는 사실은 숙량흘과 그녀가 정당하지 못한 관계였다는 추가 증명일 수도 있다. 사마천에 의하면, 공자의 어머니는 공자에게 아버지의 무덤이 어디 있는지도 알려주지 않았다고 한다. (몇 년 후 어머니가 세상을 떠났을 때, 공자는 사람들에게 물어 아버지의 무덤을 확인한 후 어머니를 그 옆에 장사 지낼 수 있었다.)[7]

공자의 어린 시절에 대해서는 알려진 것이 거의 없다. 사마천에 의하면, 어린 공자는 조령제(祖靈祭)에 사용된 그릇을 사원 의식을 준비하듯이 조심스럽게 늘어놓고 놀았다고 한다. 한 가지 확실한 것이 있다면 어릴 적부터 공부에 열중했다는 것이다. "내 나이 15세 때, 나는 배움에 몰두하기로 했다."라고 공자는 말한다.[8] 그리고 이 단순한 결심이 세계 역사를 바꾸었다.

공자가 힘쓰기로 작정한 학문의 주제는 이미 그 당시에도 고루하다고 여겨진 고전과 의식이었다. 그 당시 중국의 어려운 상황을 타개하는 해답으로 그는 중국이 통일과 평화를 구가했던 황금의 시대, 즉 주나라 시대를 떠올렸다. 그는 주나라의 창시자와 초기 지도자들을 도덕과 지혜로 나라를 통치한 현자와 같은 제왕들이라고 여겼다. 중국이 혼란의 나락으로 떨어진 것은 현재의 지배자들이 주나라의 왕도를 저버렸기 때문이라고 생각했다. 공자는 조상들의 철학, 역사, 문학, 관례 의식 같은 전통적 요소들을 중국 사회에 되살리고자 많은 시간을 학업과 연구에 쏟아부었다.

그 당시 주 시대의 관습이나 문화를 아는 사람은 많지 않았다. 사마천에 의하면 공자는 주나라의 옛 수도를 방문하여 전통의식을 직접 관찰하였는데, 그런 의식을 보존하고 전파하기 위해서였다. 공자가 일생 동안 추구한 사명은 전쟁 중인 나라의 왕, 귀족, 대신들에게 선조들의 생각과 의식을 따르라고 설득하는 일이었다. 즉, 공자는 과거의 중국과 공자 시대의 중국을 연결시키는 고리 같은 역할을 한 것이다. 역사가로서는 과거의 교훈을 찾으려 했고, 복고주의자로서는 완전히 잊혀지고 있던 중국의 자랑스러운 유산을 전파시키려 힘을 쏟았다. 어떤 의미에서 공자는 중국의 오랜 전통만이 그 당시의 독소를 치료하는 해독제라는 확고한 신념을 지닌 문화적 근본주의자였던 것이다.

이 과정에서 공자는 향후 2,500년 가까운 세월 동안 이어질 중국 교육계의 선례가 되었다. 중국의 고전문학, 역사, 철학을 철저하게 학습하지 않고서는 문화인이나 배운 사람이라고 할 수 없다는 것이 공자와 그의 지지자들이 정한 규칙이었다. 사회적·재정적 출세를 할 수 있는 정부 관리가 되기 위해서는 이런 관련 지식이 필수였다. 세기를 막론하고 공자와 제자들이 열심히 읽었던 시와 글을 습득해야 자신에게 부, 신분, 권력이 가능하다고 믿는 꿈에 부푼 청소년들이 공자의 가르침에 몰두하였다.

그런데 정작 공자가 사회에 처음 발을 내디딜 당시, 그의 풍부한 학습 능력은 아무짝에도 쓸모가 없었다. 공자의 첫 직업은 노나라의 기득권을 대표하는 정씨 가족의 곡물창고를 관리하고, 나중에는 가축을 돌보는 일이었다. 비천한 신분으로서 노나라의 귀족을 받드는 일을 하게 된 것조차 어쩌면 다행이라고 여겨야 할 것이다. "어렸을 때 비천하였기에 나는 하찮은 여러 가지 일을 잘할 수 있게 되었다."고 공자는 말했다. 공자는 주인에게 신임을 얻었다. "곡식을 셈하는 일을 속이지 않았다." "가축들이 잘 자랐다."고 사마천은 기록했는데, 그런 그의 성실성을 주목하던 노나라로부터 공공사업부의 책임자로 임명되면서 공

자는 졸지에 큰물에서 활동할 수 있는 기회를 맞았다.[9]

그의 사회적 야심대로 일이 전개된 것이었다. 좋은 정부를 수립하기 위한 자신의 생각을 높은 자리에서 설교하고자 염원했던 공자의 인생은 더 많은 영향력을 발휘할 수 있는 고위 관리직을 쟁취하기 위한 끊임없는 노력의 연속이었다. 그가 중국의 군주와 대신들과 주고받은 많은 대화는 자신의 지혜와 조언으로 상대를 감복시키려는 일종의 유세와 같았다. 이 면에서도 공자는 미래 유교인의 갈 길을 암시했다. 중국 제국시대 내내 유교인과 유교사상은 국정 운용과 관련한 처세술과 얽혀 언급되었다. 공자의 추종자들은 기를 쓰고 관리나 조정의 자문 자리를 목표로 했고 그러한 자리를 한번 차지하면 정책에 손을 대면서 중국이란 거대한 나라를 지배하였다. 사실상 공자의 추종자는 중국의 지식인으로서 나라를 위해 일하는 공무원이 되는 것이 거의 의무였다.

그런데 표면적으로는 훌륭하게 들릴지 몰라도 실제 상황은 달랐다. 도리어 권력에 대한 유교인들의 갈망과 그에 따른 엄청난 성공이 오늘날에 와서 오히려 유교사상의 추락을 초래했다. 공자 자신의 삶에서도 그런 위험성이 잘 드러난다. 도덕과 예절을 최우선으로 꼽았지만, 공자도 분쟁에 휩싸인 파벌 싸움이나 술책에서 자유롭지 못했다. 당연히 업무와 신념 사이에서 어려운 결정을 하게 됐다. 결국에는 자신의 원칙을 지키기로 결정했지만, 그로 말미암아 궁핍과 굴욕의 삶이 이어졌다. 그러나 모든 유교인들이 공자의 모범을 제대로 쫓을 수 있는 것은 아니었다. 수 세기 동안 같은 선택을 해야 할 상황에 놓인 많은 추종자들은 공자가 갖고 있던 불굴의 내적 용기가 부족한 나머지 권력에 대한 욕망에 굴복하며 현자의 도덕적 가르침을 저버리는 행동을 예사로 보았다. 그들은 황제의 신망을 얻으려고 신념을 헌신짝처럼 버렸고 더 나아가 신념을 스스로 왜곡하기도 하였다. 정치 현실과 유교사상 사이에서 재발되는 모순으로 인해 그들은 도덕적 타협을 선택하였다. 결국 이런 현상으로 공자가 오명을 입게 되면서 동아시아 사회에서 그의 명성은 크나큰 타격을 받았다.

공자의 끊임없는 권력 추구는 흔히 인식되고 있는 그의 이미지와는 아주 다른 면을 노출시켰다. 유교인들은 공자가 뛰어난 지식과 확고한 신념, 또 비교할 수 없는 도덕성을 지닌 인류 역사상 유래를 찾을 수 없는 사람이라고 믿어 왔다. "인간이 처음 존재하기 시작한 때부터 지금까지 공자 같은 사람은 없었다."고 중국의 위대한 철학자인 맹자(孟子)는 말했다.[10] 그러나 중국 고전에 나타난 공자는 모든 인간에게 있는 약점과 결함 등을 두루 안고 있는 보통 인간이다. 실제의 공자는 출세를 위해 인적 네트워크를 구축하는 데 바쁘고 아부에 능하며 자기 홍보에 뛰어난 기회주의자였던 것처럼 보인다. 또 때로는 건방지고 사람들이 견딜 수 없을 정도로 모든 것을 다 아는 척하면서 짜증날 정도로 끈질기게 누구를 가르치고 행위를 강요하려고 하는 사람처럼 보인다. 그런가 하면 자신의 능력과 용기에 이르면 약한 모습을 보이기도 했다.

유교인들은 이 무관의 황제의 부족함에 대해서는 눈감아 주는 편이었다. 그가 중국의 평화 회복과 사회의 도덕을 세우기 위한 정당하고 고귀한 목적으로 행동하므로 결과가 수단을 정당화한다는 차원에서 말이다. 그러나 한 가지 확실한 것은 공자가 세운 거창한 목적을 달성하는 데 그의 거친 인성이 실패 요인 중에 하나였다는 사실이다. 권력자들과 인맥을 형성하여 자신의 사상을 인정하도록 노력하지는 못하고, 오히려 그들을 소원하게 하여 적대심을 조장했다. 정치에 몰두하는 사람치고는 아주 형편없는 정치인이었다. 그 시대에 살던 다른 사람들에게도 공자의 이러한 성향은 두드러져 보였던 것 같다. 그 근거를 오늘날의 역사가들은 의심하지만, 공자가 주나라의 수도를 방문했을 때 도교의 창시자인 연로한 노자를 만났다고 사마천은 기록하고 있다. 경험이 풍부한 이 철학자는 공자의 대립적인 태도에 대하여 충고하였다. "조언 몇 마디 하겠네. 상대방 비난에 능한 날카로운 비평가는 자기의 생명을 걸게 되네. 타인의 잘못을 지적하는 지식인은 정작 자신을 위험에 빠트리고 만다네. 효자는 절대 부모에게 대들지 않아야 하는 것처럼 좋은 이야기도 그러하네."[11] 만일 정말 이 만남이 있었다면 공자는 노자의 충고를 무시한 것 같다. 그리고 그 결과로 계속해서 자기 자신을 어려움에 빠트렸다.

이러한 결점은 공자의 존재가 부각됨에 따라 더욱 확실히 드러났다. 공자가 서른 살 즈음, 추후에 샤구 평화회담에서 공자의 상대가 될 제나라의 정공(公)이 노나라를 방문하여 공자를 만나 질문했다. 소국인 진나라가 어떻게 지역 강국이 될 수 있었는지(정공은 진나라를 모방하고자 했다) 묻자 공자는 역사에 반영된 실력주의에 대한 강의를 시작했다. 즉, 진나라의 통치자는 풀려난 어느 노예의 뛰어난 능력만 보고 그에게 나라 운영을 맡겼다고 지적했다. "이것을 볼 때, 이 왕은 군왕이 될 기량을 갖추고 있었다. 정복자로 만족할 사람이 아니었다."[12] 라고 공자는 말했다. 진중한 의미가 담겨 있는 이야기라고 볼 수도 있으나, 사실 일자리를 모색하는 노력의 일환이라고도 할 수 있다.

이러한 공자의 노력은 5년 후 제나라에서도 재연되었다. 정치에 실패한 노나라 왕이 제나라로 도주할 때 공자도 따라갔다. 그리고 그곳에서 공자와 정공의 대화가 이어졌다. 공자의 식견에 감복한 정공은 제나라 안의 봉토를 공자에게 하사하려 하였다. 공자가(제나라의 수상

자리를 공자가 노리고 있었으니까) 놀랄 일은 아니지만 제의 수상이던 안영(晏嬰)과의 관계가 소원해지면서 공자의 위치는 조정에서 약화되었다. 안영은 군주에게 공자가 고관직에 적절하지 않다고 고했다. "세상을 떠들며 돌아다니는 걸인에게 국사를 맡길 수는 없습니다. 그 자의 국가 개혁안은 국민들을 우선으로 여기는 정책이 아닙니다." 그 이후로 정공은 공자에게 냉랭해졌고, 정사에 대해 논의도 하지 않았으며 봉토도 내리지 않았다. 결국 군주는 공자에게 "나는 늙어서 당신의 보필이 필요 없구려."[13]라며 제나라에서는 공자의 미래가 없다고 잘라 말했다.

공자는 노나라로 돌아올 수밖에 없었다. 하지만 상황은 크게 다르지 않았다. 그 후 몇 년 동안 관리직을 얻지 못한 채로 가르치는 일을 했다. 공자의 역사와 문화에 대한 방대한 지식에 끌려 가르침을 얻으러 많은 학생들이 몰려드는 시점이었으며, 그들이 바로 나중에 공자가 아끼는 제자들이 되었다. 다양한 배경과 사회적 위치에 있던 이들 중에는 꽤나 가난한 사람들도 섞여 있었다. 그러나 그들은 학습에 대한 열정을 공유했고 공자의 지혜에 대한 굳은 신념이 있었다.

공자의 일생 동안 몇 명의 제자가 있었는지에 대해서는 많은 논란이 있다. 사마천은 3,000명 정도일 것이라고 했으나, 오늘날의 학자들은 이 숫자는 확실히 과장된 것이라고 말한다. 맹자의 추측이 가장 근접한 것으로 여겨지는데 70명 정도로 추정했다. 그러나 유학자인 라우는 『논어』를 해석하면서 25명의 제자밖에 세지 못했다고 하면서 그중에는 거의 언급조차 없는 제자도 있다고 말했다. 확실한 것은 그중 소수는 광적인 공자 신봉자였다는 사실이다. 그들은 공자의 철학이 중국의 정치와 사회 문제를 해결할 수 있는 최선의 수단이라고 믿었으며, 그러한 노력에 헌신하였다. 『논어』에 기록된 이들과 스승 간의 대화는 오늘날의 공자사상의 뼈대를 이루는 1차 자료이다. 제자들은 공자가 세상을 떠날 때까지 공자를 받들었고, 사후에도 그의 가르침을 전달하면서 유교사상의 시초를 열었다.[14]

공자가 가장 아꼈던 제자는 안회(顔回)였다. 그는 안회의 엄격한 생활 태도와 배움에 대한 열성, 자아 개발을 위한 노력 등을 높이 평가했다. 안회가 받은 그런 찬사를 다른 제자는 듣기 어려웠다. 한번은 "안회는 무고한 사람에게 자신의 분노를 퍼붓지 않았고, 또 같은 잘못을 두 번 저지르지 않았다."고 공자가 말했다. 공자는 안회를 자기와 대등한 위치로 볼 뿐 아니라 어떤 면에서는 자기 위라고 여겼던 것 같다. 공자는 "너와 나 가운데에 안회를 따라갈 자가 없다."고 다른 제자에게 말했다. 안회가 너무 젊은 나이에 죽자 공자는 완전히 정신을 놓고 통곡하면서 "아! 하늘이 그를 나에게 빼앗아 갔어. 하늘이 빼앗아 갔다."고 탄식했다.[15]

그다음으로 자공(子貢)이라는 제자가 있다. 『논어』에서 공자도 인정했지만 그는 돈벌이에 유능한 상인이라고 기록되어 있다. 그리고 나중에 성공적인 정치인이 되었다. 공자는 자공을 지식은 풍부하나 안회보다는 도덕적인 면에서 열등한 사람으로 보았다. 한번은 자공이 공자에게 이렇게 말하였다. "저는 타인에게 강요받는 것도 싫지만, 타인에게 강요하는 것도 싫습니다." 이 말을 들은 공자는 "그것은 네가 결정할 수 있는 일이 아니다."라며 그를 무안하게 했다. 그런데 공자의 인내심을 제일 많이 시험했던 사람은 아마도 가장 고집스럽고 직설적인 자로(子路)였을 것이다. 아마도 제자 가운데 공자와 나이가 가장 비슷하였던 이 사람은 사려 깊은 학자라기보다는 행동이 앞서는 사람이라고 하는 편이 더 옳았다. 공자는 그를 실력 있고 공정한 사람으로 인정하였으나 경솔하다고 꾸짖었다. "중유(仲由, 자로의 성명)는 나보다 용기는 많지만 판단력이 약하다."라고 말했다. 선견지명이 있는 말이었는데, 자로는 정변 중 싸움에서 죽음을 맞이하였다.[16]

공자는 제자들을 가르치고 토론하는 것을 좋아했다. 그러나 그것으로 그의 야망이 충족될 수는 없었다. 관료로 지내던 시기에서 멀어지면 멀어질수록 그는 더 절박해졌는데, 자기의 신념마저 쇠약해질 정도였다. 노나라 정치의 소용돌이 속에서 그의 의지가 시험받기 시작했다. 노나라에서는 지가(家)의 시종관이었던 양호(陽虎)가 이끄는 반란이 계획 중이었다. 공자는 이 반란 음모에 대하여 알고 있었던 것 같다. 양호의 한 부하가 무직의 전직 공무원인 공자를 반란에 가담시키려고 불렀다. 공자의 초기 반응은 대단히 호의적이었다. 고위 관리직을 얻을 수 있는 기회가 왔다고 생각했을 수도 있다. 그러나 제자들은 공자가 반란군과 소통하려고 하는 그 자체에 기겁하였다. 반역자인 양호와 그의 일파들과 교류하는 것은 공자의 존귀한 명성을 훼손하는 것이라고 주장했다. 중유는 "우리에게 도무지 갈 곳이 없을지도 모르지만 왜 하필이면 반역자에게 가려는 겁니까?"라고 물으면서 반대했다. 공자는 자신의 행동을 정당화하려 하였다. 공자가 그 반란의 지도자와 같이하여 정부를 개혁하고 새로운 황금기를 이끌 수 있다면, 그들을 거절하는 것이 오히려 태만한 것이 아닌가? "나를 오라 하는 사람에게 목적이 있을 것이다. 그의 목적이 나를 고용하는 것이라면, 어쩌면 새로운 주나라를 재창출할 수 있는 기회가 아닐까?"라고 공자는 반문했다.[17]

공자는 결국 반란에 참여하지 않기로 결정했고 양호의 파벌과는 그 이후로 의도적으로 거리를 두었는데, 이는 옳은 결정이었다. 반란은 제압됐고 반군의 수령이던 양호는 도망갔다. 그런데 양호와 관련한 이같은 공자의 행동은 공자파(孔子派)가 앞으로 중국 역사 속에서 권력 문제에 어떻게 대응할지를 규명하는 사례가 됐다. 즉, 정부에 대항하는 반대파가 되기보다는 그 안에 들어가 정부를 개혁하고자 하는 공자의 자세를 따른 것이다. 공자와 마찬가지로 공자파도 반역자가 아니었다. 그렇다고 해서 늘 아첨꾼처럼 행동했다는 것은 아니다. 오히려 자주 위험을 감수하며 직설적으로 황제들을 비판했다. 그러나 일반적으로 그들은 정치적 영향력을 유지하면서 더 나은 지도자로 만들 수 있다는 희망을 갖고 당대의 권력자들을 보좌하는 방향을 선택했다.

공자에게 바로 그런 일이 생겼다. 양호를 배척한 것이 매우 명석한 정치적 판단으로 드러난 것이다. 노나라의 새로운 지배자가 된 정공이 그를 지역 관리로 임명했고, 그 지역은 사마천이 『사기』를 통해 칭송했듯이 1년도 안 되어 좋은 정부의 표본이 되었다. 그리고 그런 공자의 업적이 치하할 만하다고 인정한 군주는 그를 주나라 조정에 재발탁하여 공공사업 책임자를 거쳐 오늘날의 법무부장관과 동격인 대신으로 임명하였다. 특히 샤구 평화회담에서 발휘된 그의 외교 능력은 그의 주가를 더욱 상승시켰다. 사마천은 공자가 노나라의 정치와 사회에 끼친 거의 신비로운 영향력에 대하여 장황하게 기술하고 있다. "양과 돼지를 파는 상인들은 더 이상 가격을 올리지 않았고, 남녀는 각각 도로 반대편에서 걸었으며, 아무도 길에 떨어진 물건을 줍는 일이 없었고, 방문객은 늘 마을 사람들의 환영을 받았으므로 안전을 걱정할 필요가 없었다."라고 사마천은 썼다.[18]

노나라에서 지대한 영향력을 갖게 된 공자는 주요 개혁을 추구하고자 결심했다. 기원전 498년, 정공의 중앙집권을 강화하기 위하여 공자는 주나라의 주력을 형성하는 세 귀족 가문에 대한 공격을 개시했다. 그 당시 이 세 가문은 군주의 권력을 상당 부분 잠식하고 있었다. 요새화된 마을과 자체 군사를 거느린 그들은 준독립적인 통치자처럼 행동하고 있었다. 이를 겨냥해 마을을 둘러싸고 있는 장벽을 허물라는 칙령이 선포되었다. 사마천은 정공이 귀족들에게 그런 지시를 내리게 된 계기가 공자의 직접적인 설득 때문이었다고 지적했다.[19]

귀족들은 이 칙령에 따랐다. 그런데 얼마 지나지 않아 만만치 않은 저항에 공자는 직면했다. 지씨 가문이 비(費)라고 하는 마을의 장벽을 허물려고 하자 다름아닌 지씨의 가신들이 들고일어나 노나라 수도를 공격하기 시작한 것이었다. 전투가 맹렬해지자 정공은 지씨족의 성탑으로 피신하였다. 공자는 새로 군대를 보내 정공을 구하고, 반역자들의 두목이 후퇴함에 따라 비의 장벽은 파괴되었다. 그러나 정공의 권력에 항거한 마지막 노의 귀족인 멍씨족의 경우는 그리 수월하지 않았다. 멍씨족이 공자의 명을 거역하자 정공은 그들을 굴복시키기 위해 멍씨족의 근거지인 첸을 정복하려 했으나 실패했다. 통치 구조를 개선하려 했던 공자의 시도는 이렇게 끝나 버렸다. 귀족들과 그들이 장악하고 있는 가신들의 힘은 쉽게 무너지지 않았다.[20]

도리어 이 권력투쟁에서 패배한 사람은 공자였던 것 같다. 기원전 497년, 귀족들을 공격한 지 1년 후 공자는 그토록 탐내는 관직을 내려놓고 갑자기 노나라를 떠났다. 그 배경에는 3년 전에 샤구 평화회담에서 공자에게 당한 패배를 그때까지도 분개해 하던 부도덕한 제나라 지도층의 음모가 도사리고 있었다. 사마천에 의하면, 제나라의 대신들은 공자의 주도하에 노나라가 점점 더 강력해지는 것에 초조해하면서 공자의 영향력을 제거할 계획을 도모하였다. 제의 지도자들은 절세 미모의 무용수 80명을 뽑아 노나라 정공에게 선물로 보냈다. 이 80명의 미녀들이 수도의 관문 밖에서 대기했고 정공의 수석 대신인 계환자(季桓子)는 위장한 모습으로 그녀들을 살피러 갔다. 재색에 만족한 계환자는 정공이 직접 가서 확인토록 사주하였다. 미녀들에게 마음이 쏙 빼앗긴 정공은 공무에 소홀해지기 시작하였다. 치정에 빠져 3일 동안 조정도 열지 않았다. 이런 정공에 실망한 공자는 결국 노나라를 떠났다. 그는 떠나면서 이런 노래를 읊었다.

한 여자의 혀가 대장부의 일자리를 뺏을 줄이야,
한 여자의 말로 대장부의 머리가 베일 줄이야,
차라리 은퇴하여 말년을 내 마음대로 살면 될 것을….[21]

사마천의 이 이야기가 흥미롭기는 하지만 정말 그랬을까? 무용수 몇이 그 위대한 현자를 정말로 능가할 수 있었을까? 어떤 면에서는 갈등에 싸인 공자로 하여금 정공을 단념하도록 만드는 데 그녀들이 촉매가 되었을 거라고 생각된다. 그는 개혁 정신에 충만한 전문가였으니까. 그렇게 쉽게 나라의 중요한 공사를 망각하는 군주를 보필하는 것 자체가 시간 낭비 아닌가? 중요한 의식을 무시함으로써 정공은 통치자로서의 부적절함을 드러낸 것이었다. 이 이야기는 공자가 얼마나 정치 개혁을 진지하게 여겼는지 보여 준다. 마치 불만을 가진 피고용자처럼, 공자는 좀 더 공감할 수 있고 능력 있는 군주를 다른 곳에서 찾을 수 있다고 생각했을지도 모른다.

그런데 그렇게만 보기에는 너무 단순하다는 느낌이다. 이미 50대 중반이었던 공자는 노나라에서 얻었던 바로 그런 지위를 차지하기 위해

전 인생을 걸었던 사람이다. 그러한 그가 그렇게 어렵게 획득한 자리를 충동적으로 박차고 나갔을까? 맹자는 새로운 견해를 제시했는데, 공자가 노나라를 떠난 이유는 사원 의식에서 남은 고기를 나누어 받지 못했기 때문이라고 한다. 의식 절차에 따라 당연히 제수음식을 받는 영광을 누려야 할 공자의 입장에서는 자신이 제외된 것은 모욕이었으며 예절에 대한 노골적 경시였다. 이 사건은 더 나아가 노나라에 대한 공자의 영향력이 감소되고 있다는 점을 시사했다. 맹자는 정공이 그의 조언을 더 이상 따르지 않았고, 신임을 잃고 조언자 핵심층에서 밀려나고 있었기 때문에 공자가 떠날 핑계를 이 사건에서 찾았다고 말한다. "공자는 비록 사소하더라도 확실한 이유 없이 떠나고 싶지는 않았다."[22]

그러나 이 이야기도 다는 아닌 것 같다. 맹자는 "공자가 의식에서 쓰는 모자도 벗지 않은 채 떠났다."고 말했다. 간단히 말해서 도망갔다는 것이다. 뭐가 그렇게 급했을까? 공자는 그 지위에 있는 동안 그의 세력을 약화시키려던 세 귀족 가문과 가신들 사이에서 많은 적을 만들었던 것 같다. 그들과의 싸움에서 진 공자는 상당히 취약한 위치에 있었을 것이다. 만일 공자를 지지해 온 정공이 맹자가 추측하듯 그를 더 이상 후원하지 않았다면 공자는 심각한 곤경에 직면하게 되었을 것이다. 따라서 의식에서 남은 고기가 자신에게 분배되지 않았을 때, 공자는 그것을 군주가 보호를 거두는 신호로 여겼을 것이다. 이러한 추측이 사실이라면, 공자를 낙마시킨 것은 여자 무용수들이 아니고 자기 자신이었던 것이다. 개혁을 추진하는 과정에서 강력한 적이 너무 많이 생겼던 것이다. 공자의 개혁안이 적용하기에 힘들고 너무 많은 격변을 불러오자 정공은 포기해 버린 것이다. 혼란했던 당시 중국의 정치 세계에서 공자는 패자의 대열에 끼게 됐다. 이렇게 되어 공자는 자로, 자공, 안회 등 가장 가까운 제자 몇 명만을 데리고 노나라를 떠났다. 그리고 13년 동안 돌아오지 않았다.

공자가 가족을 대동하지 않고 제자들만 데리고 돌아다녔다는 사실은 주목할 만하다. 그는 가족이 화목한 사회의 중점이 되는 비전을 제시했지만 정작 그의 사적인 면은 거의 알려진 바가 없다. 『논어』에서조차 공자의 부모에 대한 이야기가 없다. 어느 시점인가 결혼한 것은 확실하나 아내의 이름조차 기록되지 않았다. 한 문장에 "송나라 기관씨(亓官氏)의 딸"이라고 나와 있을 뿐이다. 그녀와의 사이에서 백어(伯魚) 자(字)를 쓴 아들과 이름이 밝혀지지 않은 딸 둘이 있었다. 딸 중에 하나는 어릴 때 죽은 것으로 추정된다. 공자의 삶에 대한 초기 문헌에 이 자식들에 대한 특별한 언급은 없다. 그가 노나라를 떠날 즈음에는 자기 가족에 대한 의무는 어느 정도 정리했던 것으로 보인다. 40대 즈음에 아내와 헤어진 것 같고, 아들도 가족을 꾸렸으며, 딸도 이미 결혼했던 것 같다. 『논어』에 따르면 공자는 감옥살이를 겪은 ─ 그때나 지금이나 수치스러운 일이지만 ─ 남자에게 딸을 주었는데, 그가 무죄라고 믿었기 때문이다. 그러한 결정은 공자가 얼마나 능력이 사회적 신분에 우선한다고 열렬히 믿었는지 보여 주는 좋은 사례이다.[23]

인간 공자에 대한 『논어』의 묘사는 훨씬 더 관대하다. 저자는 그의 일거수일투족에 지대한 관심을 보였고 그는 군자가 갖추어야 할 예절의 표본이 되었다. 『논어』 전집의 한 책자 전체가 공자가 조정, 마을, 식사 등 일반적인 사회적 환경에서 무엇을 했는지를 시시콜콜 죄다 묘사할 정도이다. 마치 중국 문화에 대한 에밀리 포스트(Emily Post, 미국의 유명한 에티켓 기고자)식의 안내 책자 역할을 했다. 그 안에서 묘사된 공자의 이미지는 매우 까다롭고 예의범절을 지나치게 따지는 사람이었는데, 권력자서부터 길에서 만나는 보통 사람까지, 그들과의 교우에서 항상 그 사람과 그 상황에 걸맞은 의식을 갖추는 것이 공자에게는 매우 중요했다.

예를 들어 공자는 조상의 묘지나 조정 등 공식 행사에서 특별히 근엄했다. "그는 함부로 말하지 않았다."라고 『논어』에 나와 있다. "군주가 호출하면 말에 마차를 연결할 때까지 기다리지도 않은 채 떠났고", 상사 앞에 도착하면 "늘 침착하고 공경하는 자세"였다. 공식 접견의 안내자를 맡았을 경우 "진지한 얼굴로 빠른 걸음을 유지"했으며, "팔을 왼쪽 오른쪽으로 뻗어 동료에게 절할 때 예복의 흐트러짐이 없었다."고 한다. 또한 공자의 옷차림을 기준으로 한 복식에 대한 조언도 『논어』에 담겨 있다. 즉, "진한 자주색과 고동색의 옷깃과 소매는 피했다", "뜨거운 여름에는 속옷 위에 부드러운 또는 거친 천으로 만든 주름 없는 옷을 입었다."고 적혀 있다. 논어에는 공자의 식사 예절에 대한 묘사도 있다. "그는 자기 몫의 쌀밥이나 다진 고기를 과하게 먹는 적이 없었다. 또 제대로 조리되지 않은 음식을 피했고 제때가 아니면 먹지 않았다. 적당한 크기로 자르지 않은 음식이나 알맞은 소스가 곁들여지지 않은 음식도 먹지 않았다." 이런 까다로움은 공자의 생이 모든 면에서 드러났다. "방석이 똑바로 놓여 있지 않으면 앉지 않았다."고 고서에 적혀 있듯이 말이다.[24]

공자는 자신의 행동에 워낙 엄격했으므로 다른 사람이 예절을 어기는 것을 참지 못했다. 한번은 '다리를 벌리고 앉은' 젊은이를 보고, 공자는 "겸손하거나 공손하지 않은 젊은이를 나는 해충이라고 한다."면서 지팡이로 젊은이의 정강이를 두들겼다. 그렇다고 『논어』가 공자를 완벽한 사람으로 묘사했다는 것은 아니다. 공자도 늘 완벽하게 행동하지 못했으며 때로는 자신을 주체하지 못할 정도로 격노하였다. 때로는 건방지고 오만불손하며 무례한 인간이었다. 한 예로 유비라는 사람이 공자를 만나러 집에 찾아온 적이 있었다. 못마땅한 유비를 피하기 위해 이 현자는 병을 칭하며 만나지 않았다. 그런데 『논어』에 의하면 유비가 떠나자마자 "그가 들을 수 있게 거문고를 타며 노래를 불렀다."고 한다. 아픔을 핑계로 만나기 싫은 사람을 따돌렸을 뿐만 아니라 그렇게 자기의 거짓말을 일부러 알림으로써 작심하고 방문객을 모욕했던 것 같다.[25]

물론 공자가 말이 안 통할 정도로 괴팍한 것은 아니었다. 『논어』에 따르면 친근감이 넘치고 즐길 줄 아는 사람이었다. 사회적으로 실패하고 때론 빈곤까지 겪었지만 작은 것에서 행복을 찾으려고 노력했다. "거친 밥과 물을 마시고 팔을 베개 삼아 누워도 그 속에서 기쁨을 찾을 수 있다."고 그는 말했다. 공자는 친구들과 함께 거문고를 연주하고 노래하고 웃고 농담하며 유쾌한 시간을 자주 보낸 것으로 보인다. 한번은 제자에게 자신을 "근심을 잊고 기쁨에 찬 사람"으로 보였으면 한다고도 말했다. 또 한번은 "통치자의 눈에 들면 어떤 목표를 추구하겠느냐?"라고 제자들에게 물었다. 한 제자는 "망가진 나라를 고치겠다."고 했고, 다른 제자는 "사람들에게 번영을 안겨 주겠다."고 했으며, 셋째 제자는 "사원에서 조상을 섬기겠다."고 말했다. 다음은 증자(曾子)의 차례였다. 『논어』에는 "거문고를 연주하고 있던 증자는 팅 하는 소리의 여운이 사라지기도 전에 악기를 내려 놓았다."라고 적혀 있다. 그리고 "제 소망은 이 세 사람의 소중한 목표하고는 사뭇 다릅니다. 늦은 봄에 의복이 마련되면 어른 대여섯 명과 소년 예닐곱을 데리고 기수 가에서 목욕하고 기우제 봉우리에 올라 산들바람을 즐기면서 노래하며 집으로 돌아가는 것입니다."라고 증자가 말했다. 이에 공자는 크게 감탄하면서 "내 생각도 증자와 같다."[26]고 했다고 한다.

이러한 그의 기벽에도 상관없이 제자들은 공자를 가장 현명하고 가장 훌륭한 선생으로 여겼고 그를 열렬히 옹호했다. "다른 사람들의 재주와 도덕은 밟고 올라설 수 있는 작은 언덕이며 흙무더기와 같지만, 스승은 해와 달이어서 밟고 올라설 수 없다."고 자공은 공자에 대한 비난을 반박했다. 공자 자신은 직업 전선에서 비틀거릴 망정 충성스러운 그의 가르침이 옳다는 제자들의 신념에는 흔들림이 없었다. "우리의 스승이 한나라의 통치자 혹은 한 가문의 가장이었다면 현자처럼 통치하였음을 확인하였을 것이다."라고 자공은 말하면서, "살아 계셨을 때는 영광이요, 스승의 사후에는 사람들이 몹시 애도했을 것이다."라고 하였다.[27]

그런데 공자는 이 평가에 동의하지 않았을지 모른다. 그의 인성에서 가장 흥미로운 측면은 자신을 늘 솔직하게 평가했다는 것이다. 자신을 위대한 현자라고 생각하지 않았다. 사실상 자기가 사람들에게 강요하는 만큼 자신이 도덕적이지 못하고 자기가 주장하는 교훈에 스스로 잘 따르지 못한다는 사실을 시인했다. 공자는 "난 내가 덕을 제대로 쌓지 못하는 것과 더 깊은 학문을 추구하지 못하는 것, 옳은 것을 알면서도 쫓지 못하는 무능력, 그리고 나의 결점을 스스로 바로잡지 못하는 것을 우려한다."[28]고 말했다. 완벽주의자로서 또 세상을 바꾸려는 사명감에 눌려 그는 자주 절망했다. 그렇지만 자기의 아이디어가 중국에 평화와 번영을 가능케 할 것이라는 믿음에는 변화가 없었다. 노나라를 떠난 공자가 자기의 비전을 현실화할 기회를 찾아 중국을 가로지르는 길고도 험한 여정을 시작함으로써 그의 그런 신념은 더 큰 시험대에 오르게 되었다.

공자는 중국 대륙 중부의 대부분을 여행했다. 그의 정확한 여정에 대해서는 다양한 학설이 있어 확실치 않다. 그러나 한 번 이상 방문한 위나라를 비롯하여, 최소한 여섯 나라를 들른 것 같으며 몇 년씩 같은 나라에 머무르는 경우도 있었다. 공자는 이 기간 동안 자기와 자신의 가르침을 받아들여 줄 통치자를 찾는 데 노력을 총동원했다. 그의 식견이 이미 널리 알려졌던 터라, 각국 조정의 주목을 쉽게 받았으며 따라서 통치자 및 지도자들과의 대화도 쉽게 이루어졌다. 13년에 걸친 오랜 여정은 정부와 사회 개혁에 대한 깨달음을 홍보하기 위한 캠페인이었다고 해도 무난할 것이다. 맹자는 공자가 이 기간 동안 적어도 한 번은 채용되었을 거라고 추측했다. 그러나 그렇게 추구하던 영향력 있는 고위직을 끝내 성취하지 못한 그는 끊임없이 갈등하였다. 혹 그러한 자리가 됐다 싶을 때마다 그의 희망은 또한 물거품이 되었다. 한 예로 초나라 왕이 공자에게 영토를 하사하려고 한 적이 있었는데, 수석 대신이 반대하였다. "만일 유능한 제자들이 많은 공자가 영토를 갖게 되면 우리에게 절대 좋을 수 없습니다." 라고 대신은 우려했다. 그러자 초나라 왕은 그 제안을 거두었다.[29]

이러한 불운이 그의 신념을 흔들리게 한 적도 있었다. 그의 여정 초기에 반란을 일으킨 진나라의 한 귀족에 속한 가신들이 공자의 참여를 요청했다. 노나라에서의 양호의 난 때처럼 그는 참여할까 고민했다. 그런데 제자 자로가 공자 자신의 말을 들어 "선생님, 군자는 옳은 일을 하지 않는 사람의 근처에도 가지 않는다고 말씀하지 않으셨나요? 그

곳에 가시는 것을 어떻게 정당화하시렵니까?"라고 물었다. 공자는 그렇게 가르쳤음을 인정하면서도, 반란에 참여하고 싶은 자신을 변명하려 했다. 공자는 자로에게 "진정으로 도덕에 충만한 사람은 악을 행하는 자와 어울린다 해도 더럽혀지지 않으며, 누가 주선하든 정부에 영향력을 발휘할 기회는 그냥 지나치기에 너무 중요한 것이다. 진정한 백색은 검은색에 물들지 않는다고 하지 않았느냐? 게다가 어찌 나 스스로를, 요리에 쓸 수 없어 고작 줄 끝에 매달아 놓은 박처럼 대접받게 둘 수 있단 말인가?"[30] 라고 말했다. 그런데 말은 그렇게 했지만 그는 결국 가신들의 요청을 거절했다.

날로 커가는 상심이 그의 판단을 흐리게 한 사건은 이것만이 아니었다. 예를 들어, 그가 위나라를 여행할 때 위의 통치자인 영공의 악명 높은 부인 남자(南子)와 얽힌 사건이 있다. 그녀는 성적으로 문란하다고 이름난 여자로 공자가 일부러 피하는 부류의 사람이었다. 그런데 남자가 공자에게 매우 직설적인 소환장을 보낸 것이다. 소환장에는 "다른 지역에서 온 군자가 우리의 주군과 우정을 나누려 뵈러 오면 항상 그의 아내를 방문한다."라고 씌어 있었다. 처음에 주저하던 공자는 생각을 바꾸었다. 남자 때문에 입장이 난처하게 됐던 것이다. 위나라에서 지위를 가지려면 그녀의 후원이 필요하다고 소환장은 확실히 말하고 있었다. 그런데 그녀의 소환에 응한다는 것은 품행에 문제가 있는 사람과 얽히게 되는 것이었다. 결국 공자는 다른 방도가 없다고 생각하고 소환에 응하기로 하였다. 회합은 기분 좋게 끝났다. 남자는 예의에 맞게 철저히 휘장 뒤에서 그를 맞았다. 공자의 절에 그녀가 답례하는 도중 "차고 있던 패옥이 쨍그렁 소리를 냈다."[31]고 적혀 있다.

그럼에도 남자를 방문했다는 사실 자체만으로도 제자들 사이에서는 논쟁거리가 되었다. 아마도 남자와의 사적인 만남으로 공자의 평판이 훼손당하고, 험담의 대상이 될까 두려워했을지도 모른다. 어쩌면 위나라에서 출세하려고 너무 굽실거린다고 생각했을 수도 있다. 남자를 방문하고 돌아온 공자에게 자로가 불쾌감을 토로하자, 자신의 명예를 두둔하면서 공자는 "내가 만일 옳지 않은 행동을 했다면 하늘이 나에게 저주를 내리소서. 하늘이여! 나에게 저주를 내리소서!"라고 외쳤다. 남자와의 만남은 아무튼 그에게 아무런 도움이 되지 않았다. 사마천은 남자 자신, 혹은 남자에 대한 영공의 집착이 공자로 하여금 '혐오감을 안고' 위나라를 떠나게 만든 이유라고 했다. 역사가 사마천에 의하면 공자는 "여성의 아름다움을 사랑하는 만큼 도덕을 사랑하는 사람을 아직 보지 못했다."라고 말했다.[32]

긴 여정 동안 공자는 목숨을 위협하는 위험에도 빠졌다. 쾅(礦)이라는 곳을 지날 때 일이었다. 공자를 이전에 자기들을 괴롭힌 악한으로 착각한 동네 사람들이 그를 붙잡았다. 어찌나 험악하게 구는지 제자들은 겁에 떨었다. 다행히도 오해였다는 사실을 깨달은 동네 사람들이 공자와 제자들을 풀어 주었다. 또 송나라에서는 병부 대신이 제자를 가르치고 있는 공자의 머리를 향해 나무를 쓰러트린 암살 시도가 있었는데, 아슬아슬하게 낙목을 피할 수 있었다. 일행의 여정은 때론 매우 궁핍했다. 장벽으로 둘러싸인 어느 도시에 도착한 공자가 일행과 떨어져 성문 밖을 서성거리고 있는 모습을 본 한 동네 사람이 "집 잃은 개 같구나!"라고 말했을 정도였다. 이 말을 들은 공자는 껄껄 웃으면서 "정말 맞는 말이구려."라고 맞장구를 치는 수밖에 없었다.[33]

공자 일행에게는 진나라의 어느 외진 지역을 지나던 기원전 489년이 여정에서 가장 힘들었던 시기였다. 진나라에 머문 지 3년이 되는 해에 전쟁이 발발했고 공자는 길을 나서기로 결정했다. 황량한 황무지를 떠도는 그들의 궁핍은 심해만 갔다. 식량이 모자라 기아가 현실이 될 지경이었다. 문체가 매우 신중한 『논어』에도 그 상황만은 아주 심각하게 다루었다. "식량이 바닥날 때 즈음의 제자들 상태가 얼마나 쇠약했던지 제대로 일어서지도 못했다." 어떻게 공자가 그러한 곤경에 빠지게되었는지는 명확하지 않다. 사마천의 말로는 진나라와 이웃인 채나라가 경쟁국인 초나라에 공자를 위한 자리가 있을 수 있다는 첩보를 듣고, 그가 초의 세력 강화에 도움이 될 것을 걱정한 나머지 군사를 보내길을 막았다는 것이다. 이 시기는 공자의 인생에서 아주 중요한 시기였다. 몇 년 동안 아무 희망 없이 배고픔에 시달리며 헤맨 공자와 제자들은 신체적·심리적 한계에 도달했던 것 같다.[34]

이런 운명을 가장 한탄하는 제자는 당연히 따지기 좋아하는 자로였다. 『논어』의 표현에 따르면 자로는 '분개에 가득 찬 얼굴'로 공자에게 대들었다고 한다. 즉, 도덕의 길을 따르려고 최선을 다 하는 사람들에게 왜 이런 결핍이 닥치느냐는 것이었다. 자로는 "군자조차 이런 극한 상황을 겪는 때가 있습니까?"라고 공자에게 따졌다. 그러자 도덕군자는 불행이 닥쳤을 때 그의 진정한 힘을 깨닫는다고 공자가 대답했다. "군자는 극한 상황에 처하는 것 자체를 놀랍게 여기지 않는다. 반대로 소인은 그런 상황에서 자신을 자제하지 못한다."고 현자는 말했다. 이사건 2세기 후, 위대한 공자사상가인 순자(荀子)는 삶에 어떤 고난이 있더라도 옳은 일을 하겠다는 공자의 결의로서 이 대답을 해석했다. 이 해석에 의하면, 공자는 자로에게 진짜 군자는 깊은 숲 속에 숨어 있는 아름다운 꽃과 같다고 말했다. "그 향기에 취하는 사람이 없다고 해서 그 향기가 없어지는 것은 아니다. 군자의 배움도 똑같다. 군자가 배우는 것은 자신을 알리기 위해서가 아니다. 따라서 극한상황에서도 원통해하지 않고 불안의 시간에도 목적을 잃지 않는다."고 설명했다. 공자의 메시지는 간단명료했다. 훌륭한 사람은 어떠한 경우에도 도덕성을 지켜야 하며 그런 행동에 대한 보상을 바라지 말아야 한다는 것이다. 이는 바로 공자의 교리를 규정하는 가장 중요하고 또한 가장 면면히 이어지는 사상 가운데 하나였다.[35]

물론 자로가 근거 없는 불평을 한 것은 아니었다. 공자와의 대화에서, 공정성과 자애로운 사회 개혁에 헌신하는 사람들이 외진 곳에서 굶어 죽는 동안, 그들보다 못한 자들은 사무실과 사치스러운 집에서 배불리 먹고 권력을 휘두르고 있다고 하면서, 그들이 처해 있는 곤경과 불공평함을 지적한 것이었다. 공자와 공자의 철학에 대한 헌신은 자로에게 재물도 권력도 주지 않았다. 사마천은 공자와 추종자들이 황야에서 방황하며 무엇이 잘못되었는지, 어떻게 해야 이 처지에서 벗어날 수 있을지 토론하였다고 한다. 공자는 알 수 없는 표정을 지으며 자로에게 물었다. "우리의 길이 잘못되었는가? 그래서 이렇게 되었는가?" 자로는 자신과 공자를 탓했다. "우리에게 인간성이 모자라 사람들이 안 믿는 것일 수 있습니다. 아니면, 사람들이 따르게 할 만큼 우리가 명석하지 못한 것일 수도 있습니다."라고 자로는 대답했다. 공자는 그 말에 동의하지 않았다. 그는 중국 역사에서 비극적 종말을 맞은 한 지식인의 예를 들면서 유식한 사람이 항상 대중의 지지를 받는 것은 아니라고 지적했다.

그러고 나서 자공에게 같은 질문을 하였는데, 자공은 공자의 가르침 같은 높은 기준을 지향하는 사람이면 다 겪는 어려움이라고 대답했다. "선생님의 길은 세상이 받아들이기에 너무 고귀합니다. 약간 달리 생각해 보시지요." 이번에도 공자는 동의하지 않았다. 호의를 얻으려고 올바름을 타협하는 것은 잘못된 일이라고 자공을 훈계했다. "군자는 그의 길을 닦고, 원칙을 세우고, 간추리고, 사리를 따질 수 있지만 그의 그런 방식이 수용되게 할 수는 없을지도 모른다. 네가 지금 말하는 것은 너의 길을 닦는 것이 아니라 남을 만족시키는 것에 목적을 두고 있다. 야망으로서는 너무 낮다." 마지막으로 안회에게 물었다. 안회는 다른 제자들의 회의(懷疑)에 동의하지 않았다. 그는 사람들이 자기들의 지혜에 귀 기울이지 않는다 해도 옳다고 믿는 일에는 최선을 다해야 한다고 대답했다. "진리를 도모하지 못한다면 우리 잘못입니다. 반면에 우리가 완전히 진리의 길을 닦았는데도 채택되지 않는다면 그것은 통치자들의 잘못입니다."[36]

어떻게 공자와 제자들이 그 황야를 벗어났는지는 명확하지 않다. 사마천은 공자가 자공을 먼저 초나라에 보내어 구원을 요청했다고 썼는데, 사실이 아니라고 믿는 학자들도 많다. 어찌되었든 공자는 이전과 다름없는 사명감에 충만한 모습으로 살아서 초나라에 나타났다. 그러나 이때를 즈음하여 공자는 아직 인식하지 못한 사실을 다른 사람들은 이미 이해하고 있었다. 즉, 그가 가망 없는 일을 추구하고 있다는 것이다. 『논어』에는 '초나라의 미친 자'로 불리는 접여(接與)가 공자 곁을 지나가면서 부른 노래가 실려 있다.

봉황새야, 봉황새야, 어찌 그리 덕이 쇠했느냐?
지나간 일은 그렇다 쳐도, 다가올 일은 충분히 알 만하지 않은가.
그만두시게! 그만두시게!
지금 정치에 뛰어드는 건 위험천만이라네.

공자는 이 미친 자와 대화하려고 마차에서 뛰어내렸으나 이미 그가 사라진 후였다.[37]

이 미친 자는 공자를 완전히 다른 길로 들어서게 하려고 했던 것 같다. 접여는 공자가 수확 없는 노력에 인생을 이미 상당 부분 낭비했으며, 도덕적 신념과 강한 의지의 소유자가 그 당시의 잔혹한 정치에 뛰어드는 것은 목숨을 거는 것과 마찬가지라고 말하는 것이었다. 그는 공자에게 자기처럼 모든 것을 단념하고 세상과 타협하지 말라는 거였을 수 있다. 즉, 공자를 결코 인정하지 않을 그릇된 사회를 포기하라는 조언이다. 그를 만나러 뛰어내렸다는 것만 봐도 공자가 접여의 말에 관심은 있었던 것 같다. 그러나 세상에 등을 돌릴 공자가 아니었다. 『논어』에 나오는 다음 공자의 말에서 그 사실이 확연히 드러난다. "인간은 새나 짐승과 어울릴 수 없다. 나 또한 인간이 아닌가?"[38]

훗날 높이 평가받을 공자의 아이디어가 당시에 그렇게 철저히 무시되었던 이유는 무엇일까? 언뜻 보기에는 공자의 실패가 의외로 느껴진다. 향후에 많은 중국과 동아시아 국가의 황제와 고관들은 공자의 가르침의 상당 부분을 제국 통치에 유용한 사상으로 받아들였다. 그 이유는 공자가 중국의 전통적 사회 및 정치 구조를 뒤집으려는 의도가 아니라 그 구조를 활성하고 개선하며 보강하는 것에 초점을 맞추었기 때문이다. 공자가 지향하는 정부는 강력한 왕이 정점에서 군림하는 당시의 군주제였다. 그가 주장하는 사회 구조에서는 신하와 백성들이 당연히 왕에게 절대적인 충성을 보여야 했다. 공자는 왕을 "하늘의 아들, 천자"라고 일컬었는데, 자신의 영토를 완전히 장악하는 그런 왕만이 효과적으로 나라를 통치할 수 있다고 주장하였다. "질서가 바로 선 세상에는 의식, 음악, 군사 원정 등이 천자로부터 비롯한다. 질서가 없는 문란한 세상에는 의식, 음악, 군사 원정 등이 제후에게서 비롯된다. 제후로부터 비롯된 세상이 열 세대를 넘기며 권력을 유지하는 경우는 드물다."[39]

공자는 명확한 사회적 의무가 규명된 계층 정점에 통치자가 있다고 생각했다. 그리고 중국의 질서를 회복하는 길은 통치자로부터 농부에 이르기까지, 공동 사회의 모든 구성원들이 각자에게 규정된 의무에 충실하는 것이라고 믿었다. 세상을 관리할 위치에 선다면 무엇을 제일 먼저 하겠냐는 고집불통인 자로와 나눈 대화에서 공자는 가르침의 가장 근본적인 개념을 설명했다. "우선 명칭들을 바로잡겠다."고 공자는 대답했다. 수수께끼 같은 대답을 이해하지 못한 자로는 "또 이상한 말씀 하시네요!"라고 되받았다. 약간 역정이 난 공자는 자신의 대답을 풀이했다. "이 깨지 못한 놈"이라고 현자는 쏘아붙이면서 "명칭이 정확하지 않으면 언어 또한 진실과 멀어지고, 언어가 진실과 멀면 일들이 제대로 이루어질 수가 없다… 따라서 손이나 발을 어찌 움직여야 하는지 어찌 알 수 있겠는가? 그러므로 뛰어난 사람은 그가 사용하는 명칭을 정확하게 말해야 그가 말하는 것이 정확하게 이행된다는 것을 안다."[40]

공자가 여기서 말하고자 하는 것은 사실 아주 간단하다. 모든 사람이 각자의 의무를 다하라는 것이다. 예를 들어, 조정의 대신은 나라를 현명하게 관리하고 그의 주군을 충성을 다하여 모시며 임무를 충실히 이행해야 한다. 그가 자신의 임무를 소홀히 하고, 개인의 이익을 위해 행동하거나, 혹은 통치권을 넘겨다보고 임무에 소홀하면 그는 더 이상 대신이라고 불릴 수 없다. 마찬가지로 백성들도 세금을 내고 군대에 복무하고 통치권을 존중하는 등 각자 의무를 다 해야 한다. 그렇지 않으면 올바른 백성이 아니다. 명칭이 사실과 틀리면 혼란과 불확실성이

야기되고 그 결과로 마찰과 사람들 간의 불만이 초래되며 규칙이 상실된 사회로 이어진다. 즉, 명칭을 '바로잡음'으로써 모든 사람들이 자기의 맡은 임무를 수행하여 분쟁이 줄고 그릇된 행위를 최소화하면서 사회에 질서가 잡힌다는 것이다.

왕의 입장에서는 듣기 좋은 이야기였다. 공자는 당시의 왕들이 원했던 대로 통치자에게 왕국에 대한 최종적 권한을 부여했는데, 다만 조건이 하나 있었다. 공자의 완전한 세상에서는 왕도 자기 마음대로 통치할 수 없다. 사회의 일원으로서 역할이 정해져 있었다. 통치자는 백성들의 최대 이익을 위하고 복지에 신경 쓰며 자비롭게 통치해야 했다. 한 관리가 어떻게 하면 백성들의 존경심을 얻을 수 있느냐고 묻자, 공자는 "품위를 갖고 다스리면 존경을 받을 것이고, 친절로 다스리면 최선을 다할 것이며, 선을 행하며 낙후된 자들을 가르치면 열심히 할 것이다."라고 대답했다.[41] 하루 종일 사치에 빠져 있거나 백성을 착취하여 부를 축적하거나, 노나라의 정공처럼 무용수들과 놀면서 국무를 소홀히 하여 임무를 수행하지 않는 왕은 그 스스로 왕이라 할 자격이 없다고 했다. 공자는 절대적인 군주가 최선이라고 믿었지만, 통치자에게 지위를 악용할 권리나 힘을 부여한 그런 개념이 아니었다. 공자가 주장하는 것은 통제된 권력이지 절대적인 권력은 아니었다.

그러한 통제의 실체는 도덕이었다. 공자는 왕을 포함한 모든 사람이 각자 행동에서 높은 윤리성을 성취하려고 노력해야 한다고 믿었다. 그가 제시한 기준은 기독교와 유사했다. "네 자신이 원하지 않는 것을 타인에게 강요하지 말라."고 공자는 말했다.[42] 공자는 이렇게 예수보다 500년 전에 기독교의 황금률을 이미 설파했던 것이다. 『논어』 전체에 걸쳐 공자는 군자가 갖추어야 할 가장 중요한 미덕은 '인(仁)'이며, 인이란 무엇이며 어떻게 베풀어야 하는지에 대하여 제자들을 교육했다고 기록되어 있다. 언젠가 공자는 인은 공손함(恭), 관대함(寬), 믿음(信), 민첩함(敏), 그리고 베풂(惠)이라는 다섯 가지 특성을 지니고 있다고 했다. 또 한 번은 "이웃을 사랑하라"라고 했는데 이 역시 예수의 가르침과 흡사하다. 공자는 공정함, 지혜, 진실성 등 여러 자질 외에도 인(仁)을 실천하는 사람을 '군자'라고 불렀으며 그런 사람이 추구하는 길을 '대도(大道)'라고 했다. 그는 대도를 따르는 것이 아주 힘든 일이라면서, "현자를 만날 희망은 없고 군자라도 만났으면 한다."고 말했다.[43]

공자는 일반인보다는 왕으로부터 더 많은 것을 기대했다. 왕은 자신의 도덕적 감각에 충실해야 할 뿐 아니라, 나라의 모든 사람들이 본받을 만한 도덕의 귀감이 되어야 하는 무거운 의무도 지녔다. 또한 스스로를 완벽하게 함으로써만 통치할 수 있으며, 그 과정에서 사회 전반을 완전하게 할 수 있다. 공자는 "자신이 모범을 보여 국민들이 열심히 일할 수 있게 해야 한다."고 통치에 관한 질문에 대답했다. 또 한번은 관리에게 "옳게 행동함으로써 모범을 보인다면 누가 감히 잘못을 저지르겠느냐?"라고 물었다. 더 중요하게는 도덕적인 왕만이 권한을 지킬 수 있다고 믿었다. 백성들은 그런 왕을 기꺼이 따르게 되어 사람이 넘치고 부유해질 것이며, 그 결과로 힘이 아닌 자비로서 중국을 통일할 수 있을 것이다. "도덕에 의한 통치는 마치 제자리에 머물면서 수 많은 별들을 거느리며 호령하는 북극성과 같다."라고 공자는 말했다. 즉, 도덕적인 것이 진실한 힘이라는 것이 공자의 주장이었다.[44]

이러한 사상의 논리를 이해하는 것은 그리 어렵지 않다. 좋은 정치를 하고 백성의 복지를 살피는 도덕적이며 호의적인 왕은 많은 지지를 받을 것이나, 자신은 호화롭게 사치하고 부당한 세금을 걷어들이며 아무

것도 하지 않는 동안 백성들은 가족들을 먹여 살리려고 애써야 하는 그런 정책을 추구하는 왕은 강압적으로 권력을 지킬 수밖에 없으므로 결국 사람들이 등을 돌린다는 것이다. 즉, 그 무엇보다도 중요한 민심을 얻기 위해서는 왕은 법이나 형벌보다는 탁월하고 정직한 정책을 펴야 한다는 이론을 제시한 거였다. 공자는 당시의 통치자들이 이러한 길을 좇음으로써 옛날의 현자이자 왕이었던 인물들을 닮고 중국에 도덕적 규칙을 회복하여 평화와 번영의 새로운 장을 열 수 있기를 바랐다.

어쩌면 공자의 이런 사상이야 말로 가장 급진적인 사상이었을는지도 모른다. 당시의 통치자들은 군대, 정복, 보화를 모으는 일에 몰두하고 있었다. 온통 이웃 나라보다 얼마나 많은 군사를 호령할 수 있고 얼마나 많은 돈을 금고에 쌓을 수 있을까 하는 욕망으로 가득했다. 공자는 그런 것은 나라를 성장시키는 옳은 방법이 아니라고 그들에게 일깨워 주려는 것이었다. 칼과 방패로 제국을 건설할 수 없고 무거운 세금과 징병제로는 백성들을 감동시킬 수 없다는 말이었다. 권력과 특권을 얻는 유일한 방법은 올바른 자비라고 하였다. 그러나 수많은 왕국들이 영토 확장, 재정 확보, 그리고 생존을 위하여 경쟁하던 춘추시대에 공자의 말이 통할 리 없었다. 군사 전술이나 지정학적 전략에 대한 조언을 듣고자 군주나 왕들이 공자를 불렀건만 윤리, 역사, 시에 대한 것만 들은 셈이다.

공자의 사상이 중국 통치자의 주목을 받지 못했다는 사실은 『논어』에도 잘 나타나 있다. 위나라 영공이 공자에게 군사 진법(陣法)에 대한 조언을 구했을 때 공자는 이렇게 대답했다. "제사에 쓰는 그릇을 늘어놓는 법은 배웠지만 군사를 지휘하는 것에 대해서는 배운 적이 없습니다." 그러고는 위나라를 떠났다. 야심만만한 위나라 영공이 원한 것은 완고한 마키아벨리였지 거만한 목소리로 조정의 의식을 말하고 옛 시나 읊는 노인은 아니었다. 통치자들이 원하는 것은 권력의 극대화였지 도덕적 강요와 고대 이념에 구속되는 것이 아니었다. 간단히 얘기해서 공자는 당시의 중국 통치자들에게 너무 많은 것을 바란 것이다. 한번은 당시 관료들에 대한 질문에 이렇게 대꾸했다. "그들의 능력이 얼마나 미천한지 신경 쓸 필요조차 없다." 공자는 시대를 앞서가는 사람이었다. 먼저 전반적인 정치개혁이 이루어진 후에야 비로소 중국의 엘리트들이 공자의 가르침의 가치를 깨달을 수 있었다.[45]

기원전 484년, 공자는 노나라에서 서찰 한 통을 받았다. 새로운 군주가 그에게 고향에 돌아오라고 하는 것이었다. 한때 제자였으며 당시에 노나라에서 상당한 영향력을 가진 고관이 된 염구(冉求)가 개입된 듯하다. 성과 없는 긴 여행길에 지치고 낙망한 공자는 그 요청을 받고 노나라로 돌아갔다. 그러나 공직이 기다리고 있지 않았다. 사마천에 의하면 더 흥미로운 점은 공자가 공직을 구하지도 않았다는 사실이다.[46]

노나라의 실정은 개탄스러웠다. 귀족들은 새 군주인 애공(哀公)을 제쳐 놓고 사익만 챙기며 나라를 다스리고 있었다. 이러한 상황에서 공자는 추종자들에게조차 영향력이 없었다. 한번은 염구가 주군인 부유한 지씨족을 대신해 물었다. 즉, 주민들에게 토지세를 부과하여 더 많은 세금을 거두려는 계획을 공자에게 자문을 구한 것이다. 공자는 어차피 자신의 말을 듣지 않을 것이라는 생각에 그런 문제라면 아무것도 아는 것이 없다고 하였다. 지씨족이 공자에게 네 번을 거듭 질문하자, 이 현자는 염구를 따로 만나서 이 세금은 귀족들의 탐욕을 채울 뿐 백성에게는 불필요한 짐만 지우는 정당치 못한 일이라고 대답하였다. 공자는 "뛰어난 사람의 행동은 적절성이라는 원칙에 따라 이루어진다." 고 교훈했다. 그는 또 "만일 지씨족이 적절성의 원칙을 따르지 않고 탐욕만을 좇아 행동한다면 토지세를 부과한다고 해도 끝내 만족하지 못할 것이다. 이런 비정상적인 행동을 할 것이면 왜 나의 조언을 구하는 것인가?"라고 물었다. 염구는 결국 이 말을 듣지 않고 세금을 부과했다. 화가 난 공자는 "염구는 더 이상 나의 제자가 아니다."라고 공언했다.[47]

공자는 공직 세계에서 물러나 교육과 집필에 집중했다. 이 위대한 현자의 전기를 수록한 안핑친(金安平)은 공자가 결국 자기의 운명을 받아들이고 정치적 승리에 대한 욕망을 접고 나서 삶에 평화를 누리게 됐다고 했다.[48] 아마도 실망을 받아들이고 스스로 후회에서 벗어나려는 의도였을 것이다. 그러나 매우 힘든 과정이었으리라. 세상은 여전히 혼란스러웠고, 중국인들의 고통은 가슴이 미어질 정도로 심각하였으며, 지도자들의 탐욕과 이기심에는 조금도 호전이 없었다. 공자에게는 중국의 많은 문제를 풀어 줄 해답이 있다는 신념이 있었으나, 정작 문제는 아무도 그의 말에 귀 기울이지 않았다는 것이다. 속앓이가 대단했으리라. 그는 기력은 소진되고 말은 거부되고 무시되는 노인이 되어가고 있었다.

그러나 이 실패한 사람은 후대에게 중국 문명의 아버지로 추앙받게 된다. 그의 삶을 보면 공자가 중국 역사의 어떤 부분에 기여했는지 의문이 들지 않을 수 없다. 공자의 실제 삶을 보면 후세에 중국과 동아시아 일대의 정치 및 사회 발전을 규정하며 번창한 교리의 창시자라기보다는 이미 오래전부터 존재한 이념이나 문물을 반복하고 전파시킨 선생이며 고전주의자일 뿐, 그 당시 중국에는 거의 영향을 미치지 못한 사람이었다. 이런 관점에서 보면, 인간 공자가 '유교'라고 불리는 정식 교리를 창시한 것이 아니라, 미래의 추종자들이 그의 중요성을 과장하기 위해 그에게 근본적이고 획기적인 역할을 부여하고 역사를 소급 적용한 것이었다. 공자 자신도 자기가 새로운 교리를 창조한 것이 아니라 옛적의 가르침과 전통을 전달하는 것뿐이라고 말했다. "전하는 것일 뿐 혁신한 것은 아니다."[49]

그렇지만 그것은 지나친 겸손이었다. 그의 인생은 실패였으나 세계 역사에서 공자의 중요성은 감소되지 않는다. 예를 들어 예수처럼 사후에야 지구 문명에 지대한 영향을 준 사람들이 역사에는 많다. 당시에는 충직한 제자들 외에는 거의 인지하지 못했지만, 공자는 중국의 역사를 바탕으로 둔 평화로운 사회에 대한 명확한 비전과 인류적 행위를 정의한 논리 정연하고 위대한 철학을 창조하였던 것이다. 중국 현자들의 지혜를 밝혀내어 개선하고 개념을 재정리하여 독특한 교리로서 미래 세대에게 전달하였다.

쟁점은 공자가 설파하려던 것이 무엇이었는지를 정확히 파악하는 것이다. 공자는 후세의 제자들에게 남긴 것이 거의 없다. 중국 학자들은 유교의 기본 경서로 알려진 오경(五經)을 공자가 거의 대부분 저술하고 편집 혹은 편찬하였다고 믿었다. 오경은 시집인 『시경』(詩經), 역사책인 『서경』(書經), 예언에 대한 『주역』(周易), 의식에 관한 『예기』(禮記), 노나라 역사에 관한 『춘추』(春秋)로 이루어져 있다. 사마천에 의하면 공자는 3,000여 편의 고대 시 가운데 '도덕적 가치'에 따라 305편으로 추려서 『시경』을 편찬하였는데, 그 노력으로 전통적 의식을 "널리 알려 왕국의 문화를 부각"시켰다.[50] 어떤 학자들은 공자가 제자들 교육용으로 이용할 교과서로 편찬한 것이었다고 한다. 다시 말하면, 공자 이 전에는 오경이 없었다는 것이다. 제국 시대의 학자들은 공자가 단지 오래된 시와 글을 묶은 것만은 아니라고 믿었다. 공자학파들은 현자가 성공적인 정부를 위한 지침서로서 『춘추』를 편찬했다고 믿었다. 그리고 그 안에는 공자의 숨어 있는 지혜를 깨닫기 위해서 해독하여야 하는 비밀 메시지가 들어 있었다. 오경이 중국 문명에 미친 영향은 헤아릴 수 없다. 오경과 『논어』 같은 공자학파의 저술은 2,000년간의 제국 시대를 걸쳐 중국의 교육 및 정부의 기초가 되었다.

오늘날의 학자들은 오경을 비롯하여 그의 저술로 인정되는 책자들에 대한 공자의 역할에 대해 의문을 제기하고 있다. 공자의 역할이 전혀 없었다고 주장하는 학자들이 있는가 하면, 공자와 그의 제자들은 오랜 시간에 걸쳐 초안을 쓰고 고전 편찬을 준비한 여러 지식인들의 일부에 그친다고 하는 학자들도 있다. 어떤 소재는 공자 시대 전에, 아니 훨씬 오래 전에 쓰여졌던 것이 거의 확실하며 또 어떤 것들은 그의 사후에 우리가 현재 접하는 양식으로 작성되거나 편집되었을 가능성이 높다.[51]

공자와 그의 유교사상과 가장 밀접한 『논어』조차도 공자 자신이 저술한 것이 아닐 확률이 매우 높다. 공자학파는 공자의 제자들이 그와 나눈 대화와 강론을 기억하여 저술한 것이라고 주장했지만, 지금은 그의 제자들이 아니라 제자의 제자들이 작성한 것이라는 주장이 유력하다. 그렇다고 해서 『논어』나 다른 책들에 공자 자신으로부터 비롯된 소재들이 없다는 것은 아니다. 특히 『논어』에 저술된 공자의 발언들은 어느 정도 신뢰성을 인정받고 있다. 그러나 우리가 오늘날 알고 있는 공자와 그의 가르침은 예수의 경우처럼 또 어쩌면 변형되어 제3자를 통해 전달된 것이어서 정확성을 확인할 도리가 없다. 그래도 『논어』가 존재한다는 사실 자체가 고대 중국 학자들 사이에서 공자의 위치와 명성에 대해 시사하는 바가 크다. 당시 서적이란 아주 고귀한 것이어서 추앙을 받는 인물들의 사상만이 책으로 남겨졌다. 공자를 직접 언급한 책자가 있다는 것만으로도 학자들이 그의 가르침을 중요하게 생각했다는 증거이다.

기원전 479년, 공자는 병환으로 병석에 누웠다. 그의 가장 충실한 제자 중 자공이 머나먼 주나라로부터 그를 문병했다. 이 두 사람은 거의 10년 만에 다시 만난 거였다. 자공은 노나라를 떠나 주나라에서 외교관으로 성공하고 있었다. 자공이 공자의 집에 들어섰을 때 늙고 쇠약한 현자는 지팡이에 의지하며 대문가를 걷고 있었다. 재회는 당연히 기쁘고 감격스러워야 했다. 하지만 공자의 심기는 편하지 않았다. 너무 늦게 자공이 찾아 왔다고 불평했다. 그러고는 그가 좋아하는 고대 시의 몇 구절을 읊기 시작했다. 노쇠함에 대한 트라우마와 불가피한 죽음을 떠올리는 구절이었다.

태산이 무너지는구나,
대들보도 쓰러지는구나,
철인이 시드는구나.

현자의 눈에 눈물이 고였다. "세상은 정도를 잃었다. 나를 따를 자가 없구나."라고 공자는 탄식하며 자공에게 말했다.

일주일 후에 공자는 세상을 떠났다. 그의 나이 73세였다.[52]

마지막 시간에 자공이 옆에 있었다는 것이 큰 위안이었으리라. 공자는 그 시점에 정말 홀로였다. 아들은 이미 세상을 떠났고, 자로도 안회도 세상을 떠난 후였다. 그가 이승을 떠나갈 때 그나마 그를 지켜 줄 자공이 있었던 것이다.

그런데 어쩌면 자공의 등장이 공자의 심기를 거슬리게 했을 수도 있다. 공자는 좌천되고 잊혀졌지만 같은 시기에 자공은 관료 사회에서 빛을 발휘하고 있었다. 실패했지만 늘 자기가 바라 마지않던 인생을 자공은 살고 있었다. 이 위대한 현자가 저승을 바라보면서 후회, 질투, 실망으로 휩싸여 있었을 것이라는 생각이 탐탁지는 않다. 종말이 다가왔을 때 자기의 인생을 실패가 아닌, 고장 난 사회를 고치려던 끊임없는 노력으로 평가했기를 희망할 뿐이다. 자신의 최선을 다했다고 인정했기를 바란다.

공자 자신은 인식하지 못했을 수 있지만 희망을 가질 이유가 있었다. 자공은 공자가 기원전 479년에 예견할 수 없었던 것을 상징했다. 공자와 그의 가르침의 미래를 보여 주는 본보기였다. 인간 공자가 남긴 가장 큰 유산은 공자 자신만큼이나 공자의 이상과 목표 등 모든 것에 헌신할 수 있게끔 교육받은 충실한 제자들이자 학자였다. 공자를 실패한 정치가에서 동아시아 역사상 가장 영향력 있는 사람으로 변신시킨 사람들은 바로 이 제자들과 미래의 추종자들이었다.

2장

현자로 불린 공자

공자가 말하기를, "왕의 인의는 하늘의 의지와 무관하지 않다."

—동중서

"나는 슬픔과 비통함에 싸인 세상에 홀로 남겨졌다."고 공자의 죽음을 전해들은 노나라의 군주 애공은 탄식했다. "아, 선생님, 이제 저는 누구를 따라야 합니까?" 속설에 따르면 심란해하던 군주는 의외로 존경의 표시로 사원을 건축하고 공자의 이름으로 제물을 바치도록 명령했다. 그리고 이 사례는 향후 2,500년간 공자를 기린 많은 중국의 통치자들의 본보기가 되었다.[1]

그러나 애공의 감정 표현은 어딘가 석연치 않다. 현자가 살아 있을 때보다 세상을 떠난 후 보인 그의 행동은 사람들에게 위선으로밖에 보이지 않았다. 자공은 "그가 살아 있을 때 포용하지 않고, 죽은 후 슬퍼하는 것은 진실이 아니다."라며 불만을 토로했다.[2] 사실 애공의 과장된 고별에도 불구하고 노나라를 비롯한 다른 중국 영토의 어느 정치 세력도 죽은 공자의 사상을 더 받아들이려는 조짐은 없었다.

반면 제자들은 진심으로 스승의 죽음을 애도했다. 취푸(곡부성) 외곽에 있는 그의 묘지(오늘날에도 현존함)에 모여서, 마치 공자가 그들의 생부인 것처럼 3년 동안 가르침을 받은 대로 애도하며 지냈다. 그리고 나서야 그들은 헤어졌다. "이별이 가까워지면서 그들은 서로를 쳐다보며 하도 울어 다들 목소리가 쉬었다."고 맹자는 회고했다.[3] 자공은 남기로 했다. 공자의 무덤 옆에 오막살이를 지어 머물면서 3년간을 더 애도했다. 그러고 나서 자공도 떠나고 공자는 홀로가 됐다. 이렇게 이 위대한 현자의 사명은 끝이 났으나, 그의 이야기는 이제 막 시작되고 있었다.

그는 사라졌지 잊혀진 것이 아니었다. 자공과 제자들은 스승을 잃었으나 그의 사상과 목적에 대한 열정을 잃은 것은 아니었다. 베드로와 요한이 예수가 못 박혀 죽은 후에도 그의 가르침을 전파한 것처럼, 공자의 제자들도 새로운 세대의 학생들에게 공자의 철학을 가르쳤다. 그리고 그 학생들은 또 자신들의 제자를 길러 냈다. 수십 년이 흐르는 동안 점점 더 많은 젊은이들이 공자의 사상을 배우게 되었다. 추종자들이 이렇게 늘어나면서 『논어』에 담겨 있는 내용을 전해 들은 그들은 공자의 말을 기록하기 시작하는 한편 공자의 생각을 상술하고 가르침의 영역을 확대하면서 그의 사상에 대한 논문을 썼다. 이런 과정을 통해 어떻게 보면 공자는 부활됐고, 더 나아가 그의 사상은 더 복잡하고 포괄적인 학문으로 변모했다.

이 당시의 가장 중요한 사상가는 맹자였다. 중국 역사상 공자 자신을 빼놓고, 중국 조정도 '두 번째 현자'라고 부른 맹자보다 유학의 발달에 더 기여한 사람은 없다. 그의 가르침이 기록된 책인 『맹자』(孟子)는 『논어』처럼 그의 말과 대화를 모아 놓은 것이고 유학에 관한 가장 중요한 책 가운데 하나로 칭송받는다.

맹자의 삶은 어떻게 보면 공자의 인생을 재연한 것 같은 착각을 준다. "나의 소원은 공자처럼 되는 것이다."라고 맹자는 말했을 정도이다. 맹자가 어느 시대에 살았는지는 분명치 않으나 학자들은 기원전 4세기 쯤이라고 추측한다. 그의 영웅인 공자의 고향 취푸(曲阜)에서 멀지 않은 곳에서 태어난 맹자는 공자처럼 어렸을 때 아버지를 여의었는데, 교육에 열정적인 완고한 어머니 손에서 자랐다. 너무 가난해서 학자금을 댈 수 없던 어머니 장씨는 맹자를 학교 교실 창 밖에 앉히고 흘러나오는 소리를 들어 배우게 하였는데, 맹자의 집요함에 감복한 선생이 결국 그를 교실로 불러들여 가르쳤다. 사마천은 맹자가 공자의 손자인 자사(子思)로부터 배웠다고 말하나, 두 사람이 살았던 시기를 감안하면 거의 불가능한 이야기이다. 아마도 맹자와 공자를 어떻게든 연결시키려고 꾸며 낸 이야기인 듯싶다.[4]

공자처럼 맹자도 관리가 되어 정부를 안에서부터 개혁하려는 의도를 품었다. 맹자 시대의 중국도 공자 시대만큼이나 험하고 불안정했다. 그 이름도 적절하게 전국시대라고 불리었는데, 기원전 475년에서 기원전 221년까지를 이른다. 중국을 통일하려는 군주들 각자의 염원으로 인해 왕국 사이의 전쟁은 끊임이 없었다. 공자가 그랬듯이, 맹자도 이 참혹한 혼란의 시대를 종식시키는 신성한 사명이 자신에게 있다고 믿었다. 한번은 현자의 성정을 품은 왕이 없다고 한탄하면서 "하늘이 아직 천하를 평화롭게 다스리고자 하지 않아 그렇지, 만일 그리하고자 한다면 지금의 세상에서 나 말고 누가 그런 일을 할 수 있겠는가?"라고 맹자는 말했다.[5]

그리하여 맹자는 40년 동안 그가 존경하는 현자의 발자취를 따라 옥신각신하는 나라들을 찾아 다니며 관리직을 구하고 허세를 부리는 통치자들에게 공자의 지혜를 권유하였다. 그의 직설적이고 때로 거친 태도는 공자와 닮았다. "논쟁을 싫어하지만 피치 못해 한다."고 맹자는 말했다. 한때 제나라에서 고관의 지위에 올랐던 것으로 추정되지만, 결국 공자와 비슷하게 기득권의 지지를 받거나 지위를 오래 유지하는 데에는 실패하였다. "나라 전체가 당파로 나뉜 상황에서… 분쟁은 예사로 일어났다."고 사마천은 당시 사정을 탄식했다. "맹자에게는… 그런 통치자들과 좋은 관계를 유지하는 것이 어려웠다."[6]

그는 유교사상 전파는 물론 학문적인 발전에 열심이었는데, 공자가 거의 다루지 않은 주제에도 도전하였다. 예로, 당시에 가장 뜨겁게 논쟁이 이루어지던 인간의 본성에 관한 고민을 들 수 있다. 시대적인 혼란을 겪던 중국 사상가들은 어떤 요소가 인간의 행동에 동기를 부여하는가에 대해 궁금해했다. 즉, 인간은 태어날 때부터 악한 것인가? 이것은 맹자가 공자사상에 가장 크게 공헌한 웅대한 의문이었으며, 향후 2,000년에 걸쳐 발전한 공자 교리의 많은 부분을 형성한 것이었다. 맹자는 인간은 본래 선하다고 아니 좀 더 구체적으로 말하자면 선천적으로 선할 수 있는 잠재력이 있다고 하였다. 공자사상을 확대하는 견해였지만 이런 믿음을 명확하게 정의한 추종자는 맹자가 처음이었다.

맹자는 재앙이 닥쳤을 때 가장 긍정적이고 동정 어린 본능이 어떻게 사람으로부터 표출되는지 논리적으로 증명하려 하였다. "인간은 타인의 고통을 무시할 수 없는 감정을 지니고 있다는 나의 말은 다음과 같은 비유로 설명 가능하다."고 맹자는 언명했다.

지금 사람들이 갑자기 어린아이가 우물에 들어가려는 것을 보면 모두가 깜짝 놀라고 측은한 마음을 갖는다. 그러나 그렇게 함으로써 어린아이의 부모와 교분을 맺으려는 것은 아니며, 또한 그렇게 함으로써 마을 사람들이나 친구들에게 칭찬을 듣기 위해서도 아니며, 구해 주지 않았다는 비난을 듣기 싫어서도 아니다. 이로써 미루어 보건대, 측은한 마음이 없으면 사람이 아니고, 부끄러워하고 미워하는 마음이 없으면 사람이 아니며, 사양하는 마음이 없으면 사람이 아니고, 옳고 그름을 가리는 마음이 없으면 사람이 아니다.

그러나 그 근본적인 선을 완전히 깨달으려면 자신을 단련하고 학문에 충실해야 한다. 그렇지 않으면 세상 유혹에 빠져서 선함을 잃게 되고 탐욕스럽고 폭력적인 사악한 인간으로 변한다. 맹자는 "나에게 사단(四端, 인·의·예·지)이 있는 것을 모두 넓혀서 채울 줄 알면, 마치 불이 처음 타오르는 것 같으며 샘이 처음 솟아오르는 것과 같을지니, 진실로 이것을 채울 수 있다면 충분히 사해도 보존할 수 있을 것이나, 진실로 이것을 채울 수 없다면 부모도 제대로 섬기지 못한다."라고 말했다.[7]

갈등의 시대에 이런 주장은 대담한 것이었다. 근본적으로 사람들이 다 똑같이 태어났다는 것이 그의 신념이었다. 사악한 폭군과 위대한 현자의 차이는 태생적 잠재성을 신성하고 옳게 일구려는 노력의 차이일 뿐이라는 것이었다. 그는 사람을 보리 씨앗에 비유하는 소박한 예로 자기의 주장을 증명하려 했다. 즉, 똑같은 씨앗이 똑같은 모양의 줄기로 성장해야 하나 성장 과정의 차이로 똑같은 줄기로 자라지 못한다고 했다. "풍년에는 젊은이들이 넉넉해서 선행을 하고 흉년에는 젊은이들이 많이들 포악하겠구나."라고 맹자는 말했다.

사람들이 서로 다른 것은 하늘이 천성을 달리 부여해서가 아니다. 그것은 선한 마음을 포기하고 악에 빠지기 때문이다. 보리가 있다고 하자. 같은 땅에 동시에 씨를 뿌리고 덮어 주면 보리는 빨리 자라서 익어 간다. 그러나 실제로 보리들이 똑같이 익지 않는 것은 비옥한 흙과 그렇지 않은 흙, 비와 이슬의 양에 따른 영양분의 차이, 보리를 키우는 농부의 동일하지 않은 농사법 등이 원인이다. 따라서 왜 사람에 대해서만 유독 의심하는가? 성인과 우리 모두 기본적으로 같다.[8]

그러나 맹자가 모든 공자의 제자를 대변한 것은 아니었다. 공자가 죽은 후, '유학' 또는 공자와 관련한 단일화된 믿음과 원리라는 것은 존재하지 않았다. 학자들 각각 현자의 사상을 달리 해석하면서 공자의 가르침의 진실이 무엇인지를 갑론을박하였다. 가장 중요한 논쟁은 맹자와 또 다른 위대한 유학사상가였던 순자 사이에 벌어졌다. 중국 중북부에 있는 초나라에서 활동한 순자의 출생은 정확하지 않으나 대략 기원전 4세기 후반이라고 추정된다. 순자도 공자와 맹자처럼 고위 관리직을 모색했던 모양인데 지방 관리로 꽤 오래 활동한 것으로 보아 그들보다는 더 성공적이었다고 할 수 있다. 말이 상당히 장황한 사마천마저 순자에 대한 언급은 약소한 편이다. "공자의 길을 가지 않고 마술과 기도에 몰두하고, 징조와 행운을 믿는 부패한 세대, 시들어 가는 나라와 사악한 군주들을 순자는 미워했다."라고 사마천은 썼다.[9]

오늘날 맹자만큼 유명하지는 않지만 순자는 당시는 물론 사후 수 세기 동안 공자파 사이에서 상당한 영향력을 과시했다. 그는 공자와 맹자처럼 통치자들의 방탕한 삶을 고쳐 무질서한 세상에 질서를 재건하려 하였다. 또한 맹자처럼 순자도 공자를 고대의 현자-왕과 같은 반열

에 올려놓았다. 순자는 공자가 "신성하고 현명하며 강박관념이 없었다."라고 썼다.[10]

그러나 핵심적으로 순자와 맹자의 의견은 달랐다. 같은 고전을 탐구하고도 아주 다른 결론에 도달하므로 유교 역사에 상당한 파장이 일었는데, 순자가 맹자의 성선설과는 반대 입장을 취했다는 것이 가장 큰 차이였다. "인간의 천성은 악함이다. 선은 의식적인 행동의 결과일 뿐"이라고 순자는 말했다. 그는 맹자가 "인간의 천성을 잘 이해하지 못했거나, 천성과 의식적인 행동의 차이를 숙지하지 못했다."고 하였다. 순자도 맹자처럼 간단한 예를 들어 자기 주장을 설명했다. "배고플 때 배부름의 만족을 찾고, 추울 때 따뜻함을 찾으며, 피곤할 때 휴식을 찾는 것이 인간의 천성이다. 이것이 감정적 천성이다. 그러나 배고프더라도 연장자 앞에서는 양보해야 하는 것을 알기 때문에 감히 먼저 음식을 취하지 않는다. 그리고 피곤하더라도 쉬면 다른 사람이 그 짐을 져야 하는 것을 알기 때문에 감히 쉬지 않는다… 이러한 행동은 천성과 감정에 반하는 것이다. 인간이 자기의 감정적인 천성을 따른다면 예절이나 겸손함은 실종될 것이다."라고 말했다. 인간의 본성에 대한 맹자와 순자의 논쟁은 공자파 내부에서 향후 1,600년 동안 계속되었다.[11]

이토록 추종자들 사이에 논쟁이 끊임없었지만 일치하는 목표도 있었다. 즉, 공자에 대한 다른 학파들의 맹비난을 막는 것이다. 이런 시각에서 볼 때 맹자와 순자의 철학적 논쟁은 공자의 가르침이 다른 사상가의 그 어떠한 가르침보다 우수함을 증명하는 과정의 실랑이였다. 엉터리 학자들의 그른 교리를 막지 못해 "공자의 교리가 드러나지 않으면, 그릇된 말들이 사람들을 현혹시켜 자비와 정의의 행보를 막을 것"이라고 맹자는 경계했다.[12] 공자의 유명세와 그의 가르침에 대한 후세의 관심은 다른 학파로부터 비평의 주요 대상이 될 정도로 작용했던 것이다. 그런데 놀랄 정도로 조악한 비난도 종종 있었다. 공자의 적들은 그의 교리뿐만 아니라 공자를 반역자, 위선자, 혹은 더 심한 명칭으로 부르면서 공격했다.

아마도 가장 심하게 비난한 사람은 겸애사상을 앞세운 묵자(墨子)였을 것이다. 오늘날에는 거의 다 잊혀진 철학이지만, 기원전 1세기 후반에는 공자의 사상보다 묵자의 사상이 더 각광을 받았다. 묵자는 공자가 사망할 즈음에 태어났으므로 공자의 제자들과 그들의 제자들이 중국 전역에 공자사상을 전파하고 있을 즈음 이미 활동하고 있었을 것이다. 이미 일찌감치 성공적인 활동을 했다는 증거로 묵자와 추종자들은 공자를 공격하는 폭 넓은 증서를 남겼다. 한 문서는 공자가 제(齊)나라에서 고관의 자리를 모색하던 사건을 언급한다. 묵자의 인용에 따르면 제나라의 어느 대신이 공자의 채용을 정면으로 반대했다. 군주를 돕기에는 너무 비현실적이고 의식에 매여 있는 사기꾼이라고 했다는 이야기이다. "공자는 의상을 지나치게 공들여 꾸며 사람들을 현혹하고, 음악과 춤을 통해 일반인들을 유혹하며, 계단을 오르고 내릴 때 정교한 의식을 행하고, 재빠르고 튀는 예절로 일반인을 현혹시켰다. 그의 출중한 학문은 정작 세상일에 적용하기에는 미비하며 그의 이념은 사람들에게 도움이 안 된다."고 대신은 비난했다. 묵자는 또 공자 추종자들을 다른 사람들에 기대어 사는 기생충에 비유했다. 그들은 "가난을 조장하고 무위도식을 지향한다. 안일하고 오만하다. 걸인처럼 행동하면서 쥐새끼처럼 음식을 거머쥐고, 숫염소처럼 사물을 쳐다보며, 일어날 때는 멧돼지 같다. 모든 군자는 그들을 비웃는다. 남의 집에 기탁하여

부를 축적하고 남의 밭에서 품위를 유지한다."고 묵자는 비난을 퍼부었다.[13]

공자는 도교에 대한 주요 초기 해석자였고 맹자 시대에 살았다고 알려진 장자의 저서에도 주요 인물로 언급된다. 묵자보다는 덜 공격적이었으나 장자는 여러 번에 걸쳐 공자를 좋은 의도를 가진 어리석은 사람으로 묘사했다. 장자의 글 속에서의 공자는 신분과 명성에 너무 집착했고, 세상을 제대로 이해하기에는 너무 자만했으며 문제 해결 능력이 없는 사람이었다. 다수의 글에서 공자를 스승이 아닌 다른 현자에게 교육받는 학생으로 묘사했다. 한 예로 고대의 현자(아마도 도교의 창시자인 노자)가 "긴 상체와 짧은 다리, 약간 굽은 등과 귀가 축 늘어진" 공자를 불러 질책한다. "그 거만한 태도와 아는 척하는 표정을 버려야 군자가 될 수 있다!"고 설교했다는 것이다. 또한 "한 시대가 겪는 고통을 직시하지 못하는 너는 앞으로의 만 년을 괴롭힐 존재"라고 꾸짖었다고도 한다."[14]

공자가 전국을 누비며 도적질을 일삼던 도척(盜跖)에게 범죄를 그만두고 사회의 이익을 위해 그 재능을 사용하라고 설득하려 했다는 장자의 이야기에는 특히 독설이 심하다. 장자는 공자를 무시하는 상대방의 입을 빌려 공자를 대신 욕했다. 공자는 공손한 자세로 도척이 지은 죄에 대하여 설명한다. 그러자 도척은 오히려 중국의 어느 나라에서도 인정받지 못한 공자를 바보라고 공격한다. "너는 그 독특한 예복과 좁은 혁대, 거짓 발언, 위선적인 행동으로 여러 나라의 군주들을 현혹하여 부와 명예를 모색한다. 너보다 더한 도적은 없다… 너 자신과 다른 사람에게 아무 이득이 못 된다. 따라서 너의 교리는 고려할 가치도 없다… 네가 지향하는 길은 무모하고, 기만적이며, 교묘하고, 헛되며, 위선적이다." 설득이 헛수고였다는 사실에 공자는 기진맥진하고 혼란에 빠진 채 몸을 이끌고 재빨리 빠져나왔다. "눈은 멍해서 사물을 구별하지 못했으며 그의 낯빛은 소석회 같았다."고 장자는 묘사했다. 마차에 오른 공자는 "가로대를 잡고 누워서 머리를 수그린 채 숨을 쉬지 못했다."[15]

공자의 반대 세력이 전국시대 후기 즈음에는 주도권을 장악했던 것으로 보인다. 5세기에 걸친 혼란과 전쟁을 치른 중국은 기원전 221년에 진나라 왕 영정(嬴政)이 남은 마지막 나라를 제압하면서 결국 재통일되었다. 그는 엄청난 공적을 기념하기 위하여 새로운 제국을 선언하고 스스로 진시황제라는 새로운 칭호를 부여했다.

지금 보면 시황제가 업적을 과장한 것은 아니었다. 그가 건설한 나라는 향후 2,100년간 중국 제국의 기본 모델이 되었다. 봉건제도를 기본으로 한 주나라의 운영방침을 버리고, 진은 전문 행정가들이 직접 관리하는 행정구역을 구축하였다. 수도인 셴양[咸陽, 오늘날의 시안(西安) 근처]에서 내리는 결정에 따라 관리되는 이전보다 훨씬 중앙집권적인 정부였다. 공자의 꿈인 강력한 정부에 의해 질서와 평화가 재현되는 통일 중국이 진에 의하여 이루어진 듯싶었다.

그러나 진이 구축한 질서는 공자가 말한 질서와는 달랐다. 진은 공자의 라이벌이었던 법치주의자들을 지지했다. 아이러니하게도 법치주의자와 공자학파는 같은 뿌리를 공유했다. 법치주의의 창시자 가운데 기원전 3세기에 살았던 사람 한비자(韓非子)는 순자의 학생이었다. 그러나 법치주의자들은 좋은 정부와 바람직한 사회에 대한 관점에서 공자학파와는 근본적으로 달랐다. 한비자는 공자의 원칙주의 사상을 존중하였지만 너무 이상적이라고 믿었다. 자비와 공정만으로 평화가 가능하다는 공자의 신념은 어리석은 생각이라고 한비자는 비판했다. 인간은 구제할 수 없을 정도로 이기적이어서 공자가 말하는 높은 도덕성을 지킬 수 없다고 했다. 따라서 질서 있는 사회는 엄중한 법에 의해 이루어지고, 강력한 정부만이 권력을 유지할 수 있다고 주장했다.

한비자는 자신의 주장을 증명하는 수단으로 공자 생전에 현자의 논리를 지지한 자가 거의 없었음을 들며 비웃었다. 또한 "사람들은 권력자에게는 쉽게 복종하나 정의의 진가를 잘 인정하지는 못한다."고 하였다.

하늘 아래의 현자로 여겨지는 공자는 도덕적 행위를 권장하고, 옳은 길이 무엇인가를 실천하며 사해를 돌아다녔다. 그러나 그의 인(仁)에 대하여 이야기하고 정의의 정신을 추앙하며 그에게 제자로서 맹세를 한 사람은 통틀어서 불과 70명이었다. 왜냐하면 인을 지키는 것은 흔치 않은 일이었고, 정의를 행하는 것은 어려운 것이었기 때문이었다… 그리고 문제는 정말 자비롭고 정의로웠던 사람은 단 한 사람으로 공자뿐이었다는 사실이다… 오늘날 군주를 보좌하는 자들은 승리가 보장된 권한 행사 대신 자비와 정의로운 행동을 하면 그 군주가 당연히 하늘 아래의 통치자가 될 것이라고 주장한다. 그런데 이런 논리는 모든 군주들을 공자의 반열에 서게 하고, 모든 백성이 공자의 제자처럼 되게 하려는 의도에서이다. 헛된 정책임에 틀림없다.[16]

한비자 입장에서는 공자파가 강조하는 고전과 전통 숭배는 나라를 운영하는 데 충분치 않았다. 자신의 가르침이 공공의 이익을 진작시키기는커녕 저해한다는 것을 공자가 이해하지 못했다고 한비자는 생각했다. 만일 통치자가 공자의 길을 따랐다가는 정부는 와해되고 나라는 다시 혼란해질 것이었다. "법을 세우는 것은 국민을 이끌기 위해서인 반면, 통치자가 학문만 높이 평가하면 사람들은 법을 따르지 않을 것이다. 일의 성과에 상을 주는 것은 국민의 사기를 진작시키지만 국민의 도덕적 행위를 통치자가 높이 인정하면 이익 생산에는 나태해지게 된다. 한비자는 만일 통치자가 학문을 높이 평가하여 사람들이 법을 믿지 않게 되고, 도덕적 행위를 장려하여 공훈에 대한 보상을 믿지 않게 되면 나라의 부와 힘을 실현하려고 노력하는 것이 불가능해진다." 고 말했다.[17]

진시황제같이 권력에 미친 통치자에게는 한비자의 이러한 사상이 당연히 매력적이었다. 황제 다음으로 가장 영향력 높은 관리는 수상 이사(李斯)였다. 한비자처럼 순자의 학생이었던 이사도 공자를 공격했다. 중국을 통일한 후 황제와 이사는 중국 최초의 중앙집권적 독재국가를 만들었다. 진나라 수도로부터 칙령과 명령이 쏟아졌으며, 군대를 동원하여 준수시켰다. 이 거대한 군대를 유지하기 위해 백성들로부터 무거운 세금을 걷어들였다. 또 북방 오랑캐의 끊임없는 침략을 막기 위하여 만리장성의 첫 구간을 쌓는 데 수십만 명을 징집하였다. 백성들에게는 서로서로를 감시하도록 했다. 법을 어긴 자들은 주기적으로 처형과 고문이 진행되고 또 강제노역에 처해졌다.

공자파는 놀라지 않을 수 없었다. 옛 조상들의 도를 철저하게 벗어나는 시황의 행동을 보며 이들은 중국이 파멸의 길에 접어들었다고 믿었다. 기원전 213년에 황제가 '광대한 지식을 보유한 학자' 70명을 수도의 왕궁으로 초대하여 베푼 만찬에서 학자들의 공개적인 반대와 불만이 표출되었다. 사마천에 의하면 만찬은 흥겹게 시작되었다. 학자들을 대표한 주청신(周靑臣)은 시황에 대한 찬사를 늘어놓으면서 시황의 '신성한 권력과 뛰어난 현명함'을 찬양하였다. "태고 이래로 황제님의 위엄과 덕목을 당할 자가 없었습니다."라고 주청신은 아첨하였다. 그러나 만찬의 분위기는 어긋나기 시작했다. 대중 앞에 나선 순우월(淳于越)이라는 학자가 "황제가 중국 역사의 교훈을 무시하므로 이 정권은 실패할 것"이라고 시황을 날카롭게 비난했다. "옛 제국이 1,000년 이상 존속한 것은 통치자들이 그들의 자식, 형제, 공신에게 봉토를 하사하여 가지를 치게 하고 스스로 자립할 수 있게 하였기 때문입니다. 폐하는 세상의 모든 것을 갖고 계시지만 폐하의 아들과 형제들은 독립된 사적인 존재들이어서… 만일 도움이나 지지해 줄 사람이 없으면 어떻게 서로를 구할 수 있단 말입니까? 옛것을 본보기 삼지 않고 무엇을 오래 존속한다는 것은 들어본 바가 없는 일입니다."라고 순우월은 말했다. 그의 논조는 마치 공자의 입에서 나왔을 법한 것이었다. 공자는 공자 시대의 통치자를 옛 현자-왕에 비교하여 평가하였다. 그리고 순우월과 그 후의 많은 공자사상가들이 이 평가 방법을 되풀이했다.

이 말을 듣고 경악한 시황은 이 학자의 항의에 어찌 대답할지 이사에게 물었고, 이사는 즉각 공자사상을 비난하였다. 이사는 "황제께서는 앞으로 만 세대를 거쳐 융성할 제국 건설에 공헌하셨으나 바보 같은 공자파들이 그런 것을 이해할 리 만무합니다. 모든 학자들은 현재의 제도를 본보기로 삼지 않고 옛것만 연구하여 현 시대를 거부합니다."라고 고했다. 또 한비자와 다름없이 공자파들에게 역사와 학문을 추구하게 놔두는 것은 아주 위험한 일이라고 황제에게 진언하였다. 이사는 "자기들끼리 공부하고 연구하는 이들은 법과 질서를 거부하기 위해 단합하고, 그들의 학문에 빗대어 선포된 칙령을 폄훼합니다."라고 황제에게 간언하였다. 이러한 역행은 결국 진나라를 망하게 할 것이므로 방치하면 안 된다고 이사는 주장했다. "반대 의견을 고귀한 것으로 생각하는 그들은 하류층으로 하여금 모략을 날조하도록 충동질하고 있습니다. 이러한 행위를 금지하지 않으면 위로는 통치권이 소멸되며 아래로는 파벌이 형성될 것입니다."

그러면서 이사는 치명적인 제안을 하였다. 반대 의견을 잠재우기 위해 나라가 교육과 정보 분야를 장악하도록 진언하였다. 공자파는 더이상 고전 학문의 가르침으로 정부를 비판할 수 없게 된다는 의미였다. 이사는 개인들이 소장한 모든 고전과 역사 책자(진나라 역사는 제외)를 관리들을 통해 몰수하여 "무차별적으로 불태워야" 한다고 했다. 또 사적 모임에서라도 고전에 대하여 언급한 죄는 처형하여 마땅하다고 조언했다. 30일 후에도 이러한 서적을 소지하고 있는 것으로 발견된 자는 "낙인을 찍고 장성을 구축하는 강제노역에 처해야 한다."라고 했다. 또한 "옛것을 이용하여 새로운 것을 거부하는 자들의 씨족을 멸해야" 한다고 했다. 이사가 취한 것은 인민을 통치하기 위해서는 그들의 정신을 통제해야 한다는 사악한 아이디어였다.[18]

사마천은 이 사건이 야기한 불행에 대하여 이렇게 묘사했다. "이 제안을 승인한 시황제는 시와 문서, 그리고 수많은 학파들의 자료들을 없앰으로써 백성들을 바보로 만들었고 과거를 이용하여 현재에 반대하는 사람이 하늘 아래에 없게 하려고 했다."[19] 이 사건은 중국 역사에서 '분서갱유'(焚書坑儒)라고 불린다.

그러나 공자파를 비롯한 학자들은 그리 쉽게 겁먹지 않았다. 일부는 위험을 알면서도 아끼는 고전을 숨겼다. 속설에 의하면 공자의 후세들이 『논어』와 여러 서적을 취푸에 있는 공자 가옥의 벽 속에 숨겼다고 한다. 후생(候生)과 노생(盧生)은 진시황과 그의 폭정을 공개적으로 비난할 정도로 대담했다. "주상은 그의 권력의 상징으로 벌과 처형을 사용하니 밑의 모든 이가 처벌을 무서워하고 자신들의 봉급에만 연연하면서 충의를 행하지 않는구나. 자신의 잘못을 들으려 하지 않는 주상은 매일 더욱 오만해지는구나." 이렇게 말한 후 이 두 사람은 몸을 숨겼다.

단단히 화가 난 시황은 "나는 하늘 아래의 모든 서적을 모아서 쓸데없는 것들을 없앴다. 이러한 방법으로 위대한 평화의 시대를 열고자 모든 학자와 술사들이 참석한 큰 모임을 주최하였다." 그러고는 제국 보좌관에게 학자들을 조사하라고 명령했다. 결과는 끔찍했다. "많은 학자들이 무죄를 주장하였으나 조정은 금지령을 위반한 460명 이상의 학자들을 셴양에서 산 채로 매장했으며, 모든 사람들에게 이 사실을 알림으로써 미래에 대한 경고로 삼았다."[20]

오늘날의 학자들은 이 죽음과 파괴의 전모는 사마천 같은 향후의 학자들이 진나라를 비방하기 위하여 과장한 것이라고 한다. 실상은 고전 책자에 접근하는 것을 조정이 통제한 정도일 거라고 말한다. 통일된 국가는 통일된 정치 이념을 가져야 한다고 믿은 이사가 개인들이 소장한 고전 책자들을 모두 압수하여 제국 도서관에 모아 놓고 정부의 허가 하에만 그 책자들을 읽을 수 있게 하였을 거라는 추측이다. 진의 조정이 고전 학문을 완전히 부정한 것은 아닌 듯싶다. 시황은 의식 행사에서 학자들의 조언을 따랐으며 그의 비문에는 고전 서적에서 인용한 구절도 새겨져 있다. 즉, 진나라가 공자 학문을 짓밟는 불구대천의 원수로 묘사될 정도는 아니었던 것 같다.[21]

그런데 이사의 사상 통제 방침도 결국 진나라를 구하지는 못했다.

진나라의 강압적 방법과 혹독한 형벌은 도리어 정권에 대한 반항을 불지폈다. 반란이 일어났다. 기원전 210년, 진시황이 갑작스레 죽고 나자 곧바로 분쟁이 시작됐다. 정치적 음모로 가득한 조정의 반대 세력에 의해 결국 이사도 희생되었다. "이사의 적들은 반란을 주모했다는 죄명으로 이사에게 1,000장 이상의 태형을 가했으며, 고통을 견디지 못한 이사는 거짓 자백을 하였다."고 사마천은 썼다. 이사의 몸은 허리가 두 동강이 나서 진의 수도 셴양의 시장터에 매달렸다.[22] 기원전 206년, 셴양은 반란군에게 점령당했다. 4년 후, 반란군 지도자로 진의 하급관리였던 유방(劉邦)이 한(漢) 제국이라는 새로운 나라를 선언하였다. 한나라의 등장으로 공자파의 운명은 영원히 바뀌었고, 그에 따라 아시아 문명의 운명도 바뀌었다.

중국의 새로운 황제는 농부 출신으로 제대로 교육받지 못한 군인이며 일반적으로 공자의 고전에 대하여 무지한 사람으로 알려져 있다. 그러나 고조(高祖), 혹은 고황제라고 알려진 유방이 주요 관직은 아니었더라도 진나라의 관직에 있었다는 자체만 봐도 어느 정도의 교육은 받았던 것으로 추정된다.[23] 그러나 그도 공자파는 아니었다. 전통 의상을 입은 학자들이 유방을 알현하러 다가오자 갑자기 모자를 벗겨서 그 안에 소변을 보았다는 이야기가 있을 정도이다.

반역자에서 황제가 된 그는 광활한 영토를 운영해야 하는 현실에서 자신의 태도를 재고해야 했다. 중앙집권적인 진나라를 접수한 황제는 권력을 크게 양보할 의사는 추호도 없었다. 그러나 진나라처럼 나라를 운영하는 것도 말이 안 될 일이었다. 군사적 기량과 광대한 자원에도 불구하고 진나라는 모래 위에 세운 집처럼 무너지지 않았던가? 진시황과 그의 유족들은 뭔가 운영을 확실히 잘못했던 것이다. 따라서 새 제국이 오래 존속하려면 더 우수한 형태의 정부가 필수였다.

그것은 어떤 형태여야 할까? 제국 운영에 대한 명확한 아이디어가 고조와 그의 전우에게는 없었을지 모르나 공자파들은 그렇지 않았다. 한나라 통치가 시작될 즈음, 공자파는 행정 경험과 중국 역사에 대한 깊은 지식과 아울러 가장 필요한 정비된 정부에 대한 비전과 통치 원리에 대한 교리를 지니고 있었다. 점점 더 커 가고 복잡해지는 제국을 통치하고 새로이 선언된 제국을 정당화하기 위해 한나라 조정은 제국 통치의 사상적 정당성을 구축하는 한편, 국가정책의 수립과 실행에 필요한 지도력을 갖춘 철학의 보유자로서 공자의 추종자들을 인정하기 시작했다. 이러한 형국을 배경으로 공자파들은 공자가 예를 보인 현실감각을 발휘함으로써 두각을 나타내기 시작했다.

공자파는 한나라 조정에 자기들의 아이디어를 아주 능숙하게 주입시켰다. 진의 갑작스러운 몰락은 너무 혹독한 통치가 결정적 원인이었다면서 새로운 이론을 주장했다. 백성들을 강압해서는 정권에 대한 지지를 끌어낼 수 없으며 오히려 불만과 반역을 초래할 뿐이라고 주장했다. 진 제국은 통치자들이 백성의 마음을 포용하지 못했고 인간성이 결핍되었기 때문에 사라져 버렸다는 것이다. 한나라 초기에 높은 벼슬을 했던 가의(賈誼)는 이러한 관점을 소론(小論)으로 피력하였다. "진은 작은 나라에서 시작하여 무소불위의 권력을 갖게 되고 모든 세상의 땅을 통치하고 존경을 받게 되었다. 그럼에도 불구하고 제국에 도전장을 던진 아주 평범한 반역자에 의해 조상을 모시는 사원들이 무너지고 통치자는 다른 사람들의 손에 사살되어 온 세상의 웃음거리가 되었다. 어째서인가? 권력을 유지하는 것과 권력을 차지하는 것이 다르다는 사실을 깨닫지 못하고 인정과 정의가 부족한 통치를 하였기 때문이다."
다시 말해 진나라는 윤리적 힘이 물리적 힘을 능가한다는 공자의 핵심
원리를 무시했기 때문에 패망하였다는 것이다.[24]

고조와 밀접했던 공자파는 바로 이점을 강조했다. 기원전 195년 무
렵, 황제를 알현하던 존경받는 공자학자이자 외교가인 육가(陸賈)가 고
전을 인용하기 시작하자 새 황제는 낡은 문학이라고 무시하면서 "제국
이 내 말 안장 위에 있는데 시경이나 사기에 신경 쓸 이유가 무엇이 있
느냐?"라고 힐난했다. 그러자 육가는 이에 완벽한 대답으로 되받았다.
"제국을 안장 위에서 얻기는 하였으나 통치도 그 위에서 가능하다고
생각하십니까?" 즉시로 육가의 말을 알아차린 황제는 그에게 "진이 망
하고 한이 이어받게 된 원인과 역사상 통치자들의 장점"에 대한 고견
을 청하였다.[25]

그 결과로 태어난 『신어』(新語)는 철저히 공자사상을 기반으로 저술
한 서적으로 정권의 승패는 전적으로 덕망에 달려 있다고 했다. 육가
는 "인정과 정의를 갖추지 못한 행동은 실패하게 되어 있다. 인정으로
나라를 다스리는 자는 자신이 안정된다."고 썼다. 그는 통치자가 좇아
야 할 정도(正道)를 제시한 사람이 바로 공자였다고 고황제에게 강조했
다. "옳음과 정당함이 행해지지 않고 규칙과 규율이 지켜지지 않으면
다음 세대가 약해지고 타락한다. 따라서 현자는 그의 생 후기에 사물
과 의식에 대하여 철저하게 세밀한 방법을 추구하면서도 하늘과 땅의
원리를 따라 오경을 정의하고 육례를 가르쳤다. 공자가 이렇게 한 것
은 부패와 무질서를 교정하여 현명한 자들이 마음을 풍성하게 할 수 있
게 함이었다. 공자는 사치스러움을 억제하고 관습을 바로잡고 진실한
문화를 퍼트리려 하였다." 육가는 『신어』의 각 장을 끝낼 때마다 고황

제에게 읽어 주었다는 설이 있다.[26]

그러나 고황제와 조정이 공자 교리를 완전히 따르기로 한 것은 아니었다. 한나라 초기 수십 년 동안은 여러 철학이 자웅을 겨루는 백가쟁명의 기간이었는데, 사실 공자사상은 가장 영향력 있는 교리에 끼지도 못했다. 진나라에서 비롯된 법치주의 관료들은 당시까지도 정부의 한 주축을 이루고 있었으며 그들을 제거하려는 노력이 한나라 초에는 없었다. 도교 또한 성행했다. 엄격한 진나라 통치로부터 벗어난 상황에서 도교의 자유분방한 사상은 새로운 시대에 특히 부합되는 듯했다. 공자가 정작 중국에서 가장 중요한 현자로 인정된 것은 아직도 수백 년 후 이야기였다.

무제(武帝)의 장기집권 기간 동안 그 과정은 본격적으로 시작되었다. 기원전 141년에 황제가 된 젊은 통치자는 교육과 향후 중국 제국의 기본 골격 안에 유교가 뿌리내리게 된 공무원 조직에 새로운 정책을 세웠다.

무제가 공자 교리를 선택한 이유는 무엇이었을까? 궁정 내의 정치가 한 이유일 수 있다. 무제는 황제였지만 황태후이고 도교 신자였던 할머니 두태후의 손에서 벗어나기는 힘들었다. 무제는 오만한 할머니를 무력하게 만들기 위해 유학을 장려했는지도 모른다. 궁정에서의 유학 발전은 무제의 통치 초기에 있었던 할머니와의 경쟁에 영향을 받았을 수 있다.

무제는 즉위하고 얼마 안 되어 명예가 추락한 법치주의자들에게 불리한 조치를 취하면서 한나라 통치의 철학적 근거를 바꾸려 하였다. 무제는 법치주의 교리 전문가를 관리로 등용하는 것을 금하는 칙령을 내렸다. 일부 학자들은 이런 조치를 공자학파로부터 자문을 받은 무제가 비공자학파들을 행정직에서 제거하려는 것이었다고 보고 있다. 그러나 1년 후 이 칙령은 황태후에 의해 철회되었다. 황태후가 공자학파를 저지한 것은 그때만이 아니었다. 무제 주위에는 궁정의식의 부활과 주나라 궁정에서 사용한 형식의 식장을 건설할 것을 제안하는 공자 학자들이 있었다. 거창한 것은 무조건 좋아하는 무제는 마음에 드는 이 정책을 실행에 옮기려 했으나 황태후는 반대했다. 사마천은 "이러한 계획이 실행에 옮겨지기 전, 유학에 마음이 없는 두태후는 비밀리에 사람을 시켜 공자파 관리들을 감시하게 하고, 그 관리들이 지위를 이용하여 불법적인 이익을 취한 증거를 수집했다."고 기술했다. 고발당한 관리 중 두 사람은 자살했다. 이에 무제는 유학파의 제안을 포기하는 수밖에 없었다.[27]

시간이 지나고 궁정에 변화의 바람이 불면서 무제는 공자파를 좀 더 높은 지위에 등용할 수 있었다. 기원전 136년, 황태후가 병환으로 사망하면서 공자파의 영향력을 가로막던 걸림돌도 함께 사라졌다. 이때는 도교의 인기도 쇠약해진 시기였다. 도교가 제시한 자유분방한 통치법은 적극적이지도 강력하지도 못하여 제국 건설의 견고한 토대가 되지 못했다. 마침내 공자파들은 한나라 제국 운영에 그들의 신념을 마음껏 펼쳐 볼 수 있게 되었다.

공자의 가르침을 한나라에 가장 많이 적용한 사람은 동중서(董仲舒)라는 학자였다. 맹자나 순자같이 위대한 공자사상가는 아니었지만, 중국 역사에서 가장 영향력 있는 학자였다. 그는 제일가는 공자사상의 홍보원이었으며 한의 엘리트들에게 공자의 사상을 인지시켰다. 그런 노력은 단순히 일개 학파였던 공자의 사상을 중국의 뛰어난 철학적 전통으로 자리매김하는데 지대한 영향을 미쳤다. 조금 과장은 있었겠지만 한 제국의 고대사(古代史)는 "오랜 동중서의 영향력하에 공자의 가르침이 전국에 퍼져 나가 모르는 사람이 없게 되었다. 학자들이 양성되었고 학교가 설립되었으며 나라는 교육을 권장하였다. 이 모든 것이 동중서에 의하여 이루어졌다."고 하였다.[28]

기원전 179년에서 104년까지 살았던 동중서는 전통적인 공자학파답게 학자이면서 관리였으며 한때는 궁정에서 왕을 모시는 조신이었다. 사마천은 그의 별난 교육법에 대하여 다음과 같이 기술하였다. "방안의 휘장을 내리고 그 뒤에서 밖에 있는 최고참 학생에게 강의하면 고참학생은 그것을 그다음 고참 학생에게 전달하곤 했다. 따라서 그의 학생 중에는 선생의 얼굴을 본 적이 없는 학생도 있었다. 이러한 법도에 따라 3년 동안 그는 열정을 다하여 학생들을 가르쳤는데, 정원을 한번 내다볼 여유도 없었다."[29]

『춘추』에 대한 내용이 교육의 전반적인 주제를 이루었다. 노나라 역사를 오경 중의 가장 중요한 고전이라고 여긴 동중서는 『춘추번로』(春秋繁露)라고 『춘추』와 비슷한 이름의 전서를 발간하였다. 일반인들에게 『춘추』는 뭔가 부족하고 지루하고 아리송한 사건 목록에 불과했다. 어느 근대 역사가가 "『춘추』는 뉴욕시 전화번호부 정도의 문학 가치가 있을 뿐"이라고 농담했을 정도이다.[30] 그러나 동중서의 시대에는 공자가 『춘추』의 저자라고 알려졌고, 동중서는 그 책 속에 공자가 역사를 통해 얻은 도덕적 사상이 담겨 있다고 믿었다. 그는 또 춘추에 대한 깊은 연구로 세상의 번영과 평화를 유지하기 위한 법도가 통치자에게 드러날 것이라고 믿었다. 동중서의 관점에서는 옳은 자에게 상을 주고 그릇된 자에게 벌을 주는 영적 힘이 되는 행동 규율은 하늘에서 내려온 것이었다. 따라서 『춘추』의 지혜를 따르지 않으면 하늘의 뜻을 어기는 것이어서 파멸에 이를 것이라고 믿었다.

동중서의 이러한 사고의 흐름에 힘입어 공자의 역할이 인류 역사에서 중요하게 부각되었다. 『춘추』의 지혜를 무시하는 것은 하늘에 대항하는 것과 같으므로, 그리고 『춘추』의 저자는 공자이므로 공자를 따르지 않는 것은 하늘의 뜻을 저버리는 것과 같다는 이론이었다. 동중서는 공자를 하늘의 뜻을 완전히 이해한 단 한 사람이며, 옳음과 그름, 선과 악을 최종 결정하는 궁극적인 현자로 만들었다. 그는 "공자는 처음부터 끝까지 수백 명의 왕들을 연구하여, 왕도(王道)의 원리를 이해하고 하늘의 길과 부합하기 위해 온 사람이다."라고 말했다.[31] 이 연장선에서 보면 공자를 따르는 사람들(예를 들어 동중서 자신 같은)만이 국가 정책을 수립하는 것에 기여할 수 있고, 왕들이 무엇을 어떻게 하기를 하늘이 원하는지 판단하는 데 필요한 깊은 이해를 소유하고 있는 학자들이었다. 이러한 논리를 전개함으로써 동중서는 공자사상의 전파자인 동시에 총명한 정치가임을 드러냈다. 신성한 것을 해석하는 권리를 공자에게 부여함으로써 동중서는 궁정에서의 정치 현실로부터 다른 철학의 추종자들을 몰아내려는 거였다.

동중서의 해석으로 공자사상은 확대되었다. 그는 공자의 가르침을 도덕의 현실적 이슈, 좋은 정부, 바람직한 인간관계에 초점이 맞춰진 윤리적 전통에서 우주와 인류의 연관성을 정의하는 총체적 철학으로 변화시켰다. 이 과정에서 그는 공자의 철학을 종교에 가깝게 몰아갔다. 역사학자들은 동중서를 공자철학의 첫 신학자라고 부를 정도이다. 그는 그 당시 주목을 끌던 다른 학파의 아이디어와 전통을 공자철학에 접목하여 새로 형성되는 한나라 문화에 일조했다. 그가 도교와 묵자의 사상을 도입했으며 그 당시 중국에서 인정되어 오던 균형을 의미하는 음과 양의 개념을 받아들였다는 사실이 특히 주목할 만하다. 다양한 종교를 융합한 동중서의 노력에 힘입어 공자사상은 한나라 사회에서 더욱 매력적인 철학이 되었다. 공자철학이 전통적인 중국 사상이나 문화의 여러 가지 요소를 받아들일 수 있는 바구니가 되는 과정의 시초가 바로 동중서였다.

동중서는 또 유교사상 처음으로 인간의 독특한 우주적 역할을 확고하게 주장했다. 동중서가 고안한 우주체계 속의 인간은 세상에 질서를 뿌리내려야 할 필수적 존재였다. 공자의 효도와 자비 같은 도덕적 원칙을 의미하는 하늘의 뜻을 따름으로써, 인간은 지상에서만이 아니라 우주 전체에서도 평화를 이룰 수 있다. 인간은 하늘과 땅과 함께 삼두가 되며, 견고하게 연결되어 있는 이 삼두 중에 하나만 빠져도 기능이 마비된다. "하늘, 땅, 인간은 모든 생물의 근원이다."라고 동중서는 썼다. "하늘은 모든 생물을 만들었고, 땅은 그것을 양육하며, 인간은 그것을 완성시킨다. 이 셋은 마치 손과 다리가 합쳐 한 몸을 이루듯이 서로 돕는다."[32] 만일 인간이 자기의 역할을 제대로 하지 못하면 세상은 퇴보하여 혼란에 빠지게 될 것이라는 논리였다.

그러나 동중서는 인간이 이렇게 무거운 임무를 홀로 수행할 수는 없다고 여겼다. 인간에게 선의의 잠재력은 있으나 이 잠재력을 실현하기 위해서는 교육과 지도가 필요하다는 것이 동중서의 생각이었다. 그는 또 공자사상을 확대하는 일면으로, 사람들로부터 하늘의 뜻을 따르게 하고 땅에서의 번영을 보장할 수 있는 인물은 왕뿐이라며 왕에게 최고의 스승 역할을 부여하는 탁월한 정치 수완도 보였다. "인간의 본성은 마치 비단 누에나 계란과 같다. 계란은 닭이 되기 위해 부화되어야 하고, 누에의 고치를 벗겨야 비단을 얻을 수 있다. 인간 본성의 선함이 드러나기 위해 교육이 필요하다는 것은 바로 하늘의 진리이다… 그러므로 인간을 선하게 만들기 위해서는 왕이 필요하고… 인간은 스스로 선해질 수 없는 본성을 하늘로부터 받았기 때문에, 그들의 인성을 완성시키기 위해서는 왕으로부터 교육을 받아야 한다. 따라서 왕은 하늘의 뜻을 따라 사람의 본성을 완성시킬 임무가 있다."라고 동중서는 설파했다. 즉, 통치자는 "모든 생물의 중심"이고 "하늘의 대리자"이며, 인간 사회의 운명과 우주의 안정은 왕의 도덕적 행동에 달려 있다는 것이다. 동중서는 "왕은 인간의 시작이다. 왕이 옳으면 원래 사물들의 힘은 조화를 이룰 것이며, 바람과 비는 제때에 내릴 것이고, 행운의 별이 나타날 것이며, 황룡이 내려올 것이다. 만일 왕이 그러하지 아니하면 이상한 징후가 하늘에 나타나고 강도들이 횡행할 것이다."라고 하였다. 동중서는 제국 정부를 새롭고 확대된 공자의 세계 비전 속에 포함시켰다. 사실상 한나라에 대한 신의 가호를 열거한 동중서의 발언은 제국에 천명적인 역할을 부여하는 것과 다름없었다.[33]

동중서 입장에서는 새로 왕위에 오른 무제가 조정 운영과 제국의 여러 사안을 유명 학자들과 상의하고자 하는 것이야 말로 바로 자신이 정립한 공자사상을 개진할 기회였다. 동중서는 『춘추』를 계속 강조하면서 옳은 정부의 비밀은 공정한 통치라고 황제에게 진언하였다. "통치자는 하늘의 본보기를 따라야 하므로, 정부의 원칙은 하늘의 정의로운 통치를 쫓아 하는 것이다. 모든 통치자는 인(仁), 의(義), 예(禮), 지(智), 신(信)이라는 다섯 가지의 덕(五常)을 실천하여야 하며, 이를 실천하는 왕은 그의 통치가 세상의 모든 곳으로 퍼져 나가는 하늘의 축복을 받게

된다."고 그는 주장하였다.[34]

동중서는 또 매우 실질적인 제안으로 황제는 물론 유교의 운명, 나아가서 중국 역사에까지 지대한 영향을 미쳤다. 즉, 관리의 질을 향상시키는 수단으로 공무원 훈련이 가능한 국립대학교 설립을 제안했던 것이다. "학자 양성에 가장 중요한 것은 국립대학입니다. 대학은 도덕적인 학자와 교육의 기초를 뒷받침합니다… 대학을 설립하고 학문을 가르칠 걸출한 학자들을 폐하께서 세우시기를 이 신하는 바랍니다."[35]

동중서의 가장 중요한 행적은 무제를 설득하여 공자의 가르침을 다른 모든 철학 위에 올려놓은 것이다. 동중서는 정책의 지속과 국민의 지지를 견고히 하기 위해서 중국은 '통일'된 사상이 필요하다고 믿었다. 이런 차원에서는 진나라의 이사와 크게 다르지 않았으나, 이사는 무력을 이용해 통일된 사상을 추진한 반면, 동중서는 공자철학을 중국 궁정과 교육 분야의 지배적인 교리로 승격시키는 좀 더 섬세한 방책을 택했다. 동중서는 "오늘날의 선생들은 서로 다른 교리를 갖고 있고, 사람들은 다양한 이론을 해석하고 있으며, 많은 학파들은 각자 자신만의 길을 주장하고 있어 각양각색입니다. 이에 따라 법과 제도가 자주 바뀌어 사람들은 어떤 것을 따라야 할지 혼란스러워 하고 있습니다. 이 미천한 신하가 생각하기에는 공자의 주장에 반하는 모든 것들을 금하시어 더는 존속하지 못하게 하시고 악하고 허망한 학설을 물리치셔야 합니다. 그래야만 통일이 가능하고 법이 명확해지며 무엇을 따라야 할지 사람들이 알게 될 것입니다."라고 황제에게 진언했다.[36]

기원전 136년, 동중서의 제안에 공감한 무제는 오경의 학습을 관리 등용의 필수 항목으로 지정하였다. 그리고 기원전 124년에는 오경에 근거한 교육 내용으로 문관을 교육하는 대학을 창설했다. 황제의 이러한 결정으로 말미암아 관직을 희망하는 이들에게 공자의 교리 습득은 의무가 되었다. 이로 인해 유교는 거의 국가적 교리 수준에 도달하였다. 제국의 연보에는 동중서의 상소문에 의하여 "공자는 떠받들어졌고 다른 철학들은 떨어트려졌다."고 기록되었다. 공자사상가인 펑유란(馮友蘭)은 더 나아가 "이 시대부터 관리직을 원하는 사람은 유교의 지지자가 되어야 했고, 그런 유교사상은 정부 관점에 입각해야 했다. 언어와 사상의 완전한 자유는… 완전히 사라졌다."고 말했다.[37]

그런데 펑유란의 말은 과장이다. 무제가 다른 철학보다 공자의 가르침을 두둔하는 정책을 폈을지는 모르지만, 그렇다고 공자철학이 무제 시대의 사상을 지배한 것은 아니다. 황제가 아무리 강력하더라도 칙령 몇 개로 정부의 모든 관리를, 게다가 전 사회를 한 철학자의 추종자로 즉각 변화시킬 수 있다는 생각은 너무 단순하다. 사실 현대 학자들은 무제 시대에 미친 공자의 영향력이 미미했다고 믿는다. 제국 대학의 학생들이 오경에 특화된 수업을 받기는 했지만, 학업 기간이 1년밖에 안 되었으므로 공자와 관련한 교육은 제한됐을 수밖에 없다는 것이다. 더군다나 초기에는 관리의 일부만 대학에 다녔고 졸업생 수는 50명 남짓하였다. 역사가들은 무제의 일선 보좌진 중에 일부만 공자를 따랐다고 하는데, 주요 조언자와 신하 76명 중에 6명만 공자철학에 충성했다는 의견도 있다.[38] 또한 무제가 중국을 공자의 사회로 만들려는 의지가 있었는지조차도 확실치 않다. 전쟁을 좋아하고 웅장한 의식을 즐기며 탐욕이 심한 무제는 공자의 원칙이나 정책을 철저하게 따른 것 같지 않으며 오히려 유교에 대한 흥미를 점점 잃어 갔던 것으로 보인다.

우리 또한 그 당시 기록을 조심해서 살펴야 할 필요가 있다. 사마천 같은 저자들은 한나라 초기 동안의 공자의 중요성을 심하게 추켜세운 것일 수도 있다. 그들은 문학자 혹은 중국어로 '루'라고 불리던 모든 고전 학자들을 공자의 추종자로 기록하므로, 제국 초기의 공자파 역할을 과장하는 경향이 있다. 그러나 공자의 가르침과 밀접한 관계가 있어 후세의 추종자들이 애호하는 오경은 중국 문명에 대한 기본 책자였으므로 '공자학파'라고 자신을 구별하지 않은 많은 학자들도 애독했다.

공자철학에 대한 민중의 지지도 사실 확실치 않다. 부지런한 사마천은 연구 목적으로 취푸를 방문했다. 그리고 '공자촌'이라고 불리는 마을이 공자에 헌신하는 사람들 위주로 공자 무덤 주변에 형성되어 있는 것을 알았다. 동네 사람들은 축제날에 공자 무덤에 제물을 바쳤고 무덤 근처에서 동네잔치를 열며 궁도시합도 그 자리에서 열었다. 사원으로 전환된 공자의 고택에는 그의 의상, 모자, 거문고, 마차, 서적들이 보관되어 있었다.[39] 그러나 취푸를 제외한 곳에서 공자를 기리는 행사가 있었다는 신뢰할 만한 증거도 없거니와 초기 한나라 황제들이 수도에서 공자에게 제물을 바치거나 의식을 행했다는 기록도 없다. 결론적으로 한나라 첫 200년 동안의 공자의 중요성은 그 사실 여부가 무척 혼란스럽기만 하다.

확실한 것은 시간이 흐름에 따라 한 제국이 점점 유교적으로 바뀌었다는 사실이다. 서기 25년, 반역자가 왕좌를 잠시 찬탈한 후 황실이 복원되면서 동한 혹은 후한이라고 불리는 제국이 다시 세워졌다. 그리고 유교사상은 이 시대를 배경으로 제국의 모든 제도에 스며들었다. 무제는 제국 대학을 거치는 모든 학생들에게 고전을 의무화함으로써 유교적인 전통을 이수한 관리 수가 점차 늘어날 수밖에 없게 했던 것이다. 2세기 즈음에는 제국 대학의 학생 수가 3만 명까지 늘어났다. 고위관리 중 유교를 따르는 비율도 점점 늘어났는데, 후한 조정의 대신들 가

운데 70퍼센트가 확인된 공자학파였다는 의견도 있다.[40]

후한 시대에는 유교사상을 추구하는 황제 수도 더 많았다. 그들은 공자의 교리에 따라 조상을 제사 지냈는데, 그 과정에서 공자 자신도 숭배의 대상으로 승격되었다. 공식기록상 후한 황제들이 직접 취푸를 방문하여 공자를 기리는 사원에서 현자에게 제물을 바친 사실이 세 번이나 있었다고 한다. 후한 정부는 또한 현자에게 제물을 바치라고 서기 59년에 공립학교들에 칙령을 내렸다.

현대 학자 중에는 후한의 시조인 광무제 시대를 '공자학파'의 중요한 전환점이라고 보는 이들이 있다. 이전까지 한나라의 공자파들은 그의 사상과 교리를 채택하라고 황제에게 권유하는 입장이었다. 그러던 유교가 광무제(光武帝)가 권좌에 오르면서 처음으로 황제의 정권을 합리화하는 목적으로 이용되었다. 광무제는 오늘날 '공자 외경'이라고 부르는 글을 전파하면서 하늘이 자신에게 통치권을 내려 주었다는 증거로 삼았다. 지금은 사실상 공자 교리에서 배제된 글이지만, 그 당시에는 후세가 스스로 발견하라고 숨겨 놓은, 공자 자신이 작성한 '비밀 고전'이라고 알려져 많은 각광을 받던 작품이었다. 사실상 이 글은 서기 1세기에 쓰여진 것으로 추정되는 비교적 새로운 고전이었다. 당시의 학자 가운데 일부는 하늘이 제국의 행동에 대하여 기뻐하는지 아니면 인정하지 않는지를 나타낸다고 설파했는데, 외경에는 흉조와 전조에 대한 예언이 가득했다. 광무제는 이 글을 온 나라에 널리 알리고, 이 글의 유효성에 의문을 제기하는 자를 벌하였다.

후한 시대에는 공자 또한 인간을 초월한 인물로 인식되었다. 왕좌에 오른 적은 없지만 중국을 통치하는 운명을 타고난 '무관의 제왕'이라는 명칭으로 알려진 시기였다. 공자의 왕권은 다음에서 유래되었다. 『춘추』에는 기원전 481년에 일각수가 나타났다고 기록되어 있는데, 동중서는 이 문구를 인용해 죽음을 앞둔 공자에게 하늘이 통치권을 부여했다는 논리를 폈다. 어느 한나라 글에 의하면 "작고 붉은 새 한 마리가… 황옥으로 바뀌었고, 그 옥에는 '하늘의 위임장을 받은 공자는 법률에 따라 나라의 근간을 세웠다.'라고 새겨져 있었다."는 것이다. 외경 저자들이 바라보는 공자는 단순한 현자가 아니라 신비한 힘을 가진 전설적 존재였다. 외모마저도 초인적이었다. 공자는 "10피트(약 3미터) 이상의 신상"이었다는 한나라 시대의 문장도 남아 있다. "머리는 언덕 같은 모양이고 얼굴은 네모난데, 오른쪽 이마에는 달처럼 생긴 돌기, 태양 같은 코, 바르고 긴 눈, 용을 닮은 이마, 북두칠성 모양의 입술, 밝은 얼굴, 평평한 턱, 강력한 목, 가지런한 치아, 용을 닮은 골격, 거북이 척추, 호랑이 손… 서 있을 때는 마치 반듯하게 앉아 있는 불사조 같으며 앉아 있을 때는 웅크리고 있는 용 같다. 가슴팍에는 '세상을 안정시키는 계율의 수호자'라고 새겨져 있다."[41]

공자는 살아서 꿈꾸었던 것보다 훨씬 더 높은 권세와 영향력을 죽은 지 5세기 후에 거머쥐었다. 그러나 아직도 많은 변화와 전환이 그의 긴 전기(傳記) 속에 기다리고 있었다.

3장

무관의 제왕이 된 공자

당신은 위대합니다. 오, 완벽한 제왕이여!
유한한 생명을 가진 인간 중 당신과 같은 사람은 없습니다.

— 제국 의식 중 공자를 기리는 기도

중국 지식층의 최정상에 섰다고 하지만 공자의 위치가 그렇게 확고한 것만은 아니었다. 권력투쟁, 자연재해, 농민 반란에 시달리던 후한(後漢)은 마지막 황제가 물러나면서 기원전 220년에 막을 내렸다. 이 사건은 공자파에게 큰 충격이었다. 한나라와 밀접한 관계에 있던 현자는 황실의 패망과 함께 중국 사회에서의 위상이 크게 손상됐다. 다시 분열된 중국이 각각 자치국가나 제후가 지배하는 형태로 나눠지면서 중앙집권으로 군림한 한나라의 지지를 받던 공자파는 후원자를 잃게 된 것이다.

그동안 서기 1세기에 인도에서 탄생한 것으로 알려진 불교는 중국으로 유입되어 인기가 높아지고 있었다. 동중서 같은 학자가 공자의 가르침에 어느 정도 종교적 요소를 융합시켰지만, 평민의 마음을 사로잡기에는 너무 실용적인 철학이었다. 평민들에게는 영원한 구원을 약속하는 불교의 영적 메시지가 더 매력적이었다. 한나라가 망한 후 7세기 동안 불교는 발전하고 퍼져 나가 중국의 종교 문화를 지배했다. 사찰들이 전국에 세워졌고 승려의 숫자는 급증하였다. 도교 또한 번창했다. 반면에 유학은 침체의 나락으로 떨어졌다. 철학적인 지적 진보가 없었고 위대한 논객이나 독창적인 사상가도 배출되지 않았다.

그렇다고 공자가 완전히 잊혀졌다는 것은 아니다. 그의 가르침은 정부 이념의 골격을 이루고 있었고 유학파들은 한나라 종말 후에도 여러 제왕의 참모로서 재직하였다. 더 중요한 것은 유교사상이 나라의 교육 시스템에 더욱 확고하게 자리 잡게 되었다는 것이다. 587년, 수나라(581~618)는 관료 사회에서 필요로 하는 전문 행정관을 뽑기 위하여 한나라의 공무원 시험인 과거제도를 도입하였다. 무제가 행한 정책을 계승한 사례로 수나라는 오경을 시험의 공식 과목으로 채택했다. 이 결정은 유학파의 역사에 가장 중요한 대목 중의 하나였다. 이 시험이 유학을 민중들에게 전파하는 아주 중요한 방법이 되었기 때문이다.

이 시대는 또한 위대한 현자를 숭배하는 제국들이 등장한 시기였다. 기원후 241년, 한나라를 계승한 나라 가운데 하나인 위나라의 황제는 공자에게 제물을 바치도록 제국 대학에 지시했다. 이것은 공자의 고향을 제외한 곳에서 이루어진 기록으로 처음 확인된 수도에서의 국가 행사였다. 2세기 후, 짧은 기간 존속했던 남조(南朝)는 공자를 기리는 최초의 국가 사원을 세웠다. 또 당(唐, 618~907) 고조(高祖)는 제국의 모든 학교에 공자사원을 세워 정기적으로 제물을 올리라고 명령함으로써 공자 숭배를 크게 신장시켰다.

그러나 당나라 조정은 한나라만큼 유학파를 지지하지 않았다. 개방적인 당의 왕족들은 무역로를 따라 중앙아시아와 인도에서 유입된 불교를 포함한 여러 전통과 이방 관습들에 대한 관심이 늘어갔다. 유학파들에게는 충격이었다. 그들에게 불교는 중국 고유의 전통을 약화시키는 수입된 침입자였다. 한 유학파는 불교를 "야만인들의 종교일 뿐"이라고 규정하였고, 다른 유학파는 불교의 행위를 "인간을 좀 먹고 파괴하는 오염물질"이라고 하였다. 819년, 기원후 1,000년을 통틀어서 가장 영향력 있던 공자사상가인 한유(韓愈)는 부처의 유물이 수도로 오는 것을 당나라가 환영할 계획이라는 소식을 접하고 황제에게 매우 비판적인 상소를 올렸다. "무식하고 둔하여 쉽게 오도되고 계몽하기 힘든 민중이 황제가 이리하시는 것을 보면, 폐하께서 진심으로 불교를 신봉하시는 것으로 오해하기 쉽습니다. 그리 되면 우리가 오랫동안 유지해 온 것들은 오염되고 우리의 습관은 와해되며 이 이야기가 퍼져 나가 세상의 놀림감이 될 것입니다." 이 장황한 비난으로 인해 한유는 중국 남방으로 유배되었다.[1]

유학파가 왜 이리도 불교를 싫어했는지 이해하는 것은 어렵지 않다. 이 두 개의 교리와 이들을 창시한 두 철학자는 마치 물과 기름 같았다. 공자는 자기 시대에서 활동했던 사람이었다. 일생 동안 국가 일에 종사하며, 더 나은 세상을 만들려 했으나, 사후 세계와 우주의 기원 등 우주적 의문 사안은 의도적으로 무시했다. 그러나 불교는 세상의 무의미를 설파하고, 그것에서 벗어나야 한다고 신자들에게 말했다. 유학파는 사회가 완벽해질 수 있다며 그런 목표 달성을 위해 노력한 반면, 불교는 세상은 덧없는 것이어서 사람들이 세상에 대한 미련을 버려야 한다고 했다. 유학파는 불교의 승려들을 경멸했다. 그들은 승려가 사회에 대한 의무를 저버리고 대신 기생충같이 사회를 좀먹는다고 비난했다.

8세기에 접어들자 당나라는 국력이 쇠하고 무질서가 다시 중국을 사로잡았다. 유학파는 국가가 직면하고 있는 고통이 불교의 확산 때문이라고 비난했다. 불교가 사람들의 마음을 흐리게 하여 공자로 비롯한 지혜를 잊게 된 것이 문제라고 믿었다. 한유는 "신자들이 이 사람들(부처와 노자)을 그들의 스승으로 받아들이면서 공자를 경멸하고 그의 명예를 훼손했다. 결과는 인간미와 동정심, 정도와 정도의 영향력에 대한 가르침을 사람들이 추후에 듣고자 할 때 가르쳐 줄 사람이 없다는 것이다. 오늘날 우리는 야만인들의 행위를 떠받들어 지난 왕들의 가르침 이상으로 여기고 있다. 우리 모두가 야만인이 되는 데는 과연 얼마나 걸릴까?"라고 탄식했다.[2]

새로운 제국이 등장하자 유학파들은 다시 희망을 갖기 시작했다. 960년, 송나라가 중국을 지배하게 되고 그 통치자는 한나라 시대 이후로 어쩌면 그 시점까지의 중국 역사에서 가장 열정적으로 공자사상을 포용했다고 할 수 있다. 3세기에 걸친 송나라의 통치 동안 공자와 공자의 가르침은 국가의 정치 문화의 확실한 중심이자 지배이론으로 고착되어 향후 중국의 정부, 교육 제도, 국가 이념의 근간을 이루었다. 송나라가 무관의 제왕을 다시 왕좌에 앉힌 순간부터 20세기 초에 중국이 제국으로서 종말을 맞을 때까지 공자는 그 왕좌에 내내 머물렀다.

그런데 송나라가 정권을 차지한 과정은 공자가 가르친 방법과는 거리가 멀었다. 쿠데타를 일으켰던 것이다. 조광윤(趙匡胤)은 당나라가 몰락한 후 단명했던 후주의 자문관이었다. 그는 국경을 넘보는 야만인들로부터 나라를 지킨다는 핑계로 수하의 부하를 이끌고 수도를 떠나 전선으로 가는 척했다. 그런데 전선은커녕 수도로 곧장 회군하여 6세의 어린 황제를 추방하고 송나라의 건국을 선포하였다.

태조는 중국의 긴 역사상 가장 유능하고 독창적이며 단호한 제왕 중하나였고, 새로운 제국의 기반을 닦고 존속을 도모하기 위해서는 강력한 힘이 필요했다. 북방 부족들은 한때 중국의 지배하에 있던 북서방 영토의 상당 부분을 차지하고 있었고 끊임없이 중국의 심장부를 탐내고 있었다. 태조는 수십 년 동안 혼란에 휩싸였던 중국의 통일을 완성해야 했다. 그는 또한 장군들이 제국 영토의 일부를 차지하려고 반역을 꾀하지나 않을까 근심했다. 새로운 제국을 반석에 세우기 위해서는 명확한 계획이 요구됐고 자신의 통치를 지지할 강력한 이념이 필요했다.

유학파들은 준비가 되어 있었다. 한유가 주장했듯이 나라가 앓고 있는 병을 치료할 처방은 바로 공자가 가르치고 그의 오경에 명시되어 있는, 오랫동안 잊혀졌던 고대의 현자-왕의 교리를 따르는 것이었다. 공자의 위상이 회복됨에 따라 그의 추종자들은 나라에 평화와 번영이 도래할 것이라 장담했다. "오늘날 어리석은 자들은 시대가 다르고 많은 것이 바뀌어서 정도가 더 이상 실천될 수 없다고 한다."고 영향력 있는 공자사상가였던 정이(程頤)는 1050년 송 조정에 올린 상소에서 말했다. "이 말로 보건대 그들의 무지가 얼마나 심각한 지경인지 알 수 있는데, 실제로 수많은 통치자들이 이 말에 계속해서 속아 왔다."[3] 정이의 말인즉슨 중국이 직면하고 있는 문제들은 공자의 천재성과 그의 오래된 지혜에 연결시킴으로써 해결 가능하다는 것이었다.

공자의 가르침을 따를 준비가 태조와 그의 후계자들은 되어 있었다. 당시 중국이 처해 있던 사정을 감안하면 공자의 가르침은 그들에게 선택의 여지가 없었다.[4] 어떻게 보면 공자가 부전승한 것이다. 당과 그후의 단명한 제국들은 불교와 도교의 대단한 영향하에 있었으나, 지난 세기의 무질서는 이러한 교리들의 통치 이념적 가치를 퇴색시켰다. 불교에서 목표하는 저승의 몽상은 송 조정이 직면하고 있던 현실적 문제에 대응하는 일에는 적합하지 않았다. 이에 반해서 공자사상가들은 과거 역사의 창고를 뒤져 국가정책의 기초가 될 수 있는 통치 원칙을 규정했다. 송나라의 통치자들과 공자사상가들 사이에 형성된 파트너 관계는 얼마나 밀접했던지 마치 태생부터 권한을 쥔 황제와 공자 교리에 대한 지식으로 영향력을 얻은 전문 학자-관리들이 공동으로 경영하는 제국의 형태에 가까웠다. 이러한 정부 모형은 향후 900년에 걸친 제국의 통치 동안 유지되었다.

이러한 결합은 공자의 엄청난 미래를 암시하고 있었다. 그의 가르침이 아무 도전 없이 제국의 이념으로 자리 잡음으로써 유학파는 수많은 경쟁자들을 영원히 배제할 수 있게 되었다. 대중 사이에서는 도교와 불교의 인기가 지속됐지만, 유학은 정부와 교육을 장악하고 있었고 중국 사람들의 일상과 가정에 깊이 스며들었다. 이러한 성과로 공자는 중국 문명에서 가장 영향력 있는 인물로 부각됐고, 중국이 야만인으로 취급하던 주위의 다른 문화와 중국의 문명을 구별하고 특별하게 만든 철학의 창시자로 간주되었다. 그러나 그렇게 달성된 그의 높은 위치는 미래의 문제를 암시하고 있었다. 즉, 그는 제국 통치와 그 통치하에서 발전된 사회체제의 상징이 되었다. 그리고 그 덕분에 서양에서 비롯한 새로운 아이디어로부터 중국 전통이 공격받는 근대에 와서는 오히려 공자와 그의 이름으로 세워진 사회는 퇴보적이라는 비난을 피할 수 없었다.

물론 이런 불명예는 아직 몇 세기 후 이야기이다. 새 황제 태조는 송나라를 형성하는 과정에서 유학파와 빨리 밀접해졌다. 무력으로 제국을 얻었지만 군의 위력을 우려한 그는 공로가 높은 장군들을 지방의 제후로 임명하여 멀리 보냈다. 이 결정은 민관 권력을 무관 권력의 상위에 두는 유학파에 대한 배려인 동시에 불만에 찬 장군들이 왕권에 도전할 위험에 대비한 계책이었다. 송의 역사는 다음과 같이 자랑스럽게 선언했다. "국가의 사명을 짊어진 위대한 태조는 문관을 우선함으로써 무관들로부터 권력을 빼앗았다. 송나라의 문관 대우 원칙은 이로부터 비롯되었다."[5]

태조는 다음 단계로 제국의 체계와 공자사상을 하나로 묶는 정책을 펴 나갔다. 새 황제는 과거시험을 복원하여 과거제도의 영역과 영향력을 대폭 늘렸다. 송나라 전까지는 정치적 연계를 근거로 혈통에 따라 등용되는 형태가 주였으므로 시험에 합격해서 채용되는 경우는 드물었다. 그런 상황에서 태조는 과거시험을 벌이가 탄탄한, 존경받는 관직의 등용문으로 승격시켰다. 이전과는 비교가 안 될 정도로 많은 관리들이 우수한 시험성적을 내어 송나라 관직에 등용되었다. 973년, 태조는 자신이 직접 관장하는 '어전시'(御殿試)라는 권위 있는 최종 단계를 시험 과정에 추가하여 합격자들을 조정과 직접 연결시켰다.

이러한 개혁에는 세 가지 목적이 있었다. 첫째, 자기의 씨족이나 국지적 이해관계보다 제왕에 대한 충성을 더 귀하게 여기는 관리들이 종사하는 중앙집권적 정부의 권력을 증진시키는 것, 둘째, 출생보다는 교육에 중점을 두어 선발한 전문 관료를 육성하는 것, 셋째, 태조가 시험을 장려함으로써 공자의 가르침이 중국 사회와 문화에 더 깊숙이 파고들게 하는 것이었다. 시험과목은 예전과 같이 공자의 고전에만 집중되어 있었다. 즉, 공자의 교리를 배우는 것이 정부 관직을 얻는 가장 좋은 길이라는 의미였다. 역사가 디에터 쿤(Dieter Kuhn)은 이러한 송나

라의 변화는 "제국 중국의 역사상 가장 결정적인 변혁을 의미했다."고 단정했다.[6]

송나라 초기 황제들 또한 헌신적으로 유학을 숭상하는 제왕임을 몸소 보여 주었다. 송나라 세 번째 제왕인 진종제(眞宗帝)는 새벽에는 참모들과 회의하고 조찬은 재정, 군사, 행정 책임자들과 같이하는 등 모범적이고 근면한 왕임을 자랑했다. 이 제왕들은 새로운 기술로 유교를 전파하였다. 11세기에 개발된 활자판(구텐베르크보다 4세기 앞섬) 등 인쇄술의 발달은 저렴한 도서 제작과 폭 넓은 유통을 가능케 했다. 1011년에는 새롭고 권위적인 유교 고전 편찬이 완성됐는데, 그 감독을 진종제가 했다.

황제들은 공자에 대한 존경도 각별하게 하였다. 송나라의 공식 역사는 진종제(眞宗帝)가 현자의 고향인 취푸를 방문한 것을 다음과 같이 기록했다. "사원에는 노란 현수막 등이 걸려 있었고 공자의 씨족들이 제물을 바치는 것을 도왔다. 황제는 국사를 볼 때 입는 의상과 신발을 신었다. 예전에는 관리나 제왕이 제단에 손을 모아 올리고 간단히 절하며 제물을 바치는 것이 다였으나 지금은 공자와 유학에 대한 경의의 표시로 고두(叩頭)를 행하였다. 왕은 시를 지어 사원에 있는 기념비에 새겨 넣었다. 또한 가마가 아닌 말을 타고 공자의 무덤을 방문하여 술을 올린 후 두 번 절하였다."[7]

유학파들은 그들의 스승조차 이루지 못한 그렇게도 갈망했던 권력을 손에 쥐게 되었다. 유학파가 추구하는 이상과 역사의 관점, 정책 성향, 국가 경영법에 교화된 수천 명의 새로운 관리들이 정치 기구에 입문하였다. 유학파는 제국의 정책 수립 과정을 장악하였고 20세기 초 중국의 마지막 제국인 청나라가 몰락할 때까지 영향력을 잃지 않았다.

바라고 바라던 권력을 쟁취한 유학파들은 권력 행사에 나섰다. 위대한 현자가 말을 듣지 않는 통치자들에게 호소를 시작한 지 1,500년이 지난 시점이 돼서야 송나라 유학파는 공자사상을 조정에서 실현하게 된 것이다. 이들은 유학파만이 도덕적 통치에 대한 정도를 이해한다며 황제들이 자기들 말에 귀 기울이는 것을 당연히 여겼다. 철학자이며 학자였던 정이는 왕실과 관련하여 황제라고 할지라도 유학파 참모들의 말에 주의하지 않으면 몰락할 것이라고 경고했다. "고래로 대신들의 가치를 인정하지 않고 두려워하지 않는 제왕이 현자적이고 도덕적이었던 적이 없다." 황제들을 개인적으로 교육했던 정이가 얼마나 엄격했던지 중국 천하를 다스리는 막강한 황제들도 어려워할 정도였다고 한다. 한번은 군주에 대하여 좀 관대한 것이 좋겠다고 충고를 받은 정이는 "평민인 나이지만 황제의 스승으로서 나 자신에 대한 존경과 위엄을 지켜야 한다."고 되받았다.[8]

정이만이 송나라 통치자에게 직언을 마다하지 않은 학자 겸 관리는 아니었다. 예를 들어 1071년에 당시 황제가 개혁은 국민을 위한 것이라 말하자 수석 대신이던 온언박(溫彦博)은 "폐하를 모시고 나라를 경영하는 사람은 저희들이지 국민이 아닙니다."라고 토를 달았다. 이러한 대답은 "제국 권력에 대한 새로운 해석이며 공자와 흡사한 송나라의 학자 겸 관리들의 독립심과 자부심을 반영했다."고 역사가 쿤(Kuhn)은 언급했다. 또 다른 역사가 피터 볼(Peter Bol)은 황제와 전문 관리들 간의 새로운 관계를 통해 '학자 겸 관리의 정부'라는 정치적 체계가 성립되었고, 이로 인해 제국 정권의 성격 자체가 바뀌었다고 주장했다.[9]

유학파들은 마침내 모든 정책을 관장하게 되었으나 어떤 정책을 펴야 할지 합의를 늘 이루지는 못했다. 유학의 해석과 가르침을 어떻게 정치사상으로 자리매김할지 당연히 의견은 서로 갈리기 일쑤였다. 이러한 이견은 제국 조정에서 엄청난 그리고 때로는 험악한 분쟁으로 이어졌다. 과격한 논쟁으로 갈라진 파벌들은 공자와 관련된 고전과 어록을 들먹이며 각자의 우위와 정당성을 내세웠다. 간단히 말하면, 제국 중국의 정책 수립은 어록을 외우는 까다로운 유학자들이 공자 교리의 세세한 포인트에 대하여 논쟁하는 전장이 되었다. 공자가 세우려던 정부는 어떤 것이며, 진실한 공자사상을 준수하는 통치자는 무엇을 해야 하는지에 대한 논쟁은 오늘날에도 계속되고 있다.

11세기에 벌어진 중국 학문과 국가 경영 기술의 두 거목인 왕안석(王安石)과 사마광(司馬光) 사이의 논쟁만큼 뜨겁고 분열을 초래한 싸움은 없었을 것이다. 왕안석은 과거제도를 거쳐 승승장구한 자신만만하고 논쟁에 능하며 아주 똑똑한 기술 관료로서 공자에 대한 해석과 제국의 개혁에 관한 급진적 사상을 갖고 있었다. 그는 정부를 완벽한 사회를 형성하는 수단으로 보았고, 그 목표를 위해 제도와 경제체계의 개조를 작정했다. 한편, 존경받는 역사가이자 오랫동안 조정 관리였던 사마광은 전통적인 방법을 선호했다. 그는 질서를 유지하고 유교식 계급체제를 보강하며 현자-왕이 규정한 방법을 유지하여야 이상적인 사회가 이루어질 수 있다고 믿었다. 사마광 입장에서는 왕안석의 운동가 정신은 유교적 정치사상에서 벗어난 위험한 이념이었다.[10]

이러한 충돌은 19세의 신종(神宗)이 황제로 즉위한 1067년에 있었던 일이었다. 공적을 쌓으려는 야심으로 가득한 젊은 황제는 군사력을 신장하고 조정의 고민거리인 북방의 '야만족'들이 찬탈한 영토 회복에 도움이 될 급진적 개혁 아이디어를 듣고자 했다. 그런 새 황제는 대담한 왕안석에게 즉시 끌렸다. 처음 만난 자리에서 황제는 당 제국 창시자에 대한 평가를 지시했다. 왕안석은 오래된 현자-왕의 길을 따르는 것이 최선이라고 대답하였다. "그 원리를 실행하는 데는 어려움이 없습니다. 다만 지금의 학자들은 도를 제대로 이해하지 못하여 그러한 정부가 불가능하다고 생각하고 있습니다."라고 감수성이 예민한 황제에게 왕안석은 말했다.[11] 이렇게 왕안석은 신종으로 하여금 자신을 등용할 구실을 마련했다. 그리고 1069년 황제는 왕안석을 부수상으로 임명했다.

왕안석은 교육, 군사, 경제 개혁을 망라한 '신법'(新法)이라고 불렸던 일련의 개혁을 실시하였다. 1069년에 시행한 청묘법(青苗法)은 사채를 없애고 나라가 1년에 두 번 농부에게 저금리로 융자하여 농사의 생산성을 높이려는 법이었다. 관리의 질을 높이기 위해서는 오경의 '의미'에 대한 논문을 추가하여 오경을 이해하는지 평가하였다. "오늘날 가장 시급히 필요한 것은 유능한 사람을 발굴하는 것입니다. 정부에 유능한 사람이 있을 때만 무엇이 이루어져야 하는지를 알 수 있습니다."라고 황제에게 진언하기도 하였다.[12]

왕안석은 자기가 주도하는 개혁의 정당성을 입증하는 차원에서 항상 역사에서의 사례 또는 고전을 인용하여 그 정책들이 현자-왕의 도를 본보기로 삼았음을 주장했다. "중국의 정치나 경제가 힘든 것은 현재 시행 중인 법이 고대 왕들의 정치와 맞지 않기 때문입니다. 고대 왕들의 시대와 너무 멀어져 있는 현재, 우리가 당면해 있는 변혁이나 환경은 당시와 같지 않습니다… 그러나 제국 정부, 국가, 가정을 위한 기본 목표에는 변함이 없습니다."라고 1058년 황제에게 바친 글에서 말했다.[13]

왕안석의 당면 목표는 정부를 강하게 하고 번영을 진작하며 불평등을 해소하는 것이었다. 그의 신법은 학자 겸 관리들이 지혜를 발휘해 인류를 좀먹는 문제들을 해결할 수 있다는 유학적 사상에 기초한 가부장적 의무에서 도출되었다. 왕안석의 이러한 광범위하고 적극적인 정책은 사실 전에는 없던 일이었다. 예를 들어 유학파들은 곡물을 팔거나 융자하는 지저분한 일을 멀리하고 백성들에게 윤리를 가르치는 것에 초점을 맞추는 것을 전통처럼 여겼다. 민중이 자비로 충만해지면 제국은 스스로 올바른 길로 들어설 것이라고 믿었다. 이런 개혁 의지에 대한 반대는 맹렬하고 광범위했다. 사마광과 그를 따르는 세력은 황제의 면전에서조차 왕안석과 격렬하게 논쟁했다. 한편 왕안석은 자신의 지위를 이용하여 개혁에 반대하는 관리들을 조정에서 제거하였다. 1070년, 화가 치밀 만큼 치민 사마광은 항의의 표시로 관직을 내놓았다.

왕안석과 사마광은 각자 공자가 자기 편이라고 주장했다. 사마광은 "현자들은 세금, 부과금 등 부담을 줄이면서 백성의 이해를 살폈네. 자네는 이것이 전통적인 유학의 관점에 볼 때 주목할 가치도 없는 허튼소리라고 하나… 공자는 자기 안에서 잘못을 찾는 사람이 군자라고 하셨네… 다른 사람들에게 무조건 책임을 돌리면 안 되네."라고 1070년 왕안석에게 보낸 편지에서 말했다. 왕안석의 대답도 똑같이 도전적이었다. "유학자들이 갈구하는 것은 문제가 요구하는 것과 현 문제 간의 관련성입니다. 저는 번영을 이루고 고난을 해결하는 수단으로 고대 왕들의 정책을 적응시켰습니다… 귀하가 주장하는 것처럼 아무것도 하지 않고 옛 전통을 유지만 하는 것은 저로서는 받아들일 수 없습니다."[14]

그런데 결국 논쟁에서 패한 것은 왕안석이었다. 지속적이고 맹렬한 공격을 끝내 견뎌 내지 못하고 그는 신종 황제의 간곡한 만류를 뿌리치고 관직을 떠났다. 1085년, 신종이 사망하면서 왕안석의 정적들이 우위를 점했다. 유학파는 신법의 대부분을 원점으로 돌려놓기 위해 늙고 쇠약한 사마광을 다시 불러내어 임무를 맡겼다. 전통과 개혁이 핵심인 이러한 논쟁은 오늘날까지도 계속 출몰하고 있다. 왕안석과 진보 유학자들은 이러한 논쟁에서 결국 패했으나, 더 나은, 번영하는 동아시아를 만들기 위해 부단히 노력하는 새로운 20세기 학자-관리 집단의 본보기가 되었다.

송 시대 유학파 사이의 논쟁은 행정에만 국한됐던 것은 아니다. 교리의 중요성에 대한 논쟁도 치열했다. 현자가 되는 길과 인간의 본성, 그리고 인간, 우주, 사물 간의 관계 등 철학의 중요성에 대해 여러 학자들이 심사숙고하던 송 시대는 활발한 유교사상의 발전과 함께 다양한 실험이 시도된 시기였다. 이러한 사색의 결과로 공자와 철학이 과거로부터 급진적으로 분리되었다. 물론 마지막은 아니었지만 공자사상은 해체됐고 새로운 시대와 그 시대에 맞는 새로운 형태로 다시 조합되었다. 사실상 송 시대의 사상가들이 공자의 가르침을 얼마나 바꾸었는지 옛 현자 자신도 알아보지 못할 정도가 됐다. 그당시에 탄생한 새로운 형태의 유학을 우리는 오늘날 '성리학'(性理學)이라고 부른다.

송나라는 이전 제국에서 형성된 유학을 그 시초에 인수받았다. 유학은 지식인의 수호성인이었고, 올바른 정부의 전도사이며, 윤리 규율의 창시자였다. 소년들은 『논어』를 배워야 했고, 과거를 보는 사람들은 1,000년 전에 무제가 신주처럼 모신 오경에 통달해야 했다. 유학을 공부하는 학생은 도덕적 정부, 군자다운 행동, 의식의 우선순위 등에 대한 공자의 가르침을 배웠다. 그러나 송 시대의 현자 추종자들은 약간 다른 공자를 탄생시켰다. 이 시대의 열렬한 유학 개혁파들은 한나라 이래로 내려온 유학은 스승의 가르침이 극도로 변질된 것이라며 거부했다. 진정한 도(道)에 대한 이해는 맹자 이전까지만 유효했으며, 그 도에 대한 충실한 해석은 훨씬 옛날에 중지되었다고 믿었다. 완전히 새로운 눈으로 공자의 가르침을 살펴야만 그의 지혜를 이해할 수 있다고 송나라 시대의 학자들은 생각했다. 이런 문화 복고주의자들은 고전과 다른 유학 저서들을 다시 연구하고 재해석하였다. 그러나 이런 노력은 시간이 걸리는 일이었다. 송 시대 후기가 돼서야 성리학이 널리 받아들여졌는데, 한번 퍼지기 시작하자 유교사상의 교리 자체를 영원히 바꾸었고 동시에 중국 역사와 사회에도 큰 변화를 가져왔다.

성리학은 공자를 민중과 밀접하게 연결했다. 불교와 도교에 도전하기 위해 공자의 가르침에 우주성과 영성을 융합했다. 더 이상 교실이나 관리가 일하는 집무실의 따분한 복도에 갇혀 있는 공자가 아니었다. 제국 시대 모든 가정에 접근했고 모든 중국인과 만나려 하였다. 송 시대에 이르러 개조를 이룩한 유학파는 황제의 주목을 끌어 세상을 바꾸려는 노력을 더 이상 할 필요가 없어졌다. 각 개인의 자비와 공자의 도를 따르는 행동이 사회에 긍정적인 영향이 된다고 성리학자들은 믿었다. 공자와 그의 추종자들이 항상 가르쳤던 도덕 단련의 잠재력을 성리학자들은 자기 개발을 이루는 실현 방안으로 상승시켰다. "지금까지 유학자는 사회와 정치의 지도자인 현자−왕의 도, 혹은 귀인의 도에 집중해 왔으나 성리학은 모든 사람들을 위한 현자의 영적 이상을 갈망했다."고 중국철학 연구는 지적했다.[15]

이러한 움직임을 촉진시킨 사람들로는 기품과 사상을 갖춘 학자로서 오만하지만 뛰어났던 정이와, 채소를 직접 기르며 은둔자의 생활을 하면서 자신을 '행복자'라고 일컬은 기이한 소옹(邵雍) 등 몇 명이 있었다. 그러나 그들 중에서도 특히 두드러진 사람은 주희(朱熹)였다. 유학의 긴 역사를 통틀어서 공자와 맹자를 제외하고 주희만큼 유학 발전에 큰 영향을 미친 사람은 없을 것이다. 학자 찬윙치(陳榮捷)는 "주희는 유학의 의미를 새롭게 했고, 오랜 세월 동안 중국의 사상만이 아니라 한국과 일본의 사상까지 지배했다. 주희에 의해 사실상 유학의 주요 개념들이 최정점에 도달했다."고 중국철학 고전문집에서 말했다.[16]

그러나 주희가 생전에 그런 지명도를 누렸던 것은 아니다. 그는 포졸인 아버지로부터 푸젠성(福建省)에서 1130년에 태어났다. 그 후 송나라 과거에 급제하여 학자 겸 관리가 되었다. 관료 사회의 따분함보다 책을 쓰고 연구하는 지적인 삶을 선호한 그가 관리로 지낸 것은 고작 9년이었다. 그런데 그 짧은 관직생활도 무난하지만은 않았다. 공자처럼 자기의 상사를 훈육했던 주희는 그들과 소원해질 수밖에 없었는데, 1181년 관리들의 무능력에 대하여 황제에게 불평한 것이 이유가 되어 한직으로 강등되기까지 하였다. 그러나 학문으로는 그를 따를 자가 없었다. 그는 유학 고전에 대한 해석뿐만 아니라 다수의 저서를 펴낸 작가였다. 가정의례에 대해 쓴 『주자가례』(朱子家禮)는 동아시아 전체에 유교적 관습을 퍼트리는 데 중요한 역할을 했으며, 뼈대 있는 가문에서는 꼭 비치해야 할 지침서였다. 역사학자인 쿤은 주희의 1176년 논문 『근사록』(近思錄)은 그때까지 가장 뛰어난 중국철학 지식을 체계화하여 제시한 것이라고 찬사를 보냈다.[17] 그러나 주희의 가르침 대부분은 그로부터 비롯된 것이 아니었다. 그의 가장 큰 공헌은 기존 성리학 사상들을 이전보다 훨씬 통일감 있고 논리 정연한 유학으로 집대성한 것이었다.

주희의 유학의 초점은 '원리' 혹은 '이'(理)에 대한 이해였다. 모든 것은 하늘에서 온 '이'를 갖고 있어 이를 통하여 사람은 우주와 기타 다른 것들과 연결된다. 원리는 공통적이면서도 별개여서, 전체의 일부이면서도 개체의 특성을 유지한다. 주희는 이 공통적 형태의 원리를 '태극'(太極)이라고 불렀다. "오직 하나의 궁극적 최상위가 존재한다. 그러나 무수히 많은 존재 각각에게 궁극적 최상위가 부여되어, 각각은 궁극적 최상위 전체를 소유하게 된다. 이것은 마치 하늘에 달은 하나밖에 없지만, 그 빛이 강과 호수에 떨어져 흩어지면 어디서든지 볼 수 있는 것과 같다."고 주희는 설명했다.[18] 인간에게 존재하는 원리는 각 개인의 도덕성이며, 맹자의 주장과 같이 선천적으로 선한 것이라고 하였다. 이 '이'는 물질적으로는 볼 수 없는 무형이어서 이른바 '존재에 대한 모색'(格物)이란 집중된 연구와 자신의 수양을 통해서만 발견할 수 있다. 현자란 자신의 '이'를 볼 수 있고 다른 '이'와 어떻게 연결되어 있는지를 이해하는, 다시 말해서 인간과 우주의 모든 것 사이의 통일성을 이해하는 사람이다.

그러나 사람과 현자 사이에는 '기'(氣)라는 것이 있다. 우주의 모든 것은 '기'로 만들어져 있으며 각 '기'의 형태는 '이'에 의해 결정된다. 그러나 '기'는 '이'를 인지하기 어렵게 한다. 인간에게 열정을 생성함으로써 '기'는 인간이 진실한 '이'를 보지 못하게 방해한다. 세상의 욕망을 버려야만 인간은 현자가 될 수 있다. 가장 중요한 덕목인 자비의 추구를 통해서, 원리의 이해에 걸림돌이 되는 이기심을 제거할 수 있기 때문에 자비의 증진이 목표이다. 각 개인은 극한적인 자기 훈련과 수양을 통해서 즉시 선과 악을 분별하고 그에 따른 행동을 보는 것이나 듣는 것처럼 자연스럽게 행동할 수 있는 지각의 상태에 이르는 노력을 해야 한다. 이 지각의 상태를 이루는 한 가지 방법은 유학자가 '정좌'(靜坐)라고 명명한 계시적 경험에 전념하는 명상이다. "세상의 존재에 대한 깨달음을 구하는 자들은 이미 지각한 원리에서 더 나아가 한계점에 도달할 때까지 헤아려야 한다. 오랫동안 노력을 하면 어느 날 한계를 뛰어넘는 경험과 함께 완전한 이해에 도달하게 된다. 그렇게 되면 내부적이건 외부적이건, 세련되건 거칠건, 모든 것의 자질이 모두 이해되며 마음의 완전한 실체와 기능이 모두 분명해진다."고 주희는 말했다.[19]

이런 개념을 형성하는 단계에서 주희와 그의 성리학 동지들은 그들이 그렇게 멸시하던 불교로부터 일부 사상을 마음껏 빌렸다. 진실을 발견하기 위한 방법으로서 명상의 실천, 우주의 역할을 이해함으로써 얻는 깨달음, 더 나은 인간이 되는 방법으로서 욕망의 억제 등을 경쟁 종교인 불교에서 빌려 왔다. 그러나 불교와 달리 성리학은 공자가 강조한 세속적 목표를 잃지 않았다. 성리학으로 깨인 사람은 승려와 달리 사회를 멀리하는 것이 아니라 사회 문제 해결에 자기의 지식을 사용해야 하는 운명을 따라야 했다. 공자가 세상을 버리고 은둔하는 것을 거부했듯이, 성리학자들도 진실한 현자가 되는 길은 강도 높은 배움을 실제 세상에서 사회적 활동에 적용함으로써 가능하다고 주장했다. 진정한 성리학자가 되기 위해서는 세상을 완벽하게 만들기 위한 자기 수양이 있어야 했다. 근대 중국철학 연구는 "현자적 이상은 모든 분야에 대한 영웅적인 자기 희생의 영감을 의미한다. 성리학이 주장한 것은 공자와 그의 추종자들이 항상 가르친 '인간의 질서와 가치에 대한 지각은 우주로부터 떨어지는 것이 아니라 우주에 통합되는 것이라는 것'보다 훨씬 더 나아간 것이었다."고 언급했다.[20]

주희의 유학은 공자가 가르쳤던 것과 상당히 다른 것처럼 보인다. 그러나 정작 주희와 그의 성리학 동지들은 그렇게 생각하지 않았다. 오히려 오랜 세월 사라져 있던 진실한 공자의 가르침을 재발견했다고 확신했다. "스승에 대해서 말하자면, 스승은 권력의 위치에 오르지는 못했으나 옛 현자들에 대한 배움을 재개했고 그 배움을 이후의 학자들에게 전한 것은 현자-왕들의 공헌보다 더 높다."고 주희는 말했다. 그렇다고 모든 유학자가 동의하는 것은 아니었다. 사실 당시에는 비난도 많이 받았다. 일부 개혁자들은 공자도 우려했다고 지적하면서 주희의 형이상학적 사상의 실천 타당성을 의심했다. 한 조정 관리는 "세상의 평화가 통치자와 아버지의 앙갚음에 달려 있는 형편에, 그(주희의 추종자)들은 단순히 눈살을 찌푸리며 소매 안에 손을 넣은 채 인간성과 운명에 대하여 논하고 있습니다. 그들은 인간성과 운명이 정말 무엇인지 모르고 있습니다."라고 1178년에 황제에게 올린 상소문에서 비판했다. 주희는 또 '잘못된 깨우침'을 전파하고 있다고 고발당했다. 하물며 1196년에는 주희와 그의 사상이 송나라에서 금지됐고 급기야 주희를 처형하자는 상소문까지 있었다.[21]

그러나 궁극적 승리는 주희의 것이었다. 주희가 사망한 지 몇십 년 후인 약 1200년경에 그의 가르침은 특히 사적 영역에서 큰 인기였다. 주희의 영향을 받은 유학자들은 이전의 저서에서 벗어나 다른 것들에 주목했다. 한나라에서부터 유학교육의 기본은 오경이었다. 주희는 성리학 프로젝트의 중대한 요소인 도덕적 자기 수양을 지향하는 사람들을 위한 최적의 안내서로 다른 문헌을 선택했다. '사서'(四書)라고 불린 이 문헌은 『논어』, 『맹자』, 그리고 『예기』에서 발췌한 두 장을 독립된 책으로 정의한 『대학』과 『중용』이었다. 사서는 종래의 오경보다 공자와 그의 제자에 더욱 가까운 작품이었다. 『맹자』를 사서에 넣음으로써 주희의 관점은 유교적 정통성을 확고하게 굳혔다(맹자는 마침내 인성에 대한 순자와의 오래된 논쟁에서 승리자가 되었다). 주희의 교리와 아울러 사서의 인기는 시간이 지나면서 더욱 상승하여 오늘날 가장 중요한 유교 문헌으로 인식된다.

주희에 대한 존경심이 나라에 널리 퍼지자 송나라는 죽은 주희의 가치를 부분적으로 승격시켰으나 사실 궁정 내에서는 냉소적이었다. 주희와 그의 가르침이 유학운동의 전면에 등장한 것은 황실이 바뀐 후였다. 그런데 새롭게 등장한 나라는 얄궂게도 주희와 그의 성리학자들이 그렇게도 반대하던, 늘 중국 침략을 노리던 북방의 '야만인들'이었다. 1271년, 송나라는 여진에게 북방의 심장을 빼앗겼고 송나라의 남부 거점을 정복한 칭기즈칸의 손자 쿠빌라이가 원나라를 세웠다.

중국을 통치하게 된 외래인 쿠빌라이 칸은 새 제국을 경영하는 데 송나라의 유학자 관료에게 의존할 수밖에 없었다. 원나라의 유학자-관료들은 송나라 말기에 중지된 국가 과거제도를 부활시키자고 주장했다. 그리고 주희가 주창한 도를 깨우치는 방법을 근간으로 하는 새로운 시험 내용을 지지했다. 당시 한 관리는 "학자를 뽑는 적절한 방법은 인력 관리에 필수인 자기 수양을 도모하는 고전 학문을 통해서입니다."라고 1313년에 왕에게 말했다. "전통적인 시험은 학자들을 피상적인 것에 익숙하게 했습니다. 지금 우리가 제안하는 것은 도덕적 행위와 고전의 이해에 중점을 둔 것입니다. 이렇게 해야 제대로 된 사람을 뽑을 수 있습니다."[22]

설득이 된 원나라 황제는 그 해에 오경에 더불어 특히 사서까지 포함한 과거제도를 부활하라고 명령했다. 응시자의 해답을 평가하는 데는 주희의 주해를 질문의 표준 해석으로 삼았다. 몽고인들이 주희의 유학을 국가 정통성을 대표하는 학설로 자리 잡게 한 것이다. 그리고 이 정통성은 제국 시대가 끝날 600년 후까지 유지되었다. 주희의 지지자들이 승리한 것이었다. 조정의 이 결정이야말로 "역사를 통틀어 학자들에게 내린 최대의 축복"이라는 말도 있었다.[23]

공자의 영향은 국경을 넘어 퍼져 나갔다. 유학사상이 이미 한나라 시절부터 주변 나라에 퍼지기는 했었으나, 현자의 가르침이 동아시아 전체로 깊이 파고들게 된 것은 특히 14세기의 성리학 운동 때문이었다. 태국, 인도네시아, 말레이시아, 필리핀 등 부근 국가로 이주한 중국인들은 자기들의 가정의례와 의식절차를 다른 나라에도 가지고 갔다. 그러나 중국인만 공자에 매료됐던 것은 아니다. 아시아 지역에 그의 가르침이 넓게 퍼져 나가며 국가 정책, 교육, 사회적 관습, 가족 관습, 철학의 진보, 도덕적 규범 등에 영향을 주었다.

중국 국경 너머로 퍼진 유교는 중국이 아시아 국가들에 미친 문화적 영향의 일부였다. 역사가 기록되기 시작한 이후 중국은 항시 동아시아에서 가장 크고 부유하며 강력하고 진보된 사회였으므로 중국에서 발생한 일은 자연스럽게 국경을 넘어 이웃 나라에 흘러들어 갔다. 동아시아 사회의 예술, 건축물, 언어, 문학, 통치제도, 그리고 당연히 철학까지 중국이 추구하는 스타일과 선호도, 사상 등에 영향을 받았다. 예를 들어 일본과 한국은 그들의 문자체계에 한자를 도입했다. 정치학자들은 어떤 나라나 사회가 직접적인 외교전이나 무력 없이 다른 나라에 영향을 주는 것을 '연성권력'이라고 부른다. 공자는 오랫동안 중국의 주요 연성권력을 행사하는 데 있어 모국을 대표하는 대사 역할을 했다. 중국 문화를 알림으로써 그는 사후에 중국의 이미지를 발전되고 우수한 사회로 부각시켰으며 지역과 국제적 차원에서 중국의 위상을 진작시켰다.

아마 다른 어느 나라도 한국만큼 유학의 영향을 많이 받지는 않았을 것이다. 유학의 교리는 중국 자체보다도 오늘날 한국에 더 깊이 스며들어 있을지도 모른다. 공자의 가르침은 무제 시대에 처음 한국으로 건너간 것 같다.[24] 이 야심에 찬 군주는 지금의 평양에 식민지를 건설하였고, 그곳으로 건너간 중국인들은 유교 서적들을 지니고 있었다. 이미 1세기에 유교의 교리는 고구려의 왕족 정치에 영향을 준 것 같다. 기원후 53년에서 146년까지 장기 통치했던 고구려 태조왕은 조정은 자비와 유학의 '왕도'에 의해 다스려져야 된다고 선언했다. 4세기 말경 소수림왕 때에는 오경 등을 가르치는 국립대학격인 태학(太學)이 설립되었다. 그러나 한국의 유학은 기원후 1,000년 동안 비주류 철학에 그쳤다. 불교가 흥했으므로 공자의 가르침은 주로 학계와 정부 관리 사이에 국한됐으며 사회 발달에는 큰 영향을 주지 못했다.

이런 형국은 13세기 성리학의 도입으로 바뀌었다. 한국에 성리학 교리를 전달한 사람은 학자이면서 교육자였던 안향(安珦)이었다. "근엄하고 차분하여 사람들에게 경외심을 불러일으켰던 안향은 항상 교육을 진작시키고 훌륭한 인재를 육성하는 것을 그의 본분으로 삼았다."[25] 1286년, 안향은 당시 한반도의 지배 세력이던 고려의 왕을 수행하여 북경의 쿠빌라이 칸을 공식 방문했을 때 성리학을 처음 접했다. 얄궂게도 몽고의 중국 점령은 한반도를 중국 문화에 더 노출시키는 결과를 몰고 왔다. 몽고에 점령당하지는 않았으나, 고려는 일련의 파괴적인 전쟁 끝에 몽고의 종속국이 될 수밖에 없었다. 원나라와 개성을 수도로 하는 고려의 조정은 이전의 어떤 중국과 한국 관계보다도 더 가깝게 되었다.

이 여행에서 안향은 처음으로 주희의 저서를 읽고 마음이 사로잡혔다. 한 고대 전기는 다음과 같이 기록하고 있다. "안향이 처음 주희의 저서를 접한 후 주희의 문헌에 빠져들어 아주 귀하게 생각했다. 안향은 그 책들이 공자와 맹자의 진실한 전통을 대표하고 있다고 보고 모든 책들을 일일이 손으로 필사하여 고려로 가지고 돌아왔다."[26] 1289년, 고려로 돌아온 안향은 주희의 유학을 조정과 학계에 보급하였다. 이후 한국에 막대한 결과를 초래한 순간이었다.

인간 완성에 대한 영적 추구와 국가 개혁에 대한 현실적 체계를 목표로 하는 중국 학자들과 동일한 목표를 지향하는 한국인에게는 성리학이 매력적이었다. 적기에 한국에 상륙했던 것이다. 13세기경 고려는 불안정했고 혼란기의 유학자들이 모두 그렇듯이 고려의 유학자들도 질서를 복원하고 나라의 힘을 강화할 방법을 모색하고 있었다. 중국 성리학자들과 진배없이 불교의 영향을 한국인들도 달갑게 보지는 않았으므로 주희의 형이상학적 융합 사상이 유학을 대체하는 학문으로 받아들여질 수 있었다. 유학 고전에서 발견된 중국의 고대 현자-왕은 중국의 성리학자들을 그랬듯이 고려의 성리학자들의 마음도 사로잡았다. 왕안석의 발자취를 따르고자 한 그들은 활동적이고 적극적인 개혁 주제를 통해 고려 사회를 개조하려는 영감을 받았다. 그중 일단의 성리학 학자-관리 단체가 당시 고려를 처음부터 끝까지 '유학화'하려 하였다.[27]

고려 말경에도 개혁을 통하여 어느 정도 성공을 거두었던 이 관리들에게 자신들의 계획을 제대로 실천할 기회가 온 것은 새로운 나라가 탄생한 후였다. 1388년, 군사령관이었던 이성계는 개성으로 회군하여 정권을 장악하였다. 4년 후, 이성계는 마지막 고려 왕을 폐위시키고 자신이 통치권을 행사했는데, 그로부터 얼마 안 되어 향후 500년 동안 존속할 조선(朝鮮)이라는 나라의 시작을 선포하였다. 새로운 왕과 성리학자들은 새 나라의 초기부터 단합하였다. 개혁에 헌신한 학자-관리 수는 많지 않았으나, 지도자 몇 명이 조정의 핵심 자리에 앉아 왕의 눈과 귀를 장악하였다. 왕실의 이해와 유학자들의 이해는 근사하게 들어맞았다. 정부에 활기를 불어넣을 필요가 있던 이성계는 그의 지배를 정당화하는 이념이 필요했다. 유학자들은 활기 있는 유학이 나라를 구할 수 있다고 믿었을 뿐만 아니라, 왕이 개혁을 권장하므로 자기들의 지위와 세력이 견고해질 것이라고 믿었다. 한국의 유학자들은 송 조정의 정이를 비롯한 동료들과 마찬가지로 자기들 자신이 올바른 정부의 수호자라고 생각했고, 그 역할로 정부 정책을 주관할 권리가 주어졌다고 믿었다.

새 나라의 지원에 힘입어 유학자들은 조정뿐만이 아니라 조선 사회 일반에도 영향을 미치기 시작했다. 그때까지의 거의 모든 삶을 바꾼 여러 개의 새로운 법과 규칙들이 집행되었다. 조선의 성리학자들은 고대 유학 문헌에 적혀 있는 중국의 현자-왕이 실현한 바를 실천하고자 딴엔 신중하게 법을 만들었다고 생각했다. 그런데 이 과정에서 중국에서는 친숙하지만 한국에는 생소한 유학의 관행들을 강제로 삽입시켰다. 1390년, 고려의 영향력이 점점 약해지던 시기에 유학자들은 이전에는 행하지 않던 제사를 정부 관리들에게 강요했다. 그리고 1394년에 반포된 조선 최초의 법전인 『조선경국전』(朝鮮經國典)에 삽입하여 보강하였다. 유학적으로 부계 가정이라는 개념을 강화하기 위하여 정책 수립자들은 유산과 가장권의 승계 등 현존 제도를 바꿔 권리와 부가 장자에게 승계되도록 하는 등 경제 요소를 포함한 여러 방책을 내놓았다. 유학에 대한 정부의 의도는 의심할 나위가 없었다. 1421년에는 임금이 세자에게 공자사원에 참배하라는 어명을 내렸다.

모든 사람이 이런 개혁을 환영한 것은 아니었으나 학자-관리들의 꾸준한 압력에 힘입어 몇 세기 되지 않아 유교식 결혼, 장례 및 여러 의식이 뿌리내렸다. 오늘날의 의식과 관습 등 한국에서 전통문화라고 하는 것은 사실상 유학에 심취한 조선의 개혁가들이 외국에서 들여온 것이다. 한국은 유학의 창시자 공자가 꿈꾸었던 유교의 교리가 지배하는 바로 그 세상으로 변화하였다. 학자인 마티나 도이클러(Martina Deuchler)는 "한국의 학자-관리는 송나라의 성리학자들이 가능할 것이라고 생각지 못했던 정도의 사회·정치적 환경을 형성하는 데 성공하였다.'고 말했다.[28]

유학은 또한 일본해를 건넜다. 전통적으로 일본인들은 유학을 그들 섬 나라에 도입한 사람은 5세기 초 즈음에 『논어』를 휴대하고 일본 왕자의 스승으로 온 왕인(王仁)이라는 한국인이라고 믿는다. 일부 학자는 유학이 그 전에 이미 일본에 전해졌다고 주장한다. 언제 전해졌든지 간에 오랜 세월 동안 공자의 가르침이 일본에 미친 영향은 아주 미미했다. 성리학적 개혁도 일본에는 영향을 미치지 못했다. 주희의 융합된 성리학이 13세기에 일본에 존재했던 것으로 알려지고 있으나, 주희의 학문은 주로 승려들 사이에서 자기들의 관습과 유사한 성리학을 향유하는 형태로 선종 사원에 머물렀다.

유학의 전망은 1603년 도쿠가와 막부가 형성되면서 대단히 밝아졌다. 일본 역사가들은 막부의 창시자인 도쿠가와 이에야스가 현자의 가르침을 일찍이 받아들인 태생적 유학인이라고 주장하고 있다. "말 위에서 일본을 통일한 이에야스지만, 그는 총명하고 현명한 사람이어서 나라를 말 위에서 통치할 수 없다는 것을 일찍 깨달았다."라는 마치 한나라 고조가 깨달은 교훈을 상기시키는 문구랄지, "그는 항상 현자의 도를 존중했고 믿었다. 현명하게도 그는 나라를 통치하고 인간이 행하여야 할 도를 따르기 위해서는 배움의 길을 추구해야 한다고 믿었다."[29]는 말도 전해진다.

이에야스가 유교에 관심을 갖게 된 이유는 중국 송나라의 태조가 현자를 받아들인 배경과 매우 흡사하다. 수년간에 걸친 전쟁과 무질서 끝에 일본을 통일한 이에야스는 막부의 합법성을 진작시키고 나라의 안정을 도모할 방법을 모색하고 있었다. 유학은 중국 제국체계의 일부로서 오랫동안 성공적이었으므로 이 두 가지 목적 달성에 적합하다고 이에야스는 믿었다. 그가 발굴한 사람은 성리학에 자기 인생의 모든 것을 던지고 불교를 떠난 승려 하야시 라잔(林羅山)이었다. 1605년에 있었던 좌담에서 새로운 쇼군은 하야시에게 중국에 대해 많은 질문을 던졌다. 함께 참석했던 다른 불교인들이 당황하여 모호하고 미흡한 대답을 하는 반면에 하야시는 간명하고 정확한 대답을 했다. 이에야스는 "이 젊은이는 아는 것이 많구나."라며 그를 자문관으로 임명하였다.[30]

네 명의 초기 도쿠가와 쇼군을 보좌한 하야시는 새로운 도쿠가와 조정에서 불교를 믿는 많은 관리들과 부단히 싸우면서 현자의 가르침을 전파했다. 그리고 그의 노력은 열매를 맺었다. 세 번째 쇼군인 도쿠가와 이에미츠는 향후 유학교육의 중심이 될 학교를 수도인 에도(오늘 날의 도쿄)에 건설할 수 있게 하야시에게 후원금을 배정했다. 그리하여

1600년대를 걸쳐 유학은 도쿠가와 쇼군들을 지도한 원천이 되었다. 예를 들어 다섯 번째 통치자였던 도쿠가와 츠나요시는 조정의 장관들에게 정기적으로 성리학을 가르쳤다.

그러나 도쿠가와가 다스리는 일본에서 유교의 시작은 상당히 더 복잡했을 것으로 추측된다. 무제가 유교로 개종한 사연과 마찬가지로 유학에 대한 이에야스의 열정은 초기 쇼군 시대부터 유학이 높은 영향력이 있었던 것처럼 조명하기 위한 하야시와 추종자들의 과장이었을 수 있다. 현세의 학자들은 유학을 일본 조정에 존재했던 다수 교리 중 하나였을 뿐이라고 믿는다. 이에야스와 그의 후계자들은 불교는 물론 토속신앙인 신도(神道)를 숭배하는 자문관들을 두고 있었으며, 하야시보다 그들에게 더 많은 자금과 지원을 베풀었다.[31]

중국과 마찬가지로 유학의 영향은 여러 역사적 요인과 많은 관리들의 권고에 의해서 일본의 정부와 사회에 천천히 스며들었다. 역사가인 기리 파라모어(Kiri Paramore)는 유학이 도쿠가와 정권에 확고하게 자리 잡은 것은 이에야스 정권 후 거의 2세기가 지나서 시행된, 유학의 영감으로 제도화된 간세이 개혁(寬政改革)의 결과였다고 했다.[32] 이 정책은 영주 마쓰다이라 사다노부가 쇼군의 수석 자문관이 된 1787년에 추진한 것이었다. 유교철학과 중국 역사에 통달한 마쓰다이라는 유학에서 비롯된 엄격한 윤리 제도가 쇼군에게 힘을 실어 주고 국가와 국민의 사기를 진작시킬 수 있다고 믿었다. 그는 사무라이들에게 진지하게 유학을 공부하라고 권했고, 지나친 공금 지출을 줄였으며, 외설물과 혼욕탕을 금지시켜 공중도덕을 강화하는 금욕주의 운동을 시행했다.

그러나 그는 지적 논쟁이 사람을 혼란에 빠지게 한다는 이유로 논쟁을 억제한 사람으로 더 잘 알려져 있다. 그는 "학자들이 마치 끓는 물처럼, 혹은 꼬인 실 가닥처럼 여러 이론을 들먹거리며 계속 논쟁하고 서로를 헐뜯는다면 누가 학문을 지지할까?"라고 불만을 터뜨렸다.[33] 이런 생각으로 똘똘 뭉친 마쓰다이라는 1790년, 하야시가 설립한 유학학교 교장에게 칙령을 내려 '이설'에 대한 교육을 금지하고 주희의 유학만 가르치도록 명령했다. 이 칙령으로 성리학은 쇼군의 '공식' 이념 비슷하게 인정되었다. 1792년에 도입된 이 표준화된 성리학 교육은 늘어나는 행정에 대비해 전문 관리를 양성할 목적으로 시행한 새로운 중국식 과거시험의 골격을 이루었다.

그러나 일본의 유학은 중국에서와 같은 전폭적인 정부의 후원을 받지 못했으며 과거시험 규모도 중국과 비교가 되지 않았다. 그럼에도 일본의 사회, 문학, 가정 관습, 종교생활, 지적 담론에 유학의 영향은 서서히 스며들었다.

18세기 즈음의 유교의 위치는 특히 동아시아 대부분의 정부와 사회에서는 난공불락이었다. 동아시아의 학생과 지식인은 『논어』, 『맹자』, 주희의 주해에 몰두했다. 가족은 유학적 가정 관습의 초석이 된 엄격한 서열 규칙과 성의 분리를 따랐다. 정부 관리들은 셀 수 없이 많은 사원에서 현자에게 제물을 바쳤다. 바야흐로 공자는 진정한 '무관의 제왕'이 된 것이다.

1644년에 창시된 청나라 조정은 그 자체가 유학의 지배를 상징하는 것이었다. 왕족은 중국인이 아닌 '야만족'이라고 불리던 북방민족인 만주인이었지만 이 새로운 황제들도 누구 못지않게 유학을 따랐다. 사실 초기 청나라는 유학을 지원하고 전통 서적을 모아 전서를 발행하는 등 거대한 운동까지 시행하면서 중국 엘리트들의 환심을 사려 하였다. 중국 학자인 제임스 레그(James Legge)는 황제 자신이 북경제국대학에 있는 공자사원에서 무릎을 꿇고 이마를 바닥에 대고 절하며 공자에게 경의를 표하는 전형적인 청나라 의식을 묘사했다. "당신은 위대합니다. 오, 완벽한 현자이시여! 당신의 덕은 가득 찼고 당신의 교리는 완전합니다. 유한한 인간 중 당신과 겨룰 자는 없습니다. 모든 왕들은 당신을 존경합니다. 당신은 법규와 법률을 영광스럽게 저희에게 내려 주셨습니다."라고 황제는 선언했다. 의식이 진행되는 이쯤에서 공자의 영이 내려온 것으로 간주한 관리는 제물을 바친 후 의식을 주관하는 기도를 낭독했다. "황제인… 저는 철학자이면서 오랜 스승이며 완벽한 현자, 오! 하늘과 땅과 동일한 덕의 스승이시며, 과거와 현재를 통달한 교리를 세우시고, 여섯 개의 고전을 해석하시어 전도하시고, 모든 세대에게 가르침을 내려주신 공(공자)께 제물을 올립니다."[34]

그런데 청나라에서는 이런 헌사가 이행되고 있었지만 전체 동아시아에서의 유학의 위치는 당시 그리 견고하지 못했다. 사실은 수많은 황제들이 받들어 모신 위대한 현자의 연단에 금이 가고 있었다. 한때 융성했던 중국은 엘리트들이 어쩔 수 없을 정도로 미개하다고 얕보던 주변 국가들에 도리어 뒤쳐지기 시작했다. 새로운 외국 기술과 사상은 중국의 정치와 사회 제도는 물론 그런 중국을 가능하게 한 공자의 위상을 위협하기 시작했다.

4장

궁궁의 적이 된 공자

공자는 봉건시대에 살았고, 그가 권장한 것은 봉건시대의 윤리였다.

— 천두슈(陳獨秀)

중국 수천 년 역사에 이토록 수치스러운 시대는 드물었다. 1895년 4월 일본 시모노세키에서 중국과 일본의 협상자들은 두 아시아 국가 간에 벌어졌던 짧았으나 엄청난 파장을 초래한 전쟁을 종식하는 협상에 서명했다. 사실 전쟁이라고 부르기조차 민망할 정도로 일방적이었다. 조선에 대한 헤게모니 분쟁으로 1년 전에 시작됐던 전쟁의 결과는 막대한 자금을 들여 건조한 청의 함정이 바다 밑에 수장되는 것을 비롯해 중국군으로서는 말할 수 없는 수모를 겪었다. 일본군은 중국의 먼 북동쪽에 위치한 만주를 쉽게 정복했고, 최첨단 장비로 무장한 것으로 알려진 중국군을 압도했다. 수치스러운 평화회담에서 중국은 오랫동안 종속 국가로 여겨 오던 조선에 대한 모든 권리를 포기하였고 엄청난 배상을 약속했으며 포모사 섬(오늘날의 대만)을 양보하였다. 오만한 북경은 일본을 항상 뒷걸음질치는 문명으로 생각해 왔는데, 야만인이라고 여겼던 이들에게 위대한 청 제국이 굴욕을 당한 것이었다. 중국의 추락은 상당했다.

수치스럽게 전쟁을 타결한 중국에 공포, 충격, 혼란이 야기됐고, 일부에게는 변화 없이는 나라가 살아남을 수 없다는 확신을 주었다. 그중 한 사람이 유학자인 캉유웨이(康有爲)였다. 그에게 이 패배는 그가 수년 동안 말해 온 주장, 즉 나라의 미래를 위해서는 극적인 변화가 긴요하다는 입장을 더욱 뒷받침하는 것이었다. 일본에 패한 것은 강력한 중국이라는 나라가 또 한 번 외국의 손에 놀아난 수치스러운 사건이었다. 캉유웨이는 이 패배를 최후의 결정타로 보았다. 베이징 평화협상 당시, 그는 1,300명의 공무원 고시 지원자를 설득하여 협상에 반대하는 청원서를 청 조정에 제출했다. 다음에 그와 지지자들은 '연구회'를 발족시켜 조직적 변혁에 필요한 지식층 모집에 나섰다.

캉유웨이는 고전에 파묻혀 고리타분한 시험을 준비하는 중국의 엘리트들이 지나간 과거에 너무 얽매어 현재에 상존하는 심각한 문제에 눈을 감고 있다고 믿었다. "우리의 쇠약한 중국은 강력한 세력들 사이에서 불쏘시개 위에 누운 채 깊은 잠에 빠져 있었다. 중국의 학자들은 옛 것에 빠져서 오늘을 돌아보지 않는다. 오! 너희들, 문을 닫고 있는 학자들아! 황제를 도와 야만인들을 물리치는 것을 얘기하는 자는 있는가? 있다면, 그래도 신성한 청나라, 두 황제, 세 왕, 그리고 공자뿐 아니라 4억 명의 국민들이 기댈 곳이 있다는 것이겠지."라고 썼다. 신속한 변혁을 이루어 내지 못하면 중국은 세계의 다른 민족들이 당했던 것처럼 다른 제국의 먹이가 될 것이라고 캉유웨이는 우려했다. "터키인이나 흑인들 처지가 될 날이 멀지 않았다."[1]

캉유웨이가 취한 행동은 중국 역사상의 전환점이 되었다. 캉유웨이의 제자 가운데 가장 뛰어났던 량치차오(梁啓超)는 "캉유웨이가 중국의 '대중정치운동'에 불을 붙였다."고 주장했다.[2] 캉유웨이는 중국 민중의 정치 에너지를 촉발시켰고 그 과정은 중국은 물론 유학에 중대한 결과를 초래했다.

중국은 1800년대 대부분을 외국으로 인한 새로운 도전에 대항하느라 부심했다. 영국과 두 번의 아편전쟁에서 패배했다. 1840년대에 있었던 첫 번째 전쟁에서는 홍콩을 내주어야 했고, 1856년에서 1869년까지 벌어진 두 번째 전쟁에서는 북경 근교에 있는 황제의 여름 별장이 영국군에 의해 짓밟히고 불타는 참변을 당했다. 프랑스, 독일, 러시아는 영국과 연합하여 중국의 땅 일부와 무역 특혜 등의 권리를 차지하는 '불공평한 조약'을 강요했다. 또한 일본에 패하면서 중국은 최악의 상태에 빠졌다. 서양 야만인들에게 결딴난 것도 모자라 얼마 전까지만 해도 유학의 영향을 받고 있었고 외부 세력의 먹이였던 아시아 국가에 패배했다는 것은 크나 큰 수치였다. 20세기에 들어서 중국은 외국이 통치하는 식민지로 전락하여 살찐 칠면조처럼 먹잇감이 되는 위험에 처해 있었다.

창피스러운 패배가 거듭되면서 중국 엘리트들에게는 각성을 촉구하는 자극제가 되었다. 역사적으로 중국은 동아시아에서 제일 강력하고 부유한 나라였으며 기술, 예술, 의학뿐만 아니라 공자를 비롯한 특출한 사상가가 즐비한 철학의 지도국이었다. 그러나 유럽 제국의 일방적 승리는 중국이 얼마나 뒤떨어진 나라인지 보여 주었다. 더 무서운 것은 서양의 발전은 중국이 볼 때 단지 정치, 경제, 군사적 침략만이 아니라 이념적인 도전이라는 것이었다. 서양의 전함과 무역인들은 민주주의와 인권과 같은 위험한 이념은 물론 자본주의와 기독교 같은 새로운 교리도 중국에 도입하였다. 이미 지방에서는 유럽 선교사들이 중국의 관습을 비난하며 개종자를 찾는 데 바빴다. 서양의 상승은 중국의 오래된 제도와 믿음, 문명 자체를 위협하고 있었다. 만주를 통치했던 청나라를 포함한 예전의 침략자들은 일단 중국에 뿌리를 내리면 중국 문화에 몰두하고 흡수되어 모두 유학으로 개종하였다. 서양은 완전히 다른 모습을 보였다. 이방 세력이 군사와 기술만 아니라 지적, 문화적으로도 우세함을 처음으로 보여 준 것이었다. 자기들의 정치 시스템, 종교, 문화 속성이 근대화의 정점에 있다고 믿는 서양인들은 공자의 이면 따위는 안중에 없었다. 중국으로서는 정부와 사회의 철학적 기초에 대한 이러한 도전과 위협은 처음이었다.

이러한 도전에 어떻게 대응하느냐는 것이 19세기 중국의 정치와 사회에서 주로 다루어진 주제였는데, 그전 논쟁은 어떻게 보면 유학자들끼리의 싸움이었다. 유교를 유지하는 것이 중국의 생존에 긴요하다는 것은 영향력 있는 청나라 사람들 사이에 널리 퍼진 중론이었으나, 어떻게 유교를 지키느냐 하는 것에 대해서는 관리와 학자들 사이에 합의가 없었다. 그들은 나라를 강하게 하기 위한 개혁의 형태와 내용을 두고 맹렬히 논쟁했고, 공자라면 망하고 있는 나라를 어떻게 구했을 것인가에 대한 의견도 분분했다. 캉유웨이는 급진적인 편에 서서 논쟁을 벌였다. 그는 서양 관습을 받아들여 중국의 제국체계를 대대적으로 개혁하자고 주장했다. 이전에 중국을 찬란하게 했던 관습도 이젠 버려야 한다고 말했다. 캉유웨이는 서양을 모방한 헌법적 군주와 선거로 선출한 의회, 그리고 실질 교육을 중점으로 하는 교육제도를 갖춘 나라로 변혁하자고 제안했다

이런 제안을 하면서도 유학을 깊이 추종하던 캉유웨이는 현자 중의

현자인 공자를 변혁 계획의 한가운데에 놓았다. 그렇게 한 이유가 있다. 그는 유학에 대한 자기만의 이단적 해석을 가지고 있었고 또 공자를 자기 멋대로 이해했다. 캉유웨이의 눈에 현자는 옛것과 고전만 고집하는 전통의 본보기가 아니라 평화와 화합의 길로 이끄는 구세주였다. 캉유웨이는 공자의 사명을 자신이 다하고 있다는 영감으로 행동했다.

캉유웨이의 이런 행동은 그를 권력자처럼 만들었다. 하지만 향후 몇십 년 동안 파장을 일으킬 예상치 못한 결과도 야기했다. 의도한 것은 아니었으나, 캉유웨이의 생각과 중국 근대화 과정에서 전통의 역할에 대한 논쟁이 확대되면서 여러 세기 만에 처음으로 중국 사회에서 공자가 지키고 있는 정점에 대한 의문이 제기되었다. 쓰러져 가고 있는 중국을 어떻게 회복시키느냐는 질문은 공자와 그의 끊임없는 영향력을 어떻게 활용할 것인지에 대한 논쟁으로 변질되었다. 정치와 사회에서의 공자의 역할은 무엇인지, 그의 철학에 대한 적절한 해석은 무엇인지, 그가 남긴 유산을 어떻게 처리할지 등이 치열한 논쟁거리가 되면서 중국의 미래는 다시 한 번 공자와 뗄 수 없는 관계가 되었다. 이러한 논쟁 끝에 반대 방향에서 새로 등장한 공자는 아주 다른 모습의 현자였다.

중국과 서양이 어떻게 그렇게 극적으로 자리바꿈을 했는지는 역사상 큰 수수께끼이다. 세계 역사의 전반에 중국은 서양을 기술이나 과학적인 면에서 훨씬 앞서 있었다. 유럽이 추락하는 봉건사회에 지쳐 있던 중세에 중국은 화약과 나침반을 발명했다. 그러나 19세기에 이르러 동양과 서양의 처지가 바뀌었다. 산업혁명, 근대 자본주의의 출현, 계몽주의 후에 온 과학 발전 등이 유럽 제국을 세계에서 제일 발전한 나라들로 변화시키는 동안 중국은 외국 혐오증에 쌓여 있던 정권에 의해 고속으로 변화하는 세계로부터 격리되어 전근대적인 산업과 학문의 농업 박물관으로 남았다. 한때 모든 부와 기술을 소유했던 중국이 그런 것을 다 허비해 버린 것이었다. 무엇이 어떻게 잘못된 것일까? 영국 역사가인 조지프 니덤(Joseph Needham)은 1942년에 쓴 편지에 "왜 중국에서는 과학혁명이 일어나지 않았는가?"[3]라고 적었다. 니덤이 이 질문의 해답을 찾으려고 얼마나 평생 동안 노력했던지 이 난제에 '니덤의 의문'이라는 명칭이 주어졌다.

니덤과 여러 학자들은 중국이 겪은 기술 정체에 대해 많은 이론을 제시했는데, 당연히 공자에게 일부 책임이 돌아갔다. 유학의 "과학에 대한 공헌은 대부분 부정적이었다."고 니덤은 대표 저서인 『중국의 과학과 문명』(Science and Civilisation in China)에서 책임을 물었다. 문제는 위대한 현자 자신으로부터 비롯됐다. "자연현상에 대한 흥미는 자연스럽게 흐르던 사물에 뜻밖이고 놀랄 만한 사건이 유발되면서 일어난다. 공자는 이런 현상이 인간 사회에 아무런 관계가 없다고 생각했고, 따라서 이런 주제에 대한 논의에 관심이 없었다. 그리고 그의 추종자들은 2,000년 동안 공자의 태도를 본받아 행동하였다."[4]

니덤은 공자 자신의 말을 빌려 그를 공격했다. 공자가 '기이한 것들'에 대하여 말하지 않았다고 한 『논어』의 한 구절을 인용하여 니덤은 현자가 과학적 실험을 유도할 만한 자연 세계에 대한 호기심이 없었다고 주장했다. 또한 니덤은 과학적 지식의 중요성을 파악하지 못한 스승이 그의 학생들의 지식탐구를 저지했다는 것을 증거하기 위하여 공자가 가축과 농업에 대해 흥미를 표명한 한 학생을 책망한 사건을 주목했다. 학생이 방을 나가자 공자는 "판쉬는 정말 소인이구나! 우수한 사람이 예절을 따르면, 사람들은 감히 불경할 생각을 아니한다. 그가 정의를 사랑하면 사람들은 감히 그의 예를 거부하지 않는다. 그의 믿음이 돈독하면 사람들은 감히 불신하게 굴지 못한다. 이 모든 것이 이루어질 때 사람들이 자기의 아이를 등에 업고 그를 찾아올 것이다. 따라서 가축에 대한 지식이 왜 필요하겠는가?"라고 말했다.[5]

다른 학자들은 유교사회의 구조적인 문제를 지적했다. 즉, 교육은 받아도 뭘 가지고 놀고 실험하는 행동이 제한되므로 창의적인 추구가 어렵다는 것이었다. 유학에서 말하는 군자에게는 학자라는 신분이 가장 우선이므로 작업실이나 연구실에서 시간을 허비하기보다는 책에 파묻혔어야 했다. 비평가들은 또 유학교육과 그에 따른 관리직에 대한 선호가 중국에 닥친 문제의 뿌리에 있다고 주장했다. 가장 뛰어나고 똑똑한 이들에게는 과거시험 통과가 가장 큰 목표였기 때문에 수학이나 과학 대신 『논어』를 암기하고 해석하도록 권장했다.[6]

그런데 서방 제국주의에 대항할 길을 찾아 헤매던 19세기 중국이었지만, 추락하는 나라를 공자 탓으로 돌리거나 중국인의 삶에 미치는 그의 영향력을 의심하는 사람은 거의 없었다. 일부 유학자들은 중국 문제에 대한 해답은 더욱 유학에 정진하는 것이라고 확신했다. 이런 차원에서 중국의 문제는 전통적인 중국의 문화나 통치제도 때문이 아니라 통치자들의 도덕적 결함 때문이었다. 따라서 해결법은 유학의 주입을 더 강화하고 관료 집단을 유학의 도(道)로 돌려놓는 것이었다. 이러한 주장은 좋은 정부를 세우기 위해서는 훌륭한 제도보다 훌륭한 인간이 더 필요하다는 유학자들의 오래된 사상적 궤도에 바탕하고 있다. 윤리의 중심이 보강되면 중국 전체가 다시 회복될 것이라는 믿음이었다. 외래 사상, 제도 및 기술까지도 필요 없는 것이며 위험한 것이었다.

외래 지식은 중국인들을 유학에서 멀어지도록 유혹하여 나라의 심장을 절단 낼 것이라고 우려했다.

청 조정의 총비서이며 1800년대 중반 보수파의 우두머리였던 워렌 (Woren)은 1867년 황제에게 보낸 글에서 "천문학과 수학은 거의 쓸모가 없습니다. 이러한 과목들을 이방인들로부터 정기적으로 배우면 피해가 아주 클 것입니다… 폐하의 신하인 저는 나라의 세움은 의식과 옳음을 강조해서 이루어지는 것이지, 힘이나 책략에 의해서 이루어지는 것이 아니라고 배웠습니다. 사람의 노력은 기본적으로 그 마음에 있지 기술에 있는 것이 아닙니다… 고대부터 현재까지, 저는 수학이 기우는 나라를 일으켜 세우거나 약한 나라를 강하게 만들었다는 말을 들어본 적이 없습니다."라고 했다. 워렌은 또 공자 없는 중국은 서양의 노예가 될 것이라면서, "저희들이 의존할 수 있는 것은 오로지 학자들이 사람들에게 유교의 교리를 명확히 설명하는 것뿐입니다… 만일 이 뛰어난 학자들이 야만인들을 좇아 그들의 공부를 따라 한다면, 영혼이 타락할 뿐입니다. 그리고 시간이 지나면서 많은 중국인들이 야만인에게 복종하게 될 것입니다."[7]라고 썼다.

개혁파들도 가만히 있지는 않았다. 만일 중국이 서양에 대해 배우지 않고 서양의 기술과 관습을 도입하지 않으면 불운을 피할 수 없을 것이라고 믿었다. 그들은 워렌의 우려를 순진하다고 조롱했다. 그들은 도덕의 장려만 가지고는 중국을 야만인들로부터 방어할 수 없으며 현대적 무기와 지식이 필수 방어책이라며 "그(워렌)가 갖고 있는 계획이 오직 충성과 진실성을 무기로 또 정의와 의식을 방패로 삼는 것이라면… 그리고 그가 그런 말로 외교적 합의를 도출하고 우리의 적의 삶을 조정하는 데 충분한 것이라고 한다면, 폐하의 신하들은 그 말을 믿을 만하

다고 할 수 없습니다."라고 진언했다.[8]

그러나 개혁운동의 초기 목적은 중국의 유학제도를 고치고자 한 것이 아니라 오히려 지키려 한 것이었다. 개혁자들은 중국의 교육, 경제, 정부를 현대화하기 위하여 서방 사상을 차용하는 것과 유교 전통 간에는 모순이 없다고 생각했다. 열정적인 유학자이며 동시에 개혁자였던 제국 관리 장지동(張之洞)은 "본질에 대해서는 중국식 교육, 기능에 대해서는 서양식 교육"을 주장했다. 그는 나라의 고전적 관습과 고전적 가르침을 혼동해서는 안 된다고 했다. 또 정부는 중국의 유교문화를 그대로 유지한 채 개혁할 수 있다는 것이었다. 그는 "변화하는 환경에 법과 제도는 적응한다. 따라서 같을 필요는 없다. 그러나 도는 우리의 기반이기 때문에 한결같아야 한다."라고 썼다. 장지동과 개혁자들은 만일 공자가 그들에게 닥친 현세의 문제를 알았다면, 옛 관습을 유지하라고 완강하게 주장하지 않고 오히려 개혁에 참여했을 것이라고 믿었다. 왕타오라는 유명한 기자는 "개혁의 반대자들은 현자의 도는 시대에 따라 적절하게 수용될 때만 가치가 있다는 것을 모른다. 공자께서 살아계신다면 오래된 것에 매달려 개혁에 반대하지는 않으실 것이다."라고 1879년경에 썼다.[9]

보수파의 거친 저항에도 불구하고 개혁파의 주장은 사그라들지 않았다. 중국은 서양의 무력 앞에서 몸을 가누지 못하고 있었다. 불을 불로 대항하지 않으면 어떤 일이 일어날지 몰랐다. 청 정부는 서양식 과학과 기술학교를 세웠고, 학생들과 외교관들을 나라 밖으로 보내 외국의 방법을 배워 현대적 육군과 해군을 편제하고, 새로운 산업을 육성하였다. 마침내 중국은 서양의 방법을 모방하며 근대 세상의 대열에 참여했다.

그러나 일본과의 전쟁에 패하면서 개혁이 충분치 않았음이 확실해지면서 캉유웨이 같은 개혁자들로 하여금 더 급진적인 정부와 사회개혁을 요구할 구실이 제공됐다.

캉유웨이는 몇 가지 현대식 무기를 사들이고, 학생들 몇 명에게 서양 기술을 가르치는 것만으로 중국을 부활시킬 수 없다고 생각했다. 대포만이 아니라 그러한 것에 따른 현대화를 효율적으로 만드는 제도의 힘도 서양과 견줄 수 있어야 한다고 믿었다. 청의 행정, 교육, 종교의식까지 포함한 전체 사회의 기본이 개혁되어야 했다. 공자 또한 개혁이 필요했다. 중국 사회에서의 공자 역할을 보강하는 것만이 중국을 살리고 지키는 유일한 방법이었다.

그러나 제국 시대의 유학은 더 이상 중국이 필요로 하는 유학이 아니었다. 따라서 중국 역사 내내 많은 유학자들이 그랬듯이 캉유웨이는 새로운 시대가 요구하는 새로운 공자를 만들어 냈다. 캉유웨이는 나라를 재건하려는 이전의 노력이 실패한 이유는 정부가 수입된 기술을 썩어 가는 제국 정권에 단순히 접목하려 했기 때문이라고 생각했다. 중국 문제의 진실한 해결은 공자의 가르침과 외국 사상을 융합함으로써 중국을 근대화된 나라로 만들 수 있는 강도 높은 변화였다. 전통문화와 세계화의 조합이야말로 중국의 고통을 해결하고 밝은 시대로 나아가게 할 것이라고 믿었다.

캉유웨이의 융합이론은 개인적인 시련 후에 도출됐다. 명성 있는 집안의 아들들이 그랬듯이 젊은 캉유웨이는 과거를 보기 위해 유학 고전을 배우는 데 열중했다. 그러나 지루해진 그는 시험에 매달리는 목적에 대하여 의문을 갖기 시작했다. "매일 옛 서적에 묻혀 있는 나의 지능과 이해력에 혼란이 일어나면서 그런 서적들에 혐오감이 생겼다. 그래서 나는 공부를 중지하고 평화로운 마음으로 나의 운명을 결정할 수 있는 내 마음 안의 장소를 물색했다. 갑자기 공부를 포기하고, 책을 내던지고, 문을 닫고, 친구를 멀리하고, 사색에 잠겨, 나의 마음을 스스로 고양했다."[10]

명상하고 있던 캉유웨이는 계시를 받았다고 한다. "갑자기 하늘, 땅, 무수히 많은 것들이 나와 하나임을 깨달은 나는 위대한 깨우침 안에서 내 자신이 현자인 것을 자각하고 너무 기뻐 웃음을 터뜨렸다. 그러고는 갑자기, 모든 생명의 고통과 고난이 떠올라 우울해져 울었다." [11]이런 깨우침을 경험한 캉유웨이는 배움에 몰두했다. 홍콩과 상해를 방문하여 분주한 현대의 도시에 감탄하면서 서양철학과 역사에 빠져들었다. 이 과정에서 캉유웨이는 위대한 현자도 알아보지 못할 새로운 유학을 창안하였다.

캉유웨이는 단계를 거쳐 발전한 범애에 의하여 모든 고난과 분쟁이 마침내 사라져 버린 위대한 평화의 시대(혹은 통일)가 되는 세상을 꿈꾸었다. 이 시대에는 현대의 기술이 모든 나라를 묶어 하나의 통일된 세상으로 만드는 세계화의 과정이 계속해서 일어난다. 또 사람들 간의 차이가 사라져서 모든 사람이 평등해진다. 캉유웨이는 "크든지 작든지, 멀든지 가깝든지, 이 땅의 모든 것이 하나가 될 날이 있을 것이다. 나라도 없어지고, 인종의 구별도 없어지며, 관습도 모두 같을 것이다. 위대한 평화의 시대는 이러한 통일성으로 올 것이다."라고 썼다. 캉유웨이는 이런 유토피아적 시각으로 중국의 과감한 변화를 합리화하였다. "그러므로 자주통치와 독립의 원칙을 전파하고, 입헌정치에 대한 공개토론이 필요하다. 법규가 개혁되지 않으면 거대한 무질서가 도래

할 것이다."라고 주장했다.[12]

더 나아가 자신의 주장에 교리적 합법성을 부여하기 위하여 캉유웨이는 자신의 이론을 공자와 연결하려 하였다. 그는 공자가 이미 전적 (典籍)을 통해 위대한 평화의 시대가 출현할 것을 예시했다고 주장했다. 캉유웨이의 마음에 있는 범애의 개념은 가정에서 시작되어 모든 인류에게로 퍼져 나가는, 유교의 핵심인 자비의 덕을 확대한 것이었다. 캉유웨이는 "자비란 더불어 같이 사는 사람의 도를 의미하는 것이고 사랑의 힘이다."라고 썼다.[13]

그러나 캉유웨이가 말하는 공자의 가르침은 공자철학의 기초에 대적하는 것이었다. 공자는 가족과 국가를 사회의 근본으로 여겼는데, 이런 정체가 반석이 되어야 공정하고 번영하는 사회가 가능하다고 믿었다. 캉유웨이는 위대한 평화의 시대에는 그러한 정체는 발전에 장애가 되는 것이어서 제거되어야 한다고 했다. "우리가 완벽한 평등, 자주, 인간 본성의 완성을 이루기 원한다면, 나라와 가족을 없애야만 가능하다."고 캉유웨이는 주장했다. 결혼을 반대하는 차원에서 그는 남자와 여자가 영구적으로 결합하는 것보다 1년만 동거하고 나서 상대를 교체하는 것이 오히려 낫다고 주장했다. 정말로 상황이 그렇게 전개됐다면 근엄한 공자가 꽤나 격노했을 것이다. "남편과 아내라는 것이 없어지면 여자를 대상으로 다투지 않아 간음이나 성적 욕망을 억누를 필요도 없게 된다."고 캉유웨이는 새로운 사회에 대하여 설명하였다.[14]

그는 또한 개혁의 필요성을 설명하는 데 유리하게끔 공자를 변형시켰다. 1897년에 저술한 『공자개제고』(孔子改制考)라는 책을 보면, 더 이상 공자는 소중한 고대 원칙을 기초로 중국의 질서를 다시 세우려고 노력하는 순수주의자가 아니고, 나라를 새롭게 고치는 열렬한 사회 변혁의 주도자로 묘사된다. "세상의 모든 교리의 창시자는 제도와 기존 법률을 개혁했다. 모든 중국의 원칙과 제도는 공자가 세웠다. 그의 가르침을 받은 공자의 제자는 유학이 나라에 적용되어 옛 전통을 바꾸는 데 이용할 수 있게끔 이끌었다."고 언급한 캉유웨이는 이것이 공자가 "신과 같은 현자 제왕"인 이유라고 말했다. "그는 인류 역사상 가장 기량이 뛰어나고 완벽한 현자이다." 캉유웨이는 기독교를 모델로 도입해 유교를 나라의 종교부가 관리하는 유교 '교회'와 사제로 형성된 '국교'로 지정되기를 바랐다. 주일예배에서 성경구절을 읽는 것같이 유교의 사제가 『논어』를 인용하여 설교하는 종교를 상정했다. 유럽의 성공 뒤에는 기독교가 있다고 믿었던 캉유웨이는 공자와 예수를 같은 반열에 올려놓으려 하였다.[15]

캉유웨이의 생각 중 많은 부분은 유교사상에 반대되는 것이었다. 공자에 헌신하는 자가 어찌 그 중심에 있는 가족을 배제하거나 효도나 성스러운 왕들을 무시하고 유교를 운운할 수 있을까? 그러나 캉유웨이와 그의 제자들은 자기들 나름대로 공자를 해석했다. 즉, 오랫동안 공자에 대한 이해가 잘못되어 온 상태에서 위대한 현자가 진실로 의도했던 것이 무엇이었는지 자기들이 마침내 알아냈다고 주장했다. 그들은 "민주주의 신봉자였던 공자는 제국 정부를 지원할 의도는 전혀 없었다."고 믿었다. 공자는 계급체제를 싫어해서 평등주의를 설파했다. 지금 알고 있는 공자는 진짜 공자와는 거리가 멀다. "가르침 초기의 공자는 전통 학습을 버렸고, 기존 제도를 개혁했으며, 군주 제도를 거부하여 공화주의를 지지하고, 불평등을 평등으로 전환시켰다."고 캉유웨이의 제자인 담사동(譚嗣同)은 썼다. "유학자들은 무책임하게도 새로운 제국들이 위대한 현자를 그들의 낡은 압제 통치를 정당화하는 목적으로 이용하도록 내버려 두었다."고 담사동은 계속해서 말했다. "일부 유학자들은 총체적인 공자 가르침의 진실한 의미를 망각한 채 피상적인 요소에만 매달렸다. 그들은 최고 통치자에게 무한 권력을 부여했으며, 나라의 통치에 유교를 마음대로 이용할 수 있게 하였다."라고도 썼다.[16]

캉유웨이의 주장은 유학계를 흔들었다. 캉유웨이의 제자인 량치차오는 "캉유웨이의 유학은 태풍이나… 강력한 화산 폭발, 대지진과 같은 충격이었다."고 하면서 캉유웨이를 마르틴 루터(Martin Luther)와 비유했다.[17] 마치 루터가 가톨릭 추기경들 사이에서 그랬듯이 유교의 보수파들 입장에서는 캉유웨이가 문제의 핵심이었다. 그들은 캉유웨이가 중국의 미래를 위협한다고 맹비난했다. 중국 정부와 문화의 철학적 중심인 유교가 캉유웨이가 제안한 개혁으로 대체될 것을 우려했다. 그들로서는 절대 받아들일 수 없는 일이었다.

존경받던 유학자 주이신(朱一新)은 캉유웨이가 현자의 이름을 빌려 중국을 외국의 길로 가게 하려는 잘못된 계획에 사용하고 있다고 비난했다. "공자를 개혁자로 묘사하는 자네의 진짜 의도는 새로운 제도의 도입을 수용하려는 것이다. 공자를 개혁자라고 하는 것은 출처가 불분명한 책자의 글에서 인용된 것이어서 완전히 믿을 수가 없다. 그러나 만에 하나 공자가 그렇게 말씀하셨다 하더라도, 그는 단지 현자-왕의 옛 제도로 돌아가기 위해서 단순한 유형을 예로 들어 자세히 말씀하신 것일 뿐이다. 어떻게 그분께서 미개한 방법으로 중국을 개혁하겠다 할 수가 있단 말인가?" 외국 사상은 공자 가르침의 원칙에 어긋나는 것으로 중국에 재난을 불러올 수 있다고 주이신은 말을 이어 갔다. "자네는 현자의 고전과 철학자들의 가르침이 따르기에는 너무 따분하고 진부하여 일체를 새로운 것으로 바꾸어야 한다고 말하는 것인가? 야만인들의 제도는 야만인들의 원칙에 따른 것이다. 그 모든 것의 근원을 모색하는 대신 자네는 제도를 바꾸자고 분별없이 주장한다. 제도를 바꾸기 위해서는 원칙도 바꿔야 하는 것 아닌가?" 중국의 문제에 대한 진정한 해결은 나라와 지도자들에 대한 도덕적 각성에서만 구할 수 있다고 보수주의자들은 주장했다. "무엇보다도 올바른 정부의 길은 사람들의 감성과 지성의 교화와 도덕적 관습의 확립에 있다. 그리하고 나서야 제도의 완성을 추구할 수 있다."[18]

캉유웨이에 반대하는 보수주의자들 논지의 중심에는 공자의 가르침이 그 어느 학문보다 우수하다는 전제가 있었다. 예드휘(葉德祥)라는 관리는 "정부의 성공과 실패 요인을 살펴보면 일반적으로 유교를 존중할 때 올바른 정부가 섰고 외국 선호는 무질서의 원인이 되었음을 알게 된다."라고 썼다. "유교의 본질은 매일 재현되면서 빛날 것이다… 바보들만이 서양 종교가 유교보다 더 우수하다고 말한다. 도덕이 있는 한 반드시 유교가 있다."[19]

19세기 말, 점점 더 긴박한 상태로 몰리고 있던 중국에서는 캉유웨이의 사상이 점점 더 매력적으로 보였다. 외국 세력들이 비틀거리는 중국을 차지하려고 먹이를 노리는 배고픈 독수리처럼 호시탐탐하는 상황에서, 청 황제인 광서제(光緒帝)와 몇몇 조정 관료들은 캉유웨이와 그의 추종자를 처음에 핍박했던 것과는 달리 그들의 급진적 아이디어에 귀를 기울이기 시작했다. 유학파들이 수 세기를 거쳐 했던 것과 똑같이 캉유웨이는 황제에게 자기의 제안을 지지해 달라고 1898년 초에 상소를 올렸다. "폐하도 아시다시피 현재 상황으로 볼 때 개혁은 반드시 필요한 것이며 옛 제도는 철폐되어야 합니다. 중국과 외국의 고대와 현대의 제도를 살펴본 결과, 저의 결론은 우수한 현자–왕의 제도에도 불구하고 옛 시대는 오늘날과 다르다는 것입니다."[20] 캉유웨이는 헌법 초안 작성을 제안하고 황제가 관료주의라는 장애를 우회하여 조속한 개혁을 직접 선봉에서 지휘하라고 진언하였다.

광서제의 주목을 얻은 캉유웨이는 1898년 6월 16일, 최초로 황제와 개인적 면담을 가졌다. 5시간 걸린 면담에서 캉유웨이는 자신의 방법이 중국의 부와 세력을 회복시킬 것이라고 약속했다. "개혁의 전제는 우리가 개혁이라고 부를 수 있기 전에 법규, 정치와 사회 시스템 전부를 바꾸고 새로 결정해야 하는 것입니다. 지금 개혁을 말하는 자들은 특정 사안만을 바꾸자면서 제도를 바꾸려고는 하지 않습니다." 캉유웨이는 또 옛 형태의 과거시험이 중국 병의 근원이라고 말했다. "오늘날의 고난은 사람들의 지혜를 함양하지 않는 데 있으며 그 원인은 과거시험에 있습니다. 응시자들은 진나라와 한나라 이후의 서적을 무시하고 세계 국가들에 대한 사실을 탐구하지 않습니다… 오늘날 이 많은 장관들 중에 어느 한 사람도 현 상황에 적응할 능력이 없습니다."[21]

캉유웨이에 감동받은 황제는 적대적인 조정 관리들을 우회하여 직접 황제에게 진언할 수 있는 막강한 특권을 그에게 부여하였다. 광서제와의 면담은 '변법자강운동'(變法自彊運動)이라고 부르는 제국 정책의 급진화를 야기했다. 아마 일부는 캉유웨이가 직접 작성했을 교지들이 조정에서 쏟아져 나왔다. 황제의 명령은 군을 강력하게 하고, 산업을 발전시키고, 새로운 국립대학을 설립하는 것이었다. 과거시험의 기준 과제는 현 사안에 대한 담론으로 바뀌었다. 8월, 황제는 정부 부서 일부를 폐지하고 제국의 체계를 재조정하겠다는 의도를 천명했다.

문제는 이러한 대책들이 특혜와 정책 결정권을 지키고자 하는 관리와 내시, 그리고 누구보다도 광서제의 이모인 고압적인 서태후(西太后) 등 청 나라의 기득권층에게 직접적 위협이 되었다는 사실이다. 9월 21일, 서태후는 청 정부에 대한 통치권을 장악하기 위해 쿠데타를 주도했고 광서제는 유폐당했다. 서태후는 조카가 추구한 정책 거의 모두를 취소하고 개혁자를 처형하는 등 개혁파들을 철저히 응징했다. 캉유웨이는 영국 통치하에 있는 홍콩으로 도망쳤다. 서태후는 1901년 칙령으로 캉유웨이와 그의 추종자를 '반역자'로 규정하고 그의 정책을 "개혁이라기보다는 무법에 가깝다."고 폄하하였다.[22]

캉유웨이와 그의 혁신적인 유학이 제국을 살릴 수 있었을까? 서태후의 쿠데타 이후 중국은 청의 마지막 왕이 1911년에 퇴위할 때까지 계속 요동쳤다. 그리고 중국의 제국 정치는 진나라가 통일을 이룬 시점으로부터 2,100년이 지나 마침내 종말을 맞이했다. 청나라의 몰락은 향후 70년 동안 몇천만 명의 희생을 가져올 전쟁과 정치적 혼란을 야기했다.

기원전 5세기의 공자가 했듯이 중국의 새로운 정치인과 작가, 사상가들은 나라를 치유하는 방법을 모색했다. 차이는 해답의 대부분을 고대 전통에서가 아니라 전통 거부에서 찾고 있었다는 것이다. 즉, 그들은 공자를 부인했다. 그들 사이에서는 공자를 부활시켜 나라를 구한다는 생각조차가 논쟁 밖이었다. 그들은 위대한 현자를 영원히 제거하는 것만이 중국을 재건하는 길이라고 이제 단언했다. 공자는 중국의 잘못된 모든 것과 부패하고 쇠퇴한 것의 상징이었다. 그는 중국인과 현세 사이를 가로막고 있는 장애물이었다.

청의 몰락으로 의식이 깨인 젊은이들 사이에서 민족주의 바람이 일어나면서 공자에 대한 이런 극적인 변화를 자극했다. 공화국 체제하에 중국을 통일하려던 시도가 실패하자 나라는 지방 세력들이 통치하는 영지 체제로 나누어졌다. 학생과 젊은이들은 개혁과 근대화가 조급했다. 1919년 5월 4일, 베르사유조약에 대한 중국 정부의 미지근한 태도에 불만이 터지면서 북경을 중심으로 대규모 항의가 전개됐다. 전쟁에 패한 독일이 관장하던 중국 영토를 영국과 동맹국들이 일본에 귀속시키는 것을 중국 대표단이 막지 못한 것에 젊은이들은 분노했다. 5·4운동이라고 알려진 이 사건은 단순한 도로 행진을 뛰어넘는 지적 혁명이었다.

5·4운동에서 가장 독창적인 사람 중 하나로 주목받던 후스(胡適)가 '공자와 아들들'이라고 묘사한바 대로 공자와 공자의 영향력을 뿌리째 뽑는 것만이 망해 가는 중국을 구제하는 유일한 길이라고 5·4운동과 관련된 젊은 작가와 운동가들은 믿었다. 항의하는 학생들이 외친 반(反)공자 구호, "공자의 오래된 골동품 가게를 부숴라"는 이 운동의 배경 음향이 되었다. "공자는 봉건주의 아래에 살았다. 그러므로 그가 권장한 윤리는 봉건주의의 윤리이다."라고 1916년 중국 공산당 창시자 중 일인인 천두슈(陳獨秀)는 독설을 퍼부었다. "목표, 윤리, 사회기준, 생활방식, 정치제도는 몇 명 안 되는 통치자와 귀족의 특혜와 특권이었을 뿐 대중의 행복과는 상관없었다." 천두슈 등에게 공자의 가르침은 현대의 정치 이상과 병행할 수 없었다. "민주주의를 주장하기 위해서 우리는 유교, 의식 규정, 여성의 순결, 전통적 윤리, 구식 정치를 반대할 수밖에 없다."고 천두슈는 1919년에 기술했다. 만일 중국이 스스로 유교를 버리지 않으면, 이 나라는 서양 제국주의 엄지 밑에 깔리고 말 것이다. "옛 방법에 매달리는 인종들은 차차 그 수가 줄어들고 있

다. 우리나라는 아직 긴 잠에서 깨어나지 못하고 옛 행보를 쫓아감으로써 스스로를 격려한다… 우리의 과거 문화가 없어지는 것은 참을 수 있지만 우리 인종이 멸망하는 것은 가만히 두고 볼 수 없다." 천두슈는 중국 전통이 어느 고대 현자에서 비롯됐다는 것만 가지고 그 가치가 현대에도 적합하다고 할 수 없다고 했다. 그는 "개인이나 사회의 실제 삶에 득이 되지 않는 것은 공허한 형식주의이고 속임수이다. 조상으로부터 유산으로 물려받았거나, 현자로부터 배웠거나, 정부가 주장했거나, 사회가 존중했거나 간에 속임수는 단 1전의 가치도 없다."고 말했다.[23]

또 다른 유명 작가 루쉰(魯迅)은 유교문화를 공격하는 소설을 썼다. 1918년에 발표한 단편 『광인일기』(狂人日記)는 처음에는 미친 사람이 쓴 것 같은 일기를 내용으로 하고 있다. 주인공은 이웃은 물론 자기 형까지도 자기를 먹으려 한다고 믿는다. 그러나 일기의 주인공은 그의 가족과 동네 사람들이 상징하는 압제적인 중국 전통주의에 의해 비유적으로 침식당하고 있다. 중국 사회의 기준이 무엇인가를 의문시하는 주인공을 사람들은 공격적으로 대한다. 사람들이 전통에 맞서 궐기한다면 사회적인 압박은 정지될 수 있으나 관습이라는 압력이 너무 크다고 주인공은 탄식했다. "이러한 압력을 스스로 제거하고 편하게 일하고 걸으며 먹고 잘 수 있다면 삶은 얼마나 편할까? 한 걸음만 떼면 된다. 그러나 아버지들과 아들들, 남편들과 아내들, 형제들, 친구들, 스승들과 학생들, 불구대천의 적들과 낯선 자들까지도 이 음모에 가입하여 서로 이 한 걸음을 떼지 못하게 좌절시키고 막는다."라고 일기의 주인공은 말한다. 그리고 그는 "지난 4,000년간 사람들이 인육을 먹고 있던 곳에서 계속 살아왔다."는 무서운 사실을 인지한다.

과거시험에 낙방하여 빈궁의 나락에 떨어진 늙은 유학자인 주인공공이지의 이름을 딴 1919년에 발행된 루쉰의 소설이 또 있다. 동네 사람들은 공이지를 끈질기게 야유하고 조롱하고 비웃었다. 서술자는 "공이 말할 때 너무 많은 고어체를 사용하여 그의 말을 반밖에 이해할 수 없었다."고 한다. 즉, 웃음을 자아내는 공자의 말씀만 반복했다는 것이다. 생계 유지가 어려웠던 공은 부인하면서도 계속 도둑질을 했고, 서술자가 일하는 식당에 들를 때마다 체형(體刑)의 흔적이 얼굴에 더해졌다. 그의 마지막 모습은 식당에서 기어 나간 것인데, 그 후 죽은 것으로 짐작된다. 소설 속 공이지는 유교의 지식인을 대역한 것으로, 자기들이 세상에 어떤 피해를 끼쳤는지 몰랐고 세상의 웃음거리가 되었다는 사실도 몰랐다고 루쉰은 여겼다.[24]

공이지의 성이 공자의 성과 같은 것을 보면, 루쉰은 옛 현자인 공자를 심판하려고 한 것 같다. 공자를 향한 일부 중국 작가들의 공격은 놀랄 정도로 신랄했다. 위대한 현자는 더 이상 초자연적인 힘을 갖고 있지 않고, 덕목의 모범도 아니며, 무제한적인 지혜의 원천도 아니었다. 현재의 공자는 "실수하고, 발버둥치고, 일관성 없는 유한한 인간일 뿐이다."라고 린위탕(林語堂)은 1930년의 연설에서 말했다. 고전에서 묘사된 공자의 삶을 연구한 린위탕은 "공자가 품위와 존경에 어긋나는 많은 일을 했음을 알았다. 그리고 이 시대의 여성 중에 미래의 남편이 공자같이 빡빡하고 까다로운 사람이란 것을 알고도 결혼에 응하는 경우는 없을 것이다."라고 하였다. 린위탕 눈에는 공자의 죄가 너무 커서 적당한 변명을 생각해 낼 수도 없었다. "공자의 열렬한 옹호자들이 그의 스캔들에 대한 변명을 조작하려 하거나 『논어』가 스스로 제시하는 증거가 사실이 아니라고 하는 것을 보면, 나는 항상 높은 장애물을 뛰어넘으려는 마흔 살 먹은 사제가 연상된다. 그러나 스캔들이 너무 많고 장애물이 너무 높아 이 유학의 사제에게는 애초에 불가능한 일이 었다."[25]

과격한 반유교 운동을 받아들인 마오쩌둥(毛澤東)은 1949년, 미국의 지원을 받던 국수주의자들을 이기고 중화인민공화국을 세웠다. 공산주의자들에게 공자는 노동 계층을 압제하고 그들을 착취하기 위한 사회 규범을 제정한, 위험한 반혁명적인 봉건시대의 엘리트였다. 현자의 영향이 만연하는 한 영광스러운 새로운 공산주의의 시대로 나아갈 수 없다는 것이 마오쩌둥의 생각이었다. 그는 1940년의 유명한 신민주주의론에서 다음과 같이 썼다.

중국은 준봉건적인 정치와 경제로 이루어진 준봉건시대의 문화를 갖고 있어 새로운 문화와 새로운 아이디어를 반대하는 공자 숭배, 유교교리, 옛 윤리 규범, 옛 사상을 지지하고 있다. 제국주의 문화와 준봉건적 문화는 서로 형제로 중국의 새로운 문화에 대항하는 반동적 문화 동맹을 맺고 있다. 제국주의와 전제주의 계급층을 옹호하고 있는 이러한 종류의 반동적 문화는 없애 버려야 한다. 이것들이 존재하는 한 어떠한 새로운 문화도 성립될 수 없다.[26]

이런 정서는 마오쩌둥 정권의 공식적인 정부 정책이 되었다. 그리고 중국 역사상 공자를 겨냥한 가장 일관성 있는 공격이 개시되었다. 20세기 후반 동안 중국의 유산과 역사에 대한 지식은 중국에서 거의 자취를 감추었다. 위대한 현자가 지배하던 사회에서 현자도, 현자의 아이디어도, 그의 도덕적 목적도 잊혀져 버린 사회로 변했다. 거의 2,000년 동안 중국인 삶의 기본이었던 공자 공경 의식도 금지되었다. 대신 마르크스주의가 새로운 국가 정통주의가 됐고, 마오쩌둥의 『마오 주석 어록』(*Mao's Little Red Book*)이 『논어』를 제치고 중국에서 반드시 읽어야 할 철학 교과서가 되었다. 유교의 문헌은 중국의 학교 교실에서 사라졌고 유학자들은 범죄자인양 체포되어 강제노역에 처해졌으며, 사원은 파괴되었고, 유적은 불태워졌다. 1975년 「북경리뷰」의 한 기사에는 유교 교리를 "옛 사상, 옛 문화, 옛 전통을 갖고 있는 반동적 이념체계"라고 정의하였다. "과거의 반동주의자들은 옛것에 매달리는… 유교의 교리를… 채택하고 개조하여 국민을 통치하고 타락시켰고, 부패한 경제 기반과 반동적 정치 규칙을 유지하고 있으므로, 이것의 부활과 역행을 타파하고 착취계급의 전통적 개념을 파괴해야만 무산계급(프롤레타리아)의 새로운 길이 열리며 공산당의 혁명적 정신이 전개될 수 있다."[27]

홍위병은 유학을 적으로 삼은 마오쩌둥의 전쟁에 참여한 보병들이었다. 마오쩌둥의 파괴적인 문화혁명이 시작되면서 1966년에 함께 나타난 홍위병은 대부분 학생들로 구성되어 공산당 이전 시대에 존재한 부패의 흔적, 즉 옛 관습, 옛 습관, 옛 문화, 옛 사상을 말하는 '4구'(四舊)를 뿌리 뽑으려는 운동이 전국을 휩쓸었다. 그들은 매우 폭력적이었다. 홍위병은 교수, 지성인, 덜 진보적인 정부 관리에게 폭력을 행사하고 사원을 때려 부수며 옛 유적을 파괴했다. 오늘날 많은 중국인들이 문화혁명에 의한 격변을 후회하고 있기는 하지만, 그 당시의 중국 청년들은 오래되고 쇠퇴한 중국을 파괴하고 부패와 압제, 아니 공자가 없는 현대적이고 밝은 시대로 마오쩌둥을 도와 중국을 인도하고 있다는 가열한 사명감에 젖어 있었다.

공자보다 더 '4구'에 해당되는 사람이 없었으므로 위대한 현자는 홍위병의 공적 1호였다. 문화혁명이 시작된 얼마 후, 급진적인 학생들은 현자의 무덤, 공자사원, 공자 가족의 옛 가옥 등 유교의 가장 중요한 세 가지 사적이 있는 공자의 고향 취푸를 타도의 목표로 정했다. 홍위병에게는 이 세 가지 유교 사적의 파괴 없이 '4구'의 파괴를 완수할 수 없었다. 1966년 후반에 취푸에서 일어난 분쟁은 전국에서 있었던 유교에 대한 공격을 대표한 사건이었다.[28]

취푸에서의 분쟁은 8월 23일 밤에 시작되었다. 지역 공산당 간부들은 기막힌 소식에 밤중에 잠을 깼다. 한 해군학교의 홍위병들이 사원의 오래된 현판을 부수고 가까운 산 절벽에 새겨 있던 명문을 훼손한 후, 유명한 세 사적을 없애기 위해 지금 진군하고 있다는 것이었다. 취푸의 지도자들은 걱정으로 가득했다. 치명적인 '4구'에 해당한다고 홍위병들이 여기는 것들은 이 역사적 마을의 공산주의자들에게는 값을 따질 수 없는 국가 보물이요 지역의 자랑이었다. 취푸의 지도자들은 공자 유적을 보호하기 위한 행동에 나섰다.

지역 학생들은 오히려 마오쩌둥의 수사를 이용하여 홍위병들과 대치할 현수막을 사원 대문에 걸었다. "프롤레타리아 문화혁명! 만세!", "비상 여단이 나섰다. 모든 계급 적대자의 파괴행위 금지!" 근처에 있는 공자 가족의 가옥에서는 지역 농부 단체가 가옥을 방어하러 나섰다. 홍위병의 계급적 호의를 기대하는 마음에서 그들은 가슴에 "우리는 가난한 농부다."라고 쓴 빨간 천을 둘렀다. 24일 새벽, 취푸의 지역 위원회 서기인 리쉰은 지역 관리들을 모아 놓고 북경 행정부 국무원이 지정한 국가보호 역사유적에 취푸 유적이 포함되어 있음을 상기시키면서 법을 따르겠노라고 맹세하였다. "이 유적들은 중국에서만이 아니라 세계적으로도 정말 가치를 따질 수 없는 것들이다. 따라서 어느 누구도 무단으로 파괴할 수 없다." 동시에 리쉰을 비롯한 취푸 공산당 지도자들은 홍위병과의 대립을 걱정하며 지역 주민에게 폭력을 피하라고 호소하였다. 홍위병이 도착하자 그는 "그들과 혁명적 대화를 나누며 따져본 후, 안전하게 돌려보내자."라고 말했다.[29]

　그러나 광신적이면서도 잘 조직화되어 있고 무력행사에 이골이 난 홍위병이 논의 정도로 후퇴할 가능성은 적었다. 취푸에서 조만간에 있을 사건은 혁명을 이루는 방법에 대한 견해 차이가 빚은 분쟁이었다. 홍위병은 중국과 그들의 거창한 공산주의의 미래를 막고 있는 모든 것이, 비록 정부의 권한에 도전하게 되는 한이 있더라도 제거되어야 한다고 믿었다. 그에 반해 리쉰과 그의 동지들은 성공적인 혁명은 그 국가를 유지하는 데에 달렸다고 생각했다. 리쉰은 얄궂게도 바로 공산주의자들이 반혁명적이라고 규정한 공자라는 사람을 방어하기 위해 공산주의 사상을 적용하려는 것이었다. 그러나 리쉰은 유교의 유적을 방어하는 행위를 공자나 유교에 대한 방어라고 보지 않았다. 그 후 20여 년이 지난 어느 날, 리쉰은 공자가 '봉건주의의 상징'이기는 했지만 취푸의 유교의 사적을 보존하는 것은 국가 재산을 보호하고 더 나아가 국가 질서를 지키는 것이라고 생각했다고 한 기자에게 말했다.[30]

　리쉰이 대책을 지시한 지 얼마 후, 일은 이미 불리하게 돌아가기 시작했다. 우선 리쉰을 지지하던 취푸 보통대학의 홍위병들이 외부에서 쳐들어 온 홍위병 쪽으로 돌아섰다. 취푸의 홍위병들은 자신들 동네의 '4구'를 없애려 타지의 홍위병들이 왔다는 사실이 창피했다. 그래서 직접 '4구' 제거에 나서기로 했다. 다음 날인 25일, 공자 가족의 가옥으로 행진한 취푸 홍위병은 입구를 막고 있는 문화유산관리위원회 직원들과 마주쳤다. 치안판사인 왕화톈은 가옥이 중앙정부보호하에 있다고 홍위병에게 말했다. "여기 있는 어떤 것이라도 파괴하는 것은 법을 위반하는 것이다."라고 경고했다.[31] 홍위병은 물러서지 않았다. "늙은 공자의 감시인을 무찌르자!"라고 외쳤다. 그러자 유산위원회에서 일하는 몇 일꾼들이 왕의 편을 들며 나섰다. 그들 전 조상들이 그랬듯이 공자의 유적을 잘 건사할 의무가 자기들에게 있다고 그들은 홍위병에게 말했다. 나이가 지긋한 한 일꾼은 고대 유적이 '4구' 중 하나라고 마오쩌둥 의장이 말한 적이 없다고 따졌다. 철저한 계급의식을 지닌 노동자들에게 설득당한 홍위병은 물러갔다.

그러나 그리 오래 물러나 있지는 않았다. 26일 밤, 홍위병은 "늙은 공자를 무찌르자!"라는 구호를 다시 외치면서 가옥에 진입하려 하였다. 이번에 그들이 마주친 것은 혁명적 농민 그룹인 농민 적위대였다. 토론과 논쟁 끝에 두 그룹 사이에 실랑이가 벌어졌다. 몇 학생은 가옥 마당으로 질질 끌려가 두들겨 맞았다. 새벽 1시가 지나서야 홍위병은 그들의 기숙사로 비틀거리며 돌아갔다.

수비대의 승리는 오래가지 않았다. 다음 몇 주 동안 북경의 강력한 홍위병 단체가 취푸의 동지들을 지원하면서부터 공자 유적의 운명은 지역적인 사안에서 국가적인 사안이 되었다. 11월 9일, 수도 홍위병 지도자 네 명 가운데 탄허우란이 공자 유적을 없애기 위해 북경 보통대학의 홍위병 200명을 이끌고 취푸로 향했다. 탄허우란과 홍위병들은 도착하자마자 지역위원회 사무실에 나타났고 관리들은 대립을 피하려는 일환으로 그녀를 정중하게 맞았다. 그러나 탄허우란은 타협할 기분이 아니었다. 그녀는 모여 있는 군중들에게 공자의 혐의를 낭독하고, 취푸의 역사적 유물이 파괴되어야만 마오쩌둥의 혁명사상이 승리할 수 있다고 말했다. "무관의 왕'을 말에서 끌어내리고 뭉그러질 때까지 박

살을 내자! 유학서적을 불태우고, 공자의 무덤을 깔아뭉개고, 공자에게 아첨하는 자와 공자를 공경하는 반동 관리를 축출하여 거리로 끌고 나가자!"라고 요구했다.[32] 이에 대항하여 위원회 멤버들은 마오쩌둥의 어록을 낭송하였다. 이 사건의 전개에서 특이한 점은 양편 다 그들의 주장을 보완하는 목적으로 중국의 지도자인 마오쩌둥의 수사를 동원하였다는 사실이다.

취푸 관리들의 입장은 난처했다. 공자 가족의 가옥을 뒤진 탄허우란과 날렵한 홍위병들은 국민당의 깃발과 공산당 척결법을 명시한 국민당 지침서 그리고 적어도 그들이 보기에는 공자를 공산주의의 적으로 간주할 수 있게 하는 혐의쩍은 물건들을 찾아냈다. 당시의 정치적 상황에서 이러한 증거에 대해 변명할 방법이 없는 위원회 관리들은 크게 당황하였다. 홍위병이 공자 사적을 기습할까 두려운 위원회 관리들은 제물용 그릇과 옛 사진들을 땅에 묻고, 그림을 감추고, 조각물은 우물에 넣어 가라앉히는 등 유산들을 숨기려고 노력하였다. 그리고 11월 11일, 위원회는 홍위병과의 분쟁에서 지지를 얻고자 국무원의 자문을 구하기로 했다.

하지만 그러한 희망은 재빨리 사라졌다. 11월 12일 아주 이른 시각에 세 곳의 공자 유적지는 공자와 그의 가족을 기념하는 유물로서 보존하되 공자사원은 '개조'하라고 권장하는 지시가 공산당 중앙문화혁명지도 위원회로부터 도착했다. 이 대답은 공자의 무덤을 파헤쳐도 된다고 홍위병에게 허가한 것이나 다름없었다. 이 뉴스를 접한 탄허우란은 기선을 잡을 때라는 사실을 알아챘다. 취푸와 나라 전역의 홍위병들에게 공자에 대한 공격 참여를 독려할 목적으로 그녀는 공산주의의 장황한 수사법에 따라 "철저한 공자 가족의 터전 파괴와 마오쩌둥 사상의 궁극적 권위의 설립을 위한 국립 홍위병 혁명적 반역연락소"를 곧장 조직했다. 그리고 얼마 지나지 않아 취푸 관리들의 위치는 상위 기관에 의해 사임이 강행되면서 약화되었다. 이제 홍위병을 막을 것은 아무것도 없었다.

11월 15일, 유적이 파괴되기 시작했다. 홍위병 한 단체가 공자사원을 샅샅이 뒤졌다. 대웅전에 있던 공자상의 목을 잘라 내고, 배에 구멍을 내어 고전과 엽전들을 끄집어냈다. 다른 입상들을 쓰러트리고 열어젖혀 논어와 고전들을 꺼내 불살랐다. 그런 다음 홍위병은 지역인 모두에게 일을 중지하고 유교에 대한 최종 승리를 축하하는 이틀간의 행사에 참석하라고 종용하였다. 11월 28일, 이 중요한 행사의 첫날에 홍위병은 얼굴은 붉은 페인트로 더럽혀져 있고 몸체는 심하게 훼손된 공자상을 트럭에 실었다. 공자상 머리는 "넘버 1 깡패인 늙은 공자를 넘어트리자!"라고 쓰인 종이 모자로 덮었다. 온 동네를 행진한 후 트럭은 공자의 무덤에서 멀지 않은 작은 다리에 도착했다. 그리고 공자상은 수많은 고서, 그림, 기타 유산과 함께 홍위병의 함성 속에서 이미 타고 있던 다리 밑의 장작불 속으로 던져졌다.

이틀 후, 가장 치욕스러운 일이 공자를 기다리고 있었다. 공자의 무덤은 파헤쳐지고 관은 쪼개졌다. 오랫동안 봉안되었던 관이 열리면서 유독 가스가 나올 수 있어 마스크를 한 일꾼들이 삽과 밧줄을 사용하여 무덤의 석관을 들어내어 개봉하였다. 그러나 공자는 거의 2,500년 전에 죽은 터여서 그들이 발견한 것은 먼지밖에 없었다. 어쩌면 그것이 맹점이었을 수 있다. 중국의 위대한 현자도 아무것도 남기지 않았다는 것을 중국인들에게 증명했다는 점 말이다.

취푸에서 일어난 신성모독은 공자에 대한 마오쩌둥의 공격의 시작일 뿐이었다. 1973년, 그는 전보다 더 혹독하게 현자를 비난한 "반유교 운동"을 대놓고 옹호하였다. 또 한때 당의 거물이었던 린뱌오(林彪) 등 공산주의의 적을 상기시키고자 할 때 공자를 대신 이용했다. 전직 장군이었던 린뱌오는 이해 불가한 비행기 추락 사고로 1971년에 죽을 때까지 마오쩌둥의 가장 유망한 후계자로 알려졌다. 마오쩌둥은 린뱌오가 자신을 끌어내리려 획책하였다고 주장했는데, 린뱌오의 지지자들을 정부에서 색출하기 위한 방편으로 린뱌오가 공자를 흠모한 제자였다고 말했다. 정부가 운영하는 한 언론기관은 린뱌오의 죄는 그의 사무실에 걸려 있는 공자의 말씀이 증명한다고 폭로했다. 정부가 제시한 책자, 포스터 등의 선전물들이 그를 옛 철학자와 연결시켰다. 그와 공자가 서로 협력하여 죄악을 계획한 증거로 무기와 뱀들이 얽혀 서로를 휘감고 있는 그림들이 제시되었다. 이런 공범에 대한 징벌성 그림도 있었다. 도끼로 잘리는 두 사람의 머리 등, 한 책자의 겉장에는 그들 머리에서 피와 눈물이 떨어지는 모습으로 묘사되었다. 정부는 『린뱌오와 공자를 비판하는 충격: 상해 유소년 홍위대를 위한 어린이 노래 특선』이라는 삽화집을 발행하였다. 2학년 학생들을 위한 『표적 훈련』이라는 짧은 책자는 짚으로 만든 린뱌오와 공자 모형을 사격용 표적으로 사용하는 두 어린 혁명적 남녀 아이들이 "공자를 하늘로 날려 보냈다."고 하면서 끝을 맺는 감동적인(?) 이야기를 담고 있다.

이러한 폭력적인 화상은 당시의 선전물이나 포스터에서 흔한 것이었다. 공자는 계속적으로 죽음이나 부패와 연관되었다. 노쇠한 늙은이 아니면 그냥 뼈다귀로 묘사되기 일쑤였다. 또 때로는 비석이나 해골, 관 등과 함께 그려졌다. 선전가들은 제국 시대에 공자에게 주어진 명예로운 이름을 고쳐 사용했다. 한 사진에는 "완벽한 현자이며 최초의 스승"이라는 비석의 문자가 "완벽한 제물의 희생자, 최초로 죽은 자"로 바뀌어 있었다.

공자는 진나라 시대 이후 역사상 최악의 시대를 맞았다. 사실 마오 쩌둥은 그토록 미움을 받던 진시황제가 2,000여 년 전에 그 유명한 '분 서갱유'를 자행했던 때보다 자신이 공자의 영향을 더 많이 파괴했다고 자랑스러워했다. "진시황제는 겨우 460명의 학자를 생매장했지만 나는 학자 4만 6,000명을 매장했다."고 1958년에 있었던 당 간부들을 향한 연설에서 말했다. "우리가 반동분자들을 진압할 때에 반동 지식인들도 처형하지 않았는가? 한번은 민주주의적인 사람들과의 논쟁에서 말했 지. 우리가 진시황처럼 행동한다고 비난하는데 그것은 틀렸다고. 우리 는 그보다 100배 더 심하다고."[33]

세계화와 서방화의 영향에 마오쩌둥의 공격까지 더해지면서 공자가 아시아에서 미치는 영향력은 겨우 몇십 년만 해도 상상하지 못했을 수준으로 줄어들었다. 위대한 미국 학자인 윌리엄 시어도어 드 배리 (William Theodore de Bary)에 의하면 1960년대에 이르러서, "유교는 골 동품 수집가로 불리는 몇 명의 학자를 제외하고는 아시아에서 사라진 주제가 되었다. 마오쩌둥이 통치하는 중국에서는 그에 대한 진지한 연 구는 어떤 형태이든지 사실상 금지되었고, 다른 지역에서 살아남았다 면 겨우 박물관용으로 취급되었다."[34]고 증언하였다.

학계나 정부 차원에서는 그랬을지 모른다. 그러나 다른 면에서 도리 어 공자는 왕성하게 존재했다. 수 세기에 걸쳐 유학과 유교의 교화를 받은 아시아 사회에서 이 위대한 현자를 제거하는 일은 그렇게 쉽지 않았다. 그의 사상이 얼마나 동아시아 문화에 깊숙이 뿌리내렸던지 사람들은 사실 공자와 연관이 있다는 사실도 모른 채 너무도 자연스럽게 공자의 존재를 받아들였다. 20세기 후반에는 공자와 그의 유산, 그리고 그로부터 현대사회에서 취하거나 취하지 말아야 하는 역할 등에 대한 국제적 논쟁이 불거졌다.

2부

논란의 공자

5장

궁자가 만든 효자

병을 제외한 일로 부모에게 걱정을 끼치지 않도록 하라.

— 공자

　빈센트 로(Vincent Lo)는 홍콩 재계의 거물이지만 일요일만은 예외이다. 유명한 사업가 집안의 자손인 그는 부동산 회사 슈이온을 설립하여 중국 곳곳에 쇼핑센터, 사무실 건물, 고층 아파트 등을 지었다. 27억 달러에 달하는 사업을 경영하고 기업의 확장을 위해 공중을 가로지르며 세상을 쏘다니느라 그는 무척 분주하다.[1] 그러나 어디에 있든지, 무슨 일을 추진하고 있든지, 또 재정 업무가 뭐든지 간에, 빈센트는 93세가 된 어머니 로토리콴과의 일요일 저녁 식사를 위해 주말에는 꼭 홍콩으로 돌아오려고 노력한다. "가족은 정말 중요하다. 우리 아버지는 할아버지와 할머니를 매우 공경하셨다. 그리고 어른을 공경해야 한다고 항상 가르치셨다."고 빈센트는 말한다.[2]

　빈센트와 그의 8형제는 아버지의 충고를 매우 진지하게 경청한다. 어느 6월의 더운 저녁, 홍콩 섬에 정점에 위치한 빅토리아 피크(Victoria

Peak)에 자리 잡은 빈센트 어머니가 운영하는 식당은 빈센트와 그의 형제자매, 손자와 증손자들까지 4대에 이르는 가족들로 꽉 들어찼다. 미국의 트리니티 대학교(Trinity College)를 막 졸업한 빈센트의 아들 에이드리언(Adrian)도 일요일이 되면 친구와 놀거나 비디오게임을 하는 대부분의 미국 젊은이와 달리 그 자리에 있었다. "일요일 저녁에 가족들과의 식사가 없는 생활은 상상할 수 없다. 미국 대학 친구들은 열일곱 혹은 열여덟 살이 되면 집에서 독립하려 한다. 우리처럼 가족에 대한 강한 소속감이 없다."고 에이드리언은 말한다.

그렇다고 빈센트 로 가족의 저녁 식사가 이전처럼 전통적인 것은 아니다. 하지만 그의 돌아가신 아버지 로잉쉑은 달랐다. 아버지가 교육의 중요성과 그들의 미래에 대해 말하는 동안 형제들이 조용히 앉아 접시만 내려다보고 있었던 것을 빈센트는 기억한다. 그러한 모습은 그때나 지금이나 아시아에서 매우 일반적인 광경이다. 빈센트는 돌아가신 아버지를 "전형적인 중국 아버지"라고 말한다. 로잉쉑은 무덤에서도 그의 아이들을 길들이고 있다. 식당에 달려 있는 아버지가 직접 쓴 족자에는 마치 『논어』 같은 가족이 지켜야 할 문구가 적혀 있다. 그중 하나는 열심히 일하며 검소하라는 말이고, 다른 하나는 항상 공부하고 배우라는 충고이다.

이제 더 이상 저녁 식사를 주관하는 아버지는 안 계시고, 미국이나 호주에서 교육받은 가족 대부분 사이에서는 어느 정도 서양풍이 느껴진다. 초조하게 접시를 내려다보는 아이들은 간데없고 대신 즐겁게 뛰어놀고 있는 꼬마들이 보이며, 테이블에서는 논쟁과 의견과 토론으로 갑자기 큰소리가 터져 나오기도 한다. 다음 가족 여행은 어디가 좋을지 갑론을박이 시끄럽게 이어진다. 노령에도 불구하고 어머니는 많은 가족을 대동하고 매년 여행을 한다. 다음 여행지는 싱가포르로 예정되어 있었으나, 빈센트는 싱가포르에 근접한 인도네시아에서 발생한 산불 때문에 공기 오염이 심하다며 계획을 바꾸자고 제안한다. 다른 행선지를 고르는 데 자기 주장을 내세우느라 소란스럽다. 형제들의 이런 말다툼을 진정시킬 수 있는 사람은 어머니뿐이다. 비록 아버지만큼의 절대적인 위치는 아니지만, 가장인 빈센트의 어머니는 방 안에 있는 사람 중 가장 높은 권력자로서 그녀가 말을 하면 모두가 경청한다. 빈센트 가족은 어떤 의미에서는 놀랄 정도로 보수적이다. 빈센트의 형제 중 세 명은 네 구역으로 나누어진 어머니의 집에서 아내들과 함께 살고 있다. 빈센트와 그의 형제는 1년에 두 번, 어머니 생신과 정초에 어머니께 큰절을 올린다. "우리는 동서 두 세계에서 가장 좋은 점들만 수용했다. 우린 많이 서구화됐지만 아직도 전통을 따른다."고 빈센트는 말한다.

이러한 전통은 순수 유교에서 비롯된 유산이다. 아시아 사회에 미친 현자의 가장 거대한 영향력은 가족을 통해 이루어졌다. 수십억 달러의 재산을 갖고 있는 미국 사업가가 어머니와의 저녁 식사를 한 주간의 활동 스케줄에서 우선순위에 두고, 더 나아가 어머니를 모시고 산다는 것은 상상하기 힘든 그림이다. 그러나 가족에 대한 의무는 서양보다 동양에서 전체적으로 더 중요하다. 그 이유는 현자가 추구한 바람직한 가족관보다 더 지속적으로 동아시아에서 지난 2,000년 동안 퍼져 나간 공자의 가르침이 서양에는 없기 때문이다. 공자는 상호 책임으로 단단히 묶인 가족관을 주창했다. 부모는 자식들을 기르고 교육시키는 것을 절대적인 것으로 생각하고, 자식들은 연로한 부모를 부양하는 것이 당연하다는 것이었다. 늙은 부모를 혼자 살게 내버려두는 것은 서양에서

는 흔한 일이지만 중국에서는 수치스러운 관습으로 낙인찍혔다. 공자
는 또한 가족 내부에 엄한 계급 관계를 주장했다. 빈센트 로의 아버지
처럼, 아버지는 높고 엄하며 자식들의 복종을 요구하지만 한편으로는
그들의 미래에 깊은 관심을 갖는다. 남편에 순종하는 어머니는 가정사
에 대한 지휘자이고, 공경받을 만한 능력이 있는 자애로 가득한 사람
이다. 부모를 기쁘게 하고 부모의 희망을 따르고자 하는 자식들은 아
버지나 어머니가 바라는 것을 자신들의 욕구보다 더 중요하게 여긴다.
이러한 헌신은 부모가 세상을 떠도 끝나지 않는다. 제사로서 부모님의
영혼에 존경을 표하는 것이 또한 자식들의 도리이다.

　유교의 사고방식을 지닌 이런 가족의 일부 행동이 매우 친숙하게 느
껴질 수 있다. 지배적 위치를 고수하는 아버지는 인도, 중동, 심지어
서양의 전통 가족에서도 예외가 아니다. 세상 어디서든 자식들에게 부
모에게 복종하라고 가르친다. 십계명 중 다섯 번째 계명도 마치 공자
의 입에서 나왔을 법한 "네 부모를 공경하라."가 아닌가? 오늘날 서양
에서도 "아버지가 제일 잘 아신다." 또는 "아이들 말은 들을 필요가 없
다. 시야만 벗어나지 않으면 된다."는 말이 있다. 숙제를 안 하거나 귀
가 시간을 지키지 않는 십 대는 반항아로 낙인찍힌다. 세상의 어느 문
화든 좋은 가족관계를 중히 여기고 다세대 간의 연대를 권장한다. 나
도 일요일마다 할아버지 댁에서 즐거운 점심을 먹었던 것을 회상한다.
작은 식당을 운영하던 할아버지는 항상 파이와 미트볼, 김이 모락모락
피어오르는 닭고기 수프를 준비하셨다.

　그럼에도 공자가 말하는 완벽한 가족은 서양인들에게는 사실 낯선
사상 가운데 하나이다. 유교가 다른 점은 가족이 모든 철학의 중심에
있다는 사실과 사회의 모든 기구보다 부모에 대한 공경이 위에 놓인 가

족 우선주의, 또 공자의 영향하에서 극도로 발전한 존속관계이다. 공자에게 가족이란 행복하고 건강한 세상의 근본 그 자체였다. 가족이 탄탄하고 평화롭고 또 유학자들 말대로 '잘 다스리게' 되면 모든 세상이 탄탄해지고 평화로워져 번영을 이루게 된다. 반대로 말하면, 가족 간에 질서가 무너지면 사회도 재난의 나락으로 떨어진다. 올바른 정부에 대한 지침으로 유명한 공자는 현자-왕에 대하여 끊임없이 말했지만, 진실한 유교사회는 국가의 지배에 의해서가 아니라 자식들을 올바로 통치하는 가부장적인 아버지에 의해 이루어진다. 인간의 여러 가지 행동과 제도는 가족에 대한 유교적 아이디어에 의해 형성되었다. 작가인 린위탕은 1936년에 "가족체계는 모든 중국 사회의 성격을 유발한 중국 사회의 바탕이다. 체면, 특권, 감사, 예절, 공무원 부패, 공적 제도, 학교, 길드, 자선사업, 접대, 재판, 그리고 궁극적으로 중국 정부 전체가 모두 가족과 마을의 체계에서 유래됐으며, 특이한 취지와 양상도 가족체계에서 모두 빌려온 것이고, 또 특이한 성격을 밝혀 주는 설명도 모두 그 체계에서 비롯된다."고 설명했다.[3]

잘 정리된 유교의 가족관은 효도라는 개념 위에 서 있다. 효도가 공자의 철학 전체 가운데 핵이라고 해도 틀린 얘기가 아닐 것이다. 훌륭한 유교 가문에서 자식들은 항상 그들의 부모에게 효도하고 공경하며 부모의 이익과 필요성을 자신의 것보다 더 위에 놓는다. 효도는 유학자들이 한 인간의 도덕성을 가늠하는 기본적인 잣대가 되었다. 실제로 유학자들은 효도가 인생의 모든 면에 존재해야 할 모든 덕목의 기준이며 올바른 사회 행적의 기초라고 믿었다. 부모를 공경하는 자식은 또한 충실한 국민이고 존경스러운 군자이며 헌신적인 배우자였다.

유학자들은 자식들이 부모에게 어떻게 행동해야 하는지 자세하게 설명했다. 효도를 지배하는 규칙은 세밀하고 엄격하게 각인되었다. 자식에 대한 부모의 권력은 거의 절대적이었다. 근대화 전까지 사실 중국의 자녀들에게는 행동의 자유란 것이 없었다. 부모는 아들과 딸의 배필, 직업, 심지어는 거주지까지 대신 결정했다. 인류학자 프랜시스 슈(Francis Hsu)는 중국의 가족에는 "선택과 불확실이 거의 없다. 말하자면 자기의 아버지, 또 아버지의 아버지, 그리고 오랜 조상님이 살아온 길 외에는 다른 길이 없다. 이미 설정된 길만이 자신의 인생에 적합하므로 다른 길들은 비참함과 자체 파괴로 이어진다."고 1971년 서술했다.[4] 유교사회에는 효도라는 의무에 제한이 없었던 것 같다. 예를 들면, 당나라(618~907) 시대에는 일종의 '효도적 식인행위'까지 있었다. 치료 불능한 병에 걸린 부모를 위해 공경심 높은 자식은 자기 몸의 일부를 잘라 내어 요리한 다음 아픈 부모에게 바쳤다.

극소수의 경우겠지만, 오늘날에도 동아시아에서 유교의 효도가 매우 중요하다는 사실은 그 영향이 얼마나 광범위했고 지금까지도 여전한 것을 보면 알 수 있다. 역사가 키스 냅 (Keith Knapp)은 "효도는 공권에 대한 태도, 주거 형태, 자아에 대한 개념, 결혼 관습, 성별 선호도, 정서적 생활, 종교 숭배, 사회관계 등 중국 사회생활의 모든 면을 규정했다."고 서술했다.[5] 간단히 얘기해서, 유교의 효도는 세상에서의 인간의 위치를 결정하고 동아시아 사회의 골격 자체를 형성한다. 정부와 국민 간의 관계, 동아시아 회사의 경영, 그리고 사무실, 파티, 혹은 길에서 만나는 두 사람 사이에 일어나는 사회적 교류의 형태 등, 거의 모든 인간관계는 가족이라는 단위에 의거한다.

자신의 상사, 선생님, 나라의 통치자, 우연히 근처에 있는 노인 등 공경해야 하는 '아버지' 상은 항상 근처에 있다. 관계란 일반적으로 아버지와 자식 간의 관계처럼 상하의 모형으로 정리된다. 그리고 그 결과는 계급사회이다. 앞에 있는 사람과의 상대적 관계가 그 사람에 대해 어떻게 행동할지를 결정한다. 나이가 더 많은가 적은가? 직위가 더 높은가 아니면 회사에서 가장 낮은 위치에 있는가? 공자는 모든 사람에게 자기의 신분과 일에 따라 정해진 역할이 있으며 그렇게 각자가 해야 할 역할을 이해하고 수행할 때 사회가 평화로워진다고 믿었다. 이것이 유교가 종종 '직함의 종교'라고 불리는 이유이다. 그리고 신분에 대한 집착은 오늘날에도 계속된다. 동아시아의 비즈니스 회의에 들어가면 우선 명함을 교환하고, 명함에 나타난 직위에 따라 회의에서의 상대적 위치가 곧바로 결정된다.

효의 개념은 너무 광범위하여 맹렬한 비난을 촉발했다. 효와 효도로 인해 형성된 폐쇄적인 계급체계는 여러 부작용을 야기했다는 이유로 공격당했다. 기업가 정신을 가로막고, 놀이터에서는 약자를 괴롭히는 도구가 되었고, 회사의 경쟁력을 저하시켰으며, 또 권위적 정부 형성의 기초가 되었다고 맹공격을 당했다. 한 20세기 비평가는 "효도라는 사상에 영향을 받은 중국은 복종하는 국민을 생산하는 거대한 공장이 되었다."고 평가했다.[6]

유학이 규정한 효가 현대사회에 미치는 영향을 두고 일어난 논쟁은 사실 오늘날에도 계속 이어지고 있다. 빈센트 로의 가족처럼 유학과 서양의 가족관을 형평성 있게 잘 유지하는 부류가 있는 반면, 전통주의자들은 서양의 개인주의가 사회를 무력하게 하고, 버려진 노인이나 십 대의 비행같은 사회악을 야기한다고 탄식한다. 그런가 하면 일부는 유교의 효가 아직 덜 제거되어 21세기에 필요한 독립과 동기성을 저해한다고 믿는다. 그 와중에도 유교의 효를 따르고자 하는 사람들이 있지만 그런 사실을 인정하는 것을 부끄러워 하는데, 그 이유는 구식이나 반근대화로 낙인찍힐까 두려워서이다. 사실 세계화 사상으로 넘쳐 나는 오늘날조차 효라는 개념과 유학에서 정의한 효의 역할을 인지하지 못한 채로 동아시아 문화와 사회를 이해하는 것은 불가능하다.

공자가 동아시아적 효라는 개념을 발명한 것은 아니다. 고고학적 증거에 따르면 기원전 3000년 중국에서는 이미 조상을 공경하고 있었다. 공자가 활동하기 5세기 전인 주나라 초기에는 부모를 모시는 것이 도덕적 의무라고 이미 정립되었다. 그래도 이 개념에 대한 공자의 흔적이 탐사되는 것이 사실인데, 아마 효에 대한 근본적인 개혁의 당사자이기 때문일 것이다. 공자는 효를 단순히 부모에게 물질적인 도움을 주거나 공경하는 것보다 훨씬 더 확대해서 생각했다. 효도를 충실히 하려면 부모를 공손하게 대하고 공경하며 순종해야 한다. 공자는 『논어』에서 이 점을 확실히 하였다. "오늘날 효도의 의미는 부모에게 음식을 제공하는 것에 지나지 않는다. 그렇게 보면 사냥개와 말에게도 먹을 것을 준다. 그러니 공경이 없다면 인간도 다를 바 없지 않느냐?" 또 공자는 "병을 제외한 일로 부모에게 걱정을 끼치지 않도록 하라."고 하였다. 효도에 대하여 질문을 받은 공자는 간단히 말했다. "절대 거역하지 말라."[7]

효를 행하는 것은 말처럼 쉬운 것이 아니었다. 공자와 그의 후세 추종자는 여러 가지 따라야 할 규칙과 지켜야 할 의식을 만들어 냈다. 효를 행하는 것은 한 인간의 전 인생을 통한, 한 인간이 내려야 할 중요한 결정의 대부분을 차지하는 끝없는 추구였다. 한 유교 경전에는 현자가 "아들이 부모에게 하는 효도는 다음과 같다. 부모를 대할 때 최상의 공경심을 나타낸다. 음식을 드릴 때 최상의 즐거움을 드리는 노력을 해야 한다. 부모가 편찮으면 근심을 극진히 해야 한다. 부모를 애도할 때는 슬픔을 최대한 나타내야 한다. 부모에게 제물을 바칠 때는 최대한 엄숙함을 보여야 한다."고 했다고 실려 있다. 효가 얼마나 중요한지 자식들의 주거지와 직장도 효를 고려하여 정해야 했다. 경전에서는 "부모가 살아계실 때 먼 여행은 옳지 않다."고 충고하고 있다. 부모를 공경한다면 효를 기준으로 경제적 선택도 해야 했다. "자식은 부모께 드릴 음식을 마련하기 위해 행동을 조심하고 돈은 절약해야 한다."고 공자는 권장했다.[8]

자식들에게 주어진 효의 의무는 부모가 세상을 떠났다고 끝나는 게 아니었다. 아버지가 사거 후에도 그 어른이 생전에 바라던 대로 계속하느냐가 자식의 효의 진정성을 판가름했다. "아버지가 살아 있을 때 하는 행동과 돌아가신 후에 행동을 살펴보라. 3년까지 아버지가 이전에 하던 방식을 유지하는 아들은 훌륭한 자라고 할 수 있다."고 공자는 말했다. 부모를 애도하는 의식은 가장 중요한 유교의 의식이다. 공자는 3년이라는 긴 애도기간을 권장하면서 다음과 같이 말한다. "애도하고 있는 군자는 음식을 즐기면 안 되고, 음악을 즐겨도 안 되며, 집에서 편안하게 있어도 안 된다. 이것이 그가 쌀밥을 취하지 않고 화려한 의상을 입지 않는 이유이다." 어떤 제자가 3년은 너무 길지 않냐고 묻자 그 제자가 방을 나갈 때까지 기다렸다가, 규정된 애도기간을 따르는 것은 자식이 키워 준 부모에게 할 수 있는 최소한이라고 힐난조로 지적했다. "자식은 세 살이 되어서야 부모의 보살핌에서 벗어난다. 유(제자 이름)는 3년간의 부모 사랑을 받지 못했는가?"라고 공자는 말했다.[9]

시간이 지나면서 효도 행위에 대한 규범이 놀랄 정도로 세밀해졌다. 공자의 오경 중 하나이며 한나라(기원전 206년에서 기원후 220년) 초기의 의식 관습에 대하여 자세하게 서술한 논문인 『예기』(禮記)에 의하면, 새벽 동틀 때 아들과 그의 아내는 몸을 깨끗이 하고 적절한 의상을 갖추어 입은 후 부모에게 예를 다하여야 한다.

부모님과 장인 · 장모에게 다가가… 숨을 죽이고 부드러운 목소리로 복장이 너무 더운지 혹은 추운지, 편찮으시거나 혹은 몸에 불편한 곳이 없는지를 여쭈어 보고, 불편한 곳이 있다고 하면 공손히 다가가서 그곳을 안마하거나 긁어드린다. 부모님이 방을 나가실 때는 먼저, 들어오실 때는 나중에 따라가면서 같은 방법으로 부모를 도와드리고 보조해 드린다. 부모님께서 씻으시는 데 사용하는 대야를 가져다 드릴 때, 작은 자식은 받침대를 운반하고 큰 자식은 물을 가져다드리고 다 씻으신 후에는 수건을 가져다드린다. 그리고 더 필요한 것이 없으신지 여쭈어 보고 공손히 가져다드린다. 이 모든 것은 부모님께서 편안하게 느끼실 수 있게 즐거운 표정으로 행하여야 한다.

식사 때는 부모가 먹고 남긴 것이 자식 차례였다. "아침과 저녁 식사 때, 가장 나이 많은 아들과 그의 아내는 부모님께 다 드시도록 권하고, 남은 것이 있으면 먹는다."[10]

어떻게 아들과 딸들이 부모의 가려운 곳을 긁고, 먹다 남은 것만 찾아서 먹고, 그것도 '숨을 죽이면서' 하게 만들 수 있단 말인가? 일반적으로 종교의 교리와 도덕적 규정은 우리의 개인적 욕망과 상충되는 행동을 하게 만드는 것을 목적으로 하고 있으며 유교는 그러한 많은 면에서 아주 빼어났다. 아버지, 학자, 정부 관리들은 중국의 아들과 딸들에게 효는 부모와 자식은 물론 모두의 이해를 도모하는 것이라고 주입했다. 아들 입장에서는 자기가 오래 산다는 가정하에 언젠가는 정점에 있는 아버지 대신 가족의 왕이 될 기회가 있다는 생각이 위안이었다. 효도가 얼마나 광범위하게 권장됐는지 어른이 되어서의 특전을 기대하지 않는 젊은이도 효의 개념을 거부하기는 힘들었다. 아주 어릴 때부터 어린아이들 머리에 효의 중요성이 각인되었다. 시간이 흐르며 이런 효가 동아시아 가정에 얼마나 깊이 배어들었는지 그런 관습에 아무도 이의를 제기하지 않았다. 거의 자동적이고 규칙적인 삶의 일부였다.

효를 어린아이들의 머리에 깊이 뿌리박히게 하는 가장 효과적인 방법 중의 하나는 효라는 의무를 궁극적인 덕의 귀감으로 받아들인 아이들에 대한 짧은 동화들이었다. 한나라 말기의 엘리트 지식인들 사이에서 널리 퍼지기 시작한 이런 이야기들은 여러 세기를 걸쳐 민속으로 바뀌었고 중국과 유학의 영향을 받은 동아시아에서 계속 되풀이되었다. 교육을 받은 사람이건 아니건, 거의 누구나 이 이야기들 중 몇 개는 외우고 있었다. 원나라 시대(1279~1368)에 이 이야기들 모아 삽화를 곁들여 만든 『24효』(二十四孝)라는 책은 아마도 중국 역사상 가장 인기 있는 책 가운데 하나였을 것이다. 대부분의 이야기는 아들이 효를 수행하는 과정에서 견뎌야 했던 놀라운 희생을 묘사했다. 어느 이야기에서는 아들이 아버지를 구하기 위해 맨손으로 호랑이를 물리친다. 또 쉬고 있는 아버지를 성가시게 하는 모기에게 자기의 피를 대신 빨아먹게 한 아들의 이야기도 있다. 많은 이야기들은 극한적이고 때로는 예사롭지 않은 행동을 담고 있다. 아주 역겨운 이야기 중 하나는 효심 깊은 아들이 아버지가 앓고 있는 병의 심각성을 타진하려고 배설물을 맛보는 이야기이다.[11]

자식들을 도덕적인 차원에서 설득하고 나아가 부모를 공경하는 자에게 복이 내릴 것이라는 교훈적인 이야기로 보상 심리를 자극하려는 것이었다. "아버지는 고집 세고 어머니는 천박하였음에도" 부모를 지극히 공경한 순이라는 사람에 대한 이야기도 있다. 중국의 황제는 그의 부모 공경에 감격한 나머지, "아홉 아들을 그의 시종으로 보냈고 두 딸을 그의 아내로 보냈으며 그를 위해 왕위도 퇴위했다." 늙은 어머니와 세 살짜리 아들의 양식을 마련하기 힘들었던 가난한 궈쥐에 대한 이야기도 있다. 궈쥐가 어머니의 생명을 지키기 위해 제 아들을 죽이기로 결심한다는 끔찍한 내용이다. "우리 아들이 어머니께서 드실 음식을 나눠 먹고 있다. 차라리 아들을 땅에 묻어 버려야 하지 않을까?"라고 아내에게 묻는다. 그러나 아들을 묻으려고 땅을 파면서 발견한 것은, 그의 효도에 대한 헌신을 기리는 하늘에서 내린 선물, 금 단지였다.[12]

효도의 힘이 얼마나 대단한지 부모 공경은 기적을 불러온다고 믿었다. 한 이야기는 병들고 늙은 어머니에게 헌신한 멍종이란 사람이 겪은 신비한 사건에 대한 것이다. 어머니가 죽순으로 요리한 죽을 먹고 싶어하였으나, 죽순이 자랄 수 없는 겨울이라 어머니의 소원을 들어드릴 방법이 없었던 멍종은 대나무 숲을 찾아가 하염없이 울기 시작했다. "그의 효성은 하늘과 땅을 감동시켰다. 잠시 후 땅이 갈라지면서 많은 죽순이 나타났다." 이 신비한 죽순을 캐어 만든 죽을 먹자 어머니의 병이 씻은 듯이 나았다.[13]

또 한 이야기의 주인공은 둥융이라는 사람이다. 아버지의 장사를 제대로 치르려면 돈을 빌려야 했고, 그 빚을 갚기 위해 채권자 밑에서 일을 하기로 했다. 그런데 일하러 가는 도중에 그의 아내가 되기를 원하는 한 여자를 만났고 둘은 100필의 비단을 짜내라는 채권자 밑에서 단 10일 만에 임무를 달성했다. 빚을 청산하고 집으로 가는 도중에 그들이 처음 만났던 아카시아 나무 옆에 이르자 여자는 둥융에게 잘 있으라고 한 뒤 사라진다. 둥융의 효심이 하늘을 움직여 하늘에서 '천녀'(天女)를 선물받았던 것이다.[14]

중국 문화의 중심으로 침투해 들어간 효는 공자가 어떻게 동아시아에서 가장 중요한 철학자가 되었는지를 말해 준다. 정부의 포교와 몇몇 유학자가 중국을 유교사회로 만들 수는 없었다. 그렇게 되기 위해서는 사실상 몇 세기에 걸치는 시간과 많은 요인들이 필요했다. 그중 하나는 중국 가정이라는 사적 공간에 침투한 효라는 개념이었다. 동아시아의 가정 형성에서 공자가 중요한 인물이었지만, 반대로 동아시아의 가족은 유교의 전도를 위한 결정적인 요소였다. 효는 공자를 일반 동아시아인들 인식에 가장 중요한 사람으로 부각시켰다. 유교 가족의 관습과 의식이 동아시아 가정에서 일반화되면서 공자의 중요성과 공자에 대한 존경심도 깊게 배어들었다.

사실상 여기에는 닭이 먼저냐 달걀이 먼저냐 하는 문제가 있다. 공자가 전형적인 계급적 동아시아 가족을 가능케 한 것인지, 아니면 계급적 동아시아 가족체계가 공자의 가르침을 퍼트린 것인지 하는 문제 말이다. 역사를 보면 두 가지가 함께 작용한 것 같다. 효라는 사상은 '보통 사람들의 시대'로 바뀌는 시점을 따라 변화하는 가족의 본성으로서 중국 사회에서 널리 수용되었다. 가족에 대한 공자의 가르침은 중국에서 일어나고 있는 정치와 경제 상황 변동에 적응해야 하는 가족들에게 긴요했다. 마치 무제가 유학의 원칙이 한나라의 권력을 공고히 하는 데 유익하다고 여겼듯이 중국인들도 유교사상을 정치와 사회, 또 경제적 차원에서 아주 유리한 것으로 받아들였다.

아시아의 가족은 주로 대가족이며 복잡하다고 서양 사람들은 가정한다. 물론 빈센트 로의 가족처럼 한지붕 밑에 여러 세대가 함께 사는 것을 아직도 많이 볼 수 있다. 조부모는 자식, 손자들과 더불어 산다. 그러나 사실 이런 구조는 오히려 공자 시대에는 일반적이지 않았다. 오늘날의 4, 5명으로 형성된 가족과 비슷했다. 정부 정책도 핵가족을 권장했다. 주나라가 무너지면서 전국시대 군주들은 대가족을 더 작은 규모로 분산시키고자 했다. 가구 단위로 군인이 징병되므로 가족 수가 많아야 징병 가능한 군인의 수도 늘어났다. 진나라(기원전 221~206년)는 특히 세금 제도까지 동원하여 가족수를 제한했다.

그러나 한나라 시대(기원전 206~기원후 220년)에는 확대된 다세대 가족을 바람직하게 여겼다. 그렇게 된 이유에 대해서는 많은 이론이 있다. 소가 끄는 쟁기를 비롯한 농업 혁신은 생산성을 높이는 반면 더 많은 인력이 요구되었다. 추가 인력의 필요성은 가족으로 인해 인력 자원을 모아 살게 만들었다. 또 다른 가능성은 한나라의 힘이 쇠락하면서 가족 크기가 늘어났다는 것이다. 정치적 불확실성이 높아짐에 따라 경제가 불안정해지자 가족 입장에서는 인적 자원을 쉽게 동원할 수 있는 큰 가족으로 합치는 것이 유리했다. 대가족은 지역 권력자들과의 관계에서도 더 효과적이었으며 친척을 높은 관직에 세우는 일도 더 효과적으로 도모할 수 있었다. 이런 방식으로 큰 씨족은 거주하는 지역 정치와 사업을 장악할 수 있었다. 그 결과로 권력이 제국에서 명문 가족으로 이동했지만 너무 쇠약해진 한나라는 이를 막을 도리가 없었다.

동기야 어쨌든 간에 2세기가 되면서 한지붕 밑에 더 많은 친척이 함께 살면서 가족의 영향력은 늘어났다. 명문 씨족은 자신들을 "100개의 입"이라고 부르기 시작했는데, 실제로 그런 상황이 종종 벌어졌다. 엄청난 저택에서 조부모, 손자, 형제와 아내들, 사촌의 사촌 등 수백 명이 함께 살았다. 그러나 이런 거대한 가족을 결속시키는 것은 매우 힘든 일이었다. 자기 자식들의 이해를 보호하려는 아내들의 압력에 형제 간 사이에 금이 가면서 경쟁관계로 발전했다. 아들들은 아버지의 수중에서 벗어나 독립된 가정을 꾸리는 것을 희망했고, 그 과정에서 가족 재산의 일부를 주장하려는 확실한 동기가 있었다. 그러나 대가족을 유지함으로써 얻는 물질적·사회적 이득이 워낙 높아 대가족 형태를 유지하는 것은 거의 필수였다. 그렇다면 아버지들은 어떻게 자손들을 한 지붕 밑에 붙들어 둘 수 있었을까?

여기에 공자가 등장했다. 가장은 자신들이 무조건적인 권한을 갖고, 그 권한을 따를 의무를 느끼는 아들과 손자가 있는 계급제도를 강화할 필요가 있음을 깨달았다. 따라서 효에 대한 공자와 그의 사상은 매우 매력적이었다. 효는 아버지와 가족 내 연장자에 대한 복종을 도덕적 의무로 바꾸었으며, 또 인간 가치를 측정하는 문명화된 행동의 기준으로 정의되었다. 공자의 효는 자식들로 하여금 씨족의 이익을 위해 각 개인의 이해를 보류하게 하는, 마치 딱 맞아떨어지는 주문 제작형 사상이었다. 따라서 대가족은 유교가 중국 사회에 침투하게 된 배경으로서 주요한 요인이다. 계층적 가족은 이미 세워지는 과정이었고, 공자는 대가족이라는 정체를 묶어 주는 시멘트를 공급한 것뿐이었다.[15]

자식들을 지배하려는 아버지만 효를 유익하게 생각한 것은 아니었다. 제일 꼭대기의 황제를 비롯해 권력을 지배하는 모든 이도 유학의 효를 필요에 따라 활용할 수 있었다. 중국 정부와 관리들에게도 마찬가지로 해당되었다. 순종하는 아들과 딸을 가능케 하는 유교를 이용해 국민들로 하여금 왕에게 순종하게 만들 수는 없을까? 정부가 운영 차원에서 효를 활용할 수 있었기 때문에 공자와 그의 개념이 중국 사회에 깊이 침투할 수 있었다. 중국에서 효의 중요성이 확대된 이유는 그 개념이 나라 운영에 적용된 것과 직접적인 연관이 있다.

황제가 유학을 적극적으로 권장하기 시작한 것은 한나라 시대였다. 정부는 학교 교육을 통하여 아이들에게 효도사상을 주입했고 모범적으로 효를 실행한 자들에게는 세금 혜택 등 상을 내렸으며, 관직 지원자를 추천함에 있어 효도를 가장 중요한 요소로 삼았다. 한 시조를 제외한 모든 한나라의 황제는 자기의 효심을 나타내기 위하여 사후 이름에 효도라는 단어를 추가하게 하였다. 그리고 향후 2,000년 동안 제국의 통치자들은 계속해서 효를 전파시켰다. 예를 들어 14세기 말, 명나라는 모든 가정에 효도를 전파하라고 칙령을 내렸다. "나무 추가 달린 종을 갖추어라. 종을 든 어린아이들로 하여금 늙은이, 불구자, 장님을 고른 다음 이들을 인도하여 이웃 집을 돌아다녀라. 선을 행하고 법을 어기지 말라고 모든 사람들이 들을 수 있도록 소리 질러라. '부모님께 효도하고, 나이 드신 분과 상사들을 존경하며, 이웃과 화목하게 지내고, 자식들과 손자들을 가르치고 훈련시켜라.'고 외쳐라. 그리고 이렇게 매달 여섯 번씩 시행하라."[16]

이런 정책 뒤에는 황제에게 경의를 표하는 것이 부모님을 존경하는 것만큼 중요하다고 백성들을 설득하려는 목적이 있었다. 황제들의 이런 노력에 유학은 짧지만 지대한 영향을 미친 『효경』(孝經) 같은 문헌을 통해 충분한 교리적 지원을 제공했다. 『효경』은 위대한 현자가 효의 원칙에 대하여 길고 자세하게 설명한 것인데, 공자와 제자 한 명이 나눈 대화가 주요 주제이다. 전통에 의하면 『효경』에 열거된 질문과 대답 내용은 실제 공자 자신의 발언이어서 역사적으로 아주 귀한 작품으로 여겨지곤 했다. 그런데 『효경』이 저작된 시기가 공자 사후 훨씬 뒤인 아마 한나라 초기였을 것이라고 믿는 현대 학자들은 작품 내용 중 공자가 직접 말한 것이 어느 정도인지에 대해 논쟁이 분분하다. 그러나 언제 저작되었든 간에 『효경』은 효를 공자 자신도 기대하지 못한 높은 자리에 올려놓은 역사적으로 중요한 대단한 작품이다.

『논어』의 공자는 자비를 도덕의 기초로 강조했으나, 『효경』은 아주 다른 말을 하고 있다. "인간의 도리 중 효도보다 더 위대한 것은 없다." 라고 공자는 선언한다. 효는 "완벽한 덕과 모든 것을 포용하는 행동규칙"의 중심이 되는 덕으로 정의되었다. 유학자들은 이것만으로 효의 중요성을 충분히 설명하지 못할 경우를 대비하여 하늘까지 들먹였다. 하늘의 뜻을 따른다는 것은 아버지의 권한을 당연히 여기는 '잘 다스려진' 가족을 의미했고, 그런 가족은 사회 전체의 번영을 위해 필수 불가결하며 혼란을 막는 주요 방어벽이었다. 유학자들은 효도의 결과가 기름진 옥토와 풍부한 해산 자원이라고 하였다. 또 효가 없으면 인류는 재난에 휩쓸릴 것이라고 했다. 효는 인간, 하늘, 땅을 연결하는 중요한 요소로서 우주의 질서를 유지하기 위해 필수라고 했다. "효는 하늘의 상수이고, 땅의 정의이며, 인간의 실질적 의무"라고 공자는 『효경』에서 말한다.[17]

그러나 이 책은 효의 우월성만 강조한 것이 아니라 효라는 개념을 가족에서 조정으로 전환시켜 또 다른 효를 다른 차원에서는 어떻게 실행해야 하는지 자세히 설명했다. 유학자들은 효를 집 안에서만 이루어지는 것으로 제한하지 않았다. 더 큰 사회에서 행동규범을 제대로 구현하기 위해서는 우선 집에서 훈련이 제대로 되어야 했다. 가정에서 익숙해진 효는 직장, 학교, 친구, 사회적 상황에서 어떻게 다른 사람과 교류해야 하는지 준비하는 것이며, 가정에서 배운 도덕은 사회 전체로 쉽게 퍼져 나갈 수 있다. 다시 말하면, 유학을 기초로 한 가정은 도덕적 인간을 배출하는 기초 훈련장이었다. 훌륭한 아들과 훌륭한 딸은 훌륭한 자녀일 뿐 아니라 좋은 학생, 좋은 동료, 좋은 시민이었다. "효자는 오만함이 없고, 불복종하지 않으며, 같은 수준의 사람들과는 다투지 않는다. 부모를 사랑하는 사람은 다른 사람들이 미워할 일을 하지 않는다."라고 공자는 『효경』에서 말한다. 집 안과 밖에서, 미천한 농부로부터 황제에 이르기까지, 모든 사람들이 효의 도리를 행하면 사회는 적절한 질서를 갖추게 되어 평화의 세상이 도래할 것이다. 효가 실천되면, "사람들은 평화와 조화 속에서 살게 될 것이다."라고 공자는 말했다.[18]

그러므로 사회복지를 담보하고 있는 유학이 안고 있는 비밀은 인간 사이의 교류 전체에 퍼지는 아버지와 아들의 관계에서 비롯된다. 따라서 권력의 자리에 있는 사람은 공적 상황에서든 개인적 상황에서든 아버지가 자식의 공경을 받듯이 우대받을 권리가 있었다. 공자는 "하위 관리들은 황제를 대하는 데 있어 마치 자신의 아버지에게 하는 것과 같이 공경해야 한다. 효로 통치자를 모시면 그들은 충성하는 것이고, 윗사람을 공경하면 복종하는 것이 된다."고 말한다. 그렇게 유학자들은 아버지에 대한 아들의 효와 정치 지도자에 대한 국민의 충성을 유사하게 간주하였다. 효는 "부모를 향한 것으로 시작되어 통치자를 기리는 것이 된다."는 구절이 『효경』에 있을 정도이다. 또 "군자의 부모를 향한 효는 통치자에 대한 충성과 연결된다… 가족 관리를 훌륭히 하면 어떤 관직에 있든 상관없이 그런 재능이 훌륭한 관리의 능력으로 이어진다."고 설명한다.[19]

따라서 유교 차원의 국가는 가족이 확대된 복사본이라고 할 수 있었다. 국가가 가족과 같이 운용되면 좋은 나라가 도래하고 사회질서가 유지될 것이다. 가장 중요한 유교 경전인 『대학』(大學)은 "한 가족의 사랑으로부터 국가 전체의 사랑이 비롯한다."고 말한다. 가족의 최상에는 자식을 관리하고 돌보고, 명령조이지만 자비로운 아버지가 있고, 국가의 최상에는 백성의 최대 이익을 추구하지만 절대적인 권력을 누리는 황제가 있다. 『효경』에는 통치자를 '백성의 부모'라고 일컫는 고대 중국의 시가 실려 있다. 그리고 효가 부모의 권력에 반항을 주저하는 예절 바르고 헌신적인 자녀 양성을 가능케 하는 것처럼, 효는 국가에 항거하기를 주저하는 제국 시민을 가능하게 했다. 『논어』의 두 번째 문장에서 공자의 제자 중 한 명은 "훌륭한 아들이며 순종하는 젊은이가 그의 상사를 어기는 경향은 드물고, 또한 그런 사람이 반역을 도모하려는 경향이 있다는 말은 들어본 적이 없다."고 말한다.[20]

겉으로 보면, 효라는 유학적 개념은 권력자에게 무한한 권력을 부여했다. 아들은 아버지를 공경하고 국민은 황제에게 충성한다. 순종과 효도는 같은 것이었다. 그런데 정말 그랬을까? 유학자들이 직면한 가장 난해한 질문은 효에 한계가 있는지, 있다면 그 한계가 어디인가이다. 이에 대한 해답은 아주 중요하다. 이 질문은 권력에 대한 유학적 해석, 즉 권력은 어떻게 행사되고 사람들은 권력에 반하여 어떤 의지를 갖고 있는지 밝혀 준다. 그리고 유교사상에 내포된 기초 인권에 대한 인식의 핵심은 다음과 같다. 모든 사회가 커다란 가족과 같다면 아들이 아버지를 거역할 권리나 거역할 수 없는 권리에 대한 규정은 유교의 교리상 인간이 나라에 거역할 어떤 권리가 있는지와 일맥상통한다.

아버지와 아들 간의 교류는 나라가 국민을 어떻게 다루어야 하는지, 국민들이 어떻게 공권 남용에 대처할 수 있는지, 또 동아시아 사회에서의 시민적 자유 등에 대해 시사하고 있다. 기본적으로 효에 대한 유학적 해석은 동아시아의 민주화와 직접적인 관계가 있다.

효도에 대한 유학의 관점은 처음에 보인 것보다 훨씬 복잡해졌다. 공자는 효도를 행함에 있어 명확한 한계를 말하지 않았다. 기록된 그의 말을 보면 그는 조건 없는 복종을 강조했다. 사실 공자는 아들은 어떤 경우에도 아버지에게 순종해야 한다고 했다. 그러나 또 한편으로는 부모나 권력자에 대한 무조건적인 헌신에는 반대했다. 『효경』에서 효도는 권력에 대한 무조건적인 복종을 수반하느냐는 단도직입적인 질문에 공자는 "그게 말이 되는가!"라고 경악했다. 아버지가 행하는 부적절한 행동에 대해 항의 혹은 '불평'은 효자의 의무라고 했다. 그것은 잘못을 고치고 도덕적 행동을 하게 하는 유일한 길이다. 그런 상황은 통치자를 보필하는 대신 같은 지위에 있는 사람에게 특별히 적용된다고 그는 믿었다. "황제에게 문제를 제기할 수 있는 대신 7명이 있는 한 천자는 나라를 제대로 운용하지 못하더라도 그의 왕국을 잃지 않는다. 마찬가지로 문제를 제기할 수 있는 아들이 있는 한 아버지는 불의에 빠지지 않는다. 따라서 그릇된 행동이 관찰되면 아들은 아버지에게, 대신은 통치자에게 문제 제기를 해야 한다. 그러니 그릇된 행동이 관찰되는 경우에는 문제 제기가 당연한데, 무조건 아버지 명령에 순종하는 것이 효도가 될 수 있겠는가?"라고 공자는 말했다.[21]

그렇다면 '문제 제기'는 어디까지가 적절한 걸까? 만일 아버지가 아들의 조언을 무시하고 악행을 고집하면 아들은 무엇을 할 수 있을까? 아들이 아버지에게 대항하는 것을 공자가 허락했는가? 다시 말해서,

윤리가 효의 의무보다 더 중요한가? 그건 절대 아니라는 것이 공자의 대답이었다. 아들에게 아버지의 잘못을 고치려는 시도를 할 의무는 있으나 그게 다였다. 유교 차원에서 아들이나 아랫사람이 권력에 도전할 수 있는 한계를 긋고 있었다. 아들은 결국 아버지의 비행에 상관없이 아들의 도리를 해야 했다. 『논어』에서 공자는 이에 관해 말했다. "아버지와 어머니를 모시는 데 있어 그분들이 잘못하는 것에 대하여 매우 완곡한 방법으로 만류하여야 한다. 조언이 무시되더라도 불복종해서는 안 되며 계속 그분들을 공경해야 한다. 그러한 노력때문에 지친다 하더라도 불평해서는 안 된다." 『예기』에서는 이 점에 대해 한층 자세한 설명을 덧붙였다. "부모가 잘못하고 있으면 숨을 죽이고, 특별하게 보이지 않도록 부드러운 목소리로 권고하라."고 가르치고 있다. 만일 아버지가 권고에 귀 기울이지 않으면, "이웃이나 동네 사람들에게 나쁜 짓을 저지르기 전에 강하게 문제를 제기해야 한다. 만일 화가 나고 불쾌해진 아버지가 피가 흐를 때까지 때리면, 화를 내거나 억울한 내색을 하지 말고 더 공경하고 효도하는 모습을 보여라."라고 쓰여 있다. 이런 항의의 한계는 아들에게만 적용되는 것이 아니었다. "왕자를 섬기는 데 불평을 자주하는 것은 수치스러운 일이다."라고 『논어』에서 공자의 제자는 말한다.[22]

중국 대륙을 관통하는 여정에서 공자가 '쉬'라는 지역의 책임자와 나눴다고 『논어』에 적혀 있는 사건보다 효의 중요성을 더할 나위 없이 강조한 이야기는 아마 없을 것이다. 총독은 아버지가 염소 한 마리를 도둑질하자 관할 책임자에게 이를 증언함으로써 상찬을 받은 아들에 대해 공자에게 말했다. 놀랍게도 공자는 동조하지 않았다. 그는 "우리 마을의 올바른 자들은 그런 자와 다르다."고 말했다. "아버지는 아들을 두둔하고, 아들은 아버지를 두둔한다. 올바름은 그러한 행동에서 찾을 수 있다."고 공자는 말했다. 이것이 암시하는 것은 아버지에 대한 아들의 충성은 나라의 법이나 도덕의 기본 원칙보다도 우선이라는 것이다. 이것은 어떤 경우와 결과라도 올바로 행하는 것이 최고의 미덕이라는 공자사상에 위배되는 듯 싶다. 그런데 18세기 학자인 첸야오샹(程瑤田)은 공자가 단지 국가나 사회의 이해보다 혈연의 이해가 우선시되는 것을 자연스러운 현상으로 인정하는 것이었다면서 이 구절을 옹호했다. 만일 아들이 공공의 이익을 따져 아버지를 희생했더라도 궁극적으로 자신의 이기적인 이해를 가슴에 품고 있기 때문에 그렇게 한 것이라는 주장이었다.[23]

그러나 비판자들은 가족을 모든 것보다 우선시하는 공자의 사상에 경악했다. 공자가 주장하는 효에 대하여 공격의 시발이 된 사람은 법철학자인 한비자(韓非子)였다. 공자는 가정의 이해와 나라나 지역사회의 이해 간에는 충돌이 없으며 사실상 일맥상통하는 것이라고 믿었다. 그러나 한비자는 완전히 반대였다. 그는 국가가 필요로 하는 것과 가족이 필요로 하는 것 사이에는 원천적인 차이가 있으므로 잘못하면 유학의 효가 사회질서를 방해할 수 있다고 믿었다. 가정사를 이유로 사회에 대한 의무를 면제하는 것은 국가권력에 대한 반발을 조성하는 행위라며 공자를 비난했다.

한비자는 자기의 주장을 입증하고자 "주군을 따라 전쟁에 나아가 세 번의 전쟁을 치르고 세 번을 도망간" 공자의 모국인 노나라에 살던 사람에 대하여 이야기했다. 공자의 심문에 그는 다음과 같이 대답했다. "저는 늙은 아버지를 모시고 있습니다. 제가 죽게 되면 아무도 돌보아드릴 사람이 없습니다." 한비자에 의하면, 공자는 "그 사람을 효자로 판단하고 칭찬한 후 방면하였다." 이 사건이 노나라에 미친 파장은 대단했다고 한비자는 주장했다. "이 도망자를 공자가 방면한 후, 많은 노나라 군사들이 항복하고 도망갔다. 이렇게 아버지에 대한 의무를 다하는 아들이 통치자에 반역하는 국민이 되는" 결과를 낳았다는 것이다. 더 나아가 한비자는 가정이 모든 질서의 근본이라는 구상 자체가 잘못되었다고 비판했다. 그는 부자 사이의 가장 튼튼한 유대에도 불구하고 복종하지 않는 아들 때문에 아버지가 늘 어려움을 겪는다고 했다. 그렇다면 어찌 이러한 관계가 사회 전체에서 질서를 유지하는 모델이 될 수 있는가? 한비자는 "인간의 본성에 따라 부모보다 더 애정이 많은 사람은 없다. 부모가 자식들을 사랑으로 대해도 가족의 질서가 항상 유지되지 못한다면 통치자가 대신들을 인애한들 어떻게 나라가 혼란에서 자유스러워질 것이라고 장담할 수 있는가?"라고 반문했다.[24]

바로 이런 충성과 권력에 대한 개념에서부터 공자의 가르침이 서양 사람들에게는 매우 낯설게 느껴질 수 있다. 효의 중요성과 효로 인한 무조건적인 복종은 아마도 서양식 관습과 유교철학의 가장 근본적인 차이일 것이다. 미국에서는 부모, 선생님, 상사, 또 정치 지도자에게 종처럼 순종하라고 아무도 권장하지 않는다. 폭력적이고 부도덕한 권력에 대항하는 것을 영웅시한다. 자식들은 자기들의 갈 길을 스스로 찾아 부모로부터 독립하고 자신들의 의견을 내세우고 개성을 개발한다. 권력자에게 무조건 복종해야 하는 유교적 사상은 서양의 상식으로는 이해가 되지 않는 것이다.

그러나 공자가 고압적인 권력자가 지배하는, 아무 생각 없는 순종하는 집단으로 가득 찬 사회를 정말로 만들려고 하였던 것일까? 그는 사람들이 불공정과 폭력 앞에 움츠러들기를 바랐을까? 그렇지 않다. 공자의 도덕체계에서는 사회질서 안에서 자기의 위치가 어떠한 것이든 마음대로 거침없이 행동할 수 있는 사람은 없다. 맞다. 아버지는 공경과 존경을 받지만, 또한 최대의 진실성과 너그러움으로 가족을 돌보는 인자함으로 그 충성심에 보답해야 한다. 다시 말하면 유교적 효는 일방적인 것이 아니다. 간단히 얘기해서 아버지는 독재를 하면 안 됐고 연장해서 생각하면 나라의 지도자들도 마찬가지였다. 만일 아버지가 자애롭게 자식들의 필요한 것을 구해 줄 의무가 있다면, '나라의 아버지'인 왕 또한 그의 충성스러운 국민들을 덕으로 다스릴 똑같은 의무가 있다는 것이다.

이러한 해석에 대한 증거는 『논어』에서 많이 볼 수 있다. 한번은 자공이 공자께 여쭈었다. "모든 사람이 삶에서 실천해야 할 규율이라 할 수 있는 한마디가 있을까요?" 스승은 대답했다. "호혜라는 단어가 그것이 아닐까?" 공자가 일종의 황금률을 가르쳤다는 사실을 기억해 보자. "너 자신에게 하기 싫은 것은 남에게 하지 말라." 아버지, 왕, 아들, 백성, 아무도 예외가 아니었다. 자식이 아버지를 비롯한 어른에게 보이는 공경심은 사람들 사이의 관계와 예의를 정의하는 기본이었다. "군자가 겸허한 행동을 취하고 타인을 공경하며 예의범절을 따르면 세상의 모든 사람들은 그의 형제가 될 것이다."라고 한 제자가 『논어』에서 말했다. 대단한 권력을 쥐고 있는 사람이라도 그 권력을 오용하면 안 된다고 했다. "군자는 그냥 굳건한 것이 아니라 바르게 굳건해야 한다."고 공자는 규정하였다. 군자는 주위 사람들을 향상시켰는지의 여부로써 그 자신의 성공과 행복이 가늠된다. "완전한 덕을 갖춘 사람은 자신의 위치를 확고하게 하기 위해 다른 사람의 위치도 확고하게 하려고 노력한다. 또 자신을 성장시키려는 사람은 다른 사람도 성장시키려 노력한다."고 공자는 말했다. 공자는 황제들도 마찬가지로 이 계명을 따르기 바랐다. "효가 있는 곳에는 제왕도 충성의 섬김을 받는다. 형제의 공경이 있는 곳에 어른과 상사도 섬김을 받는다. 친절이 있는 곳에서는 대중이 대우를 받는다."고 『대학』에서 언급한다. 가정과 사회 전반에서의 계급적 관계를 주장한 공자였지만, 아랫사람들이 공포에 떨 정도로 군림하는 아버지나 독재적인 황제를 의도한 것은 아니었다.[25]

그러나 현실과 철학은 서로 많이 빗나갔다. 공자의 효는 권력자가 약자를 협박하는 수단으로 도입되었다. 인간관계의 하위체제인 아들과 백성들은 의무만 짊어지고 있는 반면, 상위체제인 아버지와 통치자는 모든 권한과 특권을 누렸다. 의도는 좋았으나 효에 대한 그의 믿음이 얼마나 쉽게 오용될 수 있는지 공자는 몰랐던 것 같으며, 또 도덕에 대한 담론에도 그런 비행에 대한 적절한 설명이 없다. 어쩌면 공자의 가장 큰 죄는 순진함이었을지도 모른다.

물론 비판가들은 공자를 훨씬 더 나쁘게 묘사했다. 중국과 이웃 나라들이 19세기 서양문화와 이상, 또 사상에 전격적으로 노출됨에 따라 유교의 효는 아시아인은 물론 비아시아인들로부터도 엄청난 공격을 받았다. 완전한 덕으로 여겨지던 사상이 중국을 후퇴시킨 시대착오적인 사회적 사상으로 인식이 바뀌었다. "효를 비롯한 가정의 영향력은 어쩌면 유교의 윤리에서 가장 큰 결점이었고 심각하게 기본을 벗어난 유일한 관점이었다. 가족에 대한 사상은 공공심(公共心)을 방해했고 오랜 권력은 오랜 관습으로부터의 압제를 더해 갔다. 새롭게 급진적인 과제에 직면하고 있는 현재의 중국에서 유학체계의 이러한 면은 필요한 재건을 방해하는 요소가 되었다."고 영국 철학자인 버트런드 러셀 (Bertrand Russell)은 1922년 그의 저서에서 말했다.[26]

린위탕도 러셀의 말에 동의했다. 법학자이며 사상가인 한비자처럼 그도 가족을 너무 고귀하게 승격시킨 유학자들을 탓했다. 즉, 서양에서는 공동체와 나라에 대한 헌신을 아주 긴요하게 여기는데 중국에서는 효라는 사상 때문에 그렇지 못했다고 그는 1936년에 말했다. 그는 "가족 사상과 사회 사상 간에 갈등이 있다. 현대적 관점에서 보면 유교는 사회관계에서 타인에 대한 인간의 의무를 언급하지 않았는데 그건 대단한 결함이었다. 따라서 사마리아인의 덕에 대해 무지했을 뿐 아니라 그런 도덕성이 오히려 저지되었다… 가정과 친지들은 성곽을 짓고 그 안에 안주하며 대단한 공동체를 이루고 상호 협조를 이루고 있었으나, 그렇게 요새화되어 있는 상태에서 외부 세상에 대해서는 냉정하고 무관심하였다."라고 기술했다. 그 결과로 효는 그 자체로 제도를 부패시키고 현대화에 대한 반항을 권장함으로써 예상치 못한 고질적 부패가 발생했다고 린위탕은 믿었다. 예를 들어, 조정 관리들은 일자리를 바라고 찾아온 친척들로 사무실이 북적였으며, 그렇게 일자리를 얻은 친척은 정치 변혁을 무조건 반대하였다. "한직을 찾는 경향과 족벌주의가 발전하여… 정치적 변혁에 의하여 제거되는 것이 아니라 오히려 정치적 변혁을 저해하는 불가항력적인 힘이 되었다. 얼마나 그 저항이 대단했던지 아무리 좋은 의도를 가지고 개혁을 추진해도 끝내 물거품으로 돌아갔다." 그런 부정부패는 "공공의 차원에서는 부도덕했으나 가족 입장에서 볼 땐 덕목이었다고 할까."라고 린위탕은 비꼬았다.[27]

비판자들은 현대사회에서 중국에 필요한 독립 기능을 유교의 가족이 저해하였다고 주장했다. 린위탕은 또 "개인주의의 정반대에 서 있는 가족체계는 도망가려는 말의 고삐를 사력을 다해 잡아당기고 있는 기수처럼 인간의 발전을 붙들고 있다."고 저술하였다. 서양을 살핀 현대화주의자들은 서양의 정치와 경제체계가 개인적 자유에 근거한다는 것을 발견했다. 민주주의는 투표권을 행사하고 그들의 생각을 말할 수 있는 개인의 능력에 의지하고 있었으며, 자본주의는 자신의 이득을 최대화하려는 개인들이 발산하는 에너지에 의해 추진되고 있었다. 그러니 이 사람들 입장에서는 아버지 수중에 아들을 눌러놓은 공자는 근대 중국의 도약을 방해한 자였다. 급진적인 작가 천두슈(陳獨秀)는 "유교에서 가르치는 효가 죽은 아버지의 바람을 사후 3년 동안 아들이 지켜야 할 정도면… 그 사람들이 어떻게 자신의 정당을 만들고 자신의 삶에 대한 결정을 할 수 있겠는가?"라고 1916년에 말했다.[28]

비슷한 비난은 아직도 많다. 2011년, 한국계 미국 작가인 웨슬리 양(Wesley Yang)은 효도에 의한 복종적 자세가 미국에 사는 아시아인들이 미국 기업과 사회에서 좀 더 폭넓게 지도층을 형성하지 못하는 이유 중의 하나라고 지적했다. 그녀는 "난 내 얼굴이 일반 미국인들에게 이런 의미를 갖는다고 생각한다. 즉, 그들은 나를 나와 비슷하게 생긴 수많은 사람들 사이에서 구별하지 못한다"고 독설을 했다. "미국이라는 문화에서 존중을 받는 상징 같지만 실제로는 우리를 봐주는 척 또는 이용해 먹는 것이다. 우린 단지 '수학을 잘하고' 바이올린을 잘 켜는 사람들이 아니라 억압되고, 학대받고, 순응하는 준 로봇같은 사회적으로나 문화적으로 전혀 의미 없는 존재이다… 따라서 동양의 가치에 대한 내 느낌을 종합해 보라면? '빌어먹을 효도'이다."[29]

유교의 효는 근대화를 저지하는 요소라고 공격당했고, 젊은이들은 그런 효가 자기들이 사는 현대사회에 정말로 적합한지 의문을 갖기 시작했다. 그러나 정작 유교의 전통을 약화시키고 있는 미사여구 이상의 뭔가가 있다. 거대한 사회적·경제적 힘이 작용하고 있는 것이다. 개혁의 열풍에 맞서 싸웠던 갑갑할 정도로 보수주의자였던 19세기의 워렌을 비롯해 조정 신하들이 두려워했던 것처럼 서양사상이 도입되면서 공자의 위상과 가르침이 위협받는 것이 현실화되었다. 아시아 국가들이 서양식 정치와 사상(민주주의와 공산주의), 경제체계(자본주의), 사회성(데이트, 직장 여성)을 따름으로써 오랜 유교적 가정생활 유형은 희석될 수밖에 없었다. 근대적 사회의 요구는 효를 중시하는 유교의 부딪혔다. 부모로부터 멀리 떨어져 살지 말라는 공자의 말에도 불구하고, 오늘날처럼 다국적기업이나 금융 네트워크에서 좋은 일자리를 확보하려는 치열한 경쟁의 시대에는 자녀들로 하여금 학업과 직업을 위해서 나라를 넘나들며 심지어는 세계를 돌면서 오랫동안 가족과 떨어져 있을 수밖에 없도록 만들었다. 브루킹스 연구소(Brookings Institution)의 사회학자인 펑왕은 21세기 사회의 압력은 "공자의 가르침에 대한 마지막 희망에 종지부를 찍게 했다."고 말한다.[30]

결과적으로, 동아시아 가족은 점점 더 서양식으로 변하고 있다. 자식들은 이제 종전처럼 부모가 정해 주는 짝을 받아들이기보다 데이트 과정을 통해 배우자를 직접 결정한다. 또 많은 아들과 딸들은 젊은 나이에 부모로부터 독립하여 대학 캠퍼스에서 살거나 친구들과 함께 산다. 그런데 젊은 동아시아인들이 어떤 개인적 자유를 향유하든지 간에 효의 파괴는 중대한 사회적 과제를 잉태하였다. 공자가 그토록 효에 집착한 이유 중 하나는 사람이 자기의 자식과 아내를 더 아끼는 것이 당연하므로 그 결과로 늙은 부모를 버리게 될 것이라는 두려움에서였다. 이런 걱정은 근대 동아시아에서 현실이 되었다. 네 세대가 모여 함께 살던 시대는 이제 한물간 풍경이다. 중국의 60세 이상 노인 1억 8,500만 명을 대상으로 실시한 2013년 연구에서 38퍼센트만 자식들과 같은 집에서 살고 있다는 통계가 나왔다. 자식들로부터 부양을 받지 못하는 노인층에 대한 지원은 정책 담당자들의 고민이 되고 있다. 싱가포르는 고민 끝에 자식의 의무를 이행하지 않는 젊은이들에게 강제로라도 효의 의무를 실천하게 만드는 법을 제정했다. 1995년의 '부모후원법'은 충분한 재정적 지원을 하지 않는 자식을 상대로 부모가 소송할 수 있게 했다.

이 법을 기초한 전직 국회의원인 월터운은 전통적인 가족 가치의 붕괴에 대한 반응으로 이 법이 제정되었다고 본다. "부모들이 자녀의 지원 없이 내버려지는 사건들을 난 여러 차례 목격했다. 잘못됐다고 생각했다."고 월터운은 회고한다. "이 법을 반대한 사람들은 이런 문제는 입법으로 될 일이 아니라고 말하는 중국인들이었는데, 유교적 윤리를 법으로 다스리려는 의도라는 거였다. 부모 봉양은 효를 인식하는 지각에서 나와야 한다는 주장이었다. 내 대답은 이 법은 효 자체와 아무 관계가 없다는 것이었다. 이 법은 효가 실패했을 때 필요한 것이다. 유교가 잘 적용되고 있다면 사실 이런 법이 필요 없다. 내 요점은 효가 무너지고 있기 때문에 법이 필요하다는 것이다."[31]

싱가포르는 고대 중국 관리들의 본보기를 따라 유학의 효를 강화하는 홍보까지 하고 있다. 정부는 TV 마케팅 캠페인을 통하여 유교의 덕을 권장하고 있다. 2010년에 만든 「효: 아버지와 아들」이라는 짧은 동영상은 늙은 어머니를 부축하고, 저녁 시간에 어머니를 위해 호들갑을 떨며(아내를 야단치면서까지), 병원에서 늙은 어머니를 간호하고 보살피는 한 남자의 이야기를 다루고 있다. 남자의 아들이 왜 그렇게 할머니에게 헌신적인지 묻자 남자의 어린 시절이 동영상으로 나온다. 어머니가 아픈 아들을 위해 의사를 부르러 비를 맞으며 뛰어가는 장면이다. 위 광고는 중병으로 병원 침대에 누워 있는 어머니에게 남자가 눈물을 흘리며 노래를 불러 드리는 모습을 그의 아들 눈을 통해 보여 주며 끝난다. 동영상은 "한 세대가 어떻게 사랑하는지를 보고 다음 세대가 배운다."라는 말로 끝난다.[32]

싱가포르 정부 외에도 효를 다시 부활하려는 동아시아 나라들이 있다. 공자야말로 서양사상의 침투로 인한 사회악을 시정하는 데 적합하다고 믿는 정책가들도 있다. 한국의 문화체육관광부를 비롯한 지방자치단체는 아무 활동이 없던 서원을 부활시켜 유교를 가르치는 지역 학교로 바꾸었다. 조선시대에는 과거시험을 보려고 유학의 고전을 공부하는 학생들로 서원이 북적였다. 신설된 학교는 『유교 예절』이라고 부르는 공자의 가르침을 정리한 축약본을 사용하고 있다.[33]

이휘복은 옛 향교 옆에 위치한 서울 근교 과천의 현대식 건물에서 유교학교를 운영하고 있다. 어느 날 아침, 꽉 들어찬 교실에서 20여 명의 학생들이 이상적인 유교적 가족관계에 대하여 배우고 있다. 선생은 가족 내에서의 적절한 행동이 조화로운 사회의 근원을 형성한다고 강조하고 있다. 또 하루는 부모와 자식들을 모아놓고 효의 가치에 대하여 가르친다. 이 과목에서 이용되는 한 책자에는 귀여운 그림과 간단한 용어를 사용하여 전통 가족의 중요성을 가르친다. 한 만화의 장면에는 아버지와 아들이 할머니께 노래를 불러 드린다. "자식을 아끼는 부모와 부모를 아끼는 자식은 최고의 친구다."라는 글귀가 쓰여 있다. 오래된 『24효』의 모범 중 한 가지를 재현한 것도 있다. 그 그림에는 어머니가 채찍을 들고 있고 아들은 그 옆에서 울고 서 있다. 아들은 자기가 우는 것은 채찍이 아파서가 아니라 어머니의 매가 더 이상 아프지 않기 때문이라고 말하면서, 어머니가 늙고 쇠약해진 것을 슬퍼하는 내용이다.

부패한 아시아의 도덕을 다시 세우기 위해 이러한 유교교육은 아주 중요하다고 이휘복은 주장한다. "효는 옳은 사회를 위해 아주 중요하다. 20년 전의 사람들은 아주 공손했다. 젊은 사람들은 버스에서 노인에게 자리를 양보하였다. 지금은 아무도 그렇게 하지 않는다. 오늘날 많은 사회적 문제가 있다. 현대의 가족 상황에서는 조부모와 연락도 안 하는 예의를 모르는 사람들이 많다. 아이들은 아버지와 어머니를 더 이상 존경하지 않는다. 사회는 너무 혼탁해졌다. 더 많은 질서가 요구된다." 이렇게 말한 그는 이런 이유로 한국 어린이들에게 효의 의무를 주입시키는 일을 정부가 시작했다고 말한다. "정부는 아이들을 좀 더 공손하게 만들기 위해 유교를 다시 알려야 한다고 믿고 있다."

중국의 관리들도 동감한다. 마오 시절에 공자를 맹비난한 중국 공산당마저 사회단결이라는 이유로 효를 다시 이야기하고 있다. 싱가포르의 예를 따라 북경도 2013년에 자체적으로 효도법을 제정하였다. "부모와 떨어져 사는 가족은 자주 부모를 방문하거나 부모에게 소식을 전해야 한다."고 중국 노령자 보호법은 규정한다. 또 다른 조항은 친척들이 "노령자를 간과하거나 무시해서는 안 된다."고 되어 있다.[34]

이 법은 중국인들이 다시 효에 대한 생각을 갖도록 하려는 정부 캠페인의 일부분이다. 2012년 중국공산당 기관지 「인민일보」에 기고한 칼럼니스트는 "봉건적인 효도가 상당한 역효과를 야기하였다는 것은 인정하되, 우리의 마음을 좀 더 열어 '효'의 문화를 검토하거나, 나쁜 부분은 제거하거나, 보편적 가치를 모색하거나, 사회적 시장경제의 개발과 조화로운 사회의 건설에 요구되는 기능을 발굴하거나 하는 것은 나쁜 생각이 아니다."라고 썼다. 놀랄 일은 아니지만 권위주의 국가 중국은 만주인의 중국처럼 정부에 대한 충성을 기리는 수단으로 효를 지목하고 있다. 『효경』을 연상시키려는 듯 「인민일보」는 부모 공경과 국가에 대한 공경 사이의 연결성을 강조하면서 "부모에게 충성하는 사람들만이 국가에 충성한다."고 선언했다.[35]

효의 부활에 대한 중국 당국의 바람이 진심이라 해도 이러한 시도 자체가 보통 일은 아닐 것이다. 중국 정부는 지난 수십 년 동안 유학의 가치를 적극적으로 짓밟아 왔고 전통적 가족체계를 훼손시키는 인구억제 정책을 수립하였다. 1979년, 인구가 10억 명에 도달하자 증가를 막으려고 자녀 수를 하나로 제한하는 정책을 수립했다. 먹여 살려야 하는 숫자와 일자리가 필요한 인구수를 줄이기 위한 이 정책은 국가의 경제개발에 도움은 됐으나 동시에 인구 노령화를 촉진시켰다. 2012년에는 노동 인력이 정작 줄어들기 시작했고, 미래 성장에 부정적인 요소로 인지되기 시작했다. 2013년, 중국 공산당은 결국 한 자녀 정책을 완화하여 더 많은 자식을 가질 수 있게 경우에 따라 허가하였다. 그러나 이미 엎질러진 물이었다. 한 자녀 정책으로 인해 네 명의 노인을 아들이나 딸 한 명과 배우자가 부양해야 하는, 일반 부부에게는 불가능한 상황이 전개됐다. 브루킹스 연구소의 펑왕은 "한 자녀 정책이 바꾼 혈연관계와 가족관계망은 부모와 자식 모두에게 단기적으로나 장기적으로 영향을 미쳤다. 자식 하나만 가진 부모는 늙어 자식이 곁에 없을 것이라는 생각을 점점 더 하게 된다. 따라서 그들에게는 보살펴 줄 관리인이 필요하다. 자기의 삶을 더 이상 혼자 관리할 수 없을 때가 오기 때문이다. 아주 외로운 삶 말이다. 우리는 그런 삶을 연명하는 많은 중국 노인을 미래에 보게 될 것이다."라고 말한다.

외로움은 문제의 일부일 뿐이다. 2013년에 시행된 중국 노인에 대한 조사는 노인복지 차원에서 매우 비관적인 현실을 보여 준다. 4,200만 명 이상의 노인, 즉 노인인구의 23퍼센트가 일일 빈곤선인 1.5달러에 못 미치는 생활을 하고 있었다. 노인보호 위주의 미국과 유럽 사회안전망 제도에 비교하면 중국의 복지정책은 그 근처도 못 간다. 연금은 불충분하고, 건강복지는 질이 낮으며, 의료비는 높다. 노인복지 차원에서 중국은 유교의 효를 대체할 제도를 형성하지 못한 것이다. 펑왕은 또 "서양 세계에서는 부를 축적한 노인들은 독립된 삶에 익숙해져 있다. 중국의 시스템하에서는 최근 일어난 호황 덕분에 부를 누리는 소수의 노인들을 제외하고는 남은 여생을 어떻게 살아갈 수 있을지 의문이 가는 노인이 더 많다. 이것은 유교사상과는 관계없는 이야기이다. 삶은 나아져야 하며 노인은 공경만이 아니라 부양을 필요로 한다. 유학의 가르침에는 많은 장점이 있다. 유학은 삶의 진수를 밝혔다. 유학의 가르침은 참다운 삶의 궤도가 무엇인지 알려 준다. 그것은 혈연관계 안에서 이루어지는 다세대 간의 의무이다. 그러나 지금, 이러한 약조는 여러 가지 다른 세력에 의해 강제로 깨졌다."고 말한다.[36]

그러나 전부가 깨진 것은 아니었다. 한 2013년 조사는 유교에서 말하는 효가 아주 사라지지 않았다는 아주 흥미로운 증거를 보여 주었다. 일상에서 남의 도움을 필요로 하는 노인 중 89퍼센트는 가족 일원으로부터 도움을 받고 있으며 자식과 따로 사는 노인 중 47퍼센트가 자식으로부터 재정적 지원을 받고 있다는 것이다. "부모로부터 자식에게 내려가는 미국 같은 서양에 반해서, 중국에서는 재정이 자식에서 부모로 올라간다."고 보고서는 말한다.[37]

어떤 경우에는 현대가 준 편리한 제도를 활용해 자식들은 효를 행하고 있다. 새로운 중국 문화의 하나로 노인 전용 주거지가 떠오르고 있다. 노인을 위한 집 '이양니안'을 어머니와 함께 북경에서 공동 운영하는 나나(Na Na)는 이양니안 같은 센터는 현대 중국의 빡빡한 생활에 대응하는 자연스러운 현상이라고 말한다. "사람들은 부모를 보살필 시간이 없다. 그 결과로 부모는 집에 홀로 남아 외로운 생활을 한다. 전통을 따른다면, 아들에게는 노인이 된 부모에 대한 부양 의무가 있다. 그러나 오늘날 아들이든 딸이든 하나만 있는 상황에서 다들 돈을 벌러 나가야 한다."고 나나는 말한다.[38]

이 센터에 머물고 있는 150명 중 일부는 그런 현실을 받아들인 것 같다. 82세인 장쯔홍은 자기 혼자도 아니고 아들 집도 아닌 이양니안을 택했다. 엔지니어인 아들과 언론인인 며느리가 그를 돌볼 시간이 없다는 것은 안다. 하지만 아내가 2012년에 세상을 떠나자 집에 홀로 있는 것도 싫었다. 전통적인 관점에선 아들과 사는 것이 맞겠지만 그렇다고 장쯔홍이 지금 상황을 빗대어 유교의 전통이 사라졌다고 믿지는 않는다. 아들은 자주 그를 방문하고 있고, 거주자들을 위해 센터가 추진 중인 미국 여행 경비도 기꺼이 부담하려 한다. "아들은 내 행복을 걱정하며 아주 잘 보살피고 있어요."라고 장쯔홍은 말한다. 사실 장쯔홍은 마오 시대의 천두슈 같은 작가의 급진적 반유교적 영향을 받았던 자신 세대보다 지금 젊은이들이 훨씬 더 부모를 부양하려고 하는 사회 분위기라고 한다. "그때 사람들은 부모를 공경하지 않았다. 사람들은 유교사상이 절단 난 것으로 인식했다." 그러나 최근에 "유교사상이 젊은 세대 사이에서 변화하기 시작했다. 효에 대한 인정이 더 높아졌다. 자식들은 좀 더 관대해지고 부모를 더 옹호한다. 아무도 공자를 따를 것이라

고 생각하지 않았으나 지금 그런 일이 일어나고 있다."고 장쯔훙은 말한다.[39]

나나 자신도 현대판 효녀 중 한 사람인 것 같다. 이 양로원 경영에 어머니와 함께 참가하기 전, 이 26세 숙녀는 호주 시드니 면세점의 매니저로서 즐겁게 일하며 저녁에는 친구들과 포커를 치고 가라오케에서 노래를 열창하며 삶을 즐겼다. 그런데 돌아오라고 어머니가 압력을 가하기 시작했다. 나나의 어머니는 2011년에 두 번째 양로원인 이양니안을 개원하면서 이 가족 사업에 나나의 도움이 필요했던 것이다. "그렇게 게으르면 못써."라고 어머니는 꾸짖었다.

이리하여 어리둥절해하는 호주의 친구들을 뒤로한 채, 짐을 싸 북경으로 돌아왔다. 나나는 "나는 어머니를 존경해요. 그래서 돌아오기로 했습니다."라고 말한다.

어머니에 대한 나나의 정서에서 우리는 효의 진실한 면을 볼 수 있다. 어쩌면 공자는 효를 재규정하는 데 순종을 너무 강조했던 것 같고, 그의 후계자들은 덕을 제국주의의 정치적·사회적 장악을 위한 수단으로 만들면서 문제를 더욱 복잡하게 했을 수 있다. 정부의 과장된 선전과 계급에 대한 집착이 횡행한 수 세기 동안 사람들이 잃어버린 것은, 가족은 평생 동안 가정과 사회 전반을 위하여 서로 존중하고 부양하고 도와주어야 한다는 공자의 가르침이었다. 즉, 남자나 여자 모두 부모와 자식에 대한 도덕적 의무를 다해야 한다는 것이었다.

이 책에서 앞으로 계속 언급할 공자의 사상처럼, 위대한 현자와 현대 세계 사이의 타협 방법은 그의 교리를 뿌리 뽑는 것이 아니라 교리 중심에 수 세기를 거쳐 침투한 이기적인 재해석을 제거하여 세대를 초월하는 교리의 근본을 되찾는 것이다. 부정적으로 보는 사람들은 2,500년 전에 살았던 한 사람의 이상을 재론할 필요가 있는지 의문이 일어날 수도 있다. 그 대답은 빈센트 로와 그의 가족이 모이는 식탁에서 발견할 수 있다. 할머니를 모시고 온 가족이 함께하는 일요일 저녁 식사, 또는 모든 자손과 사촌이 함께 가는 가족 여행을 두고 벌이는 가족여행이 무슨 문제가 될까? 가족이 사랑의 마음으로 연세 드신 어머니를 섬기는 것이 나쁘다고 어떻게 말할 수 있는가?

이것이 결국 유교의 효가 세계화와 경제적 변화, 그리고 정치적 혁명의 도전에 항거하면서 유교의 가족의식을 가장 멀리할 것 같은 사람들을 포함한 많은 동아시아인의 마음에 살아남은 이유이다.

왕후이펑은 그러한 사람 중의 하나였다. 그의 부모는 중국 광둥(廣東) 산터우(汕頭)에서 베트남 호치민으로 이주한 이민자였다. 호치민에서 태어난 왕은 세 살 때 가족과 함께 독일로 건너갔다. 그곳에서 자라면서 독일어를 배우고 독일 친구들을 사귀며 독일에 동화되었으나, 그것은 어느 선까지였다. 가족은 중국인의 정체성과 그 정체성에 따른 유교적 가치를 잃지 않았다. 2011년 어느 날, 왕후이펑은 산터우를 방문하고 있던 아버지로부터 전화를 받았다. 바람직한 며느릿감이라고 생각하는 처자를 만났으니 그녀에게 전화하라는 것이었다. 서양의 여느 젊은이처럼 처음에는 그도 거부했다. 배우자는 자기가 찾겠노라고 말했다. 그러나 그렇게 간단히 끝날 일이 아니었다. 그녀는 아버지 친구의 딸이어서, 아이들을 맺어 주려는 두 아버지는 아이들이 서로 만나볼 때까지 다른 사람과 사귀지 못하게 하겠다는 언약까지 한 상태였다. 왕은 난처해졌다. 그냥 거절했다간 아버지의 체면이 깎이므로 그렇게 할 수는 없었지만, 어떻게든 강압적인 혼인으로부터는 빠져 나오겠다고 다짐했다.

얼마 후 왕후이펑은 산터우를 방문했다. 아버지의 체면이 걸린 일이므로 간단하게 전화로 관계를 끝내는 것은 예의가 아니었다. 직접 만나 일을 매듭지어야 했다. 그러나 막상 그녀를 만났을 때 그는 놀랐다. 아버지가 형편없는 중매자가 아니었다는 사실을 깨달았다. 상봉한 두 사람은 얼마간의 교제를 거쳐 2013년 1월에 결혼했다. 상해로 이사한 왕후이펑은 기업을 상대로 타 문화권 교육 전문가로 일하고 있다.

왕후이펑은 아내를 매우 사랑한다. 그러나 부모를 기쁘게 하기 위해 아버지의 중매를 받아들인 것도 결혼을 결정하는 데 일조했다고 시인한다. "내가 아내와 결혼한 이유 중 하나는 부모님이 그 결혼을 용인할 것이라는 믿음에서였습니다. 중국인의 관점에서는 결혼은 두 사람 사이만이 아니라 두 가족의 맺음이죠. 그리고 나와 가족은 하나입니다." 라고 왕은 말한다. 그렇다면 독립과 개인주의를 주장하는 서양의 영향은 어떻게 된 것일까? 그러한 서양의 가치는 자신에게 어울리는 것이 아니었음을 왕은 깨달았다. "누구나 부모가 소중하다고 말하지만 중국인의 경우에는 우리 정체성 안에 이미 스며 있는 사상이에요. 부모가 우리를 보호하는 한 우리는 공경하고 순종합니다. 지금도 사실 그러한 유대를 무시하고 어떤 결정을 내리는 것은 매우 힘듭니다. 살아가면서 부모님께 어떻게 효도해야 할지 그때그때 잘 알고 있습니다. 이것이 오래된 유교의 효입니다. 지난 2,000년 동안 꽤 좋은 효과를 내고 있는 것이죠."[40]

효는 동아시아 가족을 정의한 주된 유교적 이상이었으나, 유교적 이상이 다는 아니었다. 공자는 부모-자식 간의 관계 말고도 현대사회에서 끊임없는 논쟁을 야기하는 또 다른 사안에도 큰 영향을 미쳤다. 그것은 서양이 근대화된 동아시아를 이해하는 데 도움을 주었고 서양인들로 하여금 자신들의 가치와 가족에 대한 전통을 재고하게 한 바로 공자가 강조한 '교육'이다.

6장

공자가 만든 교육열

군자가 배움을 폭 넓게 하고 매일 자신을 들여다보면,
지혜는 명료해지고 행동에는 그르침이 없어진다.

－순자

　오동진은 딸을 위해 엄청난 희생을 감수하기로 했다. 그는 딸과
7,000마일(11,265km) 떨어져 살고 있다. 겨우 11세 때 지혜는 엄마와
함께 서울을 떠나 뉴욕 시에 있는 이모 집에서 살기로 했다. 10년이 지
난 지금, 엄마와 딸은 아직도 미국에 살고 있고 오동진은 서울의 작은
아파트에 홀로 살며 1년에 고작 몇 주 동안 아내와 딸을 만나는 게 전
부이다. 왜 아이와 아빠는 그렇게 오랜 시간 동안 헤어져 살아야 할까?
영화 비평가인 오동진은 지혜가 미국에서 더 나은 교육을 받을 수 있다
고 믿는다. 한국인들은 오동진처럼 딸을 지구 반대편에 보내어 자식의
유년기를 경험하지 못하는 한이 있어도 가능한 한 최상의 교육을 받을
수 있게 하려고 모든 노력을 아끼지 않는다. 지혜를 공부시키기 위해
수입 대부분을 아내에게 보내고 있는 오동진은 "이것을 희생이라고 생

각해 본 적은 없어요. 부모가 자식의 교육을 최우선 순위에 놓는 것은 옳은 일이라고 생각합니다. 우리 DNA의 일부죠."라고 말한다.[1]

아닌게 아니라 오동진의 사례가 특이한 것도 아니다. 자식을 미국 등 외국에 유학 보내고 홀로 살고 있는 많은 한국의 아버지들은 멀리 떨어진 가족을 방문하기 위해 한국과 외국 사이를 마치 철새처럼 오고 간다 해서 '기러기'라고 불린다. 외국에 있는 아내와 자식 뒷바라지에 과도한 업무도 마다 않으며 가족과 너무 오랫동안 떨어져 사는 이 아버지들이 심각한 우울증에 빠지는 건 흔한 일이다. 그러나 그들은 자식이 받는 교육의 질이 중요하지 자신의 행복은 별 문제가 아니라고 믿는다. 전자회사 임원이며 기러기족인 이방수 씨는 "딸을 위해 가장 중요한 것은 최상의 교육입니다. 이런 사고는 한국 문화에 기본으로 깔려 있는 것이죠."라고 말한다.[2]

한국의 '기러기'는 모든 동아시아를 사로잡고 있는, 공자로부터 유래된 유별난 교육에 대한 집념의 한 징후일 뿐이다. 교육의 중요성에 대한 공자의 견해는 그의 교리에 대한 수많은 비난과 공격에도 유일하게 아무 탈없이 근대까지 살아남은 가르침 중의 하나일 것이다. 그 이유는 교육에 대한 사상이 지역사회에 미친 긍정적인 영향 때문이다. 동아시아의 일반적으로 높은 기술 수준은 투자를 유인하여 천문학적 성장의 기반이 되었고, 부가 늘어나면서 오늘의 국제무역 시대에 긴요한 역할을 하는 IT 산업에 필요한 인력을 양성할 수 있었다. 세계의 우수 대학에 물밀듯이 몰린 동아시아 학생들은 표준화 시험에서 일반적으로 미국인들보다 우수한 성적을 내고 있다.

동아시아의 정부들도 유교사상에 영향을 받아 의무교육을 우선시하고 있는데, 탄탄한 교육체계를 위해 많은 재정을 투입하여 국민들에게 더 나은 기회를 제공하고 있다. 교육에 대한 이런 태도는 아이들까지 바꾸고 있다. 미국에서는 공부 잘하는 아이를 '공부 벌레'라고 놀리고 화장실에서 담배 피우는 애들을 멋지게 여기는데, 아시아에서는 공부 잘하는 학생을 우러러 본다. 스스로가 공부에 전념을 못하는 자식도 문제가 아니다. 자녀들이 교실 안팎에서 우수한 성과를 내는 게 지상 목표인 듯한 '호랑이 엄마'라는 유명한(어떤 경우에는 악명 높은) 이름으로 불리는 아시아 엄마들의 교육열은 지나칠 정도이다. 예일 대학 교수인 에이미 추아(Amy Chua)는 오로지 성적에만 집착하는 자녀 양육법을 『호랑이 엄마의 군가』(Battle Hymn of the Tiger Mother)라는 책에 세밀하게 나열하여 국제적 논란을 일으켰는데, 그 과정을 그녀는 '중국식 육아'라고 불렀다. "중국 어머니들이 자식들에게 기대하는 것은 (1) 항상 학교 공부가 최우선, (2) A-는 나쁜 성적, (3) 수학에서 반 학생들보다 2년 앞선 진도"라고 추아는 서술했다.[3]

세계에 퍼져 있는 중국인들 사이에서는 추아가 거론한 교육법이 일반적이었다. 그러나 나머지 사람들 사이에서는 곧바로 논쟁의 씨앗이 됐다. 비평가들은 자식들에게 그녀가 가한 압박을 개탄하였다. 그러나 일부 부러운 눈으로 바라보는 서양 부모도 있었다. 그들은 추아의 자식을 비롯한 많은 동아시아 아이들의 우수한 학업 성과를 자기들 자식들도 달성하게 하려면 본인들도 호랑이 엄마가 되어야겠다고 생각했다. "그 책 덕분에 때로 중국인들은 뭘 제대로 하고 있고 우리는 뭘 잘못하고 있는가를 생각하게 된다. 에이미 추아의 양육 철학이 가혹할지 모르나 그런 양육법이 오늘날의 자유분방함과 무관심, 또 TV가 보모를 대체한 그런 현실보다 더 잔인한지 자신들에게 물어보아야 한다. 뒤처지고 있는 수백만 영국 아이들에게는 호랑이 엄마가 모는 탱크가

필요할지 모른다."라고 언론인인 앨리슨 피어슨(Allison Pearson)은 말했다.[4]

교육은 개인과 사회의 진보를 도모하기 위한 공자가 추구한 전체 계획의 핵심이다. 교육을 받지 않고는 군자가 될 수 없다. 공자의 제자는 "기술자들은 작업실에서 일손을 놓지 않고 기술을 연마한다. 군자는 교육을 통해서 그의 도를 완성한다."고 『논어』에서 말했다. 도덕적 품격을 연마하려는 사람에게 지식은 필수였다. 교육은 군자가 잘못과 옳음을 구별하여 가장 올바른 행동을 결정하는 데 도움을 주는 지침이었다. 교육에 의하여 단련되지 않으면 으뜸으로 찬사받는 유학의 덕목을 쫓는 중에도 길을 잃을 수 있다. "교육을 받지 않고 자비를 베푸는 것은 어리석다. 교육을 받지 않고 말로만 믿음을 헤아리는 것은 그릇된 행동의 지름길이다."[5]

맹자와 순자는 여러 면으로 의견이 대립했으나 공부가 사람이 도덕성을 함양하고 올바른 행동을 취하게 하는 방법이라는 것에는 동의했다. "인간의 본성은 악한 것이므로, 스승의 지도가 있어야만 옳게 설 수 있다."고 순자는 말했다. 이러한 이유로 공자와 그의 추종자에게 교육은 끝이 없는 자기 계발의 과정이었다. 의무적으로 학교에 몇 년 동안 다니고 나서 학위를 끝으로 지식에 대한 추구를 종료하는 것이 아니었다. 항상 더 공부할 것이 있고 자신을 좀 더 계발하는 새로운 길이 늘 있었다. 순자는 또 "편편하게 만드는 교정판에 눌린 나무는 편편해진다. 숫돌에 간 쇠는 날카로워진다. 폭 넓은 공부를 하며 매일 자신을 살피는 군자의 지혜는 명철해지고 행동에는 그르침이 없어진다."고 했다.[6]

교육은 공자가 매우 중요한 과정으로 여긴 자기 계발의 일부였다. 여기서 우리는 공자 가르침의 가장 매력적인 면을 볼 수 있다. 그는 문제가 생겼을 경우 우선 자기 성찰이 필요하다고 생각했다. 아내와 싸우거나, 아이들을 야단치거나, 새로운 사업 제안에 대해 상사를 설득시키는 데 실패하는 등 일이 잘 안 풀릴 때 다른 사람에게 책임을 돌리거나 불공평한 세상이라고 화를 내는데, 오히려 자기가 잘못한 것이 없는지를 스스로 찾아내어 고침으로써 다시는 같은 실수를 범하지 않도록 해야 한다고 공자는 가르쳤다. 공자는 "자신보다 더 나은 사람을 만나면, 그와 같이 되도록 자신의 생각을 바꾸어야 한다. 자신보다 못한 사람을 만나면, 자신의 속을 살피고 들여다보아야 한다."고 말했다. 가장 큰 잘못은 같은 잘못을 두 번 하는 것이다. "잘못을 범하고도 자기의 행동을 고치지 않는 것보다 더 큰 잘못은 없다."고 꾸짖기도 했다.[7]

교육과 자기 계발에 따른 의무도 있었다. 공자는 더 나은 사회와, 공부할 기회가 없거나, 능력이 없는 사람을 위해 지식을 사용하는 것이 학자의 의무라고 여겼다. 그뿐 아니라 배움은 올바른 정부의 기반이라고 믿었다. 덕망이 높고 성공적인 통치자가 되기 위해서는 "사물에 대한 관찰"이 필수라고 공자는 말했다. 즉, 의문과 모색을 통해 진정한 지혜가 가능하다는 것이다. 『대학』(大學)에는 "뛰어난 덕을 나라 전체에 실행하기 바라는 옛 지도자는 먼저 국가의 질서를 구하였고, 그런 질서를 갖추려고 먼저 자기 가정을 다스렸다. 가정을 다스리려고 먼저 자기 계발을 했다. 자기 계발을 하려고 먼저 마음을 바로 했다. 마음을 바로잡으려고 먼저 생각을 진지하게 했다. 생각을 진지하게 하려고 먼저 최대로 지식을 도모했다. 지식의 도모는 사물에 대한 관찰에서 나왔다. 사물의 이치를 깨달음으로써 지식이 완성되었다."라고 적혀 있다.[8]

『중용』(中庸)도 훌륭한 지도자가 되는 비밀은 교육이라고 단정하고 있다. "이 세 가지, 지(知), 인(仁), 용(勇)을 아는 사람은 자신의 성격을 어떻게 계발하는지 안다. 자신의 성격을 어떻게 개조하는지를 알면, 사람을 다스리는 법을 안다. 사람을 다스리는 법을 알면 모든 국가와 가족을 포함한 나라를 통치하는 법을 안다."고 『중용』은 말한다. 그러므로 교육과 자기 계발은 평화롭고 조화로운 사회의 기초였다. 『대학』은 "천자부터 일반인까지 모든 사람은 인간의 계발이 주위 모든 것의 뿌리라는 것을 인식해야 한다."라고 가르친다.[9]

교육은 공자에게는 또한 대단히 개인적인 사명이었다. 어떤 관점에서 보면 공자는 배움에 대한 추구를 일종의 깨우침으로 여겼다. 부처는 보리수 나무 밑에서 명상하다 삶의 이치를 깨달았다지만 공자는 시, 역사, 철학 서적에서 열반을 모색했다. "한번은 음식도 입에 대지 않고 잠도 자지 않은 채 하루 종일 사색했으나 아무것도 구하지 못하였다. 그 시간에 차라리 학문을 했더라면 더 나았으리라."라고 그는 말했다. 인간의 궁극적인 목표는 지위나 부가 아니라 삶에 어떤 행운이나 갈등이 있든지 상관없이 훌륭한 사람이 되는 것이었다. 그는 또 "군자는 구하는 것을 자기 안에서 찾고 천한 자는 구하는 것을 다른 사람에게서 찾는다."라고 말했다.[10]

배움에 대한 공자의 관점은 인류의 대한 그의 관점을 이해하는 데 도움이 된다. 그는 인간은 지식을 통해서 완성된다고 믿었다. 끊임없는 학문으로 사람은 자신의 단점과 약점을 고쳐 군자 혹은 위대한 현자가 될 수 있다는 것이다. 공자는 "3년간 공부하고도 더 나아지지 않는 사람을 찾기는 쉽지 않다."라고 말했다.[11]

공자는 자신이 직접 동아시아 향학열의 모범을 보였다. 그는 평생 지식을 모색해 온 것에 대단한 자부심이 있었고 자신의 그치지 않는 배움에 대한 열정이 가장 존경할 만한 개성이라고 자부했다. "열 가구가 있는 작은 마을에도 나처럼 다른 사람을 위해 행동하고 말한 것을 지키는 사람이 하나 정도는 있겠지만, 나만큼 배움에 열심인 사람은 없을 것이다."라고 그는 『논어』에서 말한다. 역사가 사마천에 의하면 공자는 『역경』을 너무 읽어 죽간을 묶은 가죽끈이 세 번이나 끊어졌다(韋編三絕). 제자들과 배우고, 읽고, 토론하는 것은 공자에게 커다란 기쁨의 원천이었다. "언제나 자식을 좇고, 배움을 게르지 않으며, 또 지침 없이 가르치는 것은 내겐 어렵지 않다."고 공자는 말했다.[12]

공자는 아마도 당시에 살았던 그 누구보다도 훨씬 많이 배웠을 것이다. 중국같이 글이 매우 중요한 사회에서도 옛날에는 책이 흔치 않고 아주 귀했겠지만 적어도 공자는 대부분의 사람들보다는 역사서적과 시집을 더 쉽게 접할 수 있었을 것이다. 그에 비해 당시에 농지를 갈아 식솔들을 먹여 살려야 하는 일반인들에게는 책을 읽을 사치스러운 시간이 많지 않았을 것이다. 그런 결과로 공자는 백과사전적 지식의 보유자로 살아 생전에 유명했다. 사람들은 애매한 의문을 갖고 그를 찾았으며 이들 난제를 공자가 어떻게 풀었는지 보여 주는 이야기가 있다. 한번은 화살이 꽂힌 죽은 매 한 마리가 천공의 마당에 떨어졌다. 천공은 이 이상한 현상을 공자에게 물었다. 공자는 즉시 그 화살의 임자를 밝혀냈다. "이 매는 멀리서 왔습니다. 화살은 여진족의 것입니다."라고 그는 천공에게 아뢰었다. 공자는 어떻게 이런 사소한 것까지 알고 있었을까? 여진족이 돌로 만든 활촉을 단 가시나무 화살을 중국의 고대 왕에게 선물한 적이 있었던 것을 기억해 냈다고 공자가 말했다. 보관 창고를 뒤져 본 천공은 그 안에서 화살들을 발견했다. 그것은

수년 전 여진족이 조정에 조공으로 바친 것이었다.[13]

물론 공자의 지식은 전반적으로 훨씬 더 실용적이었다. 역사, 조정 의식, 중국의 옛 문화 등에 대한 그의 전문성은 모두 인정하는 바였다. 자기 생의 많은 시간을 교육자로 지낸 공자는 이러한 지식을 기반으로 인기 있는 스승이 되었다. 20세기 유교사상가인 펑유란(馮友蘭)은 공자가 중국의 첫 정규직 선생이었다고 단정했다. 그는 또 공자를 중국 역사에서 주요한 역할을 한 지식인이라고 불린 학자 계급의 원형이었다고 말했다. "공자는 중국에서 처음 교육을 직업으로 삼아 문화와 교육을 진흥한 사람이다. 또한 농부, 장인, 상인, 관리와는 다른 선생이라는 직업과 관리로 채용될 수 있었던 옛 중국의 군자 계급을 형성하였거나 아니면 최소한 개발한 사람이다."[14]

펑유란의 말이 약간 과장됐다고도 볼 수는 있지만, 공자가 교육에 초점을 맞추면서 중국 사회구조에 영향을 준 것은 확실하다. 공자를 본받은 추종자들은 제국의 존재 내내 교육의 지지자가 되었으며 정부와 사회에 대한 지식인의 역할을 고양시켰다. 유학자들은 덕과 사회의 공헌도에 따라 사람이 네 그룹의 직업군으로 분류된다는 개념을 한나라 시대부터 보급하였다. 물론 최상위에는 뛰어난 배움으로 사람들을 인도할 의무가 있는 학자였다. 그 아래에 농부, 장인, 그리고 상인으로 순서가 매겨졌다. 배운 자들에게 주어진 이런 명망을 보면 왜 동아시아인들이 지금까지도 교육에 혈안이 되어 있는지를 알 수 있다. 인정받는 대학에서 박사학위를 받는 것보다 더 신분을 높이고, 성공을 보장하고, 혹은 가족에게 더 나은 미래를 약속하는 것은 없다.

더 중요한 것은 사람의 배경이 뭐든 간에 모든 이에게 새로운 기회와 교육받을 자격이 있다는 믿음이었다. 공자는 일선에서 대중에게 배움의 기회를 준 당사자였다. 당시 학문이란 아들의 교육을 재정적으로 뒷받침할 수 있고, 농장이나 작업실에서 고생할 필요가 없는 부자들만 택할 수 있는 길이었다. 그러나 공자는 신분의 귀천이나 재산의 많고 적음을 가리지 않고 아무나 그의 강의를 들을 수 있게 하였다. "나는 마른 고기 몇 점을 사례비로 내는 사람들을 포함하여 그 누구에게도 강의를 거절한 적이 없다."고 공자는 말했다. 하층민에게도 교육을 허용한 이런 행태는 사회적 유동성의 기회를 여는 중요한 역할을 했다. 교육에 대한 그의 영향력은 "자유를 향한 큰 행보였다."고 펑유란은 말했다. 그리하여 옛 중국과 여러 곳에서 일반적이던 혈통, 사회적 신분, 부, 혹은 정치적 연고에 의해서가 아니라 지식과 능력에 의해서 성공하는, 능력주의 사회에 대한 이상을 유학파는 뿌리내린 것이다.[15]

공자는 배움을 권장함으로써 중국의 통치 방법에도 영향을 미쳤다. 공공정책을 교육받은 자들의 영역이라고 강조함으로써, 사람들을 관리하는 기술과 도덕적 판단 능력을 가진 학자-관리 같은 문관의 출현에 지대한 영향을 미쳤다. 이러한 공자의 생각은 유명한 과거제도에 녹아 있다. 중국 역사를 보면 특히 10세기 송나라 초부터 오랫동안 사람들은 정부 관리가 되기 위해서는 자신의 교육 수준을 증명하는 시험들을 차례로 통과해야 했다. 이 제도가 중국 사회에 미친 영향은 정말 대단한 것이었다. 유학교육은 누가 중국을 통치할 엘리트들인지를 결정했다. 또한 과거시험은 동아시아에서의 공자의 역할을 고조시켰다. 과거시험은 시험 문제들이 모두 공자의 가르침을 기본으로 출제되었으므로 관직을 바라보는 사람은 유학에 몰두하지 않을 수 없었다. 그리하여 과거시험 제도는 유학을 중국 전체에 전파하는 핵심이 되었다.

그렇다고 모든 관리가 군자가 된 것은 아니었지만, 제국의 모든 관료가 유학을 공부하게 됨으로써 공자의 교리는 정부를 운영하는 바탕이 되었다. 공자와 관직 간의 연결은 유학에 대한 지식이 직업에서의 성공에 가장 좋은 수단이 되게 만들었다. 공자는 배움 자체를 중시한 반면, 제국 중국에서 유학 고전은 곧 물질적 발전과 사회적 지위를 의미했다. 가족마다 아들이 관료가 되면 가정의 부와 명성이 제고될 것이라는 희망으로 아들의 유학 공부를 권장했다. 명나라 시대(1368~1644)에 작성된 계보를 보면, 씨족들에게 "유학을 직업적 유산으로 받아들인 젊은이들은 스승을 모시고 공부함에 있어 진실하고 열심히 하여 스스로 배울 수 있게끔 해야 한다. 유교는 가족을 영광스럽게 하는 단 하나의 길이다."라고 훈계하고 있다.[16]

과거제도는 유산으로 내려받은 사회적 지위보다 개인의 능력이 더 사회의 진실한 힘이라는 유학의 이상을 도출하였다. 시험자격에는(여성은 해당되지 않는다는 규제를 제외하고) 거의 제한이 없었으며, 평가하는 데 있어 사회적 지위나 친분관계는 고려하지 않았다. 그러므로 어떤 가정, 어떤 마을 출신이든 상관없이 모든 사람이 관직의 특권과 이해를 누릴 수 있었다. 뛰어난 자는 단번에 가문의 운세를 바꿀 기회를 얻었다. 물론 재정적 지원이 거의 불가능한 가난한 농부나 그 아들은 교육에 할애할 시간이 없는 상황이라 과거제도를 지지하는 사람들이 말하는 만큼 평등한 것은 아니었다. 그러나 중국의 과거시험은 근대까지 대부분의 극빈자들에게 존재하지 않았던 번영과 지위로 가는 길을 제공했다. 이렇게 중국에는 봉건 유럽에는 없었던 계층이동이 가능한 방안이 있었다.

중국에는 똑똑한 머리 덕분에 시험에 통과하고 명예와 부를 획득한 가난한 아이들에 대한 설화가 많다. 당나라 시대(618~907)의 대표적 이야기로 같은 고장 출신인 루자오와 황포란 두 젊은이의 이야기가 있다. 시험 준비를 마친 두 사람은 과거를 보러 함께 가기로 했다. 그러나 황포는 부유한 집 자손이었고 루자오는 가난한 집의 아이라 지역 양반들은 황포에게만 관심이 있었다. "마을 정자에서 환송식을 연 지방 관청은 황포만 초청하였다. 술을 마시고 음악이 연주되는 환송 연회가 절정에 도달했을 때 루자오가 늙고 힘없는 말을 타고 정자 옆을 지나갔다." 마을 끝에 도착한 그는 황포를 기다렸다. 1년 후, 시험에서 수석으로 뽑힌 사람은 특권층인 황포가 아니라 루자오였다. 지역 관리들은 아주 공손한 태도로 그를 대했다. 그러나 이전의 모욕을 잊지 않았던 루자오는 그냥 지나칠 수 없었다. 드래곤보트 경기 관람에 초청된 연회 자리에서 그는 지방 관리들을 향해 시를 한 수 읊었다.

"저 놈이 용이야."라고 내가 말했지.
그러나 당신은 믿으려 하지 않았어.
이제 내가 예측한 대로
그 놈이 상패를 갖고 돌아왔네.[17]

과거시험 경쟁은 대단했다. 청나라 시대(1644~1911)에는 3,000명 지원자 중 1명꼴로 급제하는 확률이었다. 시험을 목표로 한 사람들은 자기 생의 대부분을 시험 준비에 보냈다. 역사학자인 이치사다 미야자키는 태어나기 전부터 이 준비 과정이 시작되었다고 농담을 했다.[18] 곧 어머니가 될 임산부에게 똑똑한 아이를 출산하라고 시와 고전을 읽어 주었다. 사내아이가 태어나면, '수석졸업생'이라고 새겨진 동전을 하인들에게 선물로 뿌리는 경우도 있었다. 개인교육은 세 살 때 시작했으며 8년간의 정식교육은 7세 때 시작되었다.

이런 아이들은 오경, 『논어』, 『맹자』를 외우는 것으로 시간의 대부분을 보냈다. 이 고전들을 다 익히는 데 431,286자를 외워야 했다고 미야자키는 말한다. 그런데 십 대 소년을 십 대 내내 공부하게 설득하는 것은 공부 자체만큼이나 매우 어려운 일이었다. 스승과 부모들은 이 젊은이들을 책상 앞에 묶어 놓으려고 온갖 방법을 동원했다. 송나라 황제는 가장 열심히 공부한 자에게 부유함과 매력적인 신부를 약속하는 노래까지 지었다.

가족을 부유하게 하려고 땅을 살 필요가 없으니라.
책은 천 개의 곡식과 같으니….
좋은 중매자가 없다고 짜증 내지 말지어다.
책과 결혼하면 비취의 얼굴을 한 처자가 있으니….
이름을 남기고 싶은 소년은
고전에 몸 바쳐 창문을 향해 읽으라.[19]

많은 동아시아인들에게는 교육이 공자와의 연결 고리이다. 중국의 가장 위대한 스승이며 궁극적 현자로 인식되는 공자는 지난 2,000년간 학문의 수호천사처럼 여겨졌다. 오늘날에도 많은 학생들이 그의 인도를 따르려고 한다. 과거시험은 없어졌지만 동아시아의 학생들은 대학 진학을 결정할 아주 중요한 대학입시를 준비한다. 이 시험을 준비하는 학생들은 마치 과거시험을 준비하는 사람처럼 끊임없는 긴장 속에 공부를 한다. 그래서 그런지 일부 학생들은 제국 시대의 학생들처럼 공자에게 도움을 청한다. 햇살이 퍼지는 6월 오후의 북경, 고등학생인 왕젠과 자오웨이는 바로 그런 목적으로 한 역사적인 유교사원을 찾았다. 사원의 중앙 홀에 있는 공자의 제단 앞에 무릎을 꿇은 자오 옆에는 왕이 서 있었다. 두 사람은 경건한 마음으로 조용하게 기도했다. 시험을 불과 1주일 남겨 놓은 18세의 두 남녀는 진학을 앞두고 위대한 현자의 도움을 청하기 위해 책을 보고 있어야 할 시간을 기꺼이 희생하고 있었다. 자오는 "일류 대학에 들어가게 도와달라고 공자님께 부탁하러 왔습니다. 공자님은 문학에 큰 자취를 남기신 위대한 스승이었습니다. 그분은 신과 같은 분입니다. 그래서 도와주실 겁니다."라고 말했다. 그둘은 도움을 받고자 공자에게 절하는 수많은 학생과 부모, 조부모의 끊임없는 행렬에 끼어 있는 일부일 뿐이다. "좋은 대학에 들어갈 행운을 주시옵소서"라고 공자에게 빌었다고 18세 동갑인 앤디류는 말했다. "네가 진실로 믿으면, 틀림없이 그렇게 될 거야."라고 그의 어머니 린양은 다짐을 두었다.[20]

앤디류도 그렇지만 아이들에게는 행운이 절실하다. 동아시아의 교육제도는 유학의 과거시험 제도를 본보기로 삼았는데, 그 결과가 꼭 긍정적인 것만은 아니다. 물론 고전에 매달려야 할 이유는 이제 없지만 그래도 시험을 단계적으로 통과해야 한다는 점에서 청년들의 인생은 크게 차이가 없다. 좋은 성적으로 시험을 통과하여 명문대학에 입학해야만 정부관료 자리나 높은 보수를 기대할 수 있는 대기업에 취직이 가능하다. 성적이 나쁘면 특히 신분에 민감한 사회에서 다시는 경쟁할 기회도 없이 살아갈 수 있다. 따라서 현재 아시아의 시험경쟁은 옛 과거시험 못지 않게 치열하다. 예를 들어 한국에는 유망직업을 보장하는 명문대가 네 개 있다. 매년 대략 70만 명의 십 대 학생이 입시를 치르지만 이 중 1만 명만이 이 네 개 대학에 진학할 수 있다. 사람을 떨리게 만드는 1.4퍼센트라는 비좁은 입학률인데, 중국 제국의 과거시험 최종 합격률과 크게 다르지 않다.

이런 동아시아의 교육열은 스트레스에 지치고 과중한 무게에 눌린 암기 기계 같은 아이들을 만들어 내는 압력솥이 되어 버렸다. 아이들은 운동과 인간관계 형성에 할애할 시간도 거의 없이 책에 묻혀 십 대를 보낸다. 또 학교의 정규학습을 끝낸 후 입시준비 차원에서 많은 돈을 들이며 비싼 학원에 다닌다. 한국 고등학생들은 하루에 도합 15~16시간 정도를 공부한다. "매일 아침 6시에 일어나서 준비하고 학교 가면 8시가 되죠. 오후 5시에 학교가 끝나면 학원에 가서 6시부터 9시나 10시까지 공부하고, 집에 돌아와서 공부나 숙제를 합니다."라고 고등학교 2학년인 김종헌은 말한다. 한 달에 고작 두세 번 정도 친구들과 어울린다. 그런 노력에도 불구하고 명문대학에 진학할 수 있을까 걱정이다. 김종헌은 "현재 성적이 10~20퍼센트에 사이에 있는데, 갈 수 없는 대학도 있다는 뜻입니다. 저보다 못하는 친구들은 어떻게 하는지 상상이 안 돼요. 열심히 공부하는 것은 대학입시에서 좋은 성적을 받으려는 것뿐 다른 이유는 없습니다."라고 불만을 토로했다.[21]

그러나 그는 한국의 기존 교육체계가 너무 깊이 사회적으로 스며들어 있어 바뀌기는 불가능할 것이라고 믿는다. "사회는 그렇게 움직입니다. 그리고 제도가 그렇게 되어 있습니다. 공부하지 않겠다고 우리가 항의해서 될 일이 아닙니다. 다른 방법이 없다고 생각합니다." 김종헌은 공부에 대한 압력이 너무 커서 때로는 포기하고 싶을 정도로 견디기 힘들다고 인정한다. "사람에 따라 다르겠지만 제 경우에는 친구로부터 받는 스트레스가 제일 큽니다. 어떤 친구는 공부를 잘하는 아이라 상장도 받고 성적도 항상 최상위에 있습니다. 저는 그런 대열에 못

껍니다. 그래서 기분이 안 좋습니다. 거기다 부모님은 저에게 계속 스트레스를 주십니다. 제가 더 잘하기를 바란다며 다른 상위 학생과 늘 비교하죠. 가장 우수한 학생을 늘 표준으로 삼으니 만족할 수 없는 것이지요. 그런 게 저를 슬프게 합니다. 그럴 때 저는 공부를 안 한다고 죽지는 않는다는 생각을 합니다."라고 김종헌 학생은 말한다.

부모가 받는 스트레스도 작지 않다. 제국 시대의 중국 어머니들이 아들의 시험성적에 따라 평가받았듯이, 동아시아의 가족들도 아이들이 어느 대학에 들어갔는지에 따라 평가받는 경우가 많다. 김종헌의 어머니 전용은은 서울 강남학군에 사는 자기와 같은 이웃들은 아이들 성적을 가지고 서로를 자극하며 치열한 경쟁을 벌인다고 말한다. "엄마들은 최고 영어 과외선생이 누군지, 또 꼭 다녀야 할 학원이 어딘지를 비롯하여 아이들이 뭘 해야 하는지를 이야기합니다."라고 그녀는 말한다. "시험기간 동안에는 모든 커피숍이나 식당이 텅텅 빕니다. 모두 집에서 아이들 공부 감시하느라 그렇습니다."[22]

이렇게 퍼붓는 돈과 노력, 땀에도 불구하고 오늘날의 동아시아 교육과정은 거의 1,000년 전 왕안석이 송나라의 교육제도를 반대한 것과 비슷한 정도의 비난을 받고 있다. 왕안석은 "가르침은 과거시험 논문을 준비하는 것에 치중하고 있고 이런 논문은 광범위한 암기와 피나는 노력 없이 익힐 수 없다… 그런데 이렇게 습득한 능력은 제국 정부에 쓸모가 없다."고 불평했다. 오늘날의 비평가들은 정답 암기가 시험의 근간인 교육제도로는 창조적 사상가와 개혁자를 양성할 수 없다고 비난한다. 대만반도체제조회사(Taiwan Semiconductor Manufacturing)의 창립자인 모리스 챙(Morris Chang)은 공장에서 혁신을 권장하면서 당시 체험했던 갈등을 되돌아보면서 '독립적인 사고와 창조성'을 거의 기르지 않는 교육에 책임이 있다고 불평한다. 또한 분야별 전문가 양성을 가능하게 하는 특화 과정을 학교 차원에서 충분히 제공하지 못하고 있다고 지적한다.[23]

한국의 교육제도에 대하여 많은 저서를 발간한 저자이며 컨설턴트인 김은실은 학자를 우월하게 여기는 유교에서 비롯된 관점이 변해야 한다고 말한다. 이런 선호도가 아시아의 지식 강화에는 일조했으나 반면에 타 직종을 깎아내리게 되면서 사람들이 성공을 다양하게 추구하지 못하게 됐다는 것이다. "학문이 적성에 맞지 않는 사람도 많다."고 그녀는 말한다.

학문에 집중하는 것이 필요하지 않은 미용사나 농구선수나 예술가 등 다른 재능을 가진 사람들이 있다. 한국의 학교들은 이런 차별화된 개인적 속성을 반영하고 다른 선택을 가능하게 할 수 있는 제도가 되어 있지 않다. 학교는 단지 학생들이 공부와 시험을 통해 성공으로 치닫는 것만 바라고 있다. 이런 문제를 풀려면 학자, 농부, 예술가, 상인 간의 신분적 차별이 없어져야 한다. 고등학교를 졸업한 사람이 빵을 구워도 괜찮아야 한다. 그러나 한국에서는 그렇지 못하다. 실패한 사람으로 보기 때문이다. 제도를 바꾸기 위해서는 시각의 변화가 필요하다.[24]

역설적으로 오늘날의 동아시아 교육자들은 공자 자신으로부터 한 두 가지 배울 점이 있다. 현자는 모든 사람들이 군자가 되기 위해 필요한 힘든 공부를 할 수 있다고 하지 않았다. 또한 교육법으로 특별히 엄격한 학습 형태를 도입하지도 않았다. 공자는 암기와는 전혀 다른, 생기 있는 토론과 의논을 통하여 가르쳤고 그의 제자들은 그를 위대한 스승으로 받들었지만 반론도 하고 자기들의 관점을 주장하는 것을 두려워하지 않았다. 공자는 사실 자기 말을 종처럼 무조건 따르는 제자들을 나무랐다. "내가 사각형의 한 각을 가리킬 때 다른 세 개의 각을 인지하지 못하는 자에게 다시는 각을 가리키지 않겠다."고 『논어』에서 말했다.[25]

슬프게도 교육에 대한 이러한 공자의 태도는 동아시아에서 대체로 잊혀진 상태이다. 그래서 오동진 같은 아버지는 자신을 희생하면서 아이들을 아시아 교육체계에서 도피시킨다. 한국의 '기러기' 아빠는 교육에 대한 헌신이란 차원에서는 유학의 유익한 면을 상징하지만 동시에 유해한 면도 의미한다. 간단히 얘기해서 오동진은 한국의 시험제도라는 공사판에서 스트레스를 감수하며 성공하기 위해 피땀 어린 노력을 해야 했을 딸을 구제하고 싶었다. "한국의 교육과정은 매우 엘리트주의적이다. 교육 방법은 한 가지밖에 없다. 살아남기 위해서는 그 질서에 부합하는 수밖에 없다. 자기 개성을 계발한다는 것은 불가능하다. 사람의 특징을 앗아 버리는 그런 제도는 모두를 보통으로 만들어 버린다." 그렇다면 어떤 변화가 있어야 오동진의 가족이 한국으로 귀환할 수 있을까? 교육의 개혁만 가지고는 안 된다고 그는 말한다. 그런 교육을 야기한 문화 전체의 변화가 있어야 한다는 것이다. "한국이 전체적으로 다른 사회가 된다면 가능하다."

공자는 동아시아의 학교 제도에 아직도 영향을 주고 있지만, 학생들이 그 안에서 배우는 학습 내용과는 큰 상관이 없다. 동아시아의 과제는 제국 시대하고는 판이하게 다르다. 과거에는 유학의 규범에만 집중을 했지 지금처럼 실습이나 다른 과목은 없었다. 요즘 학생들은 유학에 대해서는 겨우 스쳐 가는 정도만 배우고 주로 수학, 읽기, 과학 등을 배우고 있다. 고작 『논어』 몇 구절을 배우는 것이 유학교육으로서 전부이다. 그리 놀랄 일이 아닌지도 모른다. 사실 미국 고등학생이 플라톤이나 아리스토텔레스에 대해 얼마나 배우는가? 그러나 유교 서적이 그리스 고전과 다른 것은 유교교육은 그 자체로 논쟁거리가 될 수 있다는 것이다. 가령 미국의 어느 고등학교가 『일리아드』(Iliad)를 필수 도서로 지정했다고 할 때 적어도 그것이 부적절하다는 불평은 없을 것이다. 그러나 공자는 동아시아의 부모와 선생은 물론 학생에게도 현재 찬밥 신세이다.

2011년, 대만 교육부가 사서(四書, 『논어』, 『맹자』, 『중용』, 『대학』)를 모든 고등학교의 필수 과목으로 채택했을 때 그런 사실이 드러났다. 교육부 관료들은 유교적 윤리의 강조로 십 대들에게 현대사회의 압력을 견뎌 내는 데 도움이 될 것이라고 추측했다. 또 유학을 부활시킴으로써 젊은 사람들로 하여금 자기들의 역사와 문화에 대해 좀 더 많이 이해하도록 하려는 시도였다. 교육부차관 첸아이싱은 "중국 문화의 부활을 우리 대만의 주요 정책의 하나로 삼으려 한다."고 말한다.

교육부는 공자의 교리를 가르치는 것을 중요하게 생각한다. 우리는 학생들에게 사서와 유교의 이론을 가르쳐 도덕교육의 확고한 기반으로 삼는 것이 중요하고 합당하다고 여긴다. 젊은 세대는 그들의 문화적 뿌리를 잃었다. 우리가 우려하는 것은 젊은 세대가 중국 문화를 지키기는커녕 인정도 하지 않는다는 것이다. 많은 정치적 변화를 겪어 온 우리나라이기에 젊은 세대가 우리의 문화와 단절된 것이 걱정된다.[26]

반발은 즉각적이었다. 이미 많은 공부에 시달리고 있는 학생들은 왠 추가 과제냐면서 불평했다. 그 결정 뒤에 정치적 의도가 있다며 중국 역사 내내 많은 황제들이 그랬듯이 국민당이 당의 위치를 견고히 하기 위해 유교를 젊은 사람들에게 포교하려 한다는 비난도 있었다. 정부와 관계없는 유교 옹호자조차도 학생들에게 사서를 강요하여 생길 역효과를 우려하면서 그 결정에 의문을 제기했다. 윌리엄 대학교의 샘 크래인 (Sam Crane)은 "학생들이 용납하지 않는 서적을 강요함으로써 유학 보수주의자들은 오히려 학생들을 유학으로부터 멀어지게 할 것이다. 학생들이 나중에 유학 공부를 기억할 때, 아마 번뇌로 가득했던 사춘기에 할 수 없이 겪어야 했던 재미없고 괴롭고 난해한 달갑지 않은 추억으로 떠올릴 것이다."라고 주장했다.[27]

그러나 가장 큰 반대는 유학의 가르침이 현대사회의 관습과 이상에 대치되므로 오늘날의 젊은이들에게 맞지 않는다는 것이었다. 공자는 무관하다 못해 위험하기까지 한 존재가 되었다. "사서는 현대사회에서 알아야 할 필요가 없는 것이라고 생각한다. 시대에 맞지 않는 부분이 많다. 무질서가 넘치는 사회를 고치기 위해 옛 철학으로 돌아갈 필요는 없다."고 고등학교 컴퓨터 교사인 피터 라이(Peter Lai)는 대만 교육부 결정에 반대하는 캠페인을 벌였다.

첸아이싱 교육부차관은 유교의 기본은 현대사회에서 아직도 유효하다고 반박했다. "유교는 자비에 대한 것이다. 자비는 사람들이 서로 어떻게 교류해야 하는가를 보여 준다. 유교의 핵심 정수는 각자의 의무를 수행하면서 인정을 베푸는 것이다. 공자는 자신을 좀 더 나은 사람으로 만들기 위한 자기 계발에 대하여 가르쳤다. 그의 철학은 지금도 우리 안에 살아 있다." 그러나 비난을 일부 시인하는지, 옛날 방식으로 공자를 가르치려는 것은 아니라고 덧붙였다. 대만의 학교에서는 인권과 사회적 규범에 대한 당대의 개념을 감안하여 수정된 공자를 학생에게 가르치도록 준비했다. "유교의 일부는 현대사회에 맞지 않는다."고 첸아이싱은 인정했다. 이것과 관련하여 대만 교육부는 부적절한 공자 철학을 삭제한 특별 과제와 교사교육 프로그램을 만들었다. "공자 시대에 공자가 말한 것의 일부는 현대에 맞지 않으므로 수정할 것이다. 과제를 제대로 만들 방법을 찾겠다."고 첸아이싱은 말한다.

그런데 유교교육에 대한 옹호자와 반대자 모두 급히 '수정'되어야 한다고 믿는 현자의 교리가 있다. 즉, 첸아이싱이 '엄청난 편견'이라고 한 여성에 대한 자세이다. 공자에 대한 모든 공격을 통틀어서 '공자는 어쩔 수 없는 여성혐오자'라는 비난보다 더 그의 명성을 아프게 찌르고 손상한 것은 없다.

7장

공자가 만든 여성혐오

여자와 종을 길들이는 것이 가장 힘들다.
너무 가까이하면 신중함을 잃고, 너무 거리를 두면 화를 낸다.

ㅡ공자

주디 배는 한국의 대기업인 LG전자에 1996년에 입사했을 당시 뭔가 이상한 느낌을 받았다. 그것은 그녀가 동료들보다 더 교육받은 것 때문도 아니고, 더 많은 봉급을 받아서도 아니며, 특별한 전문 지식이 있어서도 아니었다. 당시 한국의 텔레비전과 가전 제조사에서 일하는 3만 명 가운데 그녀처럼 대학교육을 받은 직업 정신이 투철한 여자는 100명이 채 못되었다. 더군다나 그녀가 속해 있는 기술판매과에서 여자는 주디 혼자였다. 다른 여자도 사무실에 있었지만, 그녀들은 사무직으로 비행기 승무원 같은 멋진 유니폼을 입고 있었다. 그녀들은 주로 차를 끓이거나 서류를 복사하다가 어느 날 결혼하게 되면 퇴직했다. 남자 직원들은 주디 배가 누구의 심부름을 하는 사람이 아니라 그들의 동료이자 경쟁자로서, 그들이 흔히 겪어 보지 못한 전문직 여성이어서 어떻게 그녀를 대해야 할지 몰랐다. 주디는 "그들은 여성 동료를 받아들일 준비가 되어 있지 않았다."고 말한다.[1]

동료들과 어울리는 게 처음에는 힘들었다. 사무실 동료는 마치 여성이라서 일을 이해 못한다는 듯 무시하는 태도로 그녀를 대했다. "그들은 나와 어떻게 대화해야 할지 몰랐다. '이 여자가 내 말을 알아듣는 거야?'라는 미심쩍은 눈초리로 쳐다보면서 마치 나를 어린애처럼 대했다."고 그녀는 회상한다. 이러한 편견에서 벗어나려면 사무실에서 종처럼 오랜 시간 일하고, 퇴근 후 동료들과 어울리며 회사를 위해서 개인적 이해를 포기하는 등 남자처럼 행동하는 수밖에 없다고 주디는 생각했다. "여자로서 남자들보다 열등하지 않다는 것을 보여 줘야 했다."고 주디는 말한다. "나는 그들이 하는 모든 것을 나도 할 수 있다는 것을 보여 주려 했다. 그들과 다르지 않으며 그들이 하는 것은 나도 할 수 있다는 것을 증명하려 했다." 일에 파묻혀 남자들보다 일을 더 잘함으로써 그들의 일원이라는 것을 입증하였다. "내 별명은 200프로였다."고 그녀는 말한다.

그러나 주디는 그들의 진실한 일원이 될 수 없었다. 한국 회사에서는 직원들끼리 저녁을 먹고 술 마시는 것은 팀 정신을 고양하기 위해 꼭 필요한 것으로 간주된다. 주디도 초대를 받았지만 한계가 있었다. 남자 동료들은 종종 한국에서 '룸살롱'이라는 고급 술집에 가서 돈으로 살 수 있는, 옷을 거의 걸치지 않은 여자들과 한바탕 놀아댔다. 그런 경우 주디는 홀로 남겨졌다. 사무실에서도 마찬가지였다. 그녀의 전략은 자기를 부각시키는 데는 효과가 있었지만 동료들과 하나가 되게는 하지 못했다. 동료들은 주디에게 별명을 붙였다. 너무 일이 바빠 남편을 구하지 못하는 한국의 미혼여성을 지칭하는 '골드 미스'라고 말이다. "사람들은 나를 보고 일에 미쳐 결혼을 못한다고 했다. 정말 그 말이 싫었다."고 주디는 말한다. 그러는 동안 회사의 다른 그녀 나이 또래 전문직 여성들이 결혼을 하거나 아이 양육을 위해 회사를 떠나는 통에 숫자가 많이 줄어들었다. "한 명씩 줄어들기 시작했다. 떠나면서 그녀들은 '여기서 더 일할 수 없어. 모처럼 기회가 와도 여자라는 이유로 승진할 수가 없잖아.'라고 했다. 유리 상자 안에 갇힌 것 같은 느낌이었던 모양이다. 나는 얼마나 더 버틸 수 있을까? 자신에게 묻곤 했다."고 그녀는 기억했다.

그녀는 뛰어났다. 그녀의 노력을 알아준 주디의 상사는 다른 남자 사원보다 조금 더 빠르게 그녀를 정규적으로 승진시켰다. 그럼에도 더 이상 승진이 어려울 것이라고 인정해야 하는 시점에 이르렀다. 자기가 속한 부서에서 고위직을 맡게 되더라도 그 위치에서 상대해야 할 대상들은 거의 남성으로만 이루어진 것이 한국 기업들이라는 사실을 그녀는 깨달았다. "나 또한 유리 상자에 갇힌 느낌이었다. 경영진이 되기 위해서 20명에서 30명에 가까운 다른 남성 부장들과 경쟁해야 했다. 나를 뽑을까? 다음 단계는 많은 사회적 활동을 요구하는 영업직이라 남성들이 독점해 왔다. 전체 팀을 관리하는 자리에 여자가 선택될 가능성은 희박했다. 더 승진할 단계가 남아 있지 않았던 것이다." 2010년, 그녀는 LG전자를 나와서 승진의 기회가 한국 회사보다는 나을 것이라는 믿음으로 미국 컨설팅 회사인 액센튜어(Accenture)에 취직했다.

주디 배가 경험한 것은 동아시아의 여성 근로자들이 늘상 겪는 일이다. 일본이나 한국 대기업 사무실에서 여성을 찾아볼 수 없는 것은 흔한 일이다. 한국의 근로 남성과 근로 여성 간의 퍼센티지 격차는 경제협력개발기구(OECD) 국가 중 제일 크다(두 번째는 일본). 대부분의 여성

근로자는 기업 세계에서 고위직 승진이 거의 불가능한 비서직, 혹은 비교적 덜 중요한 일을 하고 있다. 또 결혼하는 대로 아니면 적어도 출산 후에 일을 그만두는 것이 일반적이다. 결과적으로, 경영은 남자들의 영역이 된다. 국제통화기금(IMF)의 2012년 연구에 의하면, 미국의 여성 경영진은 전체 경영진의 43퍼센트인 반면 일본과 한국은 겨우 9퍼센트였다.[2]

좌절할 수밖에 없는 동아시아의 많은 여성 전문직들 입장에서 공자는 사무실 열쇠를 쥐고 문 열기를 마다하는 장본인이다. 유교는 2,000년 넘게 여성의 자리는 가정이라며 상업과 공공업무의 영역은 남자에게만 열려 있다고 가르쳤다. 세상에 대한 이런 관점은 아직도 남아 있다. 공자가 일자리에 살아 있는 한 일자리에서 남성과 평등한 대접을 받을 수 없다고 많은 여성들은 믿는다. "유교는 여성들로 하여금 집 밖에서 직업적으로 성공하는 인생을 누리지 못하게 하였다. 유교가 우리나라에 좋지 않은 영향을 미쳤다고 생각하는 사람들이 많다. 나는 공자의 오래된 고정관념을 버려야 할 때가 왔다고 생각한다."고 주디는 말한다.

주디는 여성 문제가 단지 남자가 지배하는 기업문화에 국한되지 않는다고 한다. 유교가 주문하는 두 성의 차별화된 역할은 여러 수십 세기를 거치며 너무 고정화되어 직업을 원하는 여성은 가정에서도 반대의견에 부닥친다는 것이다. 남자는 가정을 이끌고 여자는 따라가야 하는 유교의 관습에 익숙한 동아시아의 많은 남편은 아내의 직업적 욕구를 받아들이지 않는다. "한국에는 암탉이 수탉보다 더 크게 울면 집안이 망한다는 격언이 있다. 가정에서 똬리를 틀고 있는 유교의 한 예이다. 말하자면 아내가 남편보다 더 많이 벌면 남편은 아내에게 뒤떨어졌다는 생각에 화를 낸다. 아내가 더 이상 남편에게 순종하지 않는다는 것이다. 이런 유교의 영향부터 막아야 한다."

이러한 압력 때문에 동아시아의 많은 여성들은 가정과 직업 중에 하나를 택할 수밖에 없다고 믿게 된다. 서울에서 광고회사를 시작한 피오나 배는 회사 운영 때문에 가정과 아이들을 포기하기로 결심했다. "유교는 여성으로 하여금 남성이 하는 일과 같은 일을 하지 못하게 하고 어머니와 아내의 역할로 국한시켰다. 그 영향은 아직도 대단하다. 내 경우 직업을 선택했다. 아이를 갖는다는 것은 어려운 일이다. 두 가지를 다 한다는 것은 정말 어려운 일이라고 느낀다. 모두 엄마가 아이를 돌보기를 기대한다. 또한 아빠가 아이를 위해 할애해야 할 시간에 대한 기대 자체가 다르다. 주말만이라도 애를 돌보는 것을 무슨 대단한 일인 것처럼 여긴다."라고 피오나는 말한다.[3]

공자에 대한 이 두 전문직 여성의 비난은 지난 세기 동안 그를 향한 여성들의 독설에 비하면 부드러운 것이다. 여성운동 철학자인 줄리아 크리스테바(Julia Kristeva)는 공자를 '여자 식인종'이라고 비난했고, 어떤 중국 여성운동가는 공자의 가르침을 '살인 교육'이라고 일컬었다. 유교의 역사는 남녀를 막론하고 많은 작가들에게 제국 시대를 거치며 더욱 심해진 여성에 대한 압박과 동의어였다. 남녀 간의 공평성과 여성의 권리에 대한 공자의 태도는 근대에 와서 다른 어떠한 이슈보다 더 그의 이름에 먹칠을 하고 있다. 많은 아시아 여성과 비아시아 여성은 공자가 매우 가부장적이고 여성 혐오적이라고 여기고 있으며, 이 세상에서 여성으로 하여금 아직도 정당한 위치를 찾지 못하게 막는 구시대의 유물이라고 믿고 있다. 리샹 리사 로젠리(Li-hsiang Lisa Rosenlee) 교수 말에 의하면, 유교는 다름 아닌 바로 "중국 여성 역사에 존재해 온

성 억압의 근원"이다.[4]

유교는 수 세기에 걸쳐 동아시아에서 만연해 온 여성에 대한 조직적 부당함에 대하여 적어도 일부 책임이 있음에 틀림없다. 제국 시대 동안 공자의 가르침에 의해 여성은 집에서 부리는 종과 거의 대등한 사고 파는 첩에 불과한 인간 소지품처럼 인식되었다. 아버지와 남편의 요구를 거스르지 못하고 바깥 세상에 나가 볼 희망도 없이 부엌과 침실에 갇혀 지내야 했다. 많은 여성들은 남성들의 성적 즐거움을 위한 잔인한 전족 관습에 따라 불구가 되어 걸을 수조차 없었다. 여자아이의 탄생은 축하할 일이 아니라 슬픔과 수치로 여겨졌다. 재산을 상속받고 가족 성을 이어 갈 수 있는 아들과는 달리, 딸은 재정적인 짐이고 먹여야 할 입이며 지불해야 할 지참금을 의미했다. 딸은 일할 수 있는 나이가 되면, 집을 떠나 시집을 가서 남편 가정에 도움을 줄 뿐 본가에는 경제적인 도움이 되지 않았다. 따라서 수많은 여자아이들이 태어나는 순간 죽임을 당했다. 동아시아에서의 여아 살해는 세기를 거쳐 계속되었으며, 오늘날에도 태아의 성을 판독하는 초음파의 발달에 힘입어 더욱 쉽게 행해지고 있다. 문제시되는 여자 태아의 제거는 이제 9개월 동안의 임신 고통 없이 쉽게 이루어질 수 있다. 중국에서는, '한 아이' 정책이 이 문제를 더 어렵게 만들고 있다. 이 인구 조절법이 제정된 1979년 이후, 많은 부모들은 여자아이가 아닌 남자아이를 가짐으로써 허락된 '한 아이' 가족의 기회를 '낭비'하지 않으려 했다. 이 방책은 남자와 여자 간의 심각한 숫자적 불균형을 금세기에 초래하였다. 2020년이 되면 남자가 여자보다 약 3,000만 명이 더 많은 중대한 사회적 문제가 중국에 발생할 것으로 예측된다.

동아시아 사회에서 만연하는 여성의 열등성은 공자의 영향이 확실한 가장 참혹하고 저주받을 오래된 유산이다. 유학적 관습에서 유래된 동아시아 여성을 향한 끈질긴 차별은 현 시점에서 현자에 관한 다른 어느 사안보다도 더 그의 사상적 타당성을 의심하게 한다. 지난 세기에 동아시아로 스며든 성평등이란 이상은 효의 경우와 유사하게 여성의 사회적 위치에 대한 유교 사상은 낡고 시대 역행적인 것처럼 보이게 했다. 여권에 대한 사안은 다른 어느 사안보다 더 공자의 확고했던 위상이 세계화에 직면하면서 어떻게 추락했는지를 잘 보여 준다. 만일 동아시아에서 영향력을 지속하려 한다면 공자는 여성과의 관계를 먼저 바로잡아야 할 것이다.

공자는 정말 맹렬한 여성혐오자였을까? 생각만큼 답은 쉽지 않다. 공자는 여성에 대한 자신의 관점을 자세히 설명한 적이 없다. 사실 그의 가르침에 대하여 가장 믿을 수 있는 서적인 『논어』에조차 여성에 대한 언급이 거의 없다. 어쩌면 그의 침묵은 그가 오늘날 우리가 믿는 것만큼 남성과 여성 사이를 차별하지 않았음을 보여 주는 것인지도 모른다. 염색체가 어떻게 구성되어 있는지 상관없이 모든 사람들은 자비를 추구하고 공자의 황금률(자신이 원하지 않은 것을 타인에게 강요하지 말라[5]) 등 같은 예법을 따르라고 권장되었다. 덜 비판적인 해석은 여자라는 존재는 공자의 주의를 끌 만한 가치도 없었다는 것이다. 공자 인생에 대한 이야기 속에 여성은 거의 나타나지 않는다. 또 보편적 교육을 주장했지만 여성 제자는 한 명도 없었다. 그가 찾아다닌 통치자와 권력자는 모두 남성들이었다. 여러 세기를 걸치면서 공자에 대하여 편찬된 수천, 수만권의 저서에도 공자의 딸들 이름은 언급이 없다. 공자의 세상은 남자만의 세상이었다.

기록에 남은 여성에 대한 공자의 몇 마디에서조차 그는 여성을 좋게 표현하지 않았다. 공자가 여성은 열등하므로 그에 맞게 다루어야 한다고 직설한 것은 그의 가장 악명 높은 여성혐오적 발언이었다. "여자와 종을 길들이는 것이 가장 힘들다. 너무 가까이하면 신중함을 잃고, 너무 거리를 두면 화를 낸다."고 공자는 『논어』에서 말한다.[6] 이 말은 아마도 다른 어떤 말보다도 더 공자를 뜨거운 논쟁에 휩쓸리게 한 말일 것이다. 공자가 여성과 종을 같이 묶어 언급했다는 사실 자체만으로도 현 세대의 감정을 거슬리기에 충분했다. 여성에게 너무 가까이 가면 그들을 대담하게 만들어 그들이 있어야 할 자리를 벗어난다고 말함으로써 모욕감을 더했다.

『논어』에 담긴 또 한 이야기를 보면 공자가 여성은 사회의 중요한 일에 참여할 가치가 없다고 믿었다는 것을 시사한다. 공자가 만났던 여러 제왕 중 하나였던 무제가 자신에게는 옛 현자-왕을 모신 신하들을 능가하는 열 명의 대신을 거느리고 있다고 자랑하자, 공자는 "그들 중 한 명은 여자이므로 사실상 아홉 명이겠지요."라고 대답했다고 한다.[7] 공자가 얘기하는 바람직한 사회에서의 정부나 공무원은 전부 남자로 이루어져 있었다.

공자에 관한 참고문헌에 나타나는 여자는 남자의 마음을 흐리게 하여 그가 올바른 길에서 벗어나게 유혹하는 여성으로 자주 표현된다. 공자가 모시고 있던 통치자가 국가 의식을 멀리하며 젊은 여성에 빠져 있음에 실망하여 노나라 대신직을 내놓은 이야기가 한 예이다. 『논어』에서 가장 주목할 만한 여자는 사람을 교묘히 조정하고, 지나치게 성을 밝히고, 위의 통치자를 타락시킨 난쯔였다. 공자는 여성을 탐하는 것은 도덕적 행위를 추구하는 것과는 어울리지 않는다고 믿은 것 같다. "여성의 미를 탐내면서 도덕을 추구하는 사람은 아직 본 적이 없다."고 공자는 『논어』에서 탄식했다. 진실한 군자가 되기 위해서 젊은 이들은 "여성미의 유혹을 물리쳐야 한다."라고 경고했다. 매혹적인 요부처럼 여자는 남자에게 비운을 불러 올 수 있음을 걱정했다(물론 여성을 그렇게 묘사한 것은 유교만이 아니다. 에덴 동산에서 아담에게 금지된 과일을 먹게 한 사람도 이브이다).⁸

그러나 중국에서의 여성에 대한 차별은 공자가 만든 창작물은 아니었다. 실력주의와 같이 어떤 이슈에 대해서는 시대를 앞서간 공자이지만 이 여성차별에 대해서는 그렇지 않았다. 여성에 대한 그의 감정은 당시 중국에서는 매우 일반적인 것이었다. 공자 시대 이전부터 중국은 가부장적인 사회였다. 여러 세대 동안 중국의 엘리트들은 아버지 쪽의 조상에 대해서만 제사를 지내 왔다. 아버지, 아들, 손자로 내려가는 가계에서 여자들은 남편 가계의 이름을 이어받을 아들을 생산하는 자궁일 뿐이었다. 공자의 목표는 조화로운 사회의 기초인 전통적 사회규범을 따르는 가족을 더욱 공고히 하는 것이었지 혁명적인 사상으로 사회질서를 뒤엎으려는 것은 아니었다.

또 중요한 것은 『논어』의 어느 곳에도 공자가 남과 여, 혹은 남편과 아내 간의 관계에 대한 관점을 설명한 부분이 없다는 것이다. 그러한 관점은 공자의 말이라고 쉽게 믿기 어려운 공자 향후에 나타난 다른 서적에 적혀 있다. 그러한 서적에서조차 공자의 말은 해석에 따라 다르게 이해될 수 있다. "'옳은 인간이라고 말할 수 있는 것'은 무엇인가?"라고 『예기』에서 공자는 묻는다. "아버지는 친절하고 아들은 효도하며, 형은 온화하고 동생은 복종하며, 남편은 공정하고 아내는 순종하며, 나이 든 사람은 친절하고 어린 사람은 존중하며, 통치자는 자비롭고 대신들은 충성하여야 한다."[9] 이 말에 있는 아내의 '순종'은 공자가 여자를 남편에게 종속된 사람으로 보고 있었음을 암시하는 것이 아닌가? 그러나 공자가 사용한 전체 문장을 보면, 모범적인 유교적 관계는 전부 평등한 관계는 아니지만 그렇다고 학대하거나 부당한 관계를 의미하는 것도 아니었다. 아버지와 아들의 경우처럼 남편과 아내 사이도 상호적이며 보완적인 것을 의미했다. 이 구절에서 공자는 여성은 순종해야 한다고 했지만 또한 남편도 공정해야 한다고 말했다. 남녀관계에 대한 의무는 쌍방적인 것이었다.

더 나아가 유학파는 여성에게 부여된 지위와 임무를 중요하게 여겼다. 서로 다르기는 하지만, 똑같이 중요한 남편과 아내의 역할을 강조하면서 맹자는 '오륜'(五倫)이라고 불리는 개념을 지지하였다. '인간관계'에 있어서 "부자간에는 애정(부자유친), 군신 간에는 의(군신유의), 부부간에는 서로 다른 역할(부부유별), 나이 먹은 사람과 어린 사람 사이에는 순서(장유유서), 친구 사이에는 믿음(붕우유신)이 있어야 하는데, 이러한 것을 어떻게 이루느냐"에 대한 것이라고 맹자는 말했다.[10] 여기서 맹자는 사회 차원에서 억압적인 계급제도의 창조를 말한 게 아니라 노동력의 현명한 분배를 말한 것이었다. 맹자의 위 말은 훌륭한 통치자는 자신이 먹을 음식을 경작할 정도로 겸손해야 한다고 주장하는 한 재판관의 말에 반박한 사례였다. 말도 안 된다고 그는 생각했던 것이다. 한 사회에서 모든 사람이 같은 일을 하는 것은 낭비요, 비생산적이라고 그는 말했다. 사람들은 각자의 능력과 위치에 맞는 일을 해야 한다. 통치자는 농사짓는 일은 농업 전문가인 농부에게 맡기고 나라를 운영해야 하며, 남편과 아내도 마찬가지이다. 각자는 세상에서 특별히 할 일들이 있다. 그것이 결혼한 부부관계에서 각자가 가진 서로 다른 기능에 기초해야 하는 까닭이다.

이 '다른 기능'은 남성과 여성이 각각 사회에 어떻게 기여하는지를 규정한다. 유학의 세계에서 남성과 여성은 서로 다른 영역을 차지하고 있다. 공공업무, 국정 운영, 상업은 남성의 일이었으며 가정, 출산, 아이들 양육은 여성의 일이었다. "남자들은 집안에서 일어나는 일에는 발언을 삼가고, 여자들은 바깥의 일에 대한 발언을 삼가야 한다."고 『예기』는 전하고 있다. 다른 고전인 『시경』은 더 직설적으로 "여자는 공공업무에 참여하면 안 된다. 그녀들이 해야 할 일은 누에를 치고 천을 짜는 것이다."라고 선언한다.[11]

우리 현대인의 귀에는 이 모든 것이 여성을 집에 묶어 두고 임신이나 하도록 하기 위한 음모처럼 들리는데, 어떤 면에서는 사실이다. 누군가는 애들을 돌보고, 요리하고, 바느질하고, 연로한 부모를 모셔야 했으며, 부유한 가정에서는 하인도 관리해야 했다. 공자가 말한 '정명사상'과 효의 경우와 같이, 평화로운 사회는 여성을 포함한 모든 사람들이 자신의 개인적 선택을 쫓지 않고 자신의 의무를 다하는 것에 달려 있었다. 그러나 자신의 영역 안에서 여성은 많은 권한을 행사했다. 위에서 언급한 것과 같이 『예기』는 남자는 가정 안의 일에 대해서 "발언을 삼가라."고 할 만큼 아내는 가사에 한해서는 최고의 통치자였다[이를 비유하여, 20세기의 개혁자인 후스(胡適)는 중국에서의 "여성은 가정 안의 군주였기에 세계 어떤 나라도 중국 같은 공처가의 나라는 없었다"고 말했다[12]]. 아내나 어머니가 자신의 역할을 하지 못하면 '잘 다스려진' 가정은 이루어질 수 없었다. 이런 관점에서 보면 훌륭한 아내는 효자나 도덕적 통치자나 충성하는 대신에 못지않게 세계의 안정과 번영을 위해 중요한 존재였다.

그러나 향후의 유학자들은 여성을 열등한 위치에 몰아넣기 위해 공자의 가르침을 선택적으로 인용하였다. 유학자들은 여자는 남자에게 양보하여 결혼, 가정, 그리고 모든 세상에서 남자의 뒤에 위치한다고 계속 강조했다. 온건한 맹자조차도 이에 동의했다. "결혼하는 딸을 떠나 보낼 때, 신부의 어머니는 대문까지 따라 나오면서 딸에게 이렇게 당부한다. '이제 너의 집으로 가는 것이다. 시댁을 존중하고 조심해야 한다. 남편을 거스르지 말아야 한다.' 따라서 복종을 올바르게 여기는 것이 여성이 지켜야 할 바이다."라고 맹자는 말했다.[13]

여성은 남성들이 바깥 세상에서 더 중요한 일을 이룰 수 있도록 도울 수 있을 뿐, 자신들이 그러한 기회를 추구하는 것은 금지되어 있는, 사실상 남자의 보조 신분으로 격하되었다. 남성들은 대신, 학자, 관리가 될 수 있는 한편 여성이 그러한 자리를 차지하는 것은 거의 예외 없이 불가능하였다. 대신에 가사를 돌보는 일에 전념하므로 그런 재미없는 일에서 남성들을 해방시켰다. 남자는 자신을 계발하여 군자가 될 수 있었으나 여자가 이 유학의 최종 목표가 될 가능성은 전혀 없었다. 여성은 어떠한 것에서도 독자적인 행동을 할 수 없었으며, 어떤 면에서는 자신의 정체성도 가질 수가 없었다. 여자는 항상 어떤 사람의 딸, 아내, 혹은 어머니였으며 복종해야 할 사람이 늘 있었다. "(아버지의 집) 문을 나와서 (그녀의 새로운 남편의) 뒤를 따라갈 때, 남편과 아내 간의 올바른 관계는 시작된다."라고 『예기』는 지적한다. "여성은 남성을 따른다. 어렸을 때는 아버지와 오빠를, 결혼 후에는 남편을, 그리고 남편이 죽은 후에는 자기의 아들을."[14]

시간이 지나면서 유학자들은 공자의 관계 모델에서 호혜성을 제치고 계급적 역할만 부각시켰다. 한나라 시대에 맹자의 오륜(五倫)은 통치자와 신하, 아버지와 아들, 남편과 아내 간의 관계를 다룬 삼강(三綱)으로 집약되었다. 이 새로운 개념은 오륜을 요약한 것 이상이어서, 맹자의 원래 의도와는 상당히 다른 것이었다. 삼강은 우성에서 열성으로 가는 쌍의 관계를 강조한, 다작자인 동중서로부터 시작되었다. 학자 찬윙시트는 "유교의 오륜은 상호 도덕적 의무에 기초한 것이지만 동시에 통치자, 아버지, 그리고 남편이 신하, 아들, 그리고 아내보다 우수하다는 유교체계를 암시했다. 각각의 연대는 서로 간의 관계를 설명한 것만이 아니라 관계의 표준을 세운 동중서에 의해 이 차이는 더욱 강화되었다."고 중국철학 문집에서 말했다.[15]

한나라 후반에 이르러 삼강은 매듭처럼 안정된 사회를 형성하는 여러 관계에 의하여 서로 연결된 사회망 가운데 있는 유교사상에 확고히 자리 잡았다. 이 체계는 1세기에 한나라 조정에서 있었던 대화를 기록한 『백호의주』(白虎議奏)에 잘 나타나 있다. 삼강 안에 "우수한 위치와 열등한 위치는 멀리 퍼져 있고 관리되며, 인간의 도는 조정되고 질서가 잡힌다. 모든 남자는 오상(五常, 인·의·예·지·신)에 대한 본능이 있으므로 사랑할 자세가 되어 있다. 마치 작고 큰 망이 상호 연결되어 만 개의 그물망을 형성하는 것처럼 삼강에 의하여 그런 사랑이 발전된다."라고 명확히 말하고 있다. 이 대화는 결혼에서 생성되는 주된 의무도 규정하고 있다. "'남편'과 '아내'의 의미는 무엇인가? '남편'은 도를 통해 '보살핌'을 제공한다는 의미이다. '아내'는 '복종'을 의미한다."[16]

동중서는 중국의 음양이론을 유교에 도입하여 삼강의 불평등에 대하여 설명했다. 상호 보완적인 힘인 음과 양 사이의 교류는, 계절의 바뀜이나 생과 사의 모형같이 세계를 움직인다. 양은 힘 있고, 활동적이며, 능동적이어서 밝음과 적극성을 표현한다. 음은 약한 요소로서 수동적이고, 부정적이어서 어두움과 양보를 의미한다. 동중서는 양은 남성이고 지배적인 힘이요, 다른 하나인 음은 여성이고 종속적인 힘으로 인간에게서 나타난다고 하였다. 양과 음은 둘 다 똑같이 중요한 것이다. 세상은 두 힘이 다 존재해야만 제대로 기능을 할 수 있다. 그러나 음양이론을 인간관계에 대한 유교이론에 합류시킴으로써 동중서는 남성의 우월성과 여성의 열등성을, 봄과 가을 사이 혹은 빛과 그림자 사이 같은 본질적 차이로 규정했다.

삼강은 중국 사상과 사회에서 너무 중요하게 부각됐고, 중국 스스로가 중국 문명이 잘 배양된 문명이라고 여기게 하였다. 중국인은 이렇게 쌍을 이루는 계급적 관계가 자신들을 둘러싸고 있는 '미개인'들과 자신들을 구별한다고 믿었다. 그러나 삼강이란 개념은 사회적 조정에 동원된 방법이기도 하였다. 아버지에 대한 효도와 국가에 대한 헌신을 같은 것으로 생각한 유교사상가들은 가족관계를 정치 영역으로 옮김으로써 안정된 국가를 실현하려 하였다. 결혼관계의 지배-종속성을 강조함으로써 그들이 생각하는 평화로운 사회를 진작시키려 하였다. 그러나 삼강 안에 존재하는 그런 불평등은 유교가 여성혐오적이고 불공평하다고 낙인찍히는 주원인이 되었다. 20세기 가장 중요한 유학자의 한 사람인 투웨이밍(杜維明)은 "현대의 평등적이고 진보적인 관점에서 보면, 공자의 윤리 유산 중 가장 변명하기 어려운 것이 삼강이라는 것이다. 삼강은 전제적이고, 독재적이며, 가부장적이고, 노인 지배적이며, 남성 우월적이라고 비난받는 세 가지의 유대 형태로써 유교의 기본 윤리로 묘사되어 왔다."고 말했다.[17]

삼강의 출현은 제국체계에 정치적 영향을 발휘하려던 유학 때문이었다고 투웨이밍은 비난조로 말했다. 궁궐에 자리 잡은 유학자들은 조정에서의 지위를 강화하기 위하여 정부가 흥미를 가질 만한 정책 수립이 필요하다고 느꼈다. 그런데 삼강이 성립되는 순간 끊임없는 유교 내의 갈등을 시사했다. 삼강 옹호자들이 학교를 떠나 조정으로 몰리면서 결과적으로 유교의 이상적 뿌리를 중요시하는 무리와 국가를 관리하고 황제에 대한 영향력을 유지하는 것을 더 중요하게 여기는 무리 사이에 긴장이 만연했다. 이 갈등으로 인해 유교와 공자가 상당히 변질되었다고 투웨이밍은 말했다. "'유학'이라는 단어는 새로운 의미로 해석되어 더 이상 공자와 그의 제자들의 가르침이 아니었으며, 삼강의 논리를 제시한 유학자들은 새로이 부상하는 정치적 이상을 단련하고 황제로부터 국가가 직면하는 중요한 우주학적이며 윤리적 이슈에 대하여 국가적 동의를 끌어내는 임무를 부여받은 한나라 조정의 뛰어난 학자들이 되었다."고 투웨이밍은 기록하였다.[18]

유학자들은 여성에게 정해진 사회적 역할이 무엇인지를 주입시키는 데 바빴다. 그런 세뇌작업은 아이가 어머니 자궁에서 나온 지 몇 시간이 지나지 않아 시작되었다. "여자아이가 태어난 후 3일째 되는 날, 아기는 침대 밑에 뉘어져서 제사에 쓰는 질그릇 조각을 갖고 놀게 함으로써 출생을 알리는 제물을 바치는 의식을 행하였다."고 한나라 시대 학자인 반자오(班昭)는 적절한 여성의 행동을 규정한 가장 영향력 있는 저서인 『여성을 위한 훈계』(女誡)라는 저서에서 말했다. "여자아이를 침대 아래 놓는 이유는 그 아이가 하찮고 약한 인간이며 다른 사람 앞에서 미천한 존재라는 사실을 알게 하기 위해서였다. 질그릇 조각을 갖고 노는 것은 노동에 익숙해져야 하며 부지런해야 함을 의미했다." 어린 나이 때부터 남자아이들은 고전을 배우러 나가지만 여자아이들은 집 안에 묶여 가사를 배웠다. "딸은 여성들 숙소에 머물러야 하며 외부 출입을 삼가야 한다."고 당나라 시대의 학자이며 궁정 교사였던 쑹뤄자오(宋若昭)가 저술한 지침서인 『여논어』(女論語)는 가르친다. "바느질, 요리, 예의를 가르치고… 외부 출입을 삼가며 가족의 이름을 더럽히지 않게 행동해야 한다." 이러한 훈련으로 그녀는 남은 인생을 통해 지속될 노동에 대비하게 한다. "근면함은 늦게 자고, 일찍 일어나며, 아침이나 저녁에 일을 피하면 안 되고, 집안일하는 것을 거부하면 안 되며, 해야 할 일을 깔끔하고 세심하게 끝내는 것을 의미한다."고 반자오는 가르쳤다.[19]

유교의식에 관한 저서들은 여성이 하루에 행해야 할 일에 대한 의무와 규칙도 대단히 꼼꼼하게 서술하였다. 『여논어』는 '처의 길'(妻道)에 대하여 장황하게 설명하면서 가정일에 대한 여성의 태도에 대하여 가르쳤다. "여성이 되기 위해서는 우선 여성이 해야 할 일이 무엇인지 알아야 한다. 얇은 실과 거친 실을 섞지 말고, 삼과 모시로 천 짜는 법을 배운다. 베틀을 너무 빨리 돌려 꼬이게 하지 않는다. 신과 버선 만드는 법을 배운다. 천을 재단하고 꿰매어 의상 만드는 법을 배운다. 수를 놓고, 수선하고, 꿰매는 법을 배운다." 아내는 새벽에 일어나서 곧장 일과를 시작한다. "부엌에 가서 불을 지피고, 아침을 준비한다. 솥을 문지르고, 냄비를 물로 씻어 낸다. 차 마실 물을 끓이고 죽을 만든다. 가족 수와 계절을 감안해 알맞은 냄새와 맛이 있는 음식을 만들어 적당한 그릇에 담아 적절한 방법으로 상을 차린다. 아침 일찍 시작하면 하루에 다 못할 이유가 없다."[20]

남자와 여자 간의 확실한 구별은 주어진 임무뿐 아니라 성별로도 차이가 났다. 옛 의식에 관한 책자에 적힌 성 구별에 관한 규칙은 대단히 복잡했다. 고루한 유교적 도덕에 따르면 가정에서든 공공에서든 거의 모든 남녀 간 교류가 금지되었다. "남녀는 여자와 같은 방에서 동석을 할 수 없다. 같은 옷걸이나 선반을 써도 안 된다. 같은 수건과 빗을 써도 안 되며, 물건을 교환할 때 손이 서로 닿으면 안 된다. 여성과 남성은 중매인의 개입 없이 서로의 이름을 알면 안 된다. 결혼 예물이 교환되기 전까지는 둘 사이에 연락이나 애정이 있으면 안 된다."라고 『예기』는 가르친다. 사실상 여자는 친척을 제외한 모든 사람들로부터 숨겨져야 했다. "성은 분리되어야 하며 내실과 외실은 구분되어 있다. 담 넘어 몰래 내다보거나 바깥 정원으로 넘어가지 말아야 한다. 만일 밖으로 나가야 한다면 얼굴을 가려야 한다."고 『여논어』에는 쓰여 있다.[21]

여자가 남자와 관계를 갖도록 허락되는 것은 오로지 다른 남성인 아버지에게 달렸다. 여성은 남편을 고르는 것에 대하여 거의 발언권이 없었고 부모가 신부와 신랑을 위한 모든 것을 결정하였다. 제국 시대 중국에서의 결혼에 대한 개념은 오늘날 서양이 알고 있는 것과는 대단히 달랐다. 만일 고려된다 해도 당사자들의 애정은 부차적이어서 두 개인의 결합보다는 두 가족의 짝짓기라고 하는 것이 더 옳았다. 갓 결혼한 신부는 집을 떠나 남편 씨족의 가정으로 들어간다. 그리고 그녀는 마치 개나 종같이 시부모로부터의 압제에 시달리기 시작한다. 시부모에 대한 그녀의 행동을 규정하는 법칙은 다양하고 엄격하며 고압적이다. 『예기』에는 "시부모의 허락이 떨어질 때까지 며느리는 시부모의 방에서 자기 방으로 감히 돌아갈 수 없다. 어떠한 이유를 불문하고 시부모의 허락을 받아야만 자리를 뜰 수 있다. 누군가로부터 음식이나 옷, 천이나 비단, 속옷용 손수건, 붓꽃이나 난초를 받는 경우, 시부모에게 우선 드려야 한다. 시부모가 받아들이면 며느리는 자기가 새롭게 받은 양 기뻐해야 하고, 받아들이지 않고 며느리에게 돌려주면 며느리는 거절해야 한다. 며느리가 거절하는 것을 용납하지 않으면, 며느리는 그 물건들을 다시 받은 선물인 것처럼 시부모가 원할 때까지 보관하며 기다려야 한다."라고 명시되어 있다. 『여논어』는 며느리의 행동 제약에 대해서 더 자세히 설명하고 있다. "시아버지를 공경심으로 모셔라. 시아버지가 말씀하실 때 직접 눈을 들어 마주치면 안 되고 끼어들어서도 안 된다. 지시가 있으면 경청하고 순종하라. 시어머니가 앉아 계시면 며느리는 서 있어야 한다. 지시를 내리면 즉시 실행하여야 한다."[22]

여자가 시부모를 시중 들고 있지 않을 때는 임신과 자식 양육이 주요 임무였다. 자식을 갖는 것은 거의 유교적 지시 사항이었다. 자식을 갖지 않는 것은 효에 대한 가장 중요한 위반이었다. "세 가지 불효가 있는데 후세를 갖지 못하는 것이 그중 으뜸이다."라고 맹자는 말했다.[23] 그 결과로 여자 생에 열 번 넘게 임신하는 것이 다반사였다. 그렇다고 아무 애만 낳으면 되는 것이 아니었다. 후계자인 남자아이를 낳을 때까지는 남편에 대한 의무를 완수하지 못한 것이었다. 간단히 말해서 여자아이를 낳는 것은 아무 의미가 없었다.

부엌에서 종살이나 하고 애들만 생산하며 남편과 시부모의 처분만 바라면서 숨어서 살아야 하는 삶은 숨 막히고 비하된 수모의 삶처럼 보일 수 있다. 그러나 여성에 대한 유교의 이상을 21세기의 눈으로 재단하는 것은 잘못이다. 유교가 여성의 자기 계발 가능성은 멸살했지만 여성에게 도덕의 수호자라는 막중한 사회적 역할을 부여했기 때문이다. 가정 안에서 행해지는 아이들을 교육하고 남편의 적절한 처신을 조언하는 임무를 맡은 여성은 군자의 양육자며 아들과 남편이 세상에 나아갈 때 필요한 도덕성을 심어 주는 사심 없는 스승이었다. 공자는 진정한 군자가 되기 위해 필요한 것 중에 많은 것은 가정 안에서 아내와 어머니로부터 배울 수 있다고 믿었다.

이러한 점은 『여효경』(女孝經)에서 더욱 확실하게 나타난다. 『효경』과 비슷한 골격으로 쓰여진 『여효경』은 당나라 관리의 아내였던 천마오가 저자로 알려져 있다. 이 책은 공자의 지식을 대표하는 반자오와 여성의 품행에 대하여 자문을 구하러 온 배움에 충실한 어느 처녀 간에 이루어진 대화를 기록한 형태이다. 반자오는 스스로 덕을 행함으로써 사회 전부를 변화시킬 수 있는 여성에 대하여 설명한다. "남편을 존경하고 사랑함으로써 남편이 그의 부모에게 효도해야 하는 것을 잊지 않게 한다. 덕행이 어떤 것인가를 보임으로써 남편의 행동이 개선된다. 선행과 악행의 차이를 보여 줌으로써 남편으로 하여금 버려야 할 행동이 어떤 것인지 깨닫게 한다."라고 말한다. 『효경』을 거의 표절한 문장에서 반자오는 그녀의 주장이 여성의 덕과 절대 복종을 동일시하는 것같이 해석될 수 있음에 경악한다. 아들과 마찬가지로 여성도 잘못을 정정하기 위해서는 발언하여야 한다는 것이다. "남편의 명령을 모두 따르는 것이 여성의 덕이라고 할 수 있을까요?"라고 소녀가 묻는다. "아니! 절대 그렇지 않다. 항의하는 아내가 없는 남편은 잘못된 길로 추락할 수 있다."고 반자오는 호통친다.[24]

이런 관점에서 볼 때 여성은 순종적이지만 가족과 세상을 위하여 희생하는 웅장한 계획을 지닌 성인 같은 존재였다. "여성은 겸손으로 타인에게 양보하고, 타인을 존경하며, 타인을 우선시하면서 자신을 제일 뒤에 놓아야 한다. 침착한 태도를 취하고 남편을 대하는 데는 곧은 태도를 유지해야 한다."고 반자오는 말했다. 여성 대부분은 가정일과 봉사가 수동적이지만 견디어 내고, 아버지, 남편, 시아버지에 기꺼이 복종함으로써 이 유교적 여성상에 부응하였다. 그 당시의 여성에게는 다른 대안이 없었다고 오늘날 많은 사람들은 말한다. 그러나 당시 여성은 중국 사회에서 고상한 것으로 여겨지던 일련의 사회 표준을 따른 것이었다. 그녀가 존중한 것은 의문의 여지없는 도덕적 표준이었던 것이다. 현대의 중국 여성 역사 전문가인 패트리시아 에브리(Patricia Ebrey)는 "어머니는 향기롭고, 상냥하며, 공손하고, 조용한 딸을 길러 낸 것에 대한 노력을 인정받는다. 어머니는 여성 탄압의 산물로 이러한 성격이 길러진 것이라고 보지 않는다. 대신 어머니는 아름답고 여성스럽다고 사람들의 칭찬을 받는 딸을 기른 것에 대하여 자랑스러워한다."고 설명한다. 아들에게 보낸 1632년 편지에서, 시인이며 헌신적인 어머니였던 구러우포는 이렇게 말했다. "나는 모든 고통을 맛보았고 모든 고난을 겪었다. 조심스럽고 두려웠던 나는 아침에 일찍 일어나 일하고 하루를 생각하며 밤 늦게 잠자리에 들었다. 나의 생각은 오로지 어떻게든 실수로 조상님이 세우신 규율을 범하지 않고, 부모님이 키워주신 은혜가 수포로 돌아가지 말아야 한다는 것뿐이었다. 내가 그 모든 고난을 즐겼을 것이라고 생각하느냐? 우리 가정이 소유한 한 가닥의 실과 한 톨의 쌀도 몇 십 년에 걸친 나의 근면과 고난의 결과가 아닌 것은 없다. 잘 보존하고 늘려 나가거라. 내 두 아들에 대한 고귀한 희망이니라."[25]

유학자들은 자신 스스로의 평가가 아니라 다른 사람들이 어떻게 평가하느냐는 것을 기준하여 모범적인 여성의 품행을 규정함으로써 여성 자신들이 이토록 열렬하게 유교의 가르침을 준수하게 만들었다. 중국 가정의 집 또는 마을 터에서 읽히고 또 읽힌 훈훈한 이야기들은 이런 사상을 주입하는 데 매우 효과적이었다. 예를 들어 『24효』에 실린 이야기들이 아이들에게 충성심을 심기 위한 것이었던 것처럼 『열녀전』(列女傳)은 여성들에게 충성심을 심기 위한 것이었다. 기원전 1세기 한나라 학자 류샹(劉向)이 모은 오랜 고전을 포함한 전기들은 유학자들이 모든 여성들이 추구해야 하는 본보기로 제시한 여성들의 이야기였다. 현명하며 당연히 겸손하고, 순결하며 헌신적인 어머니이자 순종적인 아내였다고 전기의 형식으로 정의로운 여성들을 기술했다(갑갑한 유학자들은 마치 가톨릭 학교 교장처럼 여성 순결을 강조하였다).

그중 통상적으로 인용된 여성의 전기는 맹자 어머니에 관한 것이다. 맹자의 어머니는 맹자의 학업에 알맞은 환경을 찾아 묘지와 시장 등으로 두 번이나 이사하면서 마침내 학업 분위기에 알맞은 학교 근처로 이사를 갔다(三遷之敎). 아들이 공부에 해이해지면 열심히 짜고 있던 천을 칼로 잘라 버렸다(斷機之戒). "공부에 태만함은 베틀의 실그물을 잘라 내는 것과 같다."고 훈계하였다. 맹자는 이러한 어머니가 두려워 "아침부터 저녁까지 쉼 없이 부지런히 공부했다. 어머니의 적시 개입의 결과로 맹자는 온 나라에서 가장 유명한 학자가 되었다."고 전기는 기록하고 있다. 맹자는 어머니가 연로해지자 다른 나라에서 일을 할까 생각했던 것을 접고 부모 곁에서 의무를 지키기로 했다. 낙심한 기미를 알아차린 맹자의 어머니는 여성의 올바른 거취에 대하여 가르쳐 줄 좋은 기회로 여겼다. "여성 자신이 스스로 결정하는 것은 없다. 결혼하면 남편을 따르고, 남편이 죽은 후에는 아들을 따를 뿐이다."라고 맹자에게 말했다.[26]

효에 관한 이야기가 흔히 그렇듯이 이 전기들은 극한 행동에 찬사를 보내고 있다. 주나라 자오왕의 부인인 장의 비극적 사건을 다룬 이야기도 있다. 장은 강 근처에 있는 단구에서 여행을 떠나는 왕을 배웅했다. 왕이 떠난 후, 수위가 높아진 강이 넘쳐 흘러 강기슭을 무너뜨리며 장의 목숨을 위협했다. 왕은 관리를 보내 그녀를 안전한 곳으로 피신시키려 하였다. 그러나 그녀는 도착한 관리를 따르려 하지 않았다. 왕비를 구출하고자 급히 나섰던 관리는 관리임을 증명하는 명패를 갖고 오지 않았고, 왕비 말에 의하면, 관리 명패가 없는 자의 말은 듣지 말라는 왕의 명령이 있었다는 것이다. 그 관리는 더 이상 지체하면 큰일이 벌어질 것이라고 호소했다. "강물이 아주 높습니다. 제가 돌아가서 명패를 가지고 올 시간이 없습니다."라고 열심히 설명했지만 왕비는 완강했다. 그러면서 장은 죽음을 목전에 둔 경우에도 존재하는 충성의 중요성에 대하여 말한다. "열녀는 약속을 깨면 안 된다고 배웠다. 약속을 깨고 올바름을 거스르는 것은 여기 남아 죽는 것만 못하다."고 관리에게 말했다. 관리가 명패를 가져오기 위해 급히 떠나자마자 거친 강물이 장을 덮쳐 쓸어갔다. 낙심한 왕은 이 이야기를 듣고 그녀를 칭송하며 '열녀 장'이라는 칭호를 내렸다.[27]

이상적인 유학적 여성관을 따르는 행태는 더욱 극한으로 치달았으며 송나라 시대(960~1279)와 그 후에 특히 심했다. 그중 가장 야만적인 제도는 전족이었다. 어리게는 다섯 살부터 천으로 꽁꽁 묶인 여자아이들의 발은 더 이상 자라지 못했다. 남자들은 그 결과물인 종종 4인치(10cm)도 안 되는 작고 연약한 발을 가진 여성을 좋은 집 규수에다 성적 미를 지닌 신붓감으로 귀하게 여겼다. 그러나 여자에게는 고문 그자체였다. 전족의 아픔을 견뎌 낸 소녀들은 육체적 고통만이 아니라 정신적 고통도 겪어야 했다. 그녀들은 절망, 암울함, 공포감, 그리고 극심한 고통에서 벗어나려 광적으로 몸부림쳐도 아무 소용없던 그런 사정을 이야기로 남겼다.

"밤이 되면 두 발에 열이 나고 부어올라 고통스러웠다. 어머니는 매주 한 번씩 발을 더 빡빡하게 조여 묶었는데 그때마다 나는 더 무서워졌다. 나는 이웃집에 숨어서 피하려 했다. 묶어 놓은 천이 좀 풀어지면 어머니는 예쁘게 보이는 것이 싫으냐고 꾸짖었다. 티눈이 박이면 점점 커졌다. 어머니는 묶은 천을 풀고 티눈을 바늘로 찔러서 빼냈다. 무서워하는 내 다리를 붙잡고 움직이지 못하게 했다."고 창이라고만 알려진 한 처녀는 회상했다. 아홉 살에 이웃 아들과 약혼하고 미래의 남편 집으로 보내진 후 그녀의 운명은 더 비참해졌다.

시어머니는 어머니가 했던 것보다 더 꽉 조이면서 아직도 멀었다고 했다. 울면 심하게 때렸다. 묶어 놓은 것이 풀어지면 온몸에 멍이 들도록 두들겨 맞았다. 엄지발가락을 제외한 모든 발가락이 염증이 생겨 모양이 뒤틀려 있었다. 고름과 피로 엉킨 묶은 천을 벗기는 고통을 참기 위해 나는 주먹으로 땅을 쳐야 했다. 천을 풀 때는 피부가 벗겨져서 피가 흘렀다. 그 피부 부위의 고통을 겪는 동안의 악취는 참을 수 없을 정도였다. 시어머니는 염증을 더 악화시키려고 천 안에 사금파리를 넣고 다시 묶었다.

이 모든 것이 끝났을 때, 그녀의 발 사이즈는 겨우 3인치(7.6cm)에 불과했다.[28]

이러한 이야기를 접한 후일의 중국인과 외국인 모두가 경악을 금치 못했다. 유력한 20세기 작가 린위탕(林語堂)은 전족을 "짐승과 같은 변태적 제도"라고 개탄했다. 그러나 일부 여성들은 기꺼이 자신의 발을 묶었다. 일종의 유행(예를 들어 성형)같이 전족은 더 나은 남편을 찾을 가능성을 높여 주었다. 그러나 공자가 이런 폭력적인 제도를 용납했을 가능성은 거의 없다. 오히려 전족을 효도에 위반하는 것이라고 비난했을 것이다. 『효경』에 보면 공자는 "우리 몸의 모든 머리칼과 피부 조직까지도 부모에게서 받았으므로 상처나 부상을 입히면 안 된다."고 말했다. 또한 유학자나 유교가 전족을 직접 권장하거나 지지한 사례도 없다. 그러나 일부 학자는 유학자들이 여성의 올바른 행동으로서 '제약'된 표준을 제시하고 따르도록 함으로써 전족이 유행한 것에 연루된다고 주장했다. 그런 관점에서 본다면 전족은 여성들로 하여금 남성에게 더욱 의존하고 가족을 위하여 기꺼이 희생하라고 가르치는 유학이 사회제도에 영향을 주어 생긴 자연스러운 파생물이었다. 근대의 한 학자는 "전족은 중국의 여성들이 지지하고 참여하는 신유학적인 문명화의 방법이었다."고 주장했다.[29]

여자는 남편이 사망했다고 아내로서의 의무가 종료된 것이 아니었다. 유학자들은 이전 남편에 대한 배신이라며 과부의 재혼을 늘 불쾌하게 생각했는데, 신유학자들은 좀 더 나아가 거의 맹목적으로 금기를 주장했다. 신유학 철학자인 청이는 그런 불명예보다는 차라리 죽음이 나은 것이라며 과부의 재혼에 대한 반대를 더욱 굳혔다. "과부가 홀로 살아 가난하고 의지할 사람이 없다면 재혼해도 되는가?"라는 질문을 받은 그는 "춥고 굶어 죽는 것을 두려워하는 나이 먹은 사람들이 제기한 논리일 뿐이다. 정말 중대한 문제인 정의의 상실에 비하면 굶어 죽는 것은 아주 사소한 문제"라고 단언했다.[30]

재혼하지 않은 과부는 국가적 영웅으로 찬사를 받았다. 명나라(1368~1644) 시대에 남편의 사후에도 정절을 지킨 여자들은 지역 관리들로부터 칭송받고, 여성의 도덕적 이상으로 추앙받았다. 명 시대의 푸젠성 푸저우에 살던 아들도 없는 상태에서 남편을 잃은 쉬쑹제의 이야기가 있다. 자신이 죽은 후 재혼하라고 병석에서 간청한 남편의 관을 안고 울고 난 후, 그녀는 자신도 목을 매었다. '그녀의 효에 감동받은' 관리는 '효와 예'라고 쓴 현판을 그녀 집에 걸었다. 많은 이야기 중에는 15세 나이에 약혼자를 잃은 후, 중매자가 그녀의 반대에도 불구하고 몰래 새 남편을 찾았다는 황이제라는 여자에 대한 이야기가 있다. 그 사실을 알게 된 이 어린 소녀는 "목욕하고, 머리를 빗은 후 깨끗한 옷으로 갈아입었다. 그러고 나서 칼을 들어 스스로 목을 베었다." 첫 자살 기도는 미수로 그쳤으나 "아침이 되어, 가족이 시신을 발견해보니 몸에는 세 번 벤 흔적이 남아 있었다."[31]

19세기에 이르러서야 중국과 서양 개혁자들은 황이제 같은 사람을 여성의 본보기가 아니라 구제해야 할 희생자로 보기 시작했다. 중국의 우수성을 나타내는 자화상적 상징이었던 유교적 사회제도와 가정의식은 선교사, 혁명가, 여성운동가 등이 주목하는 가운데 학대적인 체제로 비난받았음은 물론 국가적 망신의 근원으로 변모하였다. 5·4운동의 작가인 천두슈는 명 시대의 신유학자들이 한 것같이 재혼하지 않은 과부에게 찬사를 보내기는커녕 그녀들의 외로운 운명의 원인 제공자로서 공자를 탓했다. "이 여인들은 자유가 없었다. 미래가 촉망되는 많은 젊은 여인들이 육체적으로나 정신적으로나 정상이 아닌 모진 세월을 살았다. 이 모든 문제는 의식과 예절에 대한 공자의 가르침에서 비롯

되었다."고 썼다.[32]

서양의 평등과 공평이라는 관점에서 조명한 중국 여성의 처지는 그들이 살았던 문명과 그 문명을 규정하고 있는 교리의 후퇴를 나타내는 것이었다. 페미니스트들은 세계에 만연한 '이차적 성' 차별의 상징으로 중국 여성을 꼽았으며, 또한 유교는 도덕성과 사회 안정이라는 이름으로 여성들을 억압한, 잘못된 교리를 대표한다고 간주했다. 페미니스트 철학자인 줄리아 크리스테바는 "중국 여성은 기본적으로 무시된 존재였다. 유교에 의하면, 집안일과 자식 생산만이 뜰 안에 갇힌 여성에게 주어진 운명이었다."고 말했다.[33] 많은 페미니스트들에게는 가정에 묶인 여성이 시사하는 바는 컸다. 동아시아 문화가 현시대에 적응하는 데 실패했으며, 서양문화가 동양문화보다 우수하다는 증거였다.

동아시아의 여성 억압과 그것의 원인이 유학이라는 확신은 현자와 그의 가르침, 그리고 그 가르침의 가치에 대한 현시대의 광범위한 재조명을 촉발한 중요한 요소였다. 서양사상에 많은 영향을 입은 중국의 젊은 사상가들의 눈에는 공자와 근대화가 공존할 수 없었다. 동아시아 여성이 발전하고 자유를 획득하는 유일한 방법은 가정과 사회에서 유교의 퇴치, 좀 더 정확히 말한다면 지난 여러 세기를 거치며 변질된 유교의 멸절이라고 확신했다. 20세기 초 무정부주의 운동의 멤버였던 혜젠은 "유교를 배우고 알면 유교에는 억압적이고 남성의 이기심을 권장하는 경향이 존재함을 알게 된다."고 기록했다.

그러므로 유교는 일부다처제와 순결에 대하여 정당화하기 시작했다. 유학을 공부한 한나라 시대 사람들은 자기들 자신의 관점을 퍼트리기 위해 고대 서적에 나타난 여성과 관련한 내용의 의미를 마음대로 변형했다… 교활한 사람들은 자기들에게 유리하도록 이론을 변질시켰다. 바보 같은 사람들은 쏟아지는 비난에도 불구하고 마치 난공불락인 미신처럼 이런 이론을 맹신한다. 그 결과로 얼마나 많은 우리 여성들이 죽어야 했는지 모른다… 만일 우리가 이 유교의 책들에 있는 잘못된 교리를 확실히 폐기하지 않으면, 우리는 모든 진실을 상실하고 말 것이다.[34]

천두슈와 사람들이 효를 중국 사회에 존재한 억압의 원인으로 비난할 때, 여성 개혁자들은 유교적 가정을 중국 여성의 가엾은 운명에 책임이 있는 제도로 보았다. 또 다른 급진주의자인 한이는 "가족이 모든 악의 근원이다. 가족 때문에 여성은 남성에게 점점 지배당했다. 가족이 존재하는 한 방탕한 남자는 여성을 우리에 집어넣고 강제로 첩이 되게 하여 욕정을 해소한다. 가족을 파괴함으로써 이기적인 사람들 대신 공공을 위한 사람들이 출현하게 되어 남자는 더 이상 여성을 억압할 수 없게 된다."고 1907년에 쓴 논문에서 주장했다.[35]

그런데 근래에 들어서 일부 학자들이 공자와 여성과의 관계를 다시 재고하고 있다. 중국 역사상 가장 중요한 학자를 여성혐오적이라고 쉽게 치부하고, 그를 제거하는 것만이 여성이 평등해진다고 믿기보다는 원래의 공자 가르침을 다시 연구하여 현대의 아시아 여성 및 그녀들의 야심과 공자 사이의 화합을 이루려 하는 것이 그들의 목표이다. 이 과정은 동아시아에 있어 공자의 미래에 중대한 영향을 끼칠 것이다. 유교가 오늘날 여성의 요구를 충족시키지 못하면 유교 창시자의 영향력은 줄어들 것이며 그의 명성은 암흑 속에 남게 될 것이다.

이런 새로운 학자들은 유교를 과거에 형성된 독단적 사상이 아니라 변화하는 세상의 요구에 따라 적응할 수 있는 본질적 가치를 지닌 살아있는 교리로 보고 있다. 그중 한 사람이 하와이 대학 교수인 리샹 리사 로젠리이다. "대학생 때 하와이에서 열린 철학 컨퍼런스에 참여했었다. 공개토론에서 어느 서양 학자가 성별 균형 이슈에 맞서는 유교의 가능성에 대해 언급했다. 그는 유교는 구제 불능이고 여성혐오적이며 가부장적이어서 성 평등에 관한 한 유교의 역할이 거의 없다는 의견을 개진했다. 그 소리를 듣고 의아할 수밖에 없었다. 유교가 젠더에 관한 이슈를 다루지 못한다면 유교라는 지적 전통 전체가 현대의 삶에 아무 소용이 없다는 결론밖에 내릴 수 없었다. 즉, 젠더의 이슈도 다루지 못한다면 윤리적 이론이라고 불릴 가치가 없기 때문이다."[36]

이 일은 로젠리로 하여금 공자의 가르침이 어떻게 새로운 시대의 요구에 부응할 수 있는지에 대한 이론을 탐색하게 했다. 그녀는 "유교적 전통에 존재하는 자료들에서 성별과 관련해서 현대적 담론에 적용될 수 있는 것을 찾았다고 하더라도 그것이 공자 자신이 여성 옹호자이거나 그의 가르침이 성별 균형적임을 의미하는 것은 아니다."라고 설명한다.

나는 공자가 그의 시대에 누구에게 무슨 뜻으로 무엇을 말했는지에 대해서는 관심이 없다. 철학자들이 다 그렇듯이 나는 특정한 유학적 개념이 의미하는 것은 무엇이며, 내가 살고 있는 이 시대에 그 개념이 어떻게 반영될 수 있는지를 알고 싶은 것이다. 내 관심사는 유교적 전통에서 뭔든지 끄집어내어 성별 억압에 대한 해답을 찾으려는 이 시대의 여성주의 이론을 돕는 것이다. 공자 자신은 이런 것에 대해 할 얘기가 없을 수도 있으나, 그의 사상은 흡사 다른 위대한 서양 철학자들처럼 아직도 유용하고 따라서 위대한 인류의 성취로서 그 가치를 인정받아야 한다.

저서 『유교와 여성』에서 로젠리는 현대의 남녀평등주의와 견줄 수 있는 유교사상의 요소를 찾으려 한다. 남자는 공적 세상에서 개인적 성취를 도모하는 자유를 누리게 하는 한편, 여자는 안에 가두어 가정사나 가족적 의무에만 국한시키며 안과 바깥 세상을 갈라놓는, 유교에서 말하는 담벼락이 없어져야 하는 것이 가장 중요하다고 주장한다. 유교는 남성에게는 가능한 군자가 되는 것을 여자에게 절대 허용하지 않았으며, 그 결과 여자는 '영원히 불완전'한 '한계적인 존재'이다. 그러나 유교적 관습을 고쳐서 여성도 남자만이 향유하던 자기 계발의 기대와 기회를 통하여 군자의 위치에 도달할 수 있어야 한다고 그녀는 권유한다. 원래 존재하던 상호적이고 보완적인 유교적 관계도 재강조되어야 한다고 로젠리는 말한다. 이렇게 교정된 유교는 개개인의 정체성은 우리가 누구이며 우리가 어떻게 살아야 하는지를 규정하는 인간관계의 망에서만 이해된다는 주된 유교의 교리를 버리지 않으면서 현대 여성의 요구를 수용할 수 있다. "교정이 필요한 유교의 요소가 있음을 받아들인다고 해서, 유교 전체가 기본적으로 성적 차별과 반여성권리적인 것이라고 말하는 것은 아니다. 살아 있는 전통으로서의 유교는 확대되는 자신에 다른 요소들을 수용함으로써 자라 왔으며 이 적응성은 역사를 통해 여러 번 반복하여 증명되어 왔다."고 로젠리는 적었다.[37]

로젠리가 하려는 것은 유학의 역사에서 동중서와 주희, 캉유웨이 같은 학자들이 새로운 시대에 맞는 새로운 방법으로 공자를 해석하려 한 시도, 바로 그것이다. 그녀의 철학적 시도는 유교로부터 비롯한 남성 지배하의 동아시아에서 자신의 길을 찾으려고 분투하는 주디배 같은 여성에게는 아마도 빠른 시간 내에 도움이 되지는 않을 것이다. 그러나 궁극적으로는 로젠리의 방법이 유교적 전통과 윤리가 재평가와 재활을 거쳐 현대의 성별 균형과 개인적 자유에 순응하며 동아시아 문명의 중심에 남음으로써 장기적인 해결책을 제공할 수 있다. 공자는 그러한 융통성을 여러 번 보여 왔으며, 그 융통성이야말로 공자가 역사의 많은 꼬임과 전환을 견뎌 내면서 오랜 세월을 경과할 수 있었던 이유이다. 동중서의 혼합주의나 주희의 개혁에도 유교는 변화하는 시대적 요구에 적응하며 변모하는 능력을 여러 차례 보였다. 어쩌면 로젠리의 철학적 실험은 현 사회에서 유학자가 무엇을 의미하는지 재정립하면서 세상에 대해 진정한 영향을 미칠 수도 있다.

로젠리가 직면할 도전은 주디 배와 같은 사람들에게 공자를 다시 창조하는 것이 가치 있는 일이라고 설득하는 것이다. 그러나 로젠리 홀로 분투하고 있는 것은 아니다. 1980년대 이후 관리와 학자, 또 사업가들은 공자의 철학을 다시 살펴보고 로젠리같이 현 세계에 맞는 개혁된 공자와 만나기 시작했다. 한나라의 무제나 송나라 초기의 위대한 통치자들이 그랬듯이 현 세대의 유력자들은 공자가 유익하다는 사실을 재발견하고 있다. 자기 스스로를 신유학자라고 부르는 사람들은 정작 이기적인 동기로 인해 이런 재발견에 큰 도움을 주고 있지는 않다. 그러나 심화되고 있는 세계화와 몇십 년에 걸친 엄청난 비난에도 불구하고, 오늘날 우리가 목격하고 있는 것은 공자의 장례식이 아니라 그의 인생의 새로운 장이다.

3부

돌아온
공자

8장

궁자를 불러낸 기업

덕은 뿌리이며 부는 그 결과이다.

―대학

    진잔융은 더 이상 방법이 없었다. 타이유안 공업도시에 있는 전시 및 미디어 이벤트 사업을 하는 톈샤 휘바오 컬처 앤드 커뮤니케이션(Tianxia Huibao Culture and Communication)이라는 소규모 회사 대표인 그는 사업이 추락하고 있는데 서로 옥신각신하며 업무에 해이한 종업원들을 보며 속수무책이었다. 직원끼리의 사이가 얼마나 나빴는지 우격다짐이 빈번했다. 매출이 감소되면서 이런 현상은 한층 더 악화됐다. 진은 어떻게 해야 할지 몰랐다.

    그러다 공자를 인사 자문으로 고용하기로 마음먹었다.

    진은 현자에 대하여 아는 것이 거의 없었다. 그런데 2011년에 공자의 도움으로 회사 경영이 나아졌다는 타이유안의 한 사업가를 만나면서 유교에 대하여 알게 된 후 그는 바뀌었다. 『논어』를 정독하고 그 사업가가 주최하는 정기 토론회에 참석하면서 영감을 받았다. "유교에

탄복했어요. 유교가 가르치는 것은 타인에게 친절하고, 타인을 돕고, 타인을 마치 가족의 일원처럼 대하라는 것이지요."라고 그는 말한다. 그러한 정신이 바로 자기 회사에 필요한 것이라고 생각한 그는 마음을 정했다. 공자가 자기의 인생을 이끌 수 있다면 실망에 싸인 직원들도 이끌 수 있지 않을까 하는 생각이었다.[1]

그래서 2012년 후반 어느 날, 진은 매일 하는 아침 직원회의에서 일상적인 주제 대신 『논어』의 구절들을 비디오로 보여 주었다. 그 후 매번 아침 회의 때마다 계속 틀어 주었다. 그리고 현자의 가르침을 가장 많이 기억하는 직원에게 상을 주겠다고 하면서 직원들이 스스로 유학을 배우게 하였다. 진은 "내가 유교를 택한 주된 이유는 유교가 직원들의 생산성을 관리하고 제고하는 효과적인 방법이라고 생각했고 희망했기 때문이지만 사실 확신은 없었다. 그래도 한번 해보자는 심정이었다."고 당시 사정을 설명한다.

결과는 즉각적이었고 대단했다. 직원들 간의 불화가 곧바로 없어졌다. 또 그들은 더욱 더 열심히 그리고 부지런히 일했다. "직원들은 한마음이 되었다. 그들은 자주적인 태도로 회사에 도움을 주려는 선행적인 자세를 보이기 시작했다."고 진은 말한다. 처음 『논어』 동영상을 틀었던 날로부터 3개월 만에 매출은 2배가 되었다.

이와 비슷한 공자의 역할은 타이유안에 위치한 루하이 산업그룹이라는 건설·조경 회사의 공동 창업자 중의 한 사람인 루밍유에게도 일어났다. 어릴 적부터 중국 전통문화에 관심이 있었다고 말하는 그는, 2005년부터 아침 회의에서 유교 교리에 대하여 토론하고 매주 전문가를 초빙해 교육을 실시하면서 직원들에게 공자에 대해 가르쳤다. "그들 마음에 스며든 공자사상은 직원들의 행동을 바꾸기 시작했다. 유교를 가르치기 전에는 오전 8시 반에 출근해서 정확히 오후 5시 30분에 퇴근을 했다. 1분도 더 회사에 있으려 하지 않았다. 그러나 지금은 자진해서 더 근무하려 한다. 어떤 때는 내가 강제로 그들을 내쫓을 때도 있다." 그는 이 신기한 힘을 공자 말씀의 영향으로 돌리고 있다. 2010년, 건설 현장에서 파업을 시작한 수백 명의 화가난 종업원들과 루밍유는 대면하게 되었다. 그들 앞에 선 그는 그들과 함께 『논어』 몇 구절을 외웠다. 그러자 그들은 곧 장비를 거두어 일터로 돌아갔다.[2]

유학을 배움으로써 자기 자신의 경영 철학도 바뀌었다고 말한다. "과거에는 어떻게 직원을 부려 내가 돈을 더 많이 벌 수 있는가가 내 관심사였으나, 이제는 직원들에게 좋은 일자리를 주고자 하는 것이 내 관심사이다. 내 가족과 같아서 잘 돌보아 주고 싶다. 이제 내 초점은 돈 버는 것보다 나와 내 직원들의 영적 성장이다. 그래서 난 직원들에게 말한다. 유교를 배워서 자신을 발전시키면 이익이 저절로 실현될 것이라고 말이다." 그리고 그렇게 되었다. 공자는 건강한[*] 일터만 조성한 것이 아니라 이러한 장대한 원칙을 조성하였다고 루밍유는 말한다.

동아시아의 사업가들은 종종 공자로부터 사업적 조언을 찾는다. 세계적인 평상복 체인을 운영하는 일본의 유니클로 사장인 타다시 야나이는 직원을 고용하고 승진시키는 데 있어 유교의 영향을 받는다고 말한다. 각 개인의 교육적 적합성과 기술을 고려하는 것 외에도 도덕적 자질을 고려한다. 야나이 사장은 "우리 회사에서는 뛰어난 능력을 갖고 있더라도 올바른 인간으로서 믿음을 주지 못하면 더 이상의 승진 가능성은 없다. 이런 문화를 이해하지 못하면 뛰어난 능력을 지녔더라도 채용되지 않는다."고 말한다. 이러한 공자의 뛰어난 사업 감각은 서양에도 알려졌다. 1936년에 데일 카네기(Dale Carnegie)가 저작한 세일즈 분야의 표준서인 그의 인간관계론 『어떻게 친구를 구하고 사람에게 영향을 주는가』(How to Win Friends and Infulence People)에서는 첫 페이지서부터 공자의 가르침을 인용한다. "어떤 사람을 변화시키고 조정하고 계발하려면 너 자신부터 시작해야 한다. 공자는 '네 집의 문 앞을 치우지 않고는 이웃집 지붕 위에 쌓여 있는 눈에 대하여 불평하지 말라'고 하였다."[3]

아시아를 주목하는 전문가들은 경제와 사업에 대한 공자의 영향이 그에 의해 행복해진 몇몇 직원의 사례를 크게 초월한다고 믿는다. 중국, 일본, 한국, 싱가포르 등 동아시아 국가들이 산업 대국이 되면서, 최근 몇십 년 동안 목격된 이 지역의 엄청난 성공 배경에는 공자가 있었다고 일부 경제학자들은 말하고 있다. 동아시아 사회의 빠른 발전을 가능케 한 문화적 기초를 공자가 만들었다고 그들은 주장하는데, 역설적이지 않을 수 없다. 왜냐면 동서양 할 것 없이 공자 비평가들은 지난 150년 가까이 아시아를 허약하게 한 근원이며 현대화를 막는 주된 장애물이 공자라고 지적해 왔기 때문이다. 그러나 동아시아가 경제적 느림보에서 경제적 리더로 변신함에 따라 공자의 위치는 동아시아의 수출, 성장률, 그리고 수입의 증가와 함께 동반 상승하였다. 아시아 몰락의 원인으로 비난받던 바로 그 문화적 전통이 부활의 원인으로 각광받기 시작한 거였다. 여러 세기에 걸쳐 공자를 대하는 태도에 수많은 변화가 있어 왔지만, 이 운명의 역전만큼 이 현자를 심하게 놀라게 한 것은 없었을 것이다.

동아시아의 경제적 성장은 오늘날에도 계속되고 있는 현대사회에서의 공자의 역할을 재조명함으로써, 썩어 가는 공자의 사체에 새로운 생명이 불어넣어지는 현상을 광범위하게 불러일으켰다. 공자는 더 이상 정치적·경제적·사회적으로 진보를 추구하는 아시아에서 제거되어야 하는 형편없이 낡은 지난날의 잔재가 아니다. 동아시아의 경제 발전 관점에서 일부 유학적 개념의 가치가 재차 고려됐다. 그런 개념들은 현대화의 촉매가 되어 번영과 국제적 영향력이 재충전된 황금 시대로 아시아가 나아갈 수 있는 방법을 제시하는 것처럼 느껴졌다. 일본, 중국, 한국, 싱가포르 등의 발전은 아시아적인 것을 유지하면서도 부유하고 힘을 갖출 수 있다는 사실을, 완전한 서방화를 통해야만 현대화를 이루고 경쟁력을 갖출 수 있다고 수십 년에 걸쳐 주장해 온 아시아인과 비아시아인들 모두에게 증명하였다. 급성장으로 이룬 동아시아의 부는 이 책 서장에 언급한 키쇼어 마부바니가 말한 '문화적 신념', 즉 자기 확신으로 형성되어 아시아인들 자신의 전통을 새로운 눈으로 재조명할 수 있도록 길을 열었다.

그러나 부활한 유학은 궁정 예식, 군주 추도식을 비롯한 전통 숭배에 집착하고 근본주의에 버려졌던 제왕 시대의 유학과는 다른 것이었다. 대신 새로 나타난 유학자는 사업가 복장을 하고 스타벅스에서 카푸치노를 마시며 아이폰을 두들긴다. 그러나 심적으로는 잘 다스려지는 가정, 자비의 힘, 올바른 지도법에 대한 오랫동안 내려오는 믿음에 아직도 충실한 유학인이다. 동시에 그는 새롭고 세계화된 문화에 좀 더 쉽게 어울리는 재활성화된 유학인이기도 하다. 동양과 서양의 장점의 만남이 지역의 극적인 경제 상승 뒤에 숨어 있는 마력이라고 일부 학자들은 주장한다.

더 나아가 새로운 유학이 서양에 가르쳐 줄 것이 몇 가지 있는 것처럼 보인다. 부럽기만 한 동아시아의 놀라운 경제 성과에 고무된 경제학자와 사업가는 그들 자신의 나라와 사업에 도움이 될 지혜를 찾기 위한 목적으로 이 지역의 정책, 사회 양식과 회사 대표, 정부 지도자, 노동자들의 경영 방법을 해부했다. 이런 연구 결과에서 나타난 것은 어떤 면에서는 서양의 체계보다 우수하다고 할 수 있는 유교와 자유기업이 어울려 융합된 새로운 경제체계인 '유교적 자본주의'였다. 그것은 세계 경제에 대한 서양의 지배와 애덤 스미스식 자유시장 정설에 대한 동아시아의 '유교적 도전'을 의미했다. 만일 미국과 유럽이 떠오르는 아시아와 경쟁하려 한다면 서양은 유교적 자본주의를 택해야 한다는 것이었다. 이것 또한 놀랄 만한 분석적 선회였다. 서양의 아이디어로 공자를 교체해야 한다던 19세기 중반 이후의 동양이었으나, 이제는 그 서양이 동방으로부터 유학의 일부를 빌려 갈 수밖에 없게 되었다고 일부 학자들이 말하는 상황이다.

동아시아의 성공에 대하여 공자의 역할 뒤에 있는 또 다른 역설적인 주장은 현자가 경제정책이나 사업 방법에 대한 구체적인 지침을 제시하지 않았다는 것이다. 다른 여러 가지 중요한 이슈와 마찬가지로 이 과제에 대하여 주석과 일반적 개념을 말했을 뿐이다. 그러나 모범적 유교 경제가 무엇인지 도출하기에는 충분한 언어적 조각들을 남겼다. 사실상 그가 남긴 말 몇 마디는 동아시아의 빠른 성장에 불을 붙인 현대의 경제정책과 문화적 속성에 잘 조화되는 것이라고 일부 학자는 말했다.

고전에 나온 공자는 경제에 접근하는 면에서 놀랄 정도로 자유방임주의적이었다. 그에게 좋은 정부는 작은 정부였다. 너무 크고 방만한 나라에서는 사적 기업이 설 자리가 없고, 민중으로부터 너무 많은 것을 빼앗으며, 생산성을 향한 동기를 억제하여 마침내 나라를 가난하게 한다. 시장을 통제하거나 산업을 지배하려는 관리는 대중에게 돌아가야 마땅한 부를 나라의 돈궤에 빨아들여 재난을 초래한다. 정부는 과도하게 짐이 되는 세수를 민중에게 걷으면 안 되며, 호화스러운 의식에 자원을 낭비해도 안 되고, 불필요한 군벌이나, 너무 장대한 계획을 세워도 안 된다. 또한 통치자는 군졸 또는 공공사업에 동원되는 민중에게 과도한 노동을 요구하면 안 된다. 이러한 요구는 농장과 가족을 돌봐야 하는 그들에게 지장을 줄 것이다.

이런 공자의 관점은 정부가 인도적이어야 한다는 믿음의 결과물이었다. 공자에게는 대중에게 부과되는 무거운 세금은 일종의 잔혹한 행위였다. 사람은 가족의 복지를 추구하는 데 자유로워야 하며, 그것은 노동의 결과에 대한 정당한 혜택을 의미했다. 경제에 대한 관리를 말하고 있는 유교의 철학은 공자의 황금률의 한 버전으로 민중이 혜택받을 때 통치자도 혜택이 있으므로 통치자는 민중의 희생으로 혜택을 받으면 안 된다는 것이었다. "생산자가 다수이고 소비자는 소수로 하라. 생산은 활동적이고 소비는 절약적이어야 한다. 그렇게 하면 부는 항상 넘쳐 흐를 것이다."라고 『대학』은 통치자에게 조언한다.[4]

현자는 『논어』 첫 구절에서 이러한 관점을 명확히 했다. "천 개의 마차가 있는 나라를 통치하는 데 있어 비용을 절약하고, 민중을 사랑하고, 적당한 계절을 골라 사람을 고용하는 등 업무에 정중하고 진실한 주의를 기울여야 한다." 그는 질문이 많은 한 제자와의 대화에서 이 교훈을 부연 설명했다. "권좌에 있는 사람이 정부의 일을 올바르게 수행하는 길은 무엇인지요?"라고 쯔장(子張)이 물었을 때, 공자는 "권좌에 있는 사람은 큰 비용을 안 들이면서 선행을 베풀어야 한다. 사람들에게 일을 주되 불평이 없게 해야 한다. 원하는 것을 하되 욕심 없이 한다. 안락함을 품위 있게 누리되 자랑하지 않는다. 엄숙하게 행하되 격렬함이 없어야 한다."고 대답했다. 그러고는 관리가 절대 하지 말아야할 것을 말했다. "일에 대한 완전한 설명 없이 민중에게 갑자기 일을 맡기는 것을 압제라고 한다. 일반적으로 사람들에게 일에 대한 대가나포상을 인색하게 지불하는 것을 전형적인 공무수행 행태라고 한다."[5]

확고한 번영을 이루는 것이 모든 정부의 주된 임무 중의 하나라고공자는 믿었다. "충분한 음식, 충분한 군사 장비, 또 통치자에 대한 민중의 믿음을 조성하는 것은 정부가 지켜야 할 필요조건이다."라고 공자는 말했다. 또한 위나라를 여행할 때 공자는 그 지방에 많은 사람들이 살고 있는 것을 보았다. "저렇게 사람이 많은데 어떤 것이 더 필요할까요?"라고 한 제자가 물었다. "저들을 풍요롭게 하는 것"이라고 공자는 대답했다. 따라서 나라 전체의 안녕을 위해 경제를 개발할 의무가 정부에 있다. 힘 있는 경제를 세우는 것 그 자체가 훌륭한 정책이기도 하다. 유학자들은 잘 먹고 가벼운 세금이 부과되는 국민은 충성스러운 국민이 될 것이며, 그러한 정책을 시행하는 왕은 권력을 확장하여 통치를 견고히 할 수 있다고 믿었다. "부가 한곳에 축적되면 사람들은 분산되고, 부가 사람들 사이에서 분산되면 사람들은 모인다."고 『대학』은 가르친다.[6]

경제적 풍요는 사회의 도덕적 발전을 위한 중요한 전제 조건이라고유학자들은 철석같이 믿었다. 일반인에게 먹을 것이 충분하고, 비를피할 지붕이 있으며, 경제적 기회가 있으면, 통치자는 그의 국민을 위해 도를 실현할 필요 조건을 갖춘 것이다. 굶고 가난한 사람이 어떻게윤리적일 수가 있겠는가? "인간에게 생계 수단이 없으면 확고한 마음이 없습니다."라고 맹자는 왕에게 말했다.

확고한 마음이 없으면 자신을 포기하고, 도덕적으로 굴절되고, 타락하며, 제멋대로 구는 등 못하는 일이 없습니다. 사람의 생계수단이 막히면 위로는 부모를 돌볼 길이 없으며 아래로는 아내와 자식들을 부양할 수 없습니다. 좋은 해에도 고통은 계속되고 나쁜 해에는 죽음을 면치 못합니다. 이러한 경우, 죽음에서 자신들을 구하려 노력하나 그들이 할 수 있는 것은 그렇지 못할까 걱정하는 것뿐입니다. 예절과 의를 익힐 여유가 있겠습니까?[7]

공자의 추종자들은 세기를 거쳐 중국의 통치자로 하여금 경제정책에 그들의 원칙을 수용하도록 권장했다. 그러한 노력은 공자 자신의 시대부터 시작되었다. 예를 들자면, 『논어』에 있는 노나라의 애공(哀公)과 현자의 제자인 유루오(有若)간에 있었던 대화이다. 추수가 많지 않아 수입이 지출을 감당치 못할까 걱정하던 애공은 루오에게 자문을 구하였다. 그는 애공에게 수입의 10분의 1을 세금으로 매기라고 조언하였다. "10분의 2도 충분치 않은데 10분의 1로 어떻게 하라는 말이냐?"라고 애공은 말했다. "사람들이 가진 것이 많으면, 군왕은 더 이상 홀로 모자라지 않을 것이요, 사람들이 가진 것이 모자라면, 군왕은 홀로 충분치 못할 것입니다."라고 유루오는 대답했다.[8]

맹자 또한 검소하고 부산하지 않은 경제정책에 대하여 통치자에게 긴 강의를 하였다. "간섭받지 않는 농사는 먹고도 남을 곡식을 생산합니다. 완전히 막힌 그물을 금지하면 먹고도 남을 생선과 거북이를 잡을 수 있습니다. 도끼와 미늘창이 적당한 때에 사용되면, 사용하고도 남을 충분한 목재를 언덕과 숲에서 얻을 수 있습니다. 이렇게 곡식, 생선, 거북이가 먹고도 남을 정도이고 목재가 쓰고 남을 정도로 생산되면, 사람들의 삶이 윤택해지고 두려움 없이 죽은 사람들을 애도하게 됩니다. 이러한 여건을 조성하는 것이 위풍당당한 정부가 택할 첫 단계입니다."라고 맹자는 양혜왕(梁惠王)에게 진언하였다. 맹자는 민중이 몸부림치며 굶는 것을 보고만 있는 통치자는 살인자보다 나을 것이 없다고 말했다. "기근으로 인해 사람들이 길에서 죽어가고 있는데도 폐하는 미곡창고를 개방하지 않고 있습니다. 폐하는 죽어가는 사람들을 보며 '이것은 날씨 때문이지 나 때문이 아니다'라고 하십니다." 왕을 계속 꾸짖으며 맹자는 왕에게 물었다. "사람을 칼로 찔러 죽인 사람이 '죽인 것은 내가 아니라 칼이었다'라고 말하는 것과 무엇이 다르겠습니까?"[9]

중국의 지도자들은 대부분 공자와 그의 추종자들의 충고를 따르지 않았다. 한나라 시대의 무제는 영토 확장 야심 때문에 점점 더 많은 비용이 요구됐고 정부는 더 많은 수입을 갈구하게 되었다. 왕은 소금, 철, 술 등 사기업이 많은 이익을 남기며 거래하던 물건에 대하여 정부가 독점권을 행사하게 했고 거기서 나오는 많은 이익을 거두어 국고를 채우려 했다. 또한 그는 '공정판매 체계'라고 완곡하게 부르는 책략을 통하여 정부를 필수 품목의 주 사업자로 만들었다. 정부 관리들은 곡식과 기타 물건을 싼값으로 대량 구매한 후 다른 지역에 비싸게 파는 과정을 통해 생긴 어마어마한 이익을 정부로 돌렸다.

유학인들은 이에 반대하였다. 한나라 초기의 위대한 유교사상가인 동중서는 무제의 정책이 민중을 더욱 가난으로 몰고 있다고 비난하면서 소금과 철에 대한 독점권을 포기하고 정부가 강제하는 세금과 노동을 경감하라고 조언했다. "옛날에는 생산의 10분의 1을 넘지 않는 세금이 부과되어 민중이 감당할 수 있었습니다. 나이 든 어른을 모시고, 부모님을 돌보며, 상사에게 봉사하고, 세금을 내며, 아내와 사랑하는 사람들을 먹여 살릴 만한 여유가 있었습니다. 그러므로 그들은 기꺼이 통치자에게 복종하였습니다."라고 동중서는 왕에게 상소하였다.[10]

　동중서는 황제를 설득시키지 못했고 만인이 혐오한 그런 정책은 계속됐다. 그러나 고집스러운 유학자들은 단념하지 않았다. 무제가 죽은 후인 기원전 81년에 그들은 왕이 시행했던 경제정책에 대하여 관리들과 뜨거운 논쟁을 벌였다. 그 논쟁은 마치 오늘날 벌어지고 있는 경제정책에 대한 국가 역할의 적절성 논란과 흡사한 것이었다. 오늘날의 자유시장 신봉자의 본보기 같은 느낌을 주는 유학자들은 정부의 개입은 가격을 왜곡하고, 사기업을 축소시키며, 번영을 저해한다고 주장했다. 그들은 동중서가 주장했던 국가 독점권과 '공정판매' 체계의 폐지를 재주장했다. "오늘날 정부는 민중이 가진 것을 무시하고, 그들이 소유한 것 이상을 요구하며, 상부에서 내려온 명령을 충족시키기 위해 가진 것들을 싸게 처분하게 만들고 있다. 우리는 이러한 판매를 '공정'하다고 볼 수 없으며, 능란한 상인과 부패한 관리들이 싸게 사서 비싸게 파는 것에서 '균형'을 본 적이 없다."고 유학자들은 비판했다. 그들은 국가가 사업을 하면 안 된다고 주장했다. "인간을 통치하는 도는 죄와 잘못을 근본적으로 막고 도덕성을 확대하며… 인도적이고 정의로움을 행사하는 길을 닦는 것이라고 들었으며, 따라서 물질적인 이익은 정부의 동기가 될 수 없다."고 그들은 역설했다.[11]

　조정 관리들은 국가 경영에 필요한 것들을 이해 못하는 비현실적 이상주의자들이라고 유학자들을 비난하고 반박하였다. 독점권을 폐기하고 세금을 경감하면 약탈을 일삼는 야만인들로부터 국경을 지키는 것이 불가능해지며, 국가가 사업에 참여함으로써 불안정한 시장으로부터 민중을 지키는 일이 가능해진다고 주장했다. 관리 중의 한 사람은 유학자들의 초라한 의상을 빗대 정부 정책을 이끌기에 맞지 않음을 보여주는 증거라고 조롱하였다. "그들을 보면 아무것도 없고, 텅텅 비어 있는 것을 거론하며 꽉 차 있다고 말한다. 그들은 초라한 의상과 다 떨어진 신발을 신고 근엄하게 걸으며 무엇인가 잃어버린 사람같이 사색에 잠긴다. 이러한 사람들은 위대한 행동을 하고 명성을 얻을 수 없다."[12]

유학자들의 헐어 빠진 신발은 자유기업에 대한 공자의 열망의 한계를 반영했다. 위대한 현자가 작고 효율적인 국가를 선호하기는 했으나, 규제 없는 사기업을 선호한 것은 아니었다. 공자는 선천적으로 부에 대한 추구를 경계했고, 그런 태도는 향후 유학자와 사업과 사업자에 대한 관점에 반영되었다. 공자는 인도의 힌두교처럼 금욕주의를 설파하지는 않았으나, 가난에서 고귀성 혹은 적어도 가난에 대한 금욕적 수용을 발견했다. 공자의 관점에서는 진실한 군자는 부를 탐하지 않았다. "군자는 배부름이나 안락한 집을 구하지 않는다."고 공자는 말했다. 진심으로 자비롭게 행동하려고 노력하는 사람이라도 사치를 탐내면 믿음을 잃는다. "도에 마음을 둔 사람이라도 비천한 음식이나 남루한 의상을 부끄러워한다면 그 사람의 생각은 물어볼 가치도 없다."[13]

그러한 의심은 이익적 동기는 도덕성에 반한다는 그의 믿음에서 나왔다. 부를 모색하는 사람은 덕에서 멀어진다. "군자는 무엇이 도덕인지 안다. 소인은 무엇이 이익인지 안다."라고 공자는 말했다. 그러나 공자가 재정적 성공을 전부 반대한 것은 아니다. 도덕적인 행동으로 큰 부를 모으는 것은 괜찮다고 그는 암시하였다. "부와 높은 지위는 사람들이 원하는 것이지만 만일 올바른 방법으로 이룬 것이 아니라면 나는 그것들을 유지하지 않을 것이다. 가난과 낮은 지위는 사람들이 싫어하는 것이지만 만일 억울하게 그렇게 되었다손 치더라도 나는 그것들로부터 벗어나려 하지 않을 것이다.” 유교사상에서 부(富)는 도덕적이고 현명한 사람에게 온다. 훌륭한 왕은 도를 따를 때 그 자신과 왕국 전체를 번영하게 할 수 있다. “덕은 뿌리이고 부는 결과이다.”라고 『대학』은 주장한다. 공자는 정치를 비롯해 경제에서도 도덕적 힘은 물리적 힘보다 강하다고 믿었다.[14]

그러나 유학자들은 중국의 엘리트들이 대체적으로 부를 정직하게 이루지 않은 것으로 여겼다. 유학자들은 금융과 무역을 태생적으로 부패한, 궁극적으로 나라 전체의 복지에 위협이 되는 ‘보조적’ 경제활동으로 보았으며 일반적으로 상업을 인정하지 않는 경향이 있었다. 상인들은 생산에 직접 가치를 부가함이 없이 다른 사람들의 땀과 노역으로 만든 것을 단순히 사고파는 과정에서 부당한 이익만 취한다고 유학자들은 생각했다. 유학자들이 선호한 것은 진짜 물건을 생산하는 '기본적' 활동에 기여하는 정직한 일꾼으로 알려진 농사꾼을 위한 경제정책이었다. “보조적 경제활동이 일어날 때 사람들은 타락하나, 기본적 생산활동이 일어날 때 사람들은 단순하고 진실하다. 사람들이 진실하면 충분한 부와 재화가 있게 되나, 사람들이 사치스러워지면 기아와 추위가 따라온다.”고 기원전 81년에 있었던 토론에서 공자는 정부 관리에게 말했다.[15]

상업에 대한 유학의 편견은 ‘네 가지 계층’이란 개념에 묻어 있다. 이익 추구에 미친 기생충과 같은 상인은 제일 하층이고, 제일 위에는 학자-관리가 있으며 정직한 노동자의 모범인 농부는 두 번째에, 그리고 자기가 가진 기술로 먹고 사는 기능인은 세 번째 계층이었다. 부자들은 일반인을 착취하여 부를 모은 사람들이라고 생각한 유학자들은 부를 밝히는 사람들은 더 위대하고 선한 것을 저해하는 사람들이라고 보았다. 이 생각은 유학자들로 하여금 경제 평준화를 권장하고 나라에 자유기업의 만용을 관리할 책임을 물었다.

무제에게 보낸 중요한 서찰에서 동중서는 그 시대의 경제적 질환은 권력과 탐욕에 싸인 소수에 부가 집중되어 있기 때문이라고 비난했다. "부자들이 서로 연결되어 있는 많은 땅들을 사들임으로써 가난한 사람들은 말뚝 박을 땅도 거의 갖지 못합니다. 어떻게 민중은 억압에서 벗어날 수 있습니까?"라고 우려했다.[16] 그것이 그와 그 후의 많은 유학자들이 더 나은 소득 균형의 방법을 요구했던 이유이다. 동중서는 민중 각각이 균형을 이룬 크기의 토지를 소유하고, 각 농민 가족은 자신들의 필요를 스스로 충족시키면서 더 큰 토지를 가진 지주들에게 착취당하지 않는 토지소유 체계를 소망했다. 이런 관점은 그 당시 받아들여지지 않았으나 향후의 유학자들은 끊임없이 이에 대한 건의를 반복하였다.

유학자들이 모든 논쟁에서 이긴 것은 아니었지만 중국의 경제정책에 많은 영향을 준 것만은 사실이다. 몇 세기 동안 과거제도를 통하여 경제를 담당한 공무원들에게 주입된 현자의 사상은 당연히 정부의 결정에도 스며들었다. 그 결과는 콜롬비아 대학 교수인 마델레인 젤린(Madeleine Zelin)이 '유교적 정치 · 경제'라고 부르는 것이었다. 무제의 독점을 깨지는 못했지만 유학이 선호한 자유경제는 대부분의 중국 역사 동안 확산되었다. 제국 시대의 중국은 뚜렷한 민간시장 경제였다. 토지는 자유롭게 거래되었고 무역인과 기능인도 그들의 일을 자유롭게 할 수 있었다. 공자의 손길은 정부의 세금과 비용 제도에서 제일 크게 느껴졌다. 정부는 대체로 사람들에게 무거운 의무를 지우지 않았다.

정부 입장에서는 계속 확장되는 국가 재정에 국고가 늘 부족한 문제가 있었지만, 그럼에도 유학의 원칙이 우선했다.[17]

 공자가 중국 경제에 어떤 영향을 주었든지 간에 중국은 오랫동안 세계에서 제일 부유한 나라였다. 역사가인 앵거스 매디슨(Angus Madison)은 중국과 인도가 역사 내내 세상에서 가장 부유한 나라였다고 말한다. 그러나 19세기에 이르러 이러한 중국의 위치는 빠른 속도로 무너지기 시작했다. 1820년대에 유럽과 미국은 세계 생산의 25퍼센트 정도를 담당하고 있었는데 중국은 33퍼센트를 담당하고 있었다. 그러나 1950년에 와서는 서양의 몫이 거의 57퍼센트였던 것에 반해서 중국의 몫은 쥐꼬리만한 4.6퍼센트였다. 중국은 과학과 기술에서만이 아니라 경제개혁에서도 서양에 뒤져 있었다.[18] 서양에 새로운 부와 힘을 실어준 산업혁명의 영향을 거의 받지 않았던 중국은 20세기에 진입하는 시점에도 대체적으로 농업국가였다. 서양의 기업가, 투자자, 사업가들로 하여금 거대 자본의 동원을 가능케 한 주식시장, 현대식 기업, 그리고 은행 같은 제도도 없었다. 요점은 서양에서는 자본주의가 개발된 반면, 중국은 그렇지 않았다는 것이다.
 사실 의아한 일이었다. 과학 분야와 마찬가지로 대부분의 역사에서 서유럽보다 훨씬 앞선 경제를 누리고 있었던 중국은 20세기의 마지막 20년 전까지는 현대적 자본주의형 경제를 개발하지 못했다. 학자들은 서양에서 일어난 산업혁명이 왜 동양에서 일어나지 않았는지 의문을 갖기 시작했다. 서양에서 자본주의의 기적이 확실해지고 있을 때, 중국은 왜 그것을 받아들이지 않았는가? 이 의문에 대한 해결점을 찾는 데에서 공자가 다시 한 번 등장했다. 자본주의를 배척한 유교문화와 사회체계가 중국 경제의 빈약함을 야기했다는 것이다.

이 논리는 독일 사회학자 막스 베버(Max Weber)가 1915년 논문인 「중국의 종교」(The Religions of China)에서 강력히 주장했다. 자본주의에 필요한 '정신'이 기독교에 있었으므로 서유럽에서 자본주의가 태어날 수 있었다는 그의 유명한 논리는 이미 거론된 바 있다. 중국 사회를 연구한 베버는 이러한 정신이 유교에 없기 때문에 중국에서 자본주의가 형성되지 못했다고 단정했다. 베버는 전통에 대한 과도한 집착과 현상 유지에 대한 자만이 자본주의를 성장하지 못하게 한 요인이라고 주장했다. 더 나은 삶을 위해 중국인들을 변화시키고, 제국적 관계에 개입하고, 실제적이며 전문적인 지식을 모으는 대신, 유교는 중국인들을 따분한 사회적 관습과 낡은 경제 관습에 얽매이게 함으로써 현대적 자본주의가 동양에서 일어나지 못하게 했다는 것이다.

유교가 또 반자본주의인 이유는 유교적 사상에서 보는 인간의 위치에서 알 수 있다고 베버는 주장했다. 그는 유교의 교리가 전통에 대한 존중과 인간의 행동양식을 규정하며 사회질서에 순응할 의무가 있다고 하는 부분에 주목했다. 조화와 안정에 초점을 맞추는 유교는 사물의 현재 상태를 받아들이는 게 정상이었다. 그 결과로 진정한 유교인은 변화를 모색하고 지지하기보다는 전통의 유지를 장려하였다. 이에 반해 하나님의 의지에 따라 완전치 않은 세상을 바꾸려 한 서유럽의 개신교는 개혁과 자본주의적 정신을 자극하는 등 정반대로 행동했다. "유교적 합리주의는 세계에 대한 합리적 조정을 의미했으나 청교도적 합리주의는 세계의 합리적 지배를 의미했다."고 베버는 말했다.[19]

베버가 보기에 유교에는 중국인으로 하여금 전통에서 벗어나고 사악한 세상을 고치게 하는 사후에 대한 비전이 없다는 것이다. 신에 대하여 죄 짓는 것도 또 영원의 저주에 대한 두려움도 없는 유교인들은 그 저 일상의 예의범절에만 관심이 있었다. 훌륭한 사람이 되는 것은 사 회적 행동에 관해 정형화된 패턴을 따르면 완벽하게 되는 것으로 진실 한 도덕적 행동과는 관계없는 것이었다. 유교에서 '죄 지었습니다'는 서양에서 '죄송합니다'라는 정도와 동일한 개념이라고 베버는 비꼬아 말했다. 하늘로부터 내려온 거창한 소명이 없는 유교인들은 부의 축적 (역설적인 것처럼 보이지만)을 포함한 일상적인 일에 매달렸다. 유학자들 은 "부의 가치를 도덕적 완성의 일반적 수단"으로 보았고 따라서 "이처 럼 물질적 복지가 지상선으로 격상한 나라는 없었다."고 베버는 기록 했다.[20]

베버에 의하면, 사소한 잔돈에까지 매달리는 자세 때문에 자본주의 상거래에 필요한 신용이 파괴되는 것이 문제였다. "이 신용의 결여는 신용과 상거래에 대한 장애 요인이 되었으며, 특히 절대 깨지지 않으며 종교적으로 확고한 믿음의 형제의 정직성에 의거한 청교도의 경제적 신용과 크게 대비되었다. 유학인들의 말은 아름답고 공손한 태도 자체 를 목적으로 한다. 그 반면 청교도의 말은 비인격적이고, 짧고, 전적으 로 믿을 수 있는 상업적 대화를 위한 것이었다."고 베버는 적었다.[21] 문 제를 더욱 어렵게 하는 것은 유교의 효에 대한 집념이었다. 유교인들 은 가족과 가까운 사람들을 타인보다 중시하였기 때문에 현대 자본주 의가 기능적으로 역할을 하기 위해서 필요한 공정하고 냉정한 경제 거 래가 성장할 수 없었다.

베버의 이러한 주장은 많은 분석을 필요로 한다. 베버의 논문을 숙 독하면 그가 바람직한 학자가 가져야 할 열린 정신이 아니라 비웃기로 작정하고 유학의 전통을 연구했다는 느낌을 받는다. 유교가 탐욕과 도덕의 이완을 조장했다는 그의 개념은 공자의 가르침을 곡해한 확실한 증거이다. 그럼에도 불구하고 유교와 자본주의가 잘 섞이지 않았다는 논리는 중국 경제의 실패 원인으로 받아들여지고 있다. 유교는 자본주의 기업가에 필요한 개인적 독립성을 억눌렀고 직업 서열에서 가장 밑에 놓인 상인에 대한 멸시감을 조장했다. 역사가인 존 킹 페어뱅크(John King Fairbank)와 동료들은 "유럽과 중국에서의 서로 다른 경제 발전은 둘 사이의 총체적인 문화적 차이를 나타내는 증거이다."라고 기록했다.[22] 공자의 연루는 확실했다. 중국의 정치적 · 사회적 변혁을 공자가 막고 있다고 중국의 혁명가와 여성 해방주의자들이 믿었듯이 학자와 역사가들도 공자가 중국의 경제 발전을 가로막았다고 생각했다. 다시 한 번 공자는 현대 세계에 적합하지 않다는 비난을 받았다.

그러나 포탄에 의해 파괴된 제2차 세계대전 후 일본의 도시에서 자본주의와 관련된 공자에 대한 재평가 움직임이 시작되었다. 산업과 국가의 부를 재건하기 위해 신속한 경제개발에 매진한 일본의 성공은 세계를 놀라게 하였다. 일본 경제는 1960년대에 연평균 10퍼센트가 넘는 숫자상 불가능해 보였던 성장률을 보이면서, 1967년에는 미국 다음으로 세계에서 두 번째로 큰 경제를 이루어 냈다. 자동차, 철강, 텔레비전, 선박, 팩스 기계와 반도체를 수출하는 일본 회사들은 세계 곳곳에서 시장점유율을 높이면서 몇 세기 만에 처음으로 서양이 누려 온 산업적 우위에 도전하였다. 1970년대 후반, 일본이 미국을 따라잡고 세계 제일의 경제가 될 것이라는 전문가들의 예측과 그런 분위기에 서양은 공포에 휩싸였다.

더군다나 일본 혼자 그런 엄청난 성장을 이룬 것이 아니었다. 동아시아 전반에 걸쳐 가난에 찌들고 전쟁에 파괴되었던 나라들이 부유해졌다. 네 마리의 소룡(小龍)이라고 불린 한국, 대만, 홍콩, 싱가포르는 제조와 수출을 주무기로 삼아 일본과 비슷한 경제성장을 경험했다. 경제학자들은 당황했다. 식민지 시대가 끝난 20세기 중반에 이르러 경제학자들은 천연자원도 거의 없고 산업이나 사회기반시설이 거의 없는 작고 연약한 식민지 동아시아 국가의 경제적 재생력을 실제적으로 무시했다. 오히려 아프리카나 라틴아메리카 국가들에 더 높은 전망이 기대되었다. 그러나 네 마리의 소룡은 거의 모든 경제지표에서 기타 신흥국가들을 앞질렀다. 이런 발전을 지켜보던 국제 사회는 너무 놀랐고 고루한 세계은행마저 이 현상을 '기적'이라고 불렀다. 어떤 분석가들은 경제 이론만으로는 소룡들의 성공을 설명할 수 없다고 주장했다. 그들은 이 동아시아 국가들이 번영을 위한 올바른 길을 따른 반면 다른 신흥국가들이 그렇게 하지 못한 이유를 질문했다. 따라서 학자들은 동아시아의 이런 설명 불가한 성공 이유를 설득해 줄 다른 요소를 찾았다. 그리고 세계의 다른 지역보다 아시아 사회에서의 더 빠른 경제성장을 가능하게 한, 그런 옥토를 제공한 어떤 독특한 이유가 틀림없이 있다고 단정했다. 일본과 네 마리의 소룡을 살펴본 아시아 전문가들은 이 나라들에 중요하고 어쩌면 긴요한 공통적인 요소로서의 공자를 발견했다.

위대한 현자의 가르침이야말로 동아시아와 기타 신흥국 사이의 결정적 차이였고 기타 신흥국들의 더딘 발전 속도에 비해서 월등한 동아시아의 경제 실적을 설명해 주는 중요 요소였다. 일본과 네 마리의 소룡은 유학이 국가의 근간이던 제국 시대와는 다른 유교사회이지만, 현자의 아이디어는 아직도 동아시아인의 일상에 깊이 뿌리내려 잘 살아 있다고 새로운 유교의 지지자들은 인정했다. 그리고 이러한 사회를 설명하는 새로운 용어로 '포스트-유교'가 생겨났다. 학자들은 관찰 결과 위대한 현자의 가르침이 지역경제 발전의 기초를 이루는 데 필요한 적절한 동아시아인의 관행과 자세를 형성했다고 보았다. 유학이 경제를 촉진했다는 증거는 1980년대에 또 하나의 유교 색채를 띤 경제대국으로서 세계 무대에 등장한 중국이었다. 자본주의에 이롭지 않은 것이라는 만트라(진언, 주문)로 인식되었던 유교는 어지러울 정도의 속도로 완전히 반전되었다. 영국의 정치가인 로드릭 맥파쿠하 (Roderick MacFarquhar)는 1980년에 베버를 직접 비판하면서 "동아시아의 초고속 성장성 경제에 관련된 유학은 서양에서의 기독교 통합과 자본주의의 부상 간의 관련성만큼이나 중요하다."고 주장했다.[23]

이런 반전은 유교 가족의 경제 능력에 대한 새로운 평가에도 한몫했다. 사업이나 기업가 정신에 있어 죽음의 덫 역할을 버린 유교 가정은 동아시아 자본주의의 상승 엔진으로 변모하여 사기업의 성공을 위해 필요한 동기, 인맥, 자금을 부여하였다. 유교가 고무시킨 교육에 대한 열정은 현대 산업에 딱 들어맞는 기술 인력을 제공하였다. 유교 가족에 깊이 배어 있는 절약 정신을 통해 가정은 투자를 위한 자금을 모았다. 또 가정의 복지를 개선하기 위한 효도의 약속은 동아시아인으로 하여금 더욱 열심히 일하게 만들었고, 성공에 대한 동기를 부여하였다. 효는 개인적 자주성을 억누르기보다는 촉발시켰다. 베버가 주장한 것과 달리 사업 행위를 불합리하게 왜곡하기는커녕 유교문화에 잠재하고 있는 배타성은 사실상 효과적인 자본주의 행위를 도모했다. 가족과 가까운 친구를 망라한 네트워크는 자금, 정보, 믿음 있는 동반관계를 조성함으로써 기업적 모험을 가능하게 했다.

게다가 참된 유교인은 가족이라는 테두리 내에서 받은 사회적 교훈에 따라 모범적인 자본주의자가 되었다. 자기 중심적이며 개인주의적인 서양과는 달리 유교적 가치는 동양의 사업가와 노동자로 하여금 그들이 갖고 있는 풍부한 기업가적 에너지를 자기만의 성공만이 아니라 가족과 공동체의 성공을 위해 사용하도록 고무시켰다. 부모의 권한을 존중하는 데 익숙한 유교사상이 배인 노동자는 상사를 대할 때에도 흡사한 자세를 견지함으로써 평화로운 노동관계를 굳건히 했다. 또 정부를 존중하라는 교육을 받은 국민은 국가 정책에 대해 수용적이어서 주요한 개혁의 실행을 순탄하게 했다. 그러므로 20세기의 유교인들은 책임감이 투철한 노동자, 담대하게 추진하는 기업가, 또 국가의 장기적 영광을 위해 눈앞의 이익을 단념하는 헌신적인 국민으로서 고속성장에 필요한 모든 역할을 해 나갈 준비가 되어 있었다. "포스트-유교 경제인은 일도 열심히 하고 놀기도 열심히 하며, 소비도 많이 하지만 저축도 많이 한다. 그는 나이와 실력에 의해 계층화된 사회를 받아들인다. 그의 번영은 공동체의 이해와 따로 떼어서 생각할 수 없다고 여겨지며 그 경계가 어디인지에 대한 지도를 받아들인다."고 맥파쿠하는 기록했다.[24]

유교에 깃들어 있는 안정에 대한 욕구와 권력에 대한 복종은 유교인들을 충성스럽고 헌신적인 직원으로서 개인주의적인 서양인들보다 현대 기업의 삶과 일에 더 잘 맞게 만들었다고 사상가들은 주장했다. 이러한 유학의 영향력은 아시아 기업들을 서양과의 경쟁에서 우월하게 만들었다. 유교는 논쟁적인 서양에서는 볼 수 없는 경영진과 종업원 간의 협력관계를 조장하였고, 종업원 사이의 끈끈한 연대감은 그들을 단단한 팀 플레이어로 만들었다. "서양의 개인주의가 산업화의 초기 시대에 적합한 것이었다면 아마도 포스트-유교의 '집단주의'는 대중 산업주의 시대에 더 적합한 것일지도 모른다. 서양에서 '조직인' 하면 어느 정도 비열하게 여겨지지만 일본에서는 회사원이 이상적인 존재이다."라고 맥파쿠하는 상정했다.[25]

유교는 동아시아 정부 안에서도 자본주의 정신을 조장하였다. 동아시아의 관리는 더 이상 답답한 고전주의자가 아닌 고도로 효율적인 자본주의 정책을 수립하는 새로운 형태의 종사자였다. 제일 똑똑한 사람들에게 관리가 되라고 장려한 공자, 한때는 지역의 개발을 막고 있다고 비난받았던 바로 그 공자는 이제 일본과 한국의 우수한 대학 졸업생들에게 경제정책을 다루는 정부 부서에 취직하라고 권장한다. 정치인들이 수립한 정책을 관리가 따르는 서양과는 달리, 일본을 비롯한 동아시아 국가에서는 전문 관료의 손에 의해 경제가 관리되었다. 그 결과는 대단히 똑똑한 관료들이 정치 개입 없이 전문적으로 정책을 수립할 수 있는 길이 열렸다.

동아시아의 관료는 900년 전 송나라 왕안석을 움직인 그런 정신에 입각해 경제개발과 개조 정책을 시행하려는 동기를 부여받은 현대적 군자로 인식되었다. '관료가 제일 잘 안다'는 유교 정부의 오래된 전통은 이 새로운 군자가 성장을 촉진시키기 위해 자유방임의 서양에서는 받아들일 수 없는 방법으로 자유시장에 좀 더 쉽게 개입할 수 있었다. 예를 들어, 일본의 정책 설계자들은 특정한 산업에 특별한 혜택을 주었고, 신생 분야는 외부의 경쟁에서 보호했으며, 선호하는 회사에 은행으로 하여금 대출을 일으키게 했고, 또 기업 연합마저 조장했다. 미국에서는 정부와 민간 부문 간에 경계심이 상존하는 반면, 이 새로운 군자는 일본의 금융계와 기업계 사이에 절친한 관계를 구축하여 산업

투자에 대하여 밀접하게 협력하는 삼두체제를 형성하였다.

유력한 새 군자는 세계 경쟁에서 일본, 한국, 싱가포르와 기타 동아시아 경제에 유리하게 작동했다고 전문가들은 주장했다. 미국이 일본과 보조를 맞추려면 미국 행정부는 그들 자신의 '엘리트 군자' 팀을 발전시켜야 한다고 아시아 전문가인 에즈라 보겔(Ezra Vogel)은 주장했다. "우수한 계획, 조직, 그리고 노력으로 우리와의 경쟁에서 일본이 승리했다는 점을 인정해야 한다는 것이 불안하지 않을 수 없다. 집단적 방향 감각을 갖고 정부가 주도하는 현대화를 이끄는 일본은 개인주의적이고 법률 존중주의 역사를 보유한 미국이 절대 고안할 수 없었던 해결방책을 개발했다."고 보겔은 1979년에 기록했다.[26]

유교에 영향받은 이런 제도와 정책은 서양이 고수하는 자본주의의 이상적 체계에 위배되는 것이었다. 서양 경제학자 관점에서는 관료는 자유시장의 촉매자가 아닌 위험한 간섭자였다. 또 사업 거래는 인맥에 기초하지 않고, 공정해야 하고, 합리적이어야 했다. 그러나 부인할 수 없는 화려한 동아시아의 발전은 전문가들로 하여금 자본주의의 정설에 의문을 제기하게 하고 또 재조명하게 만들었다. 일부 전문가는 동아시아에서 벌어지고 있는 현상은 서양의 자본주의보다 더 우수한 새로운 유교적 자본주의 형식이라고 믿었다. 애덤 스미스와 공자의 이 위대한 혼합은 자유시장 원리와 정부의 개입을 조합한 일종의 초자본주의를 형성한 것으로 인식됐다. 자본주의는 쇼핑하는 주부, 모험을 하는 기업가, 그리고 대담한 사장이 각자의 이해에 따라 행동함으로써 모두에게 번영을 가져다주는 단호한 개인주의에 기초하고 있다는 것이 늘 있어 오던 일반적인 관점이었다. 그러나 유교적 자본주의는 더 집단적이고, 서로 조정된 형태로 결정을 내리고 자원을 분배함으로써 힘 있는 성장과 경쟁력 있는 산업을 만들 수 있다는 개념에 기초하였다. 경제 활동이 변호사에 의해서 검토되고, 계약서에 적시되고, 시장에 의해서 단련되는 서양과 달리, 유교적 자본주의는 관료, 은행가, 운영자 간의 결속, 가족이 경영하는 사업, 회사 내의 밀접한 팀워크 등 인간관계를 중시했으며, 이것이 시간이 요구하는 변화에 맞게 아시아 경제를 서양의 경제보다 더 순응적이게 만들었다. 경영학 교수인 민천은 "유교윤리는 인간관계의 중심, 자기 수양에 대한 자각, 개인의 계발, 여러 사람들 사이의 합의 도출과 협력 안에서 각 개인을 강조하는 다른 종류의 자본주의를 구축하였다. 이런 집단적 힘은 서양과 경쟁하는 동아시아 사회가 가진 비교 우위였다."라고 기록했다.[27]

이러한 문화적 배경에 힘입은 동아시아의 경제적 성과를 가장 열정적으로 역설한 사람은 지난 반 세기 동안 지역 정치에 지대한 영향을 미친 싱가포르의 전 수상 리콴유(李光耀)였다. 그는 아시아의 경제 기적을 다른 사회의 철학을 누른 유교적 가치의 승리로 여겼다. "교육, 학문, 노동, 검약, 또 미래의 안녕을 위해 현재의 욕구를 미루는 그런 가치를 두지 않는 문화에서는 경제개발이 더딜 수밖에 없다."고 1994년에 있었던 한 인터뷰에서 리콴유는 말했다. 리콴유는 동아시아의 경제적 성장을 단순히 경제적으로만 평가하는 것은 "모든 사람이 동등하다는, 즉 세계의 모든 사람이 같다는 희망적인 추정에 의거한 것이지 '사실은 그렇지 않다.'"고 주장했다. 대신 "각 사람들은 수천 년간 분리되어 살면서 서로 다른 성격을 갖게 되었다. 만일 이런 사실을 사회적으로 논쟁거리게 될 수 있는 부적절한 언사라고 피한다면 자신을 해칠 수 있는 지뢰를 스스로 매설하는 것과 마찬가지이다."라고 말했다.[28]

그런데 리콴유가 소위 '아시아적 가치'에 대한 대표 대변인이 됐다는 사실은 꽤 역설적이다. 1923년, 가게를 운영하는 부모에게서 태어난 리콴유는 대영제국에 길들여진 영국의 산물이었다. '해리'라고 불리던 그는 케임브리지 대학교에서 법을 공부하면서 유럽의 사회민주운동으로부터 많은 영향을 받았다. 1959년에 싱가포르의 첫 수상이 되었고, 30년 동안 수상직을 지낸 그의 정책의 특징은 냉정한 실용주의였다. 그런 리콴유가 싱가포르의 놀랄 만한 성공은 유교적 가치의 직접적인 산물이라고 한 것이다. 그는 "지난 30년 동안, 싱가포르의 성공을 이끈 힘 중의 하나는 대다수의 사람들이 사회복지의 중요성을 개인보다 위에 놓은 유교의 기본 개념이었다."고 1987년에 말했다.[29]

또한 리콴유는 싱가포르의 경제정책에 유교사상을 접목시켰다. 사실상 싱가포르의 경제 모델은 유교를 기초로 하였다. 리콴유는 발전 계획을 수립하는 데 있어 위대한 현자가 주장했을 법한 유교적 가족의 가치를 반영시켰다. 늙거나, 가난하거나, 일자리가 없는 사람 등의 사회 약자들을 보살피는 일은 국가가 아닌 가족에게 맡겨졌다. 그 결과는 최소한의 복지 지출이었고 대신 자원은 교육, 사회기반시설 등 고속 성장의 기초가 될 기타 프로젝트에 투자되었다. 유럽형 복지 프로그램의 압박이 없으니 정부예산이 클 필요가 없었으며 그에 힘입어 리콴유는 공자의 감세정책을 펼 수 있었다. 경제학자인 하비블라 칸 (Habibullah Khan)은 2001년의 세계은행 연구보고서에서 싱가포르가 날로 늘어나는 사회 서비스 지출의 부담에서 세계의 모든 정치가들을 벗어나게 할 수 있는 복지 차원의 '유교 모델'을 발견했다고 주장했다.[30]

리콴유는 복지 대신 기회를 제공하였다. 그의 정부는 경제학자들이 말하는 '개발국가'가 되었다. 그의 우선순위는 일자리 창출을 통하여 최대한 빨리 사람들의 벌이를 늘려 공자가 말하는 훌륭한 정부의 가장 중요한 임무인 국민의 안녕을 보장하는 것이었다. 그렇게 하기 위해 리콴유는 미국에서는 감히 상상도 못할 정도로 국가적 전략에 의존했다. 국가기관인 경제개발원이 설립되어 해외로부터의 투자를 적극적으로 유치했다. 경우에 따라 리콴유 등은 실제 기업을 방불케 하는 국정 사업을 추진할 회사까지 창업했다. 경영학 교수인 탄 츄위 후아트(Tan Chwee Huat)는 "유교에서 유래하는 정부에 의존하는 이런 전형적인 태도는 싱가포르 경제개발에 매우 흔하다. 만일 힘 있고 청렴하며 앞을 내다보는 정부가 확실한 방향을 제시하지 않고, 올바른 선택과 우선순위를 정하여 그런 정책을 끊임없이 추진하지 않았더라면, 싱가포르는 괄목할 만한 성장을 이루지 못했을 것이다."라고 1989년에 기록했다.[31]

정책은 주로 새로 나타난 군자에 의해 관리되었다. 여당인 리콴유의 국민행동당과 관료체제 내부에서 길러진 인재는 용의주도하게 시험에서 걸러져 매우 능력 있는 기술 관료로서 등장했다. 또한 전형적인 유교의 관습을 따라 수상인 리콴유는 자기부터 모든 이가 따를 수 있는 올바른 행동의 모범이어야 한다고 생각했다. "첫째, 우리는 청렴만 아니라 검약하고, 경제적이며, 거창한 여행을 하지 않는 등 모범을 보여야 했다. 비용 절약 측면에서 우리는 검소하고 엄격한 스파르타식 정부를 운영했다. 낭비도 없고, 호화로운 연회도 없었으며, 큰 사무실도 없었다. 우리가 모범을 보이면서 풍조를 만들자 그들(관리)은 따라왔다."고 리콴유는 말했다.[32]

그러나 유교적 자본주의의 옹호자들은 기본적으로 막스 베버와 같은 잘못을 범하고 있는 것이었다. 북유럽의 성공과 아시아의 침체를 살펴본 사회과학자들은 서양의 가치가 아시아의 가치보다 월등하다고 믿었었다. 이제 리콴유와 다른 학자들은 동아시아의 성공에 초점을 맞추면서 아시아의 가치가 서양의 가치보다 더 우수하다는 결론을 맺음으로써 서양의 주장을 뒤엎으려 했던 것이다. 세계의 일원으로서 아시아가 지난 200년 동안 겪은 성장과 침체를 이해하려 한 막스 베버와 로드릭 맥파쿠하를 비롯한 여러 학자들은 자신들이 목격한 것을 기준하여 공자를 각자 평가하고 각자의 결론을 내렸다. 흥미로운 것은 시간에 따라 달라진 공자에 대한 평가이다. 공자의 영향력은 동아시아 일상의 일부이며 지배적인 것으로 인식되어 언제 어떤 일이 일어났든지 간에 모든 것에 대하여 그 공로를 인정받거나 또는 비난받아 왔다. 1970년대에는 과감히 도전하는 자본주의자의 완벽한 상징이었다면, 1910년대에는 낡은 봉건주의자로서의 공자였다. 여러 얼굴을 가진 배우처럼, 현자는 각본에 따라 주어진 역할은 무엇이든지 해냈다. 화장이 너무 진해 거의 알아보지 못할 정도가 되었다.

따라서 1990년대에 동아시아를 갑자기 덮친 경제적 추락과 함께 경제 분야의 귀재로서 공자의 명성이 함께 추락한 것은 놀랄 일이 아니었다. 엄청난 부동산 거품을 배경으로 주식시장의 파열음이 먼저 터지면서 일본의 상승세는 그 자리에 멈추었다. 그리고 1997년, 한때 선망의 대상이던 소룡 한국이 국가적 금융위기를 맞으며 국제통화기금(IMF)에 구조를 요청하는 수모를 겪었다. 그러자 유교적 가치로 인한 우수한 경제 모델은 신뢰를 잃었고 경제학자들은 다시 한 번 공자와 자본주의의 가치에 의문을 제기하기 시작했다.

비평가들은 동아시아에 절대적인 우월함을 선사한 것으로 여겼던 유교식 자본주의의 면모 자체가 문제의 원인이라고 지적했다. 유교식 자본주의의 심장에 존재하는 가족 관계와 관료와 사업가 사이의 관계가 추락의 근원으로 부각되었다. 일본과 한국에서 관리, 금융인, 사업가들 간의 사이 좋은 관계는, 은행으로 하여금 건강한 금융 리스크 분석보다는 오랜 기간 쌓아 온 사적 관계에 의하여 기업들에 자금을 공급하게 하였다. 또 유학의 계급체제에 의한 제도하에서는 담당 직원들, 이사회 위원들, 주주들이 장관이나 상사의 결정에 대해 불평하거나 도전할 수 없으므로 그 결과는 잘못된 정도가 아니라 급기야는 과대망상적인 결정과 투자로 이어졌다. 유교적 자본주의는 인맥이 경제적 합리성을 짓누른, 부패한 도당에 의한 '정실 자본주의'로 타락해 갔다. 유에스뉴스앤드월드리포트 (*U.S. News & Report*)의 편집인인 모티머 주커먼(Mortimer Zuckerman)은 "아시아의 가치는 아시아의 골칫거리가 되었다."고 1998년에 매우 고소하다는 논조로 논평했다.[33] 막스 베버의 복수였다.

위기 후에도 이런 비난은 계속되었다. 유교는 동아시아 기업들의 건강한 기업경영을 저해하는 요인, 즉 강력한 족벌기업을 가능케 한 원흉으로 지탄받았다. 대체적으로 가족이 경영하는 한국 기업에서는 전문 경영인을 제쳐 두고 아들을 최고경영자 자리에 앉히는 일이 일반적인 현상이다. 일자리를 찾는 사람들은 능력보다는 인맥에 의존한다. 중국 국영신문의 2013년 여론조사에서 응답자 중 84퍼센트가 중국의 젊은 층이 좋은 자리를 얻기 위해 '유력가 아버지'에 기댄다고 대답한 반면, 10퍼센트만 젊은 층이 근면을 성공의 지름길로 인식한다고 응답했다.[34] 낮은 지위에 있는 직원들이 경영진에게 아이디어를 제시하거나 반대 의견을 개진하지 못하게 하는, 회사 안에 존재하는 엄격한 계급체제는 최첨단 제품 생산과 상위의 탁월한 의사결정력에 도움을 주는 혁신과 정보의 원활한 소통을 억눌러 왔다.

항공기 추락의 원인으로마저 공자가 거론되는 판이다. 아시아와 아시아 외의 전문가들은 대한항공의 조종석에 존재하는 계급체계가 낮은 안전 운항의 한 요소라고 여겼다. 주조종사를 두려워하는 부조종사는 안전 운항에 필수인 팀워크 관점에서 주조종사의 잘못을 지적하거나 의문을 제기하지 못한다는 말이었다. 이 문제는 1997년, 228명이 사망한 대한항공의 괌 추락 사건에서 극적으로 나타났다. 이에 대한항공은 외국인 교육자와 간부를 고용하여 유교문화를 해체하고 조종사들로 하여금 강제로 임무를 나누며 대화 소통을 원활하게 하는 방침을 채택했다.[35]

그렇지만 경쟁력을 제고하고 새로운 일자리를 창출하는 새 방법을 찾는 세계의 모든 정책 수립자와 간부들이 유교적 자본주의를 이렇게 즉각적으로 포기하는 것은 잘못일지 모른다. 서양, 특히 미국 기업이 동아시아의 기업과 다른 점 가운데 하나는 직원에 대한 경영진의 태도이다. 일반적으로 미국 기업체계는 특정된 임무를 수행한 대가로 임금을 받는, 임금만큼 일하는 간단한 공식에 기초하고 있다. 기업은 임의적 고용과 해고를 수익성과 경쟁력을 유지하기 위한 중요한 요소로 보는 경향이 있다. 반면, 동아시아의 기업에서는 유교의 교리가 경영진과 근로자 사이에 스며들어 있다. 효에 대한 집착은 가족에서 넘쳐 기업을 포함한 다른 제도와 조직에까지 흘러들어 갔다. 그래서인지 경영진은 서양의 기업보다 좀 더 집안의 가장과 같은 성격을 띤다. 엄격하지만 자기 자식을 돌보듯이 직원들을 돌본다. 대신 종업원은 서양의 일꾼보다 자기가 일하는 회사에 더 헌신적이며 그 회사에서 평생 동안, 아니면 적어도 오랫동안 일하기를 바란다.

상황을 너무 일반화하여 묘사했다는 것을 인정한다. 계속 드러나는 중국의 수치스러운 노동 실상이 보여 주듯이, 모든 동아시아 기업이 직원에게 잘 대하는 것은 아니다. 그러나 동아시아의 간부들과 종업원들이 서로에게 기대하는 임무는 미국의 경우와 많이 다르다. 20세기 후반에 일본과 한국 대기업들은 거의 대부분의 정규 직원들에게 종신 근무제를 약속했고, 그 약속은 비록 치열한 국제경쟁 때문에 지켜지지 않았으나 그 제도에 깔려 있던 정서는 아직도 남아 있다. 직원을 혹사하거나 그들의 안녕을 무시하는 등 직원을 부당하게 다루는 것으로 소문난 일본 대기업은 '검정'(black) 기업이라고 불명예의 낙인이 찍힌다. 흔히 있는 미국의 대규모 구조조정, 즉 해고는 일본과 한국에서는 사회적으로 그릇된 꼴사나운 처사로 받아들인다.

재난에 닥친 상황에서도 마찬가지이다. 2008년, 월가에 금융 붕괴가 발생하자 미국 기업들은 대규모로 직원들을 해고했다. 세계의 반을 돌아 떨어져 있는 한국 인천의 유니로크(Unilock)라는 제조업체의 창립자인 유명호는 미국에서 벌어지고 있는 파국이 전 세계로 옮겨 가는 상태를 초조하게 지켜보고 있었다. 그는 매출에 큰 타격이 있을 것을 너무도 잘 알고 있었다. 그럼에도 그는 200명의 직원들에게 예상 밖의 조처를 취했다. "모든 것이 나빠질 것이라고 생각은 했으나 직원 감원은 하지 않기로 결정했다."고 유명호는 말한다. 대신에 그는 조립 라인에서의 야간 작업을 멈춘 후, 나머지 작업시간을 낮춘 임금으로 모든 직원들이 일할 수 있게 나누었다. 또 일부 직원들은 신규 제품 개발팀에 발령을 내거나 교육 프로그램에 삽입시켰다. 그는 이런 경제적 조난에 처했을 때 직원들을 길로 내치는 것이야말로 직무유기라고 믿었다. 직원들은 마치 가족의 일원과 같아서 자칭 '가족의 우두머리'로서 그는 직원들을 보호해야 할 임무가 있다고 느꼈다. 유명호는 "우리는 직원들을 가족으로 생각한다. 그들이 이곳으로 출근하여 임금을 받아가는 것만이 모든 것이라고 생각하지 않는다. 가족이 있는 그들을 고통받게 내버려 둘 수 없다. 그들로 하여금 회사가 마치 자신들의 것인 것처럼 생각하게 해야 한다. 가족의 일원처럼 느끼게 만들어야 한다. 그것이 경제적 성공을 이끌어 내는 방법이다."라고 말한다.[36]

사업 실적의 저조와 상관없이 그는 한번 내린 결정을 고수했다. 2009년의 매출이 3분의 2로 격감하면서, 유니로크는 속 쓰리게도 적자의 늪으로 빠졌으며 유명호는 살아남기 위해 자금을 빌렸다. 임금 감소로 인해 일부 직원들이 심각한 금전적 압박에 시달리고 있다는 사실을 전해 들은 유명호는 개인 돈으로 상여금을 지급했다. "재난이 닥쳤을 때, 당신이 회장이라면 자기 월급이라도 사람들에게 나누어 줘야 한다."고 유명호는 말한다.

그런 희생을 감수할 미국 회사의 대표는 거의 없을 것이다. 그러나 유명호는 그런 친절 뒤에는 단순히 따뜻한 마음만이 아닌 사업상의 이로움이 있었다고 주장한다. 1997년의 아시아 금융위기 때, 유명호는 급속히 줄어든 매출 타격으로 비용을 줄이기 위해 감원을 단행하였으나, 경기가 회복되자 남은 직원 중 많은 이가 이전의 회사 처분에 불만을 품고 다른 일자리를 찾아갔다. 새 직원을 훈련시키는 데 드는 비용은 유명호에게 큰 부담이었다. 2008년 불황임에도 직원을 유지함으로 더 나은 결과를 기대한 그에게 결국 보상이 찾아왔다. 이번에는 아무도 새로운 일자리를 찾아 떠나지 않았다. 불황 동안 모든 직원을 유지하면서 새로 개발한 신제품 카탈로그도 준비했는데, 재난의 그림자가 걷히기 시작하자 사업은 빠른 속도로 회복되었다. "전통적 유교문화에서 집단 정신은 사회 자산이다."라고 유명호는 말한다.

류촨즈(柳傳志)는 중국의 사업 관습은 유명호의 기업처럼 작은 기업만이 아니라 거대한 다국적기업에도 적용되며 그의 개인적 경험으로 증명할 수 있다고 한다. 류촨즈는 중국의 개인 컴퓨터를 생산하는 레노버그룹의 창립자이다. 2005년, 그는 오늘날까지 가장 유명한 중국 회사의 해외기업 인수 사례 가운데 하나인 IBM의 개인용 컴퓨터 사업 매입을 마치고 경영 일선에서 물러났다. 그 결과로 레노버는 중국 기업으로는 처음으로 전 세계의 모든 인종, 종교, 배경을 대표하는 다양한 직원들이 일하는 진정한 다국적기업이 되었다. 그때 이미 61세였던 류촨즈는 이 새로운 기업경영은 젊은 경영진, 즉 외국인도 꼭 포함된 경영진에 맡기는 것이 제일 옳고 중요한 일이라고 믿었다. 회사 내의 중국팀은 비록 중국 내에서 대단한 성공을 이끌었던 팀이지만, 다문화적이고 세계 전역을 대상으로 하는 이 회사를 이끌기에는 국제적 경험이 부족하다고 믿어 그는 회사 대표 자리를 IBM 간부에게 맡겼다가 미국인 PC 전문가인 윌리엄 아멜리오(William Amelio)에게 넘겼다.

그러나 4년 후, 류촨즈는 반 은퇴 상태에서 다시 현직으로 돌아올 수밖에 없었다. 그는 레노버의 회장직을 다시 차지하고 대표 자리를 중국인 동료로 채웠다. 류촨즈의 복직은 레노버의 계속 감소되는 시장점유율과 수익성 때문이었다. "레노버는 내 인생의 전부이다. 내 인생이 위협당하므로 난 나가서 방어해야 했다."고 그는 말한다.[37]

레노버가 허덕대는 이유는 비밀이 아니었다. 국제 비즈니스 라인이 기업 대상으로 하는 PC 판매에 집중하면서 급격히 늘고 있는 소비자 판매를 놓친 것이었다. 아멜리오와 경영진은 이 시장을 겨냥하기 위한 사업 방안은 짧으나 그 계획을 실행하는 데 능력이 따르지 못하는 것 같았다. 류챤즈는 레노버 상위 경영진 간에 있는 문화적 충돌에 문제가 도사리고 있다고 진단했다. 아멜리오는 강력한 대표의 결정을 여러 사업 라인의 장들이 수행하는 '전통적 MBA의 방법'을 도입했다고 류챤즈는 설명한다. 그런 제도가 중국 회사에는 잘 맞지 않는다고 류챤즈는 단정했다. "아멜리오는 레노버의 경영진 안에 여러 다른 문화와 국가로 구성된 팀들이 존재하는 매우 복잡한 상황에 처했다. 이런 상황에서 전통적 방법에만 의지해 팀들을 동원하고 동기를 부여해 목표 달성을 하게 하는 것은 어려운 일이었다."고 류챤즈는 설명한다.

복귀 후, 류챤즈는 자칭 '레노버 방법'이라고 부르는 개선책으로 경영체계를 바꿨다. 아멜리오와 달리 류챤즈는 집단 결정에 의거한 체계를 형성했다. 대표는 소수의 단합된 간부들이 모인 정기 회의에서 폭넓은 토의를 거쳐 계획하고 그 계획에 대한 수행 상황을 확인하는 전략을 세웠다. 레노버 방법은 일반적인 경영 테크닉보다 "더욱 신중하고 세밀하였다."고 류챤즈는 말한다.

류챤즈의 '레노버 방법'을 간단하게 '도'(道)라고 해도 괜찮을 것 같다. 유교에 대해서는 거의 알지 못한다고 공언한 그였지만 특히 조화와 공동체의 중요성을 강조한 현자의 지문은 그의 경영 스타일 전반에 묻어 있었다. "리더십으로 이루어진 강한 팀을 만드는 궁극적 목적은 첫째, 집단의 지혜와 노력으로 전략을 개발하고 연구하는 것이며, 둘째, 전략이 진실로 수행되게 확인하는 것이다. 만일 모든 지도자의 합의에 의해 개발된 전략이라면 수행은 확실해진다."고 하면서 지휘권을 쥐고 있는 대표이지만 또한 최상위 임원들의 말도 경청해야 한다고 말한다. "리더들로 구성된 팀은 최고 리더의 권한을 견제하고 균형을 추구할 수 있다. 최고 리더는 일반적으로 강하며 공격적이다. 그러나 그는 다른 의견에 대하여 진심으로 열려 있어야 하며 견제와 균형을 받아들일 진정한 용의가 있어야 한다. 그렇게 하면 모든 회사 임직원들은 자신이 주인 같은 느낌을 갖게 된다."고 류촨즈는 말한다. 이런 아이디어를 실천하기 위해 류촨즈는 중국인과 외국인을 포함한 8명의 고위 간부로 구성된 레노버 간부위원회를 만들었다. "이것은 우리가 취한 첫 번째이고 가장 중요한 조처였다. 위원들은 회사의 전반적인 상황과 장기 비전에 대하여 토의했다. 깊고 때론 매우 치열한 토론을 거쳐 위원들은 결국 의견의 일치를 보고 회사의 장기적 이익에 가장 합당한 전략을 집단적으로 도출했다."고 류는 말한다.[38]

류촨즈의 생각이 옳았다는 것이 결과로 나타나고 있다. 몇 분기 안 되어 레노버의 재정 상태는 나아지기 시작했고 시장점유율도 상승했다. 2013년에 이르러 레노버는 회복된 정도를 넘어서 세계 PC 시장에서 1위에 등극했다.

20세기 말에 일어난 공자에 대한 재평가는 경제정책과 기업전략의 범주에 한정된 것은 아니었다. 성공 덕분에 대담해진 동아시아의 정치가들은 공자를 동아시아 지역 정치에 다시 소개하기 시작했다. 공자가 아직 중국의 제국 시대처럼 동아시아의 '무관의 제왕'이 된 것은 아니지만, 동아시아의 정부들은 옛 황제들이 했던 것을 따라 이 위대한 현자의 가치를 다시 정당화하기 위한 합리성을 모색했다. 그런데 경제와 기업에 끼친 유교적 가치와 그 영향에 대한 논쟁이 뜨겁다면, 아시아 정치에 미친 영향은 더 큰 논란의 주제가 되고 있다.

9장

공자를 불러낸 정치

백성에게 극도의 압제를 자행하는 통치자는
결국 살해당하고 왕국은 몰락한다.

— 맹자

　리셴룽(李顯龍)은 예민한 사람이다. 2004년 이래로 싱가포르의 수상
을 지내고 있는 이 하버드 대학 졸업자가 직무를 성공적으로 수행하고
있다는 점에는 의문의 여지가 없다. 그의 지도 아래 도시국가인 싱가
포르는 떠오르는 경쟁자들로 가득 찬 아시아에서 지속적인 영향력을
확실히 하며 새로운 부의 정점으로 치솟았다. 그러나 그의 실적이나
개인적 성과가 뭐든 간에 그가 수상 자리에 오르게 된 방식이 옳지 않
았다는 대내외에서 들려오는 수군거림은 모면하지 못하고 있다.

　왜냐하면 리셴룽은 리콴유의 아들이기 때문이다. 젊은 리가 수상직
에 오른 진짜 이유는 그의 혈통 때문이지 재능과는 관계없다는 조롱이
끊임없다. 제한된 싱가포르 정치 문화는 이런 조롱에 신빙성을 더한
다. 공식적으로는 일반 선거를 거치는 의회민주주의인 싱가포르이지

만, 실제로는 리콴유가 설립한 인민행동당(PAP)이 1965년 독립 후 줄곧 통치해 온 단일정당 국가이다. PAP의 리콴유와 동료는 국가의 통치 수단을 빌려 반대파를 능숙하게 탄압했다. 1990년에 은퇴한 아버지 리콴유는 은퇴 후에도 국가 정부에 큰 영향을 미쳤다(2015년 사망).

당연히 아들 리셴룽은 격렬한 투지로 통치권을 방어한다. 2010년에 있었던 인터뷰에서 미국의 방송인인 찰리 로즈(Charlie Rose)가 족벌주의에 대해서 리셴룽에게 질문했을 때, 수상은 공자를 들먹이며 색다르게 방어하였다. 리셴룽은 "우리 체계 전체는 실력주의에 바탕을 두고 있습니다. 만일 누구라도 내가 수상이 된 것이 이 직무에 가장 적합한 사람이 아니라, 나의 아버지가 그렇게 만들었기 때문이라고 의심한다면 나에 대한 신임과 도덕적 권력은 파괴된 것입니다. 도덕적 올바름이 있어야지만 올바른 결정을 내릴 수 있습니다. 이것은 유학의 기초적인 교훈입니다."라고 로즈에게 설명했다. 그는 또 수상직에 오른 것이 자기의 능력이 아닌 인맥 때문이라면 자기 스스로 소위 말해 하늘이 내려준 권한을 내놓을 것이라고 말했다. "만일 국민이 체계 전체가 환상일 뿐이라고 믿는다면 그 체계는 유지될 수 없는 것이기 때문에 마땅히 폐기되어야 합니다."[1]

대단한 발언이었다. 공자가 1세기 넘게 오용되고 비난받아 온 현재, 정부나 정책에 대한 합법성을 설명하기 위해 공자를 내세운 용기 있는 근대 동아시아 지도자는 거의 없었다. 그러나 바로 여기, 우월한 경험과 지식, 덕목으로 지위를 얻은 유교적 신사라며 자신을 군자로 자칭하는 수상이 있었다. 리셴룽에 의하면 싱가포르는 군자가 통치하는 나라이다. 따라서 가장 많이 배우고, 능력 있는 자만이 정상에 오를 수 있는 활기찬 유학적 실력주의 정부이므로 현 권력은 통치를 행사할 도덕적 권리를 갖고 있다는 것이다. 리셴룽의 관점은 그 자신만의 의견이 아니었다. 1982년에 부수상 겸 싱가포르 경제정책 설계자 중 한 사람이던 고켕스위(吳慶瑞)는 당시에 "공자는 정부가 강직한 사람 손에 있지 않으면 나라에 재난이 닥쳐온다고 믿었습니다. 그런데 그런 차원에서는 PAP도 같은 생각입니다."고 말했다.[2]

군자에 의해서 나라가 통치된다는 생각은 싱가포르의 국가적 이상의 일부이다. 싱가포르의 공식적인 국가 정체성에 대한 개요를 서술한 1991년의 의회 백서에서는, 서양에서 빌려 온 다른 정치 이상보다 더 "많은 유학의 이상이 싱가포르와 관련이 있다. 국민을 위해 올바른 일을 할 의무가 있고, 사람들로부터 믿음과 존경을 받는 명예로운 사람들(군자)에 의한 정부는, 최저의 권한을 지닌 정부를 지향하는 서양의 사상보다 우리에게 더 적합하다."고 말하고 있다.[3]

싱가포르를 통치하는 군자의 이미지는 최고 현자의 경력상 새로운 역사적 전환점을 의미한다. 공자는 다시 동아시아 정치에 관여하는 사람이 되었고, 그 사실은 이 지역의 미래와 세계와의 관계에 중요한 결과를 초래할 것이다.

리콴유와 그의 '아시아적 가치'에 대한 주장은 이런 유학의 복귀를 앞당겼다. 그는 서양식 대의정치에 대한 대안으로 유학을 다듬었다. 리콴유는 아시아 사회는 서양과는 전혀 다른 철학적·문화적 전통인 유교의 산물이라고 강조함으로써 서양적 이념, 즉 역사, 문화, 관점에 상관없이 모든 사회에 적용되는 1인 1투표권의 개인주의를 토대로 한 자유민주주의가 인류 문명의 가장 고귀한 형태이며 따라서 가장 보편성이 높다는 서양사상에 대항했다. 리콴유의 주장에 의하면 공자와 서양의 민주주의가 자동적으로 같은 방향을 지향하지 않으며, 더 나아가 유교의 원리를 따르는 정부가 더 우수하다는 것이다. 간단히 말해서 리콴유는 서양의 기본 정치이상에 도전하는 현대적 유교를 제시한 거였다.

그의 이런 자세는 동양, 서양을 막론하고 모든 민주주의 신봉자로부터 엄청난 악평을 이끌어 냈다. 어떤 사람은 리콴유의 유교가 권위주의적인 통치를 숨기고 시민의 자유를 탈취하기 위한 명분을 얻기 위해 자기 이익만 챙기는 섬세하게 수놓은 망토라고 비난했다. 비평가들은 리 부자의 악랄한 형법전, 가혹한 규정, 그리고 반대를 억누르기 위한 가차 없는 조처 등을 들어 유학의 군자보다는 오히려 진시황과 그의 냉혹한 법률주의 자문관을 닮았다고 비방했다. 학자인 샘 크레인(Sam Crane)은 "싱가포르의 정치 엘리트는 유학의 군자가 아니며, 오히려 권력 유지에만 집착하는 법률주의적 폭군이다. 다음에 PAP 정치인들이 이 피곤한 '유교적 군자'를 다시 들먹이면 법률주의의 지옥으로나 가라고 말하시오."라고 중국 정치 블로그 '쓸모없는 나무'에 기고했다.[4]

논란이야 어쨌거나 리콴유는 매우 중요한 관점을 주입시키는 역할을 했다. 가장 완고한 서양의 자유민주주의 옹호자도, 동아시아 사회는 완전히 다른 철학적 역사를 가능케 한 완전히 다른 철학적 토대, 즉 유교적 토대에 근거하고 있다는 사실에 동의해야 한다. 오늘날 공자에 대한 질문은 이 오랜 현자가 무엇을 토대로 삼으려 했을까라는 것이다. 그는 1,000년간 하향적 지배에 아주 가까이 연관되어 왔다. 지난 150년간 그러한 형태의 유교식 정부는 서양의 인간 권리와 민주주의 개념의 도입에 의해 포위되었다. 사실상 동아시아의 제국들이 혁명, 저항, 민주화 등에 밀려 지도에서 사라지면서 공자는 이 전투에서 패배하였다. 아시아의 민주주의 옹호자들은 왕좌에서 밀려나는 공자를 보며 환호하였다. 그들은 공자를 고질적인 독재자로 보면서 아시아인들이 정치 권리를 되찾으려면 정부에서 그를 완전히 뿌리 뽑아야 한다고 주장했다. 그런 그들에게 정치적으로 공자를 부활시키려는 싱가포르의 리 부자를 비롯한 다른 동아시아 정치인들은 아시아의 자유와 열린 정치체계의 미래를 위협하는 것이었다.

그러나 그것이 세계화 시대에 사는 아시아인들이 공자의 정치철학을 해석하는 유일한 길은 아니었다. 다른 민주주의 옹호자들은 공자의 말에서 민주주의의 씨앗을 보고, 공자의 가르침이 권위적 정부가 아니라 공화정부의 기초를 조성하고 있다고 주장했다. 이 관점은 공자와 민주주의는 완벽하게 호환되며 사실상 유학자들이 서양에 앞서 민주 정치 개념을 개발했다고 주장함으로써 리콴유가 말한 '아시아적 가치'를 직접 부정한다.

이것은 학술적 논쟁이 아니다. 공자는 민주주의, 인권, 그리고 열린 정치를 제고하는 힘이 될 수 있을까? 아니면 그는 또다시 독재자의 통치 수단과 새로운 제국적 통치 형태를 정당화하는 수단으로 쓰일 것인가?

이 질문에 답변하려면 옛 경전을 다시 뒤져 좋은 정부에 대한 공자의 발언을 살펴보아야 한다. 많은 자료 중 공자를 민주주의자로 그리는 자료는 많지 않다. 공자와 직접 관계된 『논어』나 다른 서적 어디에도 공자가 근대 서양에서 말하는 대의정치를 지지한 흔적은 없다. 그는 선거나 국회에 대하여 강조한 적도 없고, 중국의 귀족들과 왕들의 한심한 행동에 대하여 개탄하기는 했으나 정부의 한 형태인 군주제도의 정당성이나 타당성에 대하여 의문을 가진 적도 없다. 공자에게 이상적인 국가는 왕이 최상위에 있는 계급적인 조직이다. 권력은 밑에서 위로 올라가는 것이 아니라 위에서 아래로 내려가는 것이었다.

사실상의 정부구조 외에 공자는 민주주의를 받치고 있는 사상 자체에 대하여 도전했다. 대의정치는 모든 사람들은 태어날 때부터 평등하며, 사회는 이러한 사람들이 그들 자신의 지도자를 뽑음으로써 실현된다는, 다시 말해서 평범한 사람이 자치정부를 세울 수 있다는 사상에 기초하고 있다. 공자는 그러한 믿음을 언급한 적이 없다. 그는 오히려 대중이 자신이나 더 큰 공동체를 위한 결정을 내리기 위해 필요한 교육과 도덕적 용기가 없다고 걱정했다. "보통 사람을 따라오게 할 수는 있으나 그 이유를 알게 할 수는 없다."고 공자는 말한 적이 있다. 그가 보는 세계관은 모든 사람이 태어날 때부터 평등한 것이 아니기 때문에 통치할 권리가 모든 사람에게 평등하게 있지는 않다는 것이다. 정부는 편견 없고 자비로운 통치에 필요한 지식과 덕목을 갖춘, 교육받은 현명한 군자의 보존지로서 군자는 자신들을 스스로 통치할 수 없는 사람들을 돌볼 의무가 있었다. 올바른 정부 관리는 사심 없이 봉사하고 국민들을 위해서 부와 안락을 희생했다. 공자는 관개수로를 구축하는 일에 혼신의 힘을 쏟으면서 허름한 주택에서 사는 관리를 언급하면서, 그에게서 "아무런 결함을 찾을 수 없다."고 말했다. 여기서 통치자는 일반 대중을 마치 자기의 가족처럼 다루어야 한다는 가부장적 유교국가의 근원을 발견할 수 있다. 통치자의 주요 의무 중 하나는 『중용』에 공자가 말했다고 기록되어 있는 "대중을 아이들처럼 다루는 것"이었다.[5]

유교사회의 구조는 논쟁의 여지는 있으나 전체적으로 반민주주의적이다. 모든 관계에 지배자와 비지배자가 존재하므로 모든 사람이 자유의지를 갖지는 못한다. 아들은 아버지에게 복종해야 하고 아내는 남편에게 복종한다. 이런 유형의 관계체제는 독자적인 정치적 선택 능력을 저해한다. 그 결과는 집안과 신분에 따라 공적 차원에 더 많은 권력과 영향력을 갖는 사람이 존재하는 사회이다. 그런 이유로 5 · 4운동의 작가-행동주의자들은 유교와 민주주의는 병행될 수 없다고 믿었다. 천두슈는 "유교는 우수함과 열등감 간의 차이를 견지하고, 높은 사람과 낮은 사람이 누군지를 규정했다. 계급체계의 완전한 반대편에는 근대 서양의 정치적 도덕성의 근원인 자유, 평등과 독립주의가 있다… 공화적 합헌주의는 독립, 평등과 자유에 기초하고 있어 유대와 계급체계와는 공존할 수 없다."고 1916년에 썼다.[6]

이러한 계급체계에서는 민주주의 서양에서 인식하는 권리와 똑같은 권리를 사람들이 누리기 어렵다. 또 개인의 이익 추구가 사회에 전혀 기여하지 않는 것으로 간주된다. 대신 각자마다 미리 정해진 역할에 따라 행동할 의무가 있다. 그래서 정부에 대하여 질문받았을 때 공자가 "통치자는 통치자가, 국민은 국민이, 아버지는 아버지가, 아들은 아들이 되게 하라."고 대답한 것이다.[7] 이런 인간관계에 기초한 사회에서 아들 같은 한 개인은 자기가 원하는 대로 행동하거나 말하지 못한다. 어떤 학자들은 이런 부분을 들어 공자가 서양의 민주주의에서는 기본으로 여기는 시민 권리인 언론의 자유나 집회의 자유와 관련해서 호의적이지 않았다고 주장했다. 공자 세계의 사람들에게는 '양도할 수 없는 권리'는 없는 대신 '양도할 수 없는 의무'만 있다고 토머스 제퍼슨은 생각했다. 부모, 남편, 통치자에 대한 유교의 의무가 지켜지지 않으면 사회는 혼란의 나락으로 떨어진다는 논리였다.

간단히 말해서, 공자는 더 큰 공동체의 이해를 개인의 자유 위에 놓았다. 정치과학자인 새뮤얼 헌팅턴(Samuel Huntington)이 쓴 것같이 유교는 "개인보다는 그룹, 자유보다는 권력, 권리보다는 의무를 강조"하기 때문에 태생적으로 "비민주주의적이거나 반민주주의적"이다. 게다가 "유교사회는 국가가 창조했기 때문에 개인적 권리가 존재한다고 해도 국가에 대항할 만한 권리의 정통성이 결여되어 있다."⁸ 에이브러햄 링컨은 유명한 게티즈버그 연설에서 "국민의, 국민에 의한, 국민을 위한 정부"라고 했다. 공자의 완벽한 정부는 국민을 위한 것이었지만 국민에 의한 것은 아니었다.

그러나 공자가 태생적으로 권위주의자라고 잘라 말하는 것은 너무 성급한 일이다. 그가 서양에서 말하는 오늘날의 민주주의를 지지하지 않았는지는 몰라도 그렇다고 독재를 지지한 것은 아니었다. 공자는 물리적인 힘보다 도덕적인 힘을 우선했다. 유교체계에서 통치자에게 궁극적 권한이 주어졌는지는 모르지만, 그들이 절대적 권력을 가졌던 것은 아니다. 그들의 행동은 독단적이지도 이기적이지도 않았다. 정부에 대한 유교사상은 정부권력의 한계에 대한 것이었다. 왕조차도 군자의 법인 예의범절의 규칙과 덕의 명령에 구속되었다. 마찬가지로 왕으로부터 아래로는 일반 농부에 이르기까지 모든 사람들은 하늘이 내려준 도(道)에 의해 구속되었다. 일반 백성에게 원하는 대로 행동하고 말할 수 있는 자유가 없었다면 왕과 대인들도 마찬가지였다. 통치자가 도를 따르지 않으면, 그의 행동은 옳은 길로 돌려져야 하며, 만일 그렇게 하지 못할 때는 권력을 잃게 된다. 통치자가 옳지 않은 행동을 하거나 탄압적인 경우, 대신들은 그 행동에 대하여 '항의'할 의무가 있다고 믿은 공자였다. 그렇게 항의하지 않는 것은 임무를 포기하는 것이며, 통치자를 망하게 하는 것이고, 도리어 나라를 재난으로 몰아가는 것이라고 했다. 어느 공작이 공자에게 국가를 망하게 하는 문장을 하나 쓴다면 어떤 것인지 물었다. "사람들이 하는 말 가운데 '내가 말하는 것에 대해 아무도 반대하는 자가 없다는 것을 제외하고는 통치자에게 좋은 점은 없다.'라는 말이 있다. 만일 그가 말하는 것이 옳고 아무도 그 말에 반대하지 않는다면 그것은 좋은 일이다. 그러나 그가 말한 것이 옳지 않은데도 반대하는 자가 없다면, 바로 그 말이 국가를 망하게 할 수 있는 말 아니겠는가?"라고 공자는 대답했다.[9] 유학자들은 잘못된 정책과 욕심 많고 고압적인 군주에 대항하여 항거한 긴 역사를 가지고 있으며, 그것은 자신을 파멸로 몰고 갈 이기적인 행동을 하는 왕과 공작을 가르치는 일로 인생 대부분을 보낸 공자로부터 시작되었다. 권력의 남용을 막고, 국민을 보호하며, 국가를 위한 최상의 정책이 형성되기 위해서 권력에 도전해야 한다는 공자의 주장은 민주주의의 토대가 되는 기본 개념 중 하나이다.

더 나아가 공자는 통치자 스스로가 법을 준수하지 않고 행동을 올바로 하지 못하면 국민 또한 그렇게 하지 않을 것이라고 믿었다. 그는 "자신을 올바르게 다스리는 자는 명령 없이도 복종할 것이나, 자신을 올바르게 다스리지 않는 자는 명령을 해도 복종치 않을 것이다."라고 말했다. 통치자는 대신과 관리들에게도 높은 수준의 도덕을 요구하여야 한다. 노나라 애공이 어떻게 하면 백성의 존경을 받을 수 있는지 공자에게 묻자 현자는 대답했다. "똑바른 사람을 뽑아 굽은 사람 위에 두면 백성들은 폐하를 우러러 볼 것입니다. 그러나 만일 굽은 사람을 뽑아 똑바른 사람 위에 두면 백성들은 폐하를 우러러 보지 않을 것입니다."[10]

공자는 진정으로 자비로운 통치자 아래서는 법도 필요 없다고 말하기까지 했다. 사람들은 친절에 감동하여 감옥, 벌금, 기타 다른 벌에 개의치 않고 올바르게 행동할 것이라고 공자는 믿었다. "칙령을 내려

인도하면서 벌로 다스리면, 사람들은 죄를 짓지는 않겠지만 부끄러움도 모를 것입니다. 만일 덕으로 인도하면서 의식으로 다스리면 사람들은 부끄러움을 알고 개화됩니다."라고 공자는 말했다. 유교의 관점에서는 국가를 경영함에 있어 덕만 갖추면 되는 일이었다. 『중용』에는 "뛰어난 사람은 보상을 바라지 않고 사람들은 덕을 행하도록 자극된다. 그는 화가 났음을 보이지 않으며 사람들은 그를 손도끼와 전투용 도끼보다 더 경외하게 된다."고 쓰여 있다. 맹자도 매우 유사한 언급을 했다. "사람들을 힘으로 진압하면 그들은 마음으로 항복하지 않는다. 단지 항거할 힘이 부족하여 항복한다. 그러나 덕으로써 진압하면 사람들은 마음속 깊이 기꺼워하며 진실로 항복한다."고 말했다. 만일 통치자가 힘으로 사람들을 통치한다면 그것은 실패를 예고하는 것이다. 한 관리가 도를 따르지 않은 자들을 전부 죽여야 하는지 공자에게 물었다. 공자는 통치자 스스로가 덕을 따른다면 그러한 극단적 방법은 전혀 필요 없을 것이라고 대답했다. 공자는 "나라를 통치하는 데 사람을 죽여야 할 필요가 있을까? 자신이 올바르게 행하면 백성들도 올바르게 될 것이다."라고 대답했다. 『논어』는 사형에 대하여 단호히 반대하는 공자를 기록하고 있다. "사람을 개선하려는 노력 없이 사형을 내리는 것은 잔혹한 행위이다."[11]

공자의 말에는 권력은 지위나 직위로 물려받는 것이 아니라 올바른 행동과 도덕적 행위에 의거한다는 더 위대한 사상이 포함되어 있다. 더 중요한 것은 힘으로 얻을 수 있는 것도 아니라는 것이다. 권위주의 정권이란 폭력적인 경찰, 불법 재판, 전제정치, 혹독한 형벌 등을 수반하는 강압적 정권 그 자체이다. 그러나 공자는 진실한 권력은 강압성이 없이 이루어진다고 믿었다. 그리고 사람들은 그렇게 도덕적 행동의 기준을 지키는 권력에 기꺼이 복종해야 한다고 공자는 믿었다.

또한 국가가 사회를 항상 지배해야 하는 권력이라고 믿지도 않았다. '쉬'라는 마을에서 도둑질한 아버지를 고발한 젊은이의 이야기에서 공자는 가족에 대한 의리는 나라의 법보다 우선한다고 믿었으며 그것은 현자가 정부에 대한 맹종에 반대했음을 암시하고 있다. 한비자같은 법치주의자가 공자의 가르침이 나라의 권력을 보강하지 않고 오히려 파괴하게 될 것이라고 생각한 까닭이 바로 그런 이유에서였다. 공자에게 있어 안정되고 번영하는 사회의 기반은 정부가 아니라 가족이었다. 학자인 프랜시스 후쿠야마는 "유교는 위에서 아래가 아니라, 땅으로부터 위로 질서 있는 사회를 세운다."고 언급했다.[12]

오늘날의 공자 옹호자들은 이 논의에서 한 발 더 나아갔다. 그들이 보기에 공자는 헌신적인 민주주의자였다. 지난 세기 동안 서양의 이상이 중국, 한국 등 아시아 지역 국가들에 스며들고 있는 동안 일부 아시아 사상가와 정치인들은 공자와 그의 추종자가 설파한 철학이 동아시아 민주주의의 토대가 되었다고 주장해 왔다.

가장 유력했던 인사는 공산주의와 공산주의의 적 모두에게서 근대 중국의 아버지라고 추앙받는 쑨원(孫逸仙, 孫文)이었다. 1911년 제국주의가 무너지자 쑨원은 그가 대통령이 된 최초 중국 공화국의 탄생에 큰 역할을 담당하였고, 오늘날까지도 대만에서 큰 세력을 발휘하고 있는 국민당을 공동 창당하였다. 그는 근대 민주주의의 씨앗은 서유럽에서 싹튼 것이 아니라 중국의 오랜 현자에 의해서 싹튼 것이라고 굳게 믿었다. "나는 중국이 유럽과 미국보다 앞서 발달했으며 과거 수천 년 전에 이미 민주주의에 대하여 논의한 것을 알고 있다. 중국에서는 민주주의가 2,000년 전에 담론화되었던 반면에 서양에서는 겨우 지난 150년 남짓 동안에 기정 사실화되었다."고 그는 주장했다. 쑨원은 "공자와 맹자가 2,000년 전에 인간의 권리에 대하여 말했다."고 구체적으로 지적했다.[13]

현대의 공자 지지자들은 통치권이 국민에게 있다는 사상의 발단은 유교라고 본다. 물론 엘리트 주의와 계급사회를 역설한 철학에 대한 의견이라는 점에서 어색하게 느껴질 수도 있다. 그러나 유교서적에는 통치자는 국민의 동의하에서만 통치하고, 따라서 정부를 선택할 권리는 국민에게 있다는 것을 암시하는 문장이 있다. 『논어』에서 공자는 백성은 정부를 견제하고 건강한 정책의 시행을 확인하는 역할이 있다고 말한다. "이러한 백성은 세 왕조가 올바른 길을 가게 만든 시금석이었다."고 그는 말한다. 또 다른 서적에서는 정부의 합법성과 국민 대다수의 승인 사이의 연결에 대해 훨씬 더 직접적으로 다루었다. "백성을 얻으면 나라를 얻고, 백성을 잃으면 나라를 잃는다."고 『대학』은 충고한다.[14]

가장 강력한 증거는 통치자와 비통치자 간의 관계에 대하여 매우 자세히 언급한 맹자가 제시한다. 맹자는 백성의 지지를 얻는 것만이 권력을 얻는 유일한 길이라고 자세히 말했다. "국민은 국가를 이루는 데 필요한 가장 중요한 요소이고, 땅의 기운과 곡식은 그 다음이며, 군주는 가장 약한 요소이다. 따라서 농민을 얻는 것이 군주가 되는 길이다."라고 맹자는 말했다. 또 한 번은 왕이 어떻게 나라를 통일할 수 있는지에 대한 질문을 받았을 때 맹자는 "만일 왕이 덕으로 다스리면 나라의 모든 사람들이 만장일치로 통일을 왕에게 선사할 것이다."라고 대답했다.[15]

맹자는 또한 통치자에게는 후계자를 지명할 권리가 없다며 하늘이 통치자를 선택하고 대중의 지지를 받는 자에게 축복을 내린다고 말했다. "군주는 사람을 하늘에 추천할 수는 있으나 그 사람에게 왕관을 내려 주라고 하늘에게 강요할 수 없다."고 맹자는 말했다. 옛 고대 시대에 행하였던 권력 인계에 대해 말하면서 맹자는 말했다. "모든 일들이 잘 관리되어 사람들은 통치자 밑에서 안식했다. 그래서 사람들은 그를 인정했다. 하늘은 그에게 왕관을 내렸다. 사람들이 왕관을 그에게 바친 것이다." 국민을 대하는 데 소홀한 군주는 통치에 대한 승인을 유지하지 못하고 쫓겨날 것이라고 맹자는 주장했다. "국민을 가장 혹독하게 억압하는 통치자는 살해되고 그의 왕국은 사라질 것이다."라고 맹자는 경고했다.[16]

국민은 정부를 선택할 권리가 있다고 암시한 맹자가 있었지만, 고전은 불행하게도 국민이 어떻게 그 권리를 행사할 수 있는지에 대해서는 방법이 모호하다. 하늘이 대중의 감정에 근거하여 통치자를 뽑는 데 있어 국민의 역할은 수동적인지 아니면 더 능동적인지? 다시 말해서, 국민은 통치자를 세우거나 무너뜨릴 수 있는지? 정치 질서에 저항하는 반역자들과의 합류를 사양한 공자를 보면, 국민은 기존의 지도자 혹은 정치 형태를 발전시키기 위한 노력과 나쁜 통치자보다 좋은 통치자를 지지하는 행동은 해도 되나, 통치자를 무너뜨리기 위한 적극적인 행동을 해서는 안 된다고 믿은 것 같다. 그러나 맹자는 좀 더 급진적이었다. 악의 있는 통치자는 통치자의 지위를 잃은 것이라고 그는 보았다. 따라서 그를 직위에서 끌어내거나 죽이는 것은 반역이 아니라 범죄자를 제거하는 행위라고 보았다. 제나라의 선왕이 맹자에게 물었다. 신하에게 통치자를 죽일 권리가 있는지 묻자 맹자의 대답은 명확했다.

"천성에 어울리는 자비로움을 격분하게 만드는 사람은 도둑놈이라고 불립니다. 의로움을 격분하게 만드는 사람은 악당이라고 불립니다. 우리는 도둑과 악당을 군주가 아니라 '놈들'이라고 부릅니다. 조우라는 놈의 참살에 대하여 들은 적은 있어도 군주를 사형했다는 말은 들은 적이 없습니다."[17]

이 맹자의 말을 쑨원은 국민에게 그릇된 정부를 쓰러뜨리고 난폭한 통치자를 실각시킬 권리가 있다고 해석했는데, 서양에서 비슷한 개념이 발전하기 훨씬 전에 공자가 그렇게 이미 믿었다는 것을 의미한다고 주장했다. 맹자는 이미 "왕은 꼭 필요한 것도, 영원한 것도 아니라면서 그는 국민을 행복하게 하는 사람을 신성한 군주라고 칭한 반면, 잔혹하고 원칙이 없는 사람들을 모든 사람이 반대해야 하는 개인주의자라고 불렀다. 따라서 중국은 2,000년 훨씬 전에 민주주의 사상을 이미 고려하였으나 당시에 현실로 옮기지 못하였을 뿐이다."라고 저술했다. 한국의 친민주주의 전사이며 대통령이었던 김대중도 이 대목에 동의했다. "존 로크보다 거의 2,000년 전, 중국의 철학자인 맹자는 유사한 사상을 설파했다. 왕은 '하늘의 아들'이고 하늘은 좋은 정부, 즉 국민에게 좋은 것을 베푸는 정부를 만들 권한을 그에게 부여했다. 만일 왕이 옳게 통치하지 않을 경우, 국민은 궐기하여 하늘의 이름으로 정부를 쓰러트릴 권리가 있다.'고 김대중 전 대통령은 1994년에 저술한 책에 썼다.[18]

이러한 논쟁에서 확실한 것이 있다면, 민주주의에 대한 공자의 관점에 대하여 명확하게 말한다는 것은 불가능에 가깝다는 것이다. 그러나 19세기에 와서 유교는 권위주의 교리로 일반적으로 인식되었고, 전제적인 제국 통치와 분리시켜 생각할 수 없었다. 민주주의 지지자들이 무시할 수 없는 것은 유학자들이 역사를 통해서 권위적인 중국 국가의 형성에 기꺼이 참여한 자였을 뿐 아니라, 이데올로기를 세우고 그것을 정당화하는 글들을 써 왔다는 것이다. 기원전 2세기의 동중서와 무제로부터 시작해서 송나라와 서기 1000년 대의 제국 시대의 유학자 주류는 조정이 더욱 중앙집권적이고 탄압적으로 되어갈 때에도 정부 운영에 적극 참여하며 자진해서 국가의 수단이 되었다. 공자를 모범으로 삼은 많은 학자들이 조정에서 자기들의 영향력을 이용해 황제에 항의하기도 했다. 따라서 모든 유학자들이 아무 생각도 없는 관리나 조정의 아첨꾼이었던 것은 아니었으나, 그렇다고 그들이 급진적 정치 변화를 늘 지지한 것도 아니었다. 유학자들은 공자를 위대한 현자로 받드는 제국체계에 계속해서 협력했으나 사실상 공자의 사상으로부터는 대폭 어긋나가고 있었다.

추종자들이 공자의 이름으로 저지른 짓들로부터 공자를 옹호하려는 유혹이 생길 수 있다. 그러나 어떤 면에서는 공자 자신의 가르침과 행동이 그의 많은 추종자들로 하여금 권력자들에게 협조하도록 만들었다. 공직에서 봉사하는 것은 교육받은 유교의 군자가 해야 할 도덕적 의무였다. 이 명령은 그들로 하여금 황제의 총애와 공자의 윤리적 원칙 사이에서 지속적으로 균형을 맞추게 만들었다. 공자가 택한 길을 본받아 유학인들은 체계 안에서의 개혁을 일반적으로 선호했다. 그러나 공자와 후세의 유학인들 간에는 중요한 차이가 있었다. 공자가 평생 동안 조정에서 정치적 영향력을 모색했던 것은 사실이나, 공직을 얻기 위해 그의 원칙을 버리지는 않았던 반면, 후세의 유학인들은 그런 결단력이 없어서 황제에게 잘 보이기 위해 현자의 가르침을 임의로 각색했을 뿐만 아니라, 일단 조정에서 힘을 얻은 다음에는 세력을 유지하는 데 급급했다.

해가 지나면서, 유학인들은 정치적 권력을 유지하기 위하여 유학의 이상을 벗어나더라도 공직에 있어야 하는지, 아니면 도덕적으로 분개하며 물러나 공직과 수입, 어쩌면 생명까지 바쳐야 하는지의 기로에서 냉혹한 선택을 피할 수 없었다. 이러한 진퇴양난의 상황은 일본의 도쿠가와 쇼군 초기 시대에 관료였던 하야시 라잔이 1613년에 쓴 편지에 요약되어 있다. 하야시는 쇼군들 사이의 자기의 영향력과 특권이 자신을 행복하게 할 것이라 생각했으나 그의 가슴 깊은 곳에서는 정작 그렇지 못했다. "나는 내가 가진 재주나 포부에 대해서 이해하지 못하는 사람들을 무조건 따르도록 강요당하고, 더 나쁜 것은 내가 실제로 그렇게 따른다는 것이다. 내가 원하는 것은 유교의 현자를 따르는 것이다. 그러나 그것은 나의 신념을 따라 행동해야 한다는 것을 의미하고 있고, 그것은 내가 할 수 없는 것이다. 이 갈등은 내 몸이 마르는 것으로 나타나고 있다."고 심중의 갈등을 드러내고 있다. 공직보다 양심을 더 중시하라고 공자는 충고할 것이라는 것을 알고 있는 하야시였으나 그것은 비현실적이라고 고백했다. "현자와 다른 분들이 쓴 책들을 읽었습니다. 그렇게 하는 것이 그분들이 의도하는 것이라는 것을 알지만 제가 견뎌 낼 수 있는 것이 아닙니다. 그러나 부모님을 봉양하려는 충심과 친구와 형제들에 대한 의무는 나로 하여금 다른 선택을 할 수 없게 합니다. 저는 이런 상황에 부닥쳤습니다."[19] 중국, 한국, 일본의 공직에 있는 헌신적 유교인들이 이와 같은 내적 갈등을 느꼈을 것이라고 짐작하는 것은 어렵지 않다. 더 많은 유교인들이 정부 관직에 나아갈수록 유교는 하나의 직업으로 더 굳어지고, 생계와 공자의 윤리적 책망 사이에서 선택을 해야 하는 유교인들을 더욱 어렵게 만든다.

그런데 유교인들이 도덕적인 갈등만 겪은 것은 아니었다. 권위주의를 더욱 지지하기 위하여 교리를 계속 변경하고 새로운 해석이 공자 자신의 것이라고 주장하면서 자신들을 더욱더 궁지로 몰아간 것이다. 주희의 성리학으로 부활한 송 시대의 유학 또한 20세기 초반까지 이어온 중국 제국들을 형성하는 데 도움을 준 새로운 정치사상을 제공하였다. 정치 이론화 과정에서 신유학인들은 사회의 질서와 안정을 확실하게 하고, 도덕적 개혁에 의하여 좋은 정부를 출현시키려는, 즉 공자 자신이 세웠던 것과 같은 목표에 의하여 동기부여되었다. 그러나 그들이 바꾼 교리는 중앙집권화를 추구하는 황제들에게 철학적 은신처가 되었다. 새롭게 해석한 역사를 통해 신유학인들은 강력한 황제의 군림을 질서 및 번영의 시대와 연관 짓는 반면 중앙 권력의 붕괴를 파괴와 고통의 시대와 일치시켰다. 그들은 중앙집권이 무너진 이유가 황제에게 유형의 권력과 그 권력을 행사할 법규가 부족해서가 아니라 통치자의 도덕적 이완 때문이라고 하면서 안정을 되찾는 길은 도덕의 재창출을 수반해야 한다고 믿었다. 이러한 계산에 따라 신유학인들은 황제를 더 추켜세우고 평화의 정착뿐만 아니라 세계관에 대한 특별한 역할도 주문하였다.

이렇게 상승된 위치는 동시에 막중한 의무를 동반하였다. 신유학인으로서 황제는 인류 역사를 결정할 수 있는 단 한 사람이 되었다. 그는 도덕성을 통하여 평화와 선의 시대를 이룰 수 있거나, 아니면 탐욕으로 인해 세상을 재난으로 몰아갈 수 있었다. 주희는 "세상의 모든 사건은 이 한 사람에 기초하고 있고, 이 한 사람의 사람됨은 그의 한 마음이 조정한다. 그러므로 사람들을 통치하는 사람의 마음이 옳으면 이 세상의 모든 일도 옳게 되나, 만일 사람들을 통치하는 사람의 마음이 정도에서 벗어나면 이 세상의 모든 일도 정도에서 벗어나게 된다."고 언명했다. 주희에 따르면 통치자를 비롯한 모든 사람들의 내부에는 이 기적인 '육신의 마음'과 사심 없는 '영혼의 마음' 간의 투쟁이 벌어지고 있다. 사람은 어떤 '마음'이 승리하느냐에 따라 행동하게 된다. 이 싸움이 황제의 내부에서 일어날 때 우주적인 중요성을 갖게 된다. 싸움의 결과는 "온 세상의 정부가 선한 정부인지, 무질서한 정부인지, 평화로운 정부인지, 위험한 정부인지를 결정한다."고 다른 학자에게 보낸 서찰에서 주희는 말했다.[20]

이런 대단한 주장을 하면서 신유학인들은 일반인들에게 이런 믿을 수 없을 정도로 중요한 황제를 존경하고 순종하라고 요구했다. 그 실천은 평화로운 세상을 현실화하는 데 필수인 주요 요소였다. 위대한 신유학인인 정이는 "통치자는 태양이다. 국민을 편하게 하는 방법은 '황제를 존경'하는 데서부터 시작한다."고 주장했다. 정이의 제자 중 한 사람은 한 발 더 나아가, "통치자와 태양은 같은 덕을 지니고 있어 같은 도를 행하고 있다."고 저술했다. "나라를 보호하려면 태양을 존숭해야 한다. 태양을 존숭하려면 통치자를 높여야 한다." 유학자인 후안궈(胡安國)는 그의 유력한 『춘추전』(春秋傳)에서, "정부에 대한 고전 서적의 일관된 주제는 사람들이 왕의 권한을 존경하고, 관리들에게 나누어져 있는 권한을 개탄하여야 한다."는 것이었다고 저술했다. 그런데 공자도 현자-왕에 대한 믿음을 언급하기는 했으나 통치자를 이렇게 높이 승격시키지는 않았다.[21]

후세의 학자들은 더 했다. 명나라(1368~1644) 시대 초기 사람인 유학 사상가 류지(劉基)는 '세상을 구하는 정부'를 고안하고 "진정한 왕의 출현에 대비하여 법, 규칙, 의식, 음악을 개발하는 것"이 그의 목적이라고 저술했다. 이러한 왕은 중국 사회 전체에 대한 개혁을 이루고 새로운 황금시대로 안내할 것이다. "현자는 사람들 속에 잠복해 있는 선의 출현과 연장을 가능하게 하는 도덕적 교리를 세운다. 그의 연민은 사람들을 감동시키고 양육하여… 하늘과 땅, 부모는 인간을 낳고 통치자 겸 스승은 그들을 완성시킨다."라고 류지는 저술했다. 강요를 반대한 다른 유학자들과는 달리 류지는 중국의 고대 현자-왕이 단지 지혜와 덕으로서 나라를 다스렸다고 생각하는 것은 비현실적이라고 믿었다. 통치자가 악을 물리치고 국민을 부상시키기 원한다면 권력의 행사는 피할 수 없다. 너무 부패하고, 어리석고, 자기 중심적인 민중이라 그들에게 빛을 보게 하려면 다른 방법은 없다는 것이었다. 비슷한 생각을 가진 유학자인 송롄(宋濂)은 인간이 시달리고 있는 '어둡고 부주의한 무지함'은 어떤 방법을 써서라도 제거되어야 한다고 믿었다. 그는 관리들의 부패와 이익 추구의 모든 형태를 꾸짖었다. 송롄이 기술한 이야기 중에는 군주를 기쁘게 하기 위해 내핍을 가장했으나 그들의 잔치가 벌어지고 있는 곳을 우연히 지나가며 보게 된 왕에 의하여 결국 처형된 조정 관리에 관한 이야기가 있다.[27]

이러한 일련의 생각은 공자를 정치적 절대주의의 지지자로 영원히 변색시켰다. 근대 정치 역사가인 후정위안(傅正源)은 송나라 때의 신유학에서는 "통치자에 대한 국민의 복종은 절대적이고 무조건적이어야 했다."고 하면서 그 결과로 "송나라 후에 더욱 진보한 전제 정치는 상당 부분 신유학과 분리되어 생각할 수 없다."고 주장했다. 또한 류지나 송롄의 글은 "명 시대의 유교와 전제주의는 거침없이 뒤엉켰다는 것을 명확히 보여 주고 있다."고 기술하고 있다. 물론 이런 평가에 모든 학자가 동의한 것은 아니었다. 역사학자 우드(A. T. Wood)는 신유학이 중앙집권을 더욱 지지하기는 했지만, 중국의 제국체계가 독재화되는 것을 의도한 것은 아니었다고 말했다. 즉, 황제에 대한 복종을 대중에게 애원하면서도 왕에게는 도덕적 제한을 강요하여 황제의 권력을 억누르려 한 것이다.[23]

  그들의 의도야 무엇이었든 신유학은 권력의 사용과 오용을 이해하는데 있어 위험할 정도로 순진했다. 일단 황제에게 그러한 특권과 임무를 부여하고 백성들에게 그를 따르라고 주문한 후에는, 왕을 조정할 방법도 유교적 도덕 원칙에 대한 책임도 물을 길이 없었다. 공자 자신으로부터 이어받은 신유학 사상의 결함은 유학자들이 국민을 위해서 통치자에게 내려진 위대한 권한을 행사할 지식, 능력, 의지, 강직성을 왕이 보유하고 있다는 잘못된 믿음이었다. 중국의 통치자는 유교의 믿음을 수용할 가치가 없는 인물이라는 것이 사실 너무 자주 증명되었다. 그들은 또 그들 자신의 과도한 권력욕을 정당화하기 위하여 유교의 원리를 너무나도 자주 오용하였다.

  유학인들은 1368년, 명나라가 건국되면서 그 사실을 알아차렸다. 명의 창시자이자 명태조로 알려진 주원장(朱元璋)은 진시황제나 마오쩌둥만큼 억압적이었고 중국을 통치한 지도자 중 가장 잔혹하고 폭압적이었다. 명태조는 셀 수 없을 만큼 많은 중국인을 처형하고, 신체를 훼손하고, 감옥에 처넣었다. 범죄인은 손, 발, 혹은 코를 잘리고 아들과 손자까지 처형되었다. 유학인들도 그런 희생자 가운데 일부가 되었다. 왕의 눈밖에 난 고급 관리들조차 채찍으로 맞거나 작두 위에서 머리가 날아갔다. 형벌은 제멋대로 행해졌다. 태조는 조정의 환관 두 명이 비가 오는데 신발을 신지 않은 것은 부(富)를 경박하게 나타낸 것이라며 태형에 처했다. 태조는 또 추도문을 작성해 바친 한 관리를 추도문이 너무 길다는 이유로 태형에 처했다. 이런 야만적인 행위로 유명했던 태조는 그 와중에도 자신을 국민의 도덕심을 발전시키고 나라에 안전을 도모하라는 하늘이 위임한 의무를 실현하는 원형적인 유교의 현자-왕이라고 내세웠다. "윤리와 정도의 길은 전부 유교에 들어 있다."고 태조는 1382년에 선언했다. 같은 해, 대학생들을 상대한 연설에서 그는 "나의 희망은 공자의 길을 걷는 군자들을 양성하는 것이다."라고 확언하였다.[24]

공자의 추종자들이 대단히 큰 잘못을 한 것은 확실했다. 독재자는 현자를 이용하여 중국인들에 대한 독재의 광란을 정당화하고 있었다. 류지와 송롄은 명나라 건국 전후에 태조를 가까이 한 자문관들이었고 그들이 명나라를 견고히 하는 데 얼마나 영향력을 발휘했는지는 확실치 않으나, 태조의 행동과 말은 무슨 방법을 써서라도 악을 뽑고 도덕을 전파하는 것이 유교의 현자-왕의 책무라는 그들의 개념을 따른 것이었다. 사실 역사가 존 다데스(John Dardess)는 명나라 시대의 유교 관련 논문에 태조의 독재는 "그가 이해하는 대로의 유교 논리를 구체적인 결과로 실현시키려는 진지한 노력에 의하여 나타난 것이라고 이해할 수 있다."고 주장했다.

매우 신유학적으로 들리는 태조의 말은 사실상 많다. 문맹의 고아로 태어나 무자비한 반란 지도자로서 제국을 이룩한 그는 황제가 되었을 즈음에 이르러서는 유학 고전에 대한 교육을 이미 어느 정도 받은 상태였다. 그는 자신을 피비린내 나는 폭군이 아니라, 세상을 구하고 국민들에게 적절한 도(道), 적어도 자기 생각에 옳다고 여기는 도를 구현하는 임무를 부여받은 왕으로 생각하고 있음을 나타내는 많은 글과 선언문들을 저작하였다. "통치자가 제국을 다스리면서 그가 생각하는 진실과 허울의 차이, 옳음과 잘못에 대한 그의 관찰 모두 그의 마음에서 나온다."라고 마치 주희가 말하는 것처럼 태조는 말했다. "왕의 마음이 올바르지 않으면 모든 판단은 빗나갈 것이다. 따라서 마음을 바로잡는 것은 가볍게 여길 일이 아니다." 통치자가 임무를 게을리하면 나라는 망할 것이라고도 했다. "하늘이 국민을 양육할 왕을 내려 주시지 않으면 국민은 살아남을 수 없다." 태조는 어느 글에, "통치자가 끈과 줄을 쥐고 올바른 사람들에게 안전을 제공하지 못하면, 그들은 소란해지며 방향을 잃게 된다. 악을 처벌하지 않는 한 국민은 양육되지 못한다… 그래서 하늘의 아들은 벌로써 다스리고, 계급의 관계를 통해서 국민을 복종하게 만든다."고 썼다. 가치를 따질 수 없는 이런 봉사의 대가로 태조는 백성들이 그의 '가르침'에 복종하기를 기대했다. "백성의 길은 극도의 충성심에 있다."고 그는 주장했다.[26]

후세 유학인들이 저지른 가장 큰 죄는 공자가 설파한 충고를 선별적으로 따른 것이다. 명태조가 자행한 일종의 무자비한 학살에 위대한 현자가 참여했다고 상상하는 것은 어려운 일이다. 그의 인생에서 공자는 도를 따르지 않는다고 믿어지는 정부 관직보다는 가난함을 선택했다. 명 시대의 대부분의 유교인들은 식솔을 먹여 살리는 것에 연연하고 자신들의 위치에 집착함으로써 공자와는 반대의 선택을 하였다. 만일 공자가 14세기로 시간을 가로지를 수 있었다면 타협적인 유학인에 실망한 나머지 첫 제자들에게 가르쳤던 것을 상기시킬 것이다. "제국에 도가 퍼져 있을 때에는 자신을 드러내지만, 그렇지 않을 때에는 숨어 있거라."[27]

자, 오늘날의 싱가포르로 돌아가 보자. 리콴유와 싱가포르를 통치하는 엘리트, 즉 군자들로 이루어진 그들은 유교의 가르침에 뿌리를 둔 '아시아적 가치'라는 이상으로 정말로 통치하고 있는가? 어떤 면에서 보면 리콴유는 유교의 원칙을 수호하고 있다. 국민의 경제 복지를 돌보라는 유교의 훈계를 상당 부분 따른 리콴유는 솔선수범하라는 교훈을 굳건히 따랐다. 그는 자신이 모범을 보임으로써 공공의 이익을 위해서 부정 없이 열심히 일하는 정부 행정을 기획하고 관리했다.

그러나 공자는 정부의 지도자에게 효율보다 더 많은 것을 원했다. 국가를 어떻게 통치하는지는 국가가 무엇을 성취해야 하는지만큼 중요한 것이어서 단순히 정책의 목적만이 아니라 수단의 관점에 위대한 현자는 집중하였다. 좋은 정부는 덕 위에 세워지고 진실한 유교 지도자는 강압이 아닌 자비로써 다스린다고 믿은 공자였다. 싱가포르를 통치하는 엘리트들이 이렇게 엄중한 유교적 조건을 만족시켰는지 알려면 싱가포르 정부 내부와 리콴유의 통치를 뒷받침한 이상, 그리고 그 이상이 국정과 인권에 대한 유교사상과 어떻게 비교되는지에 대하여 깊이 통찰해야 한다.

케임브리지에서 돌아온 리콴유는 당시 이 도시국가에 형성된 중국 공동체에 차츰 스며들고 있는 공산주의를 우려했다. 그래서 그런 걱정을 공유하는 싱가포르의 지식층 일부와 함께 PAP를 창립했다. 1959년, 영국이 싱가포르에 자치권을 일부 인정했고 치열한 선거 끝에 승리를 한 새로운 당은 정부를 장악하고 리콴유를 수상으로 지명했다. 싱가포르는 1965년에 완전한 독립국가가 되었으며 1960년대 말에 이르러서 리콴유의 정적은 거의 뿌리가 뽑힌 상태였다. 선거는 정기적으로 시행되지만 PAP는 별 도전 없이 의회의 거의 모든 의석을 차지했다. 리콴유와 그의 PAP 동지들은 국가라는 기계를 조정하여 조직된 야당의 우세를 억제했다. 언론과 의회는 물론 표현의 자유까지 통제되어 리콴유와 그의 당을 비난할 수 있는 기능을 상실한 야당이 의석을 놓고 선거운동에서 경쟁하는 것은 실제로 거의 불가능했다. 언론의 권리를 지키려는 조직 '국경 없는 기자회'(RSF)의 2013년 언론자유지수에 의하면 싱가포르는 블라디미르 푸틴의 러시아와 로버트 무가베의 짐바브웨에도 뒤졌는데, 전체 179개국 중 149위라는 창피한 기록을 세웠다. PAP의 통치를 뒷받침하는 것은 아마 선진 세계에서 가장 가혹하다고 해도 과언이 아닐 가혹한 형법체제이다. 경범죄도 체형 처벌되는 이 국가는 세계에서 사형을 가장 적극적으로 활용하는 국가이다. 2009년에 유엔 보고서에서 발췌된 글에 의하면 싱가포르의 인구당 사형률은 북한과 중국 사이인 세계 5위로 추정되었다.[28]

리콴유는 이러한 정책 때문에 많은 비난을 받았다. 한국 대통령이었던 김대중은 싱가포르가 "개인의 행동을 가혹하게 관리하는 사회공학의 극한적인 전체주의 국가"라고 비난했다. 그러나 리콴유는 사과하지 않았다. 그의 엄격한 전략에는 좋은 의도를 지닌 목적이 존재했다고 리콴유는 생각한다. 그는 또한 그런 혹독한 형벌체계 없이는 공공복지의 발전을 자기 관리하에 달성하지 못했을 거라고 믿는다. 열린 민주주의는 급속한 성장을 이루기 위한 방향을 제시하고 정책을 실현하지 못한다고 그는 주장했다. 그는 "몇 개의 예외가 있지만 민주주의는 새로운 개발국에 올바른 정부를 실현시키지 못했다."고 1992년에 있었던 연설에서 주장했다. "민주주의가 개발을 실현시키지 못한 이유는 정부가 개발에 필요한 안정과 규율을 세우지 못했기 때문이다." 리콴유는 서양 민주주의의 기본 토대가 오도된 것이라고 계속 비난했다. "서양의 민주주의는 모든 남자와 여자는 평등하거나 평등해야 한다고 가정한다. 그러나 이러한 평등은 정말 현실적인 것일까? 만일 그렇지 않다면, 평등을 주장하는 것은 퇴행을 결과할 뿐이다. 민주주의의 결점은 모든 사람은 평등하고 공동의 이해에 평등한 기여를 할 수 있다는 잘못된 가정이다.” 그는 더 나아가 모든 사람은 ‘뺏을 수 없는 권리’가 있다는 미국식 민주주의의 기본 개념은 위험한 것이라고 주장했다. 그는 개인의 권리가 다른 어떤 것보다 위에 놓여지면 더 큰 공동체에 타격이 온다고 믿는다. 삶, 자유, 행복에 대한 개인적 추구는 도덕적 타락과 이기심으로 퇴행하며, 현재 미국에 만연한 사회악의 원인이 되고 있다고 했다. 리콴유는 “나는 총기, 마약, 흉악 범죄, 부랑자, 공공에서의 부적절한 행동 등 한마디로 말하자면 문명의 붕괴라고 볼 수 있는 절대 용납할 수 없는 미국 사회의 단면을 본다. 개인이 원하는 대로의 행동, 혹은 잘못 행동할 수 있는 권리의 확장은 질서 있는 사회를 희생하고 있다.”고 1994년에 말했다.[29]

대신 그와 같이 국사를 적절히 관리할 수 있는 지식과 지혜를 갖추고 있는 지식 군자들로 구성된 엘리트 그룹에 맡겨진 정부는 더 나은 결과를 도출할 수 있다고 리콴유는 믿었다. 정부의 성공은 정부의 과정이나 골격이 아니라 정부를 운영하는 개인들에게 달려 있다는 것이 그의 의견이다. “올바른 사람이 없는데 탁월한 정부가 가능합니까?”라고 그는 1994년 싱가포르 의회에서 행한 연설에서 수사적으로 물었다. “미국의 진보주의자들은 권력의 적절한 분리를 통하여 올바른 정부체계가 가능하므로 무능한 사람이나 악한 사람이 선거를 이겨 정부를 차지한다 해도 올바른 정부가 가능하다고 하는데, 나는 아시아에서의 내 경험을 통해 다른 결론을 내렸습니다. 올바른 정부를 위해서는 올바른 사람이 정부를 관장해야 합니다.” 이런 탁월한 사람들은 사회 전반의 이해를 진작시키기 위해서 모든 사람에게 골고루 가장 좋은 것이 무엇인지를 고려하고 결정하는 사람이라고 그는 말했다. "조금의 후회도 없이 말합니다. 당신의 이웃은 누구인지, 당신은 어떻게 사는지, 무슨 소리를 내지르고 어떻게 침을 뱉는지, 혹은 당신은 어떤 언어를 사용하는지 등 아주 개인적인 일에 우리가 끼어들지 않았다면 경제성장은 이루어지지 않았을 것이고 지금의 우리는 없을 것입니다. 어떤 것이 옳은 것인지 우리는 결정했습니다. 사람들이 어떻게 생각하는지 개의치 않았습니다."라고 리콴유는 말했다.[30]

이러한 논리를 확대하면서 리콴유는 유교 덕분에 동아시아는 서양이 전파하는 다수의 당이 존재하는 민주주의보다 반자유적인 형태의 통치를 택했다고 말한 것이다. 아시아 문화의 가치 때문에 동아시아는 공동체의 이해를 개인의 이해 위에 놓았고, 따라서 한 개인의 권리보다 국가 내부 전체의 평화와 질서를 더 중요하게 본다는 주장이었다. "동양의 주목적은 모든 사람들이 자유를 최대로 즐기기 위해 질서가 잘 이루어진 사회를 조성하는 것이다." "자유민주주의로 인해 생성된 적대적이고 무질서일 수밖에 없는 국가에서 이런 자유가 가능한 것이 아니라 질서 있는 나라에서만 가능하다."고 리콴유는 말했다. 따라서 서양식 민주주의 국가는 유교사회와는 맞지 않는다고 주장했다. 그는 또 "간단히 말해서 미국, 영국, 혹은 서유럽 헌법을 모델로 삼는 체계는 아시아 국가들이 보유하거나 보유할 수 있는 정치체계가 아니다. 아시아인들은 질서 있는 사회에서 높은 질의 삶을 지향한다. 공동체의 이해와 양립될 정도의 생활 방식, 정치적 자유, 그리고 자유에 대한 개인적 선택을 원한다… 실질적인 안정과 질서 있는 발전을 무시한 이론을 논할 수 있는 싱가포르 지도자는 없다. 이 부분에 대해서는 나는 현재의 모든 아시아, 아니면 적어도 대부분의 아시아를 대변해서 말하고 있다고 믿는다."라고 1991년 연설에서 말했다. 그는 아시아가 서양의 정치 모델과 사회체계를 모방하려 한다면 사회의 부패와 파괴가 초래될 것이라고 경고했다. 리콴유는 "지금 일어나고 있는 일들을 주의 깊게 여기지 않고 서양화를 억제하지 않은 채 계속 스며들게 내버려 둔다면 앞으로 더 큰 문제에 직면하게 될 거라고 믿는다."고 1988년에 말했다.[31]

리콴유의 철학은 동아시아와 그 너머 지역의 정치에까지 대단한 영향력을 발휘했다. 그는 서양을 대표하는 민주주의의 대안으로 아시아의 우수한 통치법과 사회조직 형태로서의 유학을 주장한 아시아에서 가장 탁월한 지도자 가운데 한 사람이었다. 유학체계가 정치 환경과 사회 안정이라는 테두리 안에서 국민 복지를 실제적으로 발전시킬 수 있음을 증명한 싱가포르의 엄청난 경제성장이 리콴유의 주장을 뒷받침했다. 그런 주장은 오늘날에도 특히 중국을 위주로 널리 퍼지고 있다. 중국 정권의 일부 지지자들은 리콴유의 아이디어를 빌려 민주주의보다는 단일정당 전체주의가 중국에 이롭다고 주장했다. 벤처캐피털을 운영하는 에릭 리는 "중국 전통에 입각한 공자는 통치의 목적에 대해서 이제까지도 유효한 정의를 내렸다… 현대 시각으로 표현하자면, 공정한 도덕적 기초 위에 세운, 공평한 법적 질서를 동반한 전반적 평화와 번영의 사회이다… 공자가 표현한 '목적'으로 가늠한다면… 현재의 단일정당 국가 모델은 지금까지 중국에 적합했다."고 최근에 주장했다.[32]

리콴유를 비난하는 사람들의 입장에서는 무제 이후의 많은 중국의 통치자와 관리들처럼 리콴유도 독재를 자비로 포장하며 공자를 오용하고 있는 것이었다. 최근에 "아시아 정부들이 하는 모든 것, 혹은 하려는 모든 것을 합리화시키기 위해 아시아적 가치가 동원되었다."라고 영국의 마지막 홍콩 총독이었던 크리스 패튼(Chris Patten)은 저서에서 밝혔다. "권력을 지키려는 늙은이들과 선거의 심판을 두려워하는 노쇠한 정권은 동양과 서양 사이에 커튼을 내린 후, 자기들의 행위는 오랜 문화에 의한 것이며 동양의 불가해의 수수께끼에 의해 정당화된다고 주장한다." 프랜시스 후쿠야마도 거의 비슷한 독설을 퍼부었다. 그는 "유교는 권위주의적 정치체계를 절대 지지하지 않는다. 싱가포르의 현 정치 권력자들은 유교의 전통을 일부 거짓으로 인용하여 강압적이고 불필요한 가부장적 정치체계를 정당화하고 있다."고 1995년에 말했다.[33]

누가 옳은 걸까? 국민 스스로 통치할 수 없다는 믿음과 공동체의 이해가 개인의 이해를 우선한다는 사상 등, 리콴유가 주장하는 "아시아적 가치"에 공자를 반영하는 부분이 있는 것은 사실이다. 좋은 정부를 위해서는 그런 정부를 운영할 수 있는 탁월한 사람이 필수라는 그의 주장은 송나라 시대 왕안석의 주장과 놀랄 정도로 유사하다. 그러나 스스로 유학인이라고 불렀던 과거 사람들이 그랬던 것처럼, 리콴유는 자기의 이해에 일치한 공자만 선택하고 그렇지 않은 공자는 버렸다. 도덕적 힘은 물리적 힘보다 강하므로 통치를 위해 엄격한 법과 형벌이 필요하지 않다는 것이 공자의 믿음이었다. 유학의 관점에서 보면, 리콴유는 권력을 위해 사형이나 다른 강압적인 방법을 사용하면 안 되는 것이었다. 또한 '항의'는 훌륭한 정부를 위한 중요한 사항이므로 유교적 통치자는 반대를 두려워하지 않아야 했다. 처형과 체벌, 그리고 반대파의 목소리를 탄압하고, 언론의 목을 죄는 리콴유 정권을 본다면 공자는 못마땅해하면서 고개를 가로저었을 것이다. 이 싱가포르의 수장이 진실한 유학의 군자라면 그런 것들을 필요로 하지 않았을 것이다.

아들이 그를 이어 강압적인 방법으로 싱가포르를 아직도 장악하고 있다는 사실이 리콴유가 도(道)에서 한참 벗어나 있다는 사실을 증명한다.

리콴유를 비판하는 사람들은 이 싱가포르 유교인이 도대체 어떤 사람일까 의문스러워 한다. 유교의 가치는 국민들로 하여금 서양식 민주주의를 문화적 차원에서 반대하게 할 것이라며 리콴유는 국민 대다수는 아직도 유교의 가치를 따르고 있다고 주장하는 것이다. 그러나 리콴유의 정책은 그가 싱가포르인을 완전한 유교인이라고 여기지 않는다는 사실을 보여 준다. 정부는 국민들에게 유교의 교리를 주입하고자 하는 캠페인을 1982년에 본격적으로 시작했다. 이전 중국 제국 시대 이후 가장 오랫동안 시행된 유교정책이었다.

리콴유가 이 캠페인을 시작한 몇 가지 이유가 있다. 가난함을 벗으려는 절실함으로 싱가포르 사회에 단결과 목적을 가져다준 단합의 구호 속에 성장한 싱가포르는 그 목적이 성취되고 부유해지면서 그 구호가 의미를 잃게 됐다. 그런 상황에서 리콴유는 정부를 정당화하고 국가의 새로운 방향을 제시해 줄 새로운 원칙이 필요해졌다. 또한 그는 외국의 자본 및 기술과 함께 작은 도시국가에 침투한 잠재적으로 불길함을 안겨 주는 외국 사상에 주목하기 시작했다. 진나라 시대의 보수적인 유학자처럼 리콴유는 싱가포르의 급진적인 서양화는 성스러운 유교의 효와 공동체에 대한 의무라는 미덕을 잠식할 것이라고 우려했다. 싱가포르를 더 유교적인 나라로 세움으로써 세계화로 인한 손실을 막는 효과를 볼 것이라고 믿었다.

이런 악을 방지하는 가장 좋은 방법은 유교 가족을 강화하는 것이라고 리콴유는 생각했다. 1982년 연설에서 그는 전통—다시 말해서 유교적 가족의 가치—의 파괴를 야기하는 요소라고 인식되는 것들과 싸우기 위해서는 '도덕교육', 즉 유학교육이 필수라고 역설하였다. 그는 싱가포르가 당면하고 있는 문제는 "완전히 다른 삶의 방법을 묘사하는, 이제 우리 사회에도 만연한 미국과 영국의 텔레비전 프로그램의 영향으로 인한 우리 고유 가치의 잠식을 어떻게 막을 것인가이다."라면서 이 문화 침략은 이미 싱가포르 사회에 유해한 영향을 주고 있다고 탄식했다. "유교적 전통에서 자란 사람들은 늙은 부모가 외로움과 고적함 속에 홀로 살고 계시다는 것에 수치를 느낀다."고 그는 말했다. "그러나 젊은 싱가포르인은 텔레비전을 통해, 또 여행하면서 이러한 것이 서양에서는 일반적인 것으로 인식한다. 우리의 과제는 우리의 전통적 가치를 아직 어리고 수용적인 마음을 가진 아이들에게 심어 주어 그런 가치에 기반한 태도가 십 대를 지나 굳어지고 평생 동안 단단해지도록 하는 것이다."라고 리콴유는 호소했다.[34]

유교 캠페인의 주 통로는 싱가포르 학교였다. 1979년, 교육장관을 맡은 고켕스위는 의무적 '도덕교육'을 공립학교에서 개시하자고 제안했다. 처음부터 유교가 이 과목의 일부는 아니었다. 그러나 1982년에 리콴유의 제안을 받아들여 유교윤리가 포함됐다. 고켕스위는 리콴유의 제안을 며칠 동안 밤잠을 설치면서 숙고한 후 결국 유교가 프로그램에 필요한 내용이라고 결론 내렸다고 설명했다. "이것은 깨기 힘든 딱딱한 호두이다. 그러나 해 보아야 한다."라고 당시 그는 말했다. 고켕스위는 인도인과 말레이인이 소수민족인 다문화 인구 구성을 인지해 학생과 학부형들이 이미 선택한 과목이었던 불교, 이슬람교, 기독교 등을 포함한 다른 몇 가지 전통 과목에 도덕교육을 추가 선택 과목으로 지정하였다. 그러나 리콴유가 선호하는 것이 무엇인지는 분명했다. "중국 학생들 대부분의 입장에서는 불교가 아닌 유교 공부를 부모가

선호한다는 사실이다."라고 그는 말했다.[35]

정부는 또 유교를 나라 전체에 홍보할 조직이 필요했다. "시대의 변화에 따라 유교를 재해석하고 싱가포르를 유교 연구의 중심이 되게 할 학술원이 필요하다."고 고켕스위는 한나라 시대의 동중서가 무제에게 제출한 청원서의 내용과 너무나 유사한 제안을 하였다.[36] 그 청원은 세미나, 회의, 보고서 등을 통해서 유교를 전파한 1983년의 동아시아 철학연구원의 설립으로 이어졌다.

학술원은 싱가포르인을 '유교화'하려는 폭 넓은 홍보 전략의 일부였다. "싱가포르의 유교는 단지 교실에서만 거론되는 것이 아니다. 이것은 현대 싱가포르에서의 개인 행동수칙으로 재해석될 것이다."라고 고켕스위는 말했다. 국민들은 유교의 덕과 그것이 싱가포르에 베푸는 혜택을 칭송하는 언론의 글과 텔레비전 쇼의 맹습에 노출되어 있다. 싱가포르의 주요 신문인 「스트레이트 타임」(The Straits Times)에 실린 전형적인 기사 하나는 "유교의 윤리는 싱가포르와 관련 있는가?"라는 헤드라인 아래 서양 교육은 과학과 경제학 분야에서는 좋으나 "유교의 도덕적 가치로부터 멀게 한다면 그 희생은 회복될 수 없는 것일 수 있다… 유교윤리에 깃들어 있는 보편적 가치는 '이상적인 지식층 싱가포르인' 형성을 가능하게 한다."라고 설파했다.[37]

리콴유의 유교 캠페인은 싱가포르인을 놀라게 했다. "많은 전문가들은 유교의 르네상스에 대하여 의아해했다."고 싱가포르인 교육자인 탄 츠위 후앗은 털어놓았다. "그들 중에는 영어로 교육받은 일반 싱가포르인도 있었다."[38] 얼마 지나지 않아 밝혀진 사실은 싱가포르인이 유교에 대하여 거의 모르고 있다는 것이었다. 우습게도 정부 관리들은 자기들보다 문화적으로 열등하다고 여기던 서양 학자들에게 의존하여 이 새로운 유교교육을 기획해야 했는데, 그 일부로 미국 학자 몇 명을 싱가포르에 초청하여 대중교육을 위한 유교교리 강의와 교재를 만들게 했다.

그런데 이 유교 캠페인은 엄청난 재원과 고도의 홍보 지원에도 불구하고 완전 실패였다. 유교의 맹습은 도시에 사는 인도인과 말레이인을 소원하게 만드는 한편, 싱가포르 중국인을 끌어들이는 데 실패했다. 유교교육이 취지였던 고켕스위의 도덕교육 프로그램은 실천 면에서 유교윤리보다 불교나 성경 공부를 학생들이 더 많이 선택하는 결과로 나타났다. 1989년 10월, 정부는 정책 방향을 바꾸었다. 유교윤리나 다른 종교교육은 더 이상 싱가포르 학생이 의무적으로 공부해야 하는 필수과목이 아니었다. 동아시아 철학연구원도 변신하여 현대 아시아 경제와 정치 연구 등 연구 분야를 넓히면서 그 이름도 동아시아 정경연구원으로 바뀌었다(오늘날에는 싱가포르 국립대학교 동아시아 연구원이라 부른다).

그러나 리콴유와 장관들은 실패를 받아들일 준비가 아직 되어 있지 않았다. 그들은 싱가포르를 위한 '국가정체성'의 확립이라는 새로운 과제를 향해 방향을 돌렸다. 대통령 위킴위(黃金輝)는 1989년 의회 연설에서 이 아이디어를 거론하였다. "방향을 잃지 않기 위해서 우리는 각 공동체의 문화적 유산을 지켜 나가고 싱가포르인의 진수를 보여 주는 공통된 가치를 세워야 한다."고 권고하였다. 그러한 가치는 무엇일까? 정부는 이에 대한 답으로 2년 후에 발표한 『공유가치에 대한 백서』에서 다섯 개의 가치를 공개했다. 그 가치들은 특별히 유교적이지 않다고 명확하게 백서에 선언했다. 또 정부는 "비중국인에게 유교를 강요할 수 없다."고 백서에서 밝혔다. 그러나 그 다섯 개 중 일부는 매우 유교적인 것처럼 느껴진다. 특히 '사회의 기초 단위로서의 가족'이란 가치는 『논어』를 표절했다고 해도 과언이 아닐 정도이다. 다른 하나, '공동체보다 국가, 그리고 자신보다 사회'도 큰 무리 없이 유교적 사고로 인식될 수 있다.[39]

이 백서에서 자명한 사실은 리콴유가 '공유가치'에 대한 제안을 서양식의 시민적 자유와 병행할 수 없는 싱가포르의 '국가정체성'으로 정의함으로써 자신의 '아시아적 가치' 주장을 보강하는 방법으로 사용했다는 것이다. "아시아적 가치와 서양 가치의 차이는 개인과 공동체 간의 균형이다. 전체적으로 보면, 아시아 사회는 공동체의 이해에 집중하고 서양 사회는 개인의 자유를 부각한다."라고 백서에는 쓰여 있다. 싱가포르의 미래는 공동체를 향한 집중이 계속되는 것에 달려 있다는 것이다. "싱가포르는 아시아 사회이다. 이 사회는 항상 개인의 이해보다 그룹의 이해를 더 중히 여겼다. 우리는 이것을 유지하고 보강해야 한다."라고 백서에는 실려 있다. '아시아적 가치'가 서양의 가치보다 우수하다는 가정하에서 볼 때, 그런 집중을 잃는다면 세계에서 경쟁하는 싱가포르의 능력이 저해될 것이라는 견해였다. "아시아에서 서양을 원형 표본으로 인지하여 성공한 나라는 아직 없다."고 백서는 적고 있다. "영어로 말하고 서양 의복을 입는다 해서 우리 싱가포르인이 미국인이나 앵글로색슨이 되는 것은 아니다. 오랜 세월이 지나면서 싱가포르인이 미국인이나 영국인, 혹은 호주인, 그것도 아니고 그들의 형편없는 짝퉁이 되어 구별하기 어려워진다면 우리는 서양에 대비한 국제적 우위를 상실하게 될 것이다."[40]

리콴유의 '아시아적 가치' 사상을 가장 결정적으로 반박한 예는 아마도 그 지역의 최근 역사에서 발견될 수 있을 것이다. 1980년대 이후,

동아시아는 전보다 훨씬 민주화되었다. 20세기 초, 수십 년간 대부분의 아시아 국가는 독재자(한국, 대만, 중국)나 사실상 유일당(일본과 싱가포르)의 나라였다. 그러나 지금은 모두 바뀌었다. 한국과 대만은 활발하고 건강한 민주주의 국가로 변모하였으며, 일본의 유일당 지배는 정치가 더욱 경쟁적이 되어 가고 반대당이 힘을 갖추어 감에 따라 종말을 고했다. 영국이 1997년에 중국에 영토를 반환한 후, 홍콩 시민은 정치체계가 완전히 민주적이 되기를 바라는 마음에서 그들의 자유를 지키고자 정기적으로 거리에 나서고 있다. 이들 사회에서의 유교적 영향력은 다문화의 싱가포르보다 더 강하다고 할 수 있다. 그러나 이 동아시아인들은 그들의 민주적 권리를 쟁취하기 위하여 커다란 모험을 하는 등 민주주의를 대단한 열정과 헌신으로 받아들이고 있다. 한국에서 전 대통령 김대중은 권위적 통치에 반대하며 '정의의 항거'를 일으켰다. 1987년, 거대한 데모는 군사독재로 하여금 자유선거에 동의하게 만들었다. 많은 사람들이 예견했듯이 공자는 부(富)에 대한 아시아의 자본주의 추구를 방해하지 않았는데, 마찬가지로 민주주의의 걸림돌도 되지 않았다.

리콴유의 주장에 반해서 공자와 민주주의는 제법 멋있게 조화를 이루고 있다. 공자는 정부의 기본 목적은 국민에 대한 봉사라고 믿었다. 정부가 어떤 형태를 갖추느냐 하는 것은 이차적인 것이었다. 유교는 리콴유가 주장한 민주주의나 서양에서 빌려온 사상의 대체가 아니라, 대신 아시아적 철학과 문화적 토대에 기초하여 민주주의로 가는 대체법을 알려 준 것이다. 이렇게 하여 세계화와 어울린 공자는 민주주의가 역사적 조건이나 지형적 한계를 극복하는 진실로 보편적인 것임을 증명하고 있다.

그러나 리콴유의 주장은 아직 죽지 않았다. 그의 주장은 동아시아 국가 중 가장 강력한 중국에 똬리를 틀고 있다.

10장

공자를 불러낸 중국

공자가 중국을 미래로 인도할 수 있을 것이다.

—호텔 매니저, 정완룽

"배!"라고 제관(祭官)이 명령했다. "일 배!"라는 명령에 리차드 쿵은 허리를 굽혀 큰절을 올렸다. 이 실업가는 공자의 78대손으로 2011년 따뜻한 9월 아침에 위대한 현자의 2,562번째 탄신을 기념하기 위해 북경 공자사원을 찾았다. 사원 본당에 있는 공자의 이름이 새겨진 제단 앞에서 큰절을 마친 그는 그의 걸출한 조상의 영혼을 위로하기 위해 황금색 비단으로 싸인 제물을 조심스럽게 머리 위로 올린 후 제단 앞에 놓았다.

수천 년 동안 수를 헤아릴 수 없이 많은 중국인들은 전국의 유교사원에서 이러한 의식을 행하여 왔다. 그러나 이 의식에는 특별한 의미가 깃들어 있었다. 즉, 의식이 행해지고 있다는 것 그 자체 말이다. 몇 년 전만 했더라도 쿵은 중국에서 이렇게 공개적으로 공자를 기릴 수 없었을 것이다. 마오쩌둥이 맹렬하게 공자를 공격했던 시대에 이렇게 공개적으로 의식을 거행했다가는 아마 감옥에 갇혔거나 더 나쁜 일이 일어났을지도 모른다. 한때 황제가 공자께 예를 드렸던 북경 사원은 문화혁명 동안에는 굳게 닫혀 있는 지경이었다. 그러나 지금 쿵은 수도 중심에서 고전적인 의식을 행하는 것뿐 아니라 북경 공산당 간부의 (간절한) 초청에 의해서 이 의식을 행하고 있는 것이다.

공자는 돌아왔다.

길고 굴곡이 심한 전기에서 가장 상상치 못했던 한 장(章)으로 제국 시대의 무관의 왕은 다시 중국의 왕좌에 앉았다. 조롱과 모욕으로 휩싸였던 1세기 후, 이 나이 먹지 않는 현자를 마치 무제 시대 이후의 제국 조정들이 그랬던 것처럼 중국 정부도 받아들였다. 중국 학교에 다니는 아이들은 마오쩌둥 어록과 함께 『논어』에 있는 잠언들을 낭독한다. 유교사원들은 재건되었고 국가가 관제하는 중국 신문들은 지역 의식들에 대하여 보도한다. 리차드 쿵이 주재한 연례 탄신 의식은 2008년부터 북경 사원에서 다시 재개되었다. 정부는 홍콩의 액션 배우인 저우룬파(周潤發)를 주인공으로 삼아 공자의 일생을 그린 극영화도 제작하였다. 일부 영화 팬들은 중국 관리들이 대 히트작인 미국의 「아바타」 상영 극장 수를 제한하면서까지 영화 「공자」에 관객을 끌어들이려 했다고 의심을 했다.

공산당 간부들은 이젠 공자를 비난하는 대신 공자와 관련된 일을 도모하려고 노력한다. 2013년, 중국 주석 시진핑(習近平)은 1,000여 년 전에 송나라 황제들이 그랬던 것처럼 공자의 고향인 취푸를 방문하고 1960년대에 홍위대가 샅샅이 뒤졌던 공자 가족의 집도 방문하였다. 그는 고전의 구절을 낭독하며 공자의 도덕적 원리에 찬사를 보냈다. "세대에서 세대로 미와 높은 도덕 영역의 추구가 계속되는 한 우리나라에는 희망이 넘쳐흐를 것입니다."라는 그의 말을 국영 매체는 충실하게 보도하였다.[1] 리차드 쿵에게 북경에서 벌어진 공자의 탄신 축하행사는 더 이상 가족행사가 아니었다. 지방정부의 관리와 고관들도 쿵처럼 현자의 사당 앞에서 줄줄이 큰절을 올렸다.

이러한 행렬은 비현실적인 광경이었다. 전통적 관습을 비난하고 급진적 마르크스 이상에 대해서만 절해야 하는 정치운동 요원들이 혐오의 대상이었던 과거의 인물에게 제국의 내시들처럼 존경을 표하고 있었다. 당이 마음을 바꾼 것은 사실상 절망감에 기인한 것이었다. '중국 특유의 사회주의'라고 불리는 자본주의 사상이 마르크스 사상을 대체한 후, 근대의 중국 지도자들은 그들의 통치를 합리화할 수 있는 대체 통치 이상을 찾고 있었다. 서양의 자유주의와 민주주의에서 비롯된 영향이 공산주의 지배에 위협이 될 것이라고 두려워 한 당 간부들은 한때 파괴하려 했던 유교라는 토종 교리야말로 국가를 위험하게 하는 외국에서 수입된 이념을 방어할 수 있다며 중국에서 다시 공자를 부활시켰다.

그러나 리차드 쿵이 주관하는 유교의식을 응시하는 정부 대표자들은 대단히 불편해 보였다. 몸에 꼭 맞는 어두운 색깔의 양복을 입은 그들은 어떻게 행동해야 할지, 무엇을 해야 할지 헷갈려 하면서 의식 주례자의 지시를 초조하게 따라 하고 있었다. 이 양면성은 국가 정책에서도 분명하게 나타나고 있다. 2012년, 거대한 공자의 동상이 대대적인 축하를 받으며 북경의 천안문 광장 근처에 세워졌으나, 4개월 조금 넘은 어느 밤중에 누군가가 몰래 치워 버려 갑자기 시야에서 사라졌다. 동상과 관련된 이 괴이한 사건이 상징하는 바가 있다. 공자를 다시 찾은 공산주의자들은 그들의 통치체계 어디에 그를 위치시켜야 할지 확신이 없는 것이다. 그들이 희망하는 것은 공자가 그들의 현 위치를 지키는 데 도움은 물론 그들이 권좌에 계속 버틸 수 있게 기여하는 것이다. 이런 면에서 그들은 무제나 명태조와 다르지 않다. 공자를 홍보 담당으로 지명해 그의 지혜와 덕의 이미지를 이용(오용이라고 하는 이도 있겠지만)함으로써 그들의 정권을 자비로운 정권으로, 그리고 자신들을 훌륭하고 배려 깊은 통치자로 색칠하고자 했다.

그러나 공자를 받들면서 그들의 정책과 행동은 공자가 제시한바 통치에 대한 도덕적 기준과 비교될 수밖에 없다. 역사를 통해 보면 많은 유학자들이 권위적인 황제의 신하가 되는 길을 택했지만, 자기들의 원칙에 어긋나는 행동을 하는 권력자에게 항거하는 경향을 보인 유학자들도 적지 않았다. 국가의 상징으로 현자를 재고용하려는 중국의 공산주의자들이 직면한 불편한 의문들이 있다. 이 부활된 공자는 몇 개의 간결한 구호로 그들의 야만스러운 행동을 감추어 주는 정도의 역할을 맡는 권위국가의 아첨꾼이 될 수 있을 것인가? 아니면 압제적인 정치체계에 반대하는 상징으로 공산주의 정권을 위협하는 존재로 증명될 것인가?

공자를 다시 한 번 중국 정치와 사회 중심에 위치시킬 것인가 아닌가 하는 것은 현대 중국의 통치자들에게 상존하는 숙제이다. 이 의문에 대한 해답이야말로 중국의 미래와 세계에서 중국의 위치를 결정하는 데 일익을 담당할 것이다.

리차드 쿵은 공자가 겪은 현대 역사의 전환과 굴곡을 같이하며 살아왔다. 쿵의 가족 내에서조차 그들의 정체성은 논란의 대상이었다. 어릴 적 리차드의 부모는 자신의 저명한 혈통을 숨겼다. 공산주의하에서 공자의 혈통이라는 것은 생명을 위협하는 조건이었기 때문이다. 2,000년 전에 제국 조정이 공자의 후손에게 귀족의 지위를 내린 이래로 모든 황제는 공가(孔家)에 많은 혜택을 부여했다. 청나라 시대(1644~1911) 중반 즈음, 공가는 정부에서 하사한 땅을 포함하여 637제곱킬로미터의 땅을 소유하고 있었다. 취푸의 저택은 정부 자금으로 지어졌다. 공가가 자신들을 '중국의 첫 번째 가문'이라고 부른 데는 이토록 이유가 있었다.[2] 그러나 마오쩌둥의 농민혁명으로 인해 지주들은 표적이 되었고 공가는 그중에서도 제일 큰 지주였다. 마오쩌둥의 공산주의자들은 취푸 지역을 점령하고 공가의 토지 소유권을 박탈했다. 그리고 가족들은 흩어졌다. 그중 일부는 패배한 국민당 군대를 따라 대만으로 도망갔고 리차드 가족 같은 나머지 공가는 중국에서 새 삶을 시작해야 했다.

처음에는 그럭저럭 잘 견뎌 냈다. 리차드의 아버지 쿵더융은 공산주의자와 국민당 사이의 내전 시기에 취푸의 공가 땅을 떠나 북경에서 음악을 공부했다. 마오쩌둥이 민주공화국을 세운 후, 쿵더융은 문화성 산하의 음악 연구원에 취직했다. 그러나 1960년대에 문화혁명이 급진적 색채를 더해 가면서 혈통이 그의 발목을 잡았다. "홍위병이 '중국의 가장 큰 지주를 무너뜨리자'라고 말할 때, 그것은 아버지를 말하는 것이었다."고 리차드는 말한다. 1968년, 리차드의 이모로부터 그녀의 가족이 아직 많은 재산을 감춰 놓고 있다는 소리를 들은 호위병들은 북경에 있는 리차드의 거소를 습격하였다. 리차드의 어머니는 미친 듯이 보석들을 천 주머니에 넣어서 소파의 쿠션 스프링 사이에 숨겼다. 그러나 소파 밑을 잘 막지 않아 주머니가 밖으로 튀어나왔고 홍위병은 모든 보석을 압수하였다.[3]

가족들은 모두 흩어졌다. 리차드의 아버지는 후베이성의 강제 노역장으로 보내졌고, 어머니와 두 여동생은 남쪽의 장서로 보내져서 1969년에서 1971년까지 그곳에서 살았다. 공산당이 지식인과 도시인을 비롯한 기타 '반동주의자'로 낙인찍힌 사람들을 고된 노동을 통하여 '재교육'을 시키는 수용소는 문화혁명기의 흔한 특징이었다. 리차드의 어머니는 이런 수용소에서 운영하는 논에서 많은 시간을 일해야 했다. 리차드는 여동생들과 함께 작은 오두막에서 기다리는 것이 일이었다. "나는 여섯 살이었다. 우리가 시골로 보내졌을 때, 우리를 돌봐줄 어른은 없었다. 엄마는 아침 일찍 일하러 나가서 밤늦게 돌아왔다. 학교도 없었다. 얼마 동안은 학교를 가지 못했다."고 리차드는 회상한다. 정부는 마침내 리차드 가족이 북경에서 함께 사는 것을 허락했으나, 이미 그때는 공산주의 중국에 신물이 난 후였다. 1979년, 리차드의 부모는 홍콩으로 이민을 떠났고, 몇 달 후에 그와 여동생들도 합류했다.

리차드가 그의 조상에 대한 진상을 알게 된 것은 홍콩에 온 후였다. 그리고 1982년, 그의 아버지는 북경으로 돌아가 시장과 리콴유를 만났다. 그 여행은 공자에 대한 공산당의 태도가 변하고 있음을 보여 주는 상징이었다. "집에 돌아온 아버지는 매우 들떠 있었다."고 리차드는 기억한다. 그리고 나서 그는 리차드에게 가족의 비밀을 말해 주었다. "아버지는 조금씩 말해 주셨다. 처음에는 우리에게 많이 알려 주지 않으셨다. 당시만 해도 사람들은 두려워서 마음을 여는 것을 꺼려했다. 아직 말하기에 편하지 않으셨던 거다. 오늘날까지 아버지가 공자와 연관됐다는 사실을 자랑하신 적이 없다. 우리는 아직도 그 검은 그림자를 안고 있다."고 리차드는 말한다. 문화혁명의 허언장담에 세뇌되었던 리차드도 자기가 공자와 연관되어 있다는 사실을 듣고 달가워하지 않았다. "사람들은 내가 매우 자랑스러워 했을 것이라고 말한다. 그런데 그렇지 않았다. 수치스러웠다. 나는 공자를 봉건주의를 대표하는 사람으로 생각하고 있었다."

여러 해가 지나서야 공자에 대한 흥미가 좀 진지해졌다. 영국의 식
민지였던 홍콩에서 자란 그는 서양문화에 쉽게 젖어 들었다. 그는 중
국 역사와 사회로부터 거리를 느꼈고 따라서 아는 것이 거의 없었다.
그러나 가족의 사업이 중국으로 이전하면서 달라지기 시작했다. 그리
고 2001년, 상해에 정착하여 의약사업을 시작하면서 조국에 대한 생각
이 바뀌기 시작했다. "지역 중국인들과 같이 어울리기 시작한 나는 중
국 문화에 많은 영향을 받기 시작했다. 품위 있는 것들을 배웠다. 예술
과 교육에 관련한 많은 사람들을 만났다. 이 사람들이 나를 문화라는
영역으로 끌어들였다."고 그는 회상한다.

그리고 중국의 과거에 대하여 더 알고 싶어졌다. 리차드는 중국 역
사와 철학을 전공하는 교수들과 교류하기로 마음 먹고, 북경대학의 전
통문화 강의에 등록했으며, 토요일 오후에는 상해의 친척들과 함께 유
교의 고전을 공부했다. 가족의 유산을 알게 됨으로써 자신이 변화되었
다고 그는 말한다. "한때 사업에만 열중하면서 더 많은 것을 성취하려
했다. 마치 전장에 나선 전사 같았다. 그러나 지금의 나는 전혀 이기적
이지 않다. 소파가 많다는 것이 무슨 의미가 있을까? 나 하나 앉는 데
는 소파 하나면 충분하다. 욕심을 많이 버렸다. 사람들이 나를 어떻게
생각하는지 상관없다. 오늘 내가 가진 것만으로도 나는 행복하다. 이
제 인생의 가치가 무엇인지 나는 안다."고 그는 말한다.

유명한 조상님과 그를 이은 맹자, 동중서, 주희 같은 유교 추종자들
처럼 리차드는 중국의 현 지도자들이 공자의 지혜에 귀를 기울이고 국
민들에게 공자를 널리 권장하기를 바란다. 그는 지금이 중국 역사상
아주 중요한 때라고 생각한다. "오늘날의 과제는 어떻게 하면 유교에

대하여 올바르게 이해할 수 있는가이다. 아주 중요한 사안이다. 여러 해석이 있을 수 있다. 중국 정부는 젊은 세대가 우리 자신의 문화와 역사, 진실한 역사를 이해하는 것이 얼마나 중요한 것인지 제대로 인식해야 한다."고 말한다. 공자 없이는 중국은 잘못된 길로 들어설 것이라고 그는 믿는다. "나라 전체가 물질주의로 가득 차 있다. 중국이 세계에서 두 번째로 큰 생산국이 된 때문이다. 국민들은 높은 질의 삶을 원한다. 그것 자체가 잘못은 아니다. 그러나 정신적인 것을 무시하고 그 길로만 나아간다면 자기 자신을 잃게 된다."

중국 정부는 그런 견해에 즉각 동의했다. 공자에 대한 공산당의 태도는 마오의 사망과 함께 격동의 문화혁명이 끝난 1976년부터 놀라운 속도로 바뀌기 시작했다. 마오를 따르던 사람 중 하나인 덩샤오핑(鄧小平)은 당의 고위 간부들 간의 권력투쟁 끝에 국가 최고지도자가 되었는데, 그는 마오보다 좀 더 실용적이며 덜 이상주의적인 사람이었다. 물론 그래서 문화혁명 동안 공자와 함께 고난의 시절을 보냈다. 덩은 북경 자택에서 홍위병에게 창피를 당한 후 아내와 함께 먼 시골로 추방당하여 트랙터를 고치면서 세월을 보냈다. 그러나 중국 공산당 지도자 중 오랫동안 가장 존경받던 한 사람으로 카리스마 넘치는 그의 존재감은 그를 계속 시골에 있게끔 내버려 두지 않았다. 1973년에 다시 공산당의 핵심으로 돌아온 그는, 향후 5년간 여러 정치적 연합을 능란하게 이루어 내면서 권력을 공고히 할 수 있었다.

덩샤오핑은 철저하게 쇠퇴한 중국을 물려받았다. 문화혁명의 격동을 겪은 후 가난하고 지친 상황에서 새로운 혁명의 희생자로 몰락하지 않으려면 중국 공산당에는 과감한 새 정책이 필요하다고 그는 인식했다. 마오식의 미사여구를 버리고 당과 그리고 그보다 더 중요한 경제에 대한 기본 개혁을 실행하였다. 덩샤오핑은 나라를 대외에 공개하고 자유기업을 권장하면서 놀라운 경제 기적을 일으켰다. 마오 시대의 마르크스식 호언장담은 물러갔고 현대적 경제를 건설하며 부유해지는 것을 목표로 하는 아주 실용적인 정책이 채택되었다.

덩샤오핑의 개혁 움직임에 의하여 마오 시대의 가난하고 격리되었던 중국은 떠오르는 초강대국으로 바뀌었다. 그러나 경제적 성공은 덩샤오핑과 개혁자들에게 심각한 정치적 문제를 안겨 주었다. 마오는 수십 년 동안 새로운 중국의 새로운 정통 이상으로 마르크스 사상을 심으려 노력해 왔다. 그러나 덩 시대의 자본주의 개혁은 마르크스 사상을 많은 중국인들이 기억하기도 싫어하는 지나간 날의 사상으로 내쳐 버렸다. 더 중요한 것은 중국 정부가 그 자신의 존재에 대한 사상적 합리성을 잃었다는 것이었다. 일자리를 창출하고 더 높은 임금을 가능하게 하는 국가경제 성과가 정부의 지배력을 완전히 좌우했다. 그러나 북경의 지도자들은 경제적 성공만으로는 공산당 통치를 보증할 수 없다는 것을 알고 있었다. 공산당은 정권의 철학적 기초로서 마르크스 사상을 대체할 수 있는 것이 무엇인지에 대한 난해한 문제의 답을 찾아야 했다.

덩샤오핑과 그의 후계자들은 공자에서 그 대답을 찾았다. 중국의 잘못된 모든 것에 대하여 책임이 있다고 비난했던 바로 그 현자가 기적적으로 중국을 영광스러운 미래로 안내할 인도자로 부각되었다. 2,000년 전 한나라 무제가 그랬듯이 중국 공산당은 견고하고 지배적인 새로운 국가를 세우는 데 있어 엄격하고 확고부동하나 순박하다는 인식에 가려져 있는 중국에서 가장 존경받는 공자를 도구로 삼기로 했다.

공자의 복귀는 덩샤오핑이 경제개혁을 시작하면서 동시에 시작되었다. 아마도 그 시작은 취푸가 속한 산둥성(山東省)에 위치한 산둥대학에서 유교사상을 재평가하는 프로그램을 시작한 1978년이었다고 생각된다. 2년 뒤 공자 연구소가 취푸에 세워졌다. 그 후 1984년에 정부는 국내와 국외에서 유교를 홍보하기 위한 중국공자기금을 설립했다. 공산당 이론가들은 공자의 가르침을 중국 사회에 원활히 재소개하기 위하여 이전에 취했던 공자에 대한 적대감을 줄이기 시작했다. 예를 들어, 1980년대 초 중국 역사상의 공자 역할을 재조명한 중국국립사회과학원의 교수였던 리제하우(李澤厚)는 공자가 그리 나빴던 것은 아니었다고 결론을 내렸다. 그는 공자가 공산주의자들이 전에 주장했던 것 같이 농부들을 압제하는 것을 도운 사악한 엘리트가 아니라, 오히려 서민들의 옹호자였다고 했다. 공자는 "무자비한 억압과 착취에 반대하고 고대 통치자들의 비교적 온건한 동기를 옹호하면서, 그의 사상에서 민주적이고 평민적인 면을 보였다."고 1980년에 리제하우는 기술했다. 공자의 가르침 중 일부는 그 가치가 너무 높아 더 이상 숨길 수 없다고 리젠하우는 계속 말했다. "유교에서 우리는 삶에 대한 활발하고, 긍정적인 태도, 합리성에 대한 순응 그리고 논쟁보다는 실용성을 발견한다. 인간의 그룹 간 화목을 증진시키는 유교는 요구와 욕정에 대한 적당하고 넘치지 않는 만족을 허락하면서도 광적이거나 맹목적인 추앙을 거부한다. 유교는 중국 문화와 거의 같은 것이다."라고 저술하기도 했다.[4]

1980년 말 즈음해서는 고위 공산당 인사들이 공자를 찬양하였다. 북경에서 1989년에 열린 현자의 2,540번째 탄신을 축하하는 콘퍼런스의 한 연설에서 덩샤오핑의 측근이며 선두적인 개혁자였던 구무(谷牧)는 공자를 향한 공산당의 새로운 정책을 명확히 설파했다. 공자 내지 일반적이고 전통적인 중국 문화는 더 이상 중국이 약해지는 원인이 아니라는 거였다. 구무는 "인류 역사상 오랜 시간에 걸쳐 유교를 주요 사상으로 하는 중국 문화는 다채로움과 화려함으로 빛났다."고 자랑했다. 그는 현대 중국은 과거로부터 공자의 배움을 기초로 미래의 영광을 찾을 수 있다고 말했다. 공자의 가르침은 "고대 중국 사회의 번영에 공헌했을 뿐만 아니라 오늘날 인류의 생존과 발전을 위해서 실용적으로 중요한 것이다."라고 그는 주장했다. 그들의 목적은 유교적 요소를 현대 중국 사회에 적용하여 국가의 발전에 도움을 주는 것이라고 그는 지적했다. "중국인들은 사회주의적 현대화를 이룩하고 강력하고 번창하는 사회주의 국가를 건설하기 위해 열심히 노력하고 있다. 이 목표를 달성하기 위해, 우리는 이 새로운 문화를 개발하고 발전시켜야 한다. 즉, 우리나라의 전통적 문화를 상속받아 개혁하여야 함을 의미한다."라고 구무는 밝혔다.[5]

21세기에 들어와서 공자를 권장하려는 공산당의 노력은 더욱 활발해졌다. 더 이상 학술회의와 국가 기금에만 묶여 있지 않은 공자와 그의 가르침은 이제는 대중에게 주기적으로 주입된다. 유학 고전의 구절과 인용은 국영 신문과 중국의 최고위 지도자 연설에서도 언급되고 있다. 또 유교의식이 나라 전체에서 다시 행해지고 있다. 간단히 말해서 공자는 북경의 선전기구를 구성하는 요소가 되었다.

그러나 큰 의문 중 하나는 중국이 오랜 세월 동안 축적한 많은 유교 사상 가운데 공산당 정부가 이제 부활시키기 원하는 것은 어떤 것일까 이다. 1989년 구무의 연설에서 그 대답을 엿볼 수 있다. 공자 전체를 재소개하는 것이 앞으로 갈 길은 아니라고 그는 확실히 말했다. "과거에 대하여 자기 도취에 빠지는 것도, 또 과거와 전통을 버리는 것도 권장할 것이 못 된다. 핵심을 받아들이고 남은 것은 버리는 것이 올바른 태도이다."라고 그는 말했다. 그러면 오늘날의 중국을 위해 가치 있는 유교의 핵심은 뭘까? "모든 사람들이 알고 있듯이 조화는 중국 전통문화의 중요한 요소이다. 이미 3,000년 전의 서-주 제국 말기부터 고대 학자들은 '번영을 가져다주는 조화'라는 뛰어난 사상을 언급했다. 그 후 공자와 유학파들은 '무엇보다 중요한 조화'라고 제안했었다."고 구무는 계속 말했다.[6]

유학의 '조화' 사상은 신문과 기타 홍보를 통해 계속 보강되면서 중국 지도자들이 반복해서 언급하는 주제가 되었다. "공자가 '조화는 소중한 것이다'라고 말했다."고 후진타오(胡錦濤) 전 주석은 2005년 연설에서 공산당 당원들에게 말했다.[7] 표면적으로는 '조화'라는 사상이 새로운 번영 속에서 통일된 중국 사회를 약속하며 세계에서 평화적 역할을 의미하는 것처럼 보였다. 그러나 중국 정권을 비판하는 사람들에게 공산당원이 말하는 '조화'는 말처럼 유익한 것이 아니라는 두려움이 있었다. 그들에게 그 말은 현 정치체계의 보존을 의미하는 암호였다. 공산당이 말하는 '조화'는 국가가 설정한 '조화'로서 국가의 권위적 통치에 대한 도전을 막기 위한 것이었다.

중국 지도자들은 사실 싱가포르의 리콴유와 후계자들이 유교에 끌린 비슷한 이유로 유교를 좇고 있다. 싱가포르 총리는 공자에 대한 북경의 관점에 지대한 영향을 미쳤는데, 중국 공산당은 그런 리콴유의 성공을 재현하려는 목적으로 보인다. 즉, 유교사상이 서양의 자유 인권 개념을 대치할 수 있는 사상이라는 전제하에 자유적이지 못한 정치체계와 현대적이고 급진적인 경제의 혼합을 중국에서도 이루어 보려는 것이다. 학자 프랜시스 후쿠야마(Francis Fukuyama)는 "정부는 현대적이고 권위적인 중국에 서양의 역사 논리에 의존하지 않는 정당성을 부여하기 위하여 유교의 부활을 허락했고 권장까지도 한 것이다."라고 기술했다. 이러한 새로운 유교인들은 "중국은 미완성의 민주주의가 아니고, 서양에서 들여온 다르기는 하나 똑같이 유효한 원리에 근거한 동떨어진 문명이라고 주장한다."[8] 그렇게 역사는 한 바퀴 돌아왔다. 지주와 제국 관료들이 군중을 억압하기 위하여 오용한 수단이라고 공자를 몰아세우던 공산당이 지금 바로 그 목적으로 공자를 이용하고 있다.

어떤 사람들은 중국 지도자들이 공자를 홍보용 도구로만 여기는 것은 아니라고 말한다. 이런 견해를 가진 이들은 정부가 기존 체계와 정권에 합법적 근거를 제공할 수 있는 유교 관습들의 융합을 진정으로 희망했다고 믿는다. 유교학자인 다니엘 벨(Daniel Bell)과 사업가인 에릭 리는 2012년에 쓴 글에서 중국은 최고로 똑똑한 자만이 승진하는 유학 스타일의 '실력주의' 사회가 다시 되었다고 주장했다. "지난 30여 년 동안 중국 공산당(CPC)은 혁명적 정당에서 실력주의 조직으로 점차 변화하였다."고 그들은 저술했다. 제국 시대 때처럼 교육제도의 힘든 시험을 통과한 국가적으로 최상위에 해당하는 학생들만 공무원이 될 수 있고, 당과 정부에 몸담은 사람들은 또 다른 시험을 통과해야 승진할 수 있다. 그들은 이 시험체계가 현명한 정책을 수립하고 실시하는 데 서양의 민주주의보다 중국의 권위적 국가를 더 효과적으로 만들었다고 말했다. 민주주의에서는 유권자들이 자신들의 이해에 따라 결정하는 데 반해서, 중국에서는 현대화된 제국 시대의 군자인 잘 교육받은 관리가 모든 사람들을 위하여 나라를 경영한다. "중국식 실력주의의 장점은 명확하다. 중국 정권은 현대 환경에 맞고 중국 문화와 역사에 알맞은 정치적 지배자를 선택하는 올바른 방법을 개발하였다. 서양 스타일의 민주주의가 아니라 이 방법에 의거하여 발전해야 한다.”고 다니엘 벨과 에릭 리는 결론을 맺었다.[9]

학자인 장웨이웨이(張維爲)는 한 발 더 나아가서 북경은 유학의 조화를 모범적 사상으로 택함으로써 공개 민주주의보다 나은 국가경영 방법을 제시한다고 주장했다. “북경은 크고 복잡한 사회에 적합한 오랜 유학 이상을 부활시켰다.”면서 웨이웨이는 이어서 다음과 같이 기술했다.

> 서양 스타일의 상대적 정치학을 배격한 북경은 다른 여러 그룹 간의 이해의 공통성을 강조하며 급격한 변화에 따라 생겨나는 사회적 긴장을 완화시키는 데 많은 노력을 쏟았다… 중국은 서양의 자유민주주의를 포용하는 대신 이러한 사상에 기초하여 계속 진화할 것이다. 왜냐하면 이러한 아이디어의 효력은 이미 증명된 바 있고 상식적인 차원에서는 물론 중국 고유의 정치문화와 지난 수천 년 동안 ― 미국 역사 전체보다도 더 긴 세월 동안 존재한 7개의 제국을 포함하여 20개의 제국을 거친 ― 잘 조화되어 왔기 때문이다.[10]

그러나 다니엘 벨과 에릭 리, 그리고 웨이웨이는 현대 중국의 현실을 무시하고 있다. 유교의 조화를 권장한 정부의 시도는 불만에 가득 찬 국민들을 어루만지지 못했다. 자신들을 정권의 희생물이라고 여기는 농부, 노동자, 소수민족, 기타 사람들은 항상 불안한 상태에 있다. 그들은 갈등을 가끔 폭력을 동반한 항의와 폭동으로 풀어 왔다. 중국 정부는 관리와 당 간부들이 벨과 리가 말하는 그런 편견 없고 원칙적인 군자에 훨씬 못 미친다는 것을 잘 알고 있다. 부패는 중국인 삶의 고질적인 특징이고 불만에 찬 국민이 품고 있는 분노의 원천이다. 오늘날 중국에 만연하는 부정 이득은 사회에 퍼져 있는 도덕적 파괴를 상징하고 있다. 물질주의는 중국의 새로운 최고 현자가 되어 가고 있다. 결과는 끝없고 장황한 사기와 스캔들이다. 2008년에는 일부러 유해한 화학 물질을 우유에 타면서까지 규정을 피하려 한 낙농가 때문에 전국의 유아들이 병치레를 했다. 또 의도적으로 법을 무시한 건설회사가 지은 기준 미달의 학교가 2008년 쓰촨성 지진 때 무너지면서 많은 아이들이 희생되었다. 2011년, 중국 남부 포산 시의 도로에서 두 살짜리 여아가 두 대의 차량에 연속적으로 치이고 있는 동안 그 옆을 지나가던 18명이 모두 모른 척한 사건은 전국을 몸서리치게 하였다.

이 모든 것은 공자를 공격한 마오에게 책임이 있다. 스승과 그의 가르침을 손상시킨 마오 통치하의 공산당은 사회의 윤리적 기반을 약화시켰다. 2,000년 동안 공자는 도덕적 행동의 기준이었고, 그의 가르침은 진실한 신사(군자)를 위한 궁극적 규범이었다. 공산당이 유교의 영향력을 줄여 나감과 동시에 올바른 사회적 행실에 대한 사회의 패러다임도 뿌리째 뽑혀 나갔다.

이 점이 공산당이 공자를 다시 부른 또 하나의 이유이다. 정부는 공자를 사회 속에 다시 세움으로써 그가 다시 국가를 위한 도덕적 인도자로 유효할 수 있기를 바랐다. 북경의 최고위 지도자들은 재탄생한 유교교리 중 일부는 만연하는 관리들의 부패와 권리 오용의 제거에 도움이 될 수 있다고 믿었다. "전통적 유교에서는 개인의 도덕적 진실성의 함양을 정직한 관리가 갖추어야 할 가장 기본적 자격이라고 보고 있다."고 국영 신문인 「중국일보」(China Daily)가 2007년에 지적했다. "후 주석이 관리들에게 업무와 생활 태도에 도입하라고 권고한 강직, 겸

손, 근면, 검소, 그리고 정직은 전통문화에서 품위 있는 사람의 도덕적 진실성과 동일한 것이다." 실업계에도 유사한 권고가 내려지고 있다. 2006년 「중국일보」가 훈계하였듯이.

도덕적 기초 없이 경제 발전을 꾀할 수 있는 나라는 없다… 또한 유교는 낡은 것도 아니며 무관하지도 않다는 것을 지적한다. 『논어』에서 가르치듯이 올바른 사람이 자기 자신을 비난하여야 하는 첫째 이유는 타인과 거래하는 데 있어 그의 신용을 타협하거나 그가 한 말을 지키지 않을 때… 도덕적 체계는 경제를 위해 대단한 힘을 발휘한다… 법규가 약해지고 계획경제하에서 만들어진 많은 법규가 무효화될 때, 전통적 교육으로 돌아가는 것은 많은 사람들이 택하는 자연스러운 길이다.[11]

리우헤동은 중국 시민들에게 유교인이 되라고 설득하는 일을 맡았다. 그는 전 관리이며 강연과 인터넷 교육 프로그램으로 공자를 대중화하려는 목적으로 재정 일부를 정부에서 지원받는 중국유교대학의 이사이다. 그의 주목표는 중국 기업들이다. 그는 기업들을 통해 직원들에게 공자를 심어 주면 전국적으로 유학 지식이 전파되는 데 도움이 되리라고 믿는다. 이 대학은 북경 유교사원 내에 위치한 부속 건물에 있으며, 길 건너에는 리우가 '오성'(五星)이라고 부르는 교실들과 기타 시설이 있는 건물이 있다. 그는 이 대학이 전국 주요 도시마다 세워질 '모범' 대학이라고 생각한다.

리우는 공자는 현대 중국 사회의 구세주가 될 수 있다고 생각한다. 현자의 사상은 국가의 빠른 성장과 세계를 향한 개방에서 비롯된 부산물인 악을 치료할 수 있는 치료제가 될 수 있다고 믿는다. "시장경제로 인한 문제가 많다. 경제적 혜택에만 집중한 결과 그릇된 가치와 환경 파괴가 초래됐다. 정부가 유교를 부활시키려는 이유는 여기에 있다." 고 리우는 말한다. 그는 중국의 경제개혁이 초래한 병들을 치료하기 위해 유교가 주입시킬 수 있는 덕목을 길게 나열한다. "유교는 '인간 적, 진실성, 지혜'를 촉진하고 사람들에게 '자신을 단련하고, 타인을 사 랑하며, 항상 근면하고, 옳은 정신을 유지하며, 좀 더 참고, 자신을 희 생하도록' 가르친다. 더 나아가 유교는 우리가 지금 당장의 욕구에 급 급하지 말고 장기적으로 미래 세대에 대해서도 생각해야 한다고 주장 한다. 유교의 목적은 더 나은 사람이 되는 길을 배우는 것이다. 우리는 세상과 타인을 아낌으로써 미래 세대에 무엇인가를 남겨 줄 수 있 다."[12]

"30년에 걸친 개혁 후의 중국 사회에 부족한 것은 이러한 가치들이 다. 우리나라는 뼈와 근육이 너무 빨리 자라난 어린아이와 같다. 영적 양육이 신체적 성장을 따라가지 못한 것이다." "그 결과는 너무 빨리 부유해졌으나 자기 양육은 아직 안 된 민중이다. 개혁과 개방을 통해 근육을 키웠으니 이제 핵심적 가치가 마음에 들어설 것이다." "공자를 부활하는 목적은 일반 중국인들로 하여금 더 양육된 태도를 갖추게 하 여 그들을 돈과 소비주의에만 가치를 두지 않는 신사(군자)로 만드는 것이다."라고 리우는 말한다.

정부가 공자에 대하여 다시 관심을 갖는 이유는 그들의 정치적 체계 를 보전하기 위한 노력에 도움이 되기 때문이라는 말에 대해서는 어떻 게 생각하느냐는 질문에 "그런 생각을 가질 수도 있다."고 리우는 시인 한다. "사람들은 정부가 유교를 국가종교로 만드는 것은 아닌지 우려 하는데, 그들이 이해 못하는 것은 이번에는 유교와 공산당은 별개라는 사실이다. 지금의 지도자들은 영원할 수 없다. 그들 또한 미래를 생각해야 한다. 유교의 가치는 모든 사람들을 각각 다르게 대할 수 있게 도움을 준다는 것이다. 내 임무는 정부에 있는 사람들을 도와 경제계에 있는 사람들 사이에서, 또 정부와 국민들 사이에서 신뢰의 결속을 이루게끔 하는 것이다." 리우는 유교교육을 강화함으로써 이루어질 영적 부활에 대해서 말한다. 궁극적 목적은 "우리 세대에 유교 부활을 실현하여 국가와 세계에 도움을 주는 것이다."라고 리우혜동은 말한다.

중국 정부는 국제적 홍보 캠페인에도 공자를 이용하고 있다. 국가가 부유해짐에 따라 미국과 일본 같은 주요 무역 파트너를 포함한 많은 나라는 확대되는 중국의 정치적 영향과 군사력 그리고 지정학적 욕망에 대해 경계하기 시작했다. 북경은 공자가 중국과 세계 국가들과의 관계를 부드럽게 할 것으로 기대하고 있다. 북경의 지도자들은 지혜와 평화주의자로 서양에 알려진 공자의 명성을 이용하여 중국이 덜 위협적인 국가로 인식되기를 바라고 있다. 근본적으로 정부는 공자를 국가의 상징으로 징병하고 있다. 캄 루이에(Kam Louie) 교수는 "공자와 유교는 중국의 '상표'가 되었다."고 논평했다.[13]

북경의 진짜 동기는 이타주의의 존재 여부보다도 국제적 지정학에 더 관련 있을지 모른다. 중국 지도자들은 공자를 중국의 문화와 사회적 영향력, 다시 말해 '소프트 파워'를 진작시키는 외교대사로 보고 있다. 여러 세기 동안 동아시아에 퍼진 유교는 중국 제국의 영향력도 전파하였다. 오늘날 북경의 지도자들은 공자의 국제적 명성에 편승하여 국제적인 영향력을 재생하려 한다. 이 계획에서 가장 두드러진 것은 공자연구원이라고 불리는 연구 센터의 세계적 네트워크를 통하여 중국 문화와 언어에 대한 지식을 홍보하려는 적극적인 국가적 프로그램이다. 북경의 교육부와 관계 있는 한반이라고 알려진 정부기관은 이 연구원들을 관장하면서 대학에 자금을 제공해 연구원 설립을 지원하고 있다. 2004년에 시작된 후 이미 수백 개의 연구원이 세워졌다. 아프카니스탄과 짐바브웨, 스탠퍼드(Stanford) 대학교와 UCLA 캠퍼스를 비롯한 미국 내 12개를 포함한다.

그러나 공자연구원은 유교나 공자의 교리를 가르치는 것과는 별로 상관이 없다. 연구원의 프로그램은 중국어 교육에 집중하고 있다. 또 프로그램에 대한 논란도 많고 약간 역설적인 면도 있다. 한때 혁명을 수출하여 세계를 흔들려고 했던 중국 공산당이 지금은 전통적인 공자를 이용하여 중국 경제의 힘을 문화적 강점으로 변화시키려고 하는 것이다. 북경이 발표한 공식 사명은 전적으로 교육이다. 한반의 웹사이트는 "연구원은 전 세계 인류에게 중국어와 문화를 배울 기회를 제공해 왔다."고 자랑하면서 연구원은 "중국과 세계 간의 우정과 협력을 강화하는 교량"의 역할을 했다고 주장한다. 그러나 일부 중국 전문가와 교육자들은 이런 연구원을 중국 정부가 중국과 관련된 이슈에 대한 국제적 논쟁을 관리하기 위한 시도라고 본다. 한반의 웹사이트에 공개되어 있는 프로젝트의 규정을 보면 연구원의 교육과정과 경영에 대한 북경의 엄격한 개입을 볼 수 있다. 연구원은 "중국의 법과 규칙을 위반하면 안 된다. 그리고 연구원의 사명에 부합하지 않는 행동에 개입하거나 참여하면 안 된다."고 규정하고 있다. 미국 하원 청문회에서 인구연구원(PRI) 원장인 스티븐 모셔(Steven Mosher)는 공자연구원을 "중국특성을 가진 트로이 목마"라고 불렀다. 그는 연구원이 "상냥하게 보이려는 목적"은 "해외에서의 중국 이미지를 건전하게 하고, 공산당 독재에 대하여 호의를 갖는 경향의 새로운 중국 전문가 세대를 양성하려는 것으로" 북경이 감추고 있는 의도를 간파할 수 있다고 했다.[14]

학계 또한 북경이 공자연구원을 통해 세계 대학들에서 가르치는 중국에 대한 내용을 조종하려는 의도가 있다고 점점 더 우려하고 있다. 미국 대학교수연합회는 공자연구원이 "중국 정부의 일원으로서 학업의 자유를 무시하고 있다."고 2014년에 경고했다. "공자연구원 설립협약서에는 비밀유지 조항과 중국 정부의 정치적 목적과 행위에 굴복하는 받아들일 수 없는 조항들이 있다… 북미 대학들은 공자연구원이 교수 임용과 관리, 교육과정의 선택, 논쟁의 제한 등에 중국 정부 계획을 반영할 수 있도록 허락하였다."고 밝힌 이 연합회는 공자연구원을 대학 측에서 완전히 장악할 수 없는 조건이라면 그 관계를 끊으라고 권고했다. 2014년, 100명이 넘는 시카고 대학교 교수들은 운영 조건이 학문에 대한 자유를 침범한다는 이유로 공자연구원과의 관계를 청산하라는 청원서에 서명했다. 작년에 이 대학은 공자연구원을 폐쇄하기로 결정했는데, 미국에서 프로그램을 추진하려는 중국의 노력에 큰 타격을 주었다. 며칠 후 펜실베이니아 스테이트 대학교 또한 공자연구원의 폐원을 발표하였다. 공자의 이미지를 이용하여 중국의 '소프트 파워'를 진작시키려는 북경의 시도는 북경의 목적과 목표를 믿지 않는 학계와 기타 조직으로부터의 날로 커가는 저항에 직면하고 있다.

중국이 부활시킨 유교가 국내에서는 해외에서보다 더 성공할 수 있을까? 아직까지 유교를 다시 일으키려는 정부의 노력은 큰 진전을 보이지 못하고 있다. 학교 대부분은 피상적으로만 공자의 가르침을 교육하고 있을 뿐이다. 가끔 공자의 말씀 한두 구절을 내놓거나 조심스럽게 선택한 유교를 권장하는 듯한 구호를 정부 관리가 내놓을지는 몰라도 유교교육과 실천을 집중적으로 권장하고자 하는 의도는 거의 없어 보인다. 이렇게 조심하는 것은 정권에 아직도 남아 있는 유교에 대한 거부감을 반영하며, 이 위대한 현자의 부활이 공산주의 통치에 줄 궁극적 영향에 대한 불확실성을 나타내고 있다. 구무가 중국은 "중국 전통의 핵심을 이어받고 찌꺼기는 버려야 한다."고 말했을 때, 그가 의미한 것은 공산당은 공자의 가르침 중 위협이 될 수 있는 것은 무시하고 현재의 정치체계에 지원이 된다고 느끼는 요소만 회복하기를 원한다는 뜻이었다. 그러나 현자를 부활시키는 과정에서 중국 지도자들은 어떤 공자의 버전이 재생될 것인지를 조정하지 못할 수도 있다. 전통문화에 다시 깨인 중국 국민들이 권력에 '항의'하고 지도자는 고도의 도덕적 정부의 원리를 유지해야 한다고 요구하는, 그동안 역사를 채워 왔던 공자와는 다른 공자를 발견할 수도 있다. 공자를 되살린 정부는 큰 모험을 하고 있는 것이다. 공산당은 어쩌면 당의 고위 지도자들도 따를 수 없는 도덕적 기준을 요구하고 있는지도 모른다. 중국의 지도자들이 직면하고 있는 딜레마는 유교의 전파가 정권에 대한 지지를 구축할 것인지, 아니면 저항의 원천을 조성할 것인지 지금으로서는 알 수 없다는 것이다.

그러나 현대 중국에서 유교를 지지하는 모든 사람들이 현재의 정치체계에 만족하거나 공자가 현상 유지를 위한 사회의 기둥이어야 한다고 믿는 것은 아니다. 북경 공산당이 권장하는 그런 공자는 아니지만 공자를 중국의 미래를 위한 중요한 요소로 생각하는 사람들도 있다. 유교 문학자인 장칭은 중국의 경제 기적이 시작된 산업의 중심지인 선전(深圳)에 위치한 책으로 꽉 찬 현대식 아파트에서 자신이 정립한 새로운 종류의 유교적 정치 질서를 홍보한다. 서양과 다른 아시아 국가들에서 빌려와 '중국 성격의 사회주의'를 창시한 덩샤오핑의 경제개혁과 유사한 장의 유교는 현자의 철학에 서양의 정치제도, 신념, 관습을 융합시켜 현대 중국을 위한 최상의 선택이라고 믿는 개혁된 정치 시스템을 구축한다. "세계는 변화한다. 유학자들은 시기에 맞게 이론을 정정할 수 있어야 한다."고 장은 말한다.[15]

해결 방법은 옛것과 새로운 것, 그리고 중국과 외국 사이의 조심스러운 균형을 찾는 것이라고 장은 믿는다. 그는 중국이 서양의 정부와 사회 개념 전부를 채택하는 것은 재난을 야기하는 행동이라고 믿는다. 간단히 말해서 그러한 개념은 중국의 유교문화에 맞지 않는다는 것이다. "유교는 중국 문명이다. 앞으로 나아가는 유일한 길은 유교를 부활시키는 것이다."라고 장은 말한다. 그러나 유교인은 과거에 얽매어 있어도 안 된다. 장은 현 세계의 현실을 무시하는 옛 유교 관습을 다시 세우려는 노력인 '근본주의'를 통해서는 유교가 복원될 수 없다고 믿는다. 마치 논란이 많았던 19세기 개혁자 캉유웨이 같은 목소리로 장은 "우리는 유교의 원칙을 사용하여 서양과 현 사회에서 인정받는 가치를 선택해야 한다. 세계와 분리된 중국 문화와 완전히 포용된 서양문화라는 두 개의 경향을 우리는 갖고 있다. 하나는 완전히 거부하는 것이요, 다른 하나는 완전히 받아들이는 것이다. 우리에게 필요한 것은 유교의 가치를 근본으로 삼아 서양의 특정한 가치를 받아들이는 새로운 유교이다."라고 설명한다.

이 과정에서 생기는 부산물은 장이 '인도적 권력의 도'에 기초한 '입헌적인 유교적 정치 시스템'이라고 부르는 것이다. 이 체계는 삼원 입법기관에 중심을 두고 있다. 첫 기관은 저명한 학자가 이끄는 유학 고전을 공부한 지식인에 의해 추천된 사람들로 이루어진 '모범인 기관'이다. 이 기관의 사람들은 제국 시대의 과거제도처럼 엄격한 시험과 수년간의 공무원 임무의 수행을 통해 그들의 가치를 증명하여야 한다. '국가기관'이라고 불리는 두 번째 기관은 공자의 직계가 지도하는 유명한 학자와 관리로 채워져 있다. 세 번째 기관인 '국민기관'에는 직접선거나 여러 다른 직업을 대표하는 기관들이 뽑은 입법자들로 채워져 있다.

이러한 구조는 미국 민주 시스템의 견제와 균형의 장점을 누리면서도 중요한 차이가 있다고 장은 믿는다. 전형적인 유학도처럼 그는 일반 사람에게는 국가를 위해 올바른 결정을 꾸준히 내릴 수 있는 능력이 없다고 믿는다. "민주주의는 실제 행사 면에서 결함이 있다. 정치적 선택은 유권자의 욕망과 이해에 따라 이루어진다. 이것은 두 가지 문제를 낳는다. 첫째, 과반수의 의지는 도덕적이 아닐 수도 있다. 인종차별, 제국주의, 파시즘 등을 선호할 수도 있다. 둘째, 지구온난화 문제 같이 대중의 단기적 이해와 인류의 장기적 이해 간의 충돌이 있을 때 국민의 단기적 이해가 정치적 고려 대상이 된다."고 기술하였다.[16] 그의 입헌적 유교 정부는 일반인에게 통치에 대한 발언권을 보장하고, 그들이 저지를 수 있는 불찰을 월등한 교육을 받은 도덕적 사회 일원들이 용납하게 함으로써 이러한 잘못을 피할 수 있다고 장은 생각한다. '모범인 기관'은 다른 두 기관이 내린 결정에 대하여 거부권을 행사할 수 있다. 이렇게 함으로써 직접선거에서 선택된 관리들이 내리는 현명하지 못한 결정을 교육받은 자들이 막을 수 있다.

장에 의하면 이러한 통치구조는 현재 중국의 지도자들에게 결여된 합리성을 제공할 것이다. 그는 국가를 발전하게 할 새로운 아이디어를 모색한 결과 결국 공자를 품은 한나라의 무제와 오늘날 중국의 지도자들을 비교하게 되었다고 한다. "자신의 통치에 합법성을 모색하는 중국 공산당은 새로운 이론을 찾고 있다. 당은 민주주의와 자유를 받아들이지 않을 것이다. 따라서 지배자들은 유교문화를 기초로 받아들여야 하고 이용해야 한다. 그렇게 하지 않으면 그들은 중국을 통치할 수 없다. 중국을 오래 통치하고 싶으면 유교문화를 이용해야 한다."고 그는 말한다. 장은 공자에 대한 정부 태도의 급격한 변화에 대해서는, "공산당이 갖고 있는 합리성 문제의 심각성을 보여 주고 있다. 군사력과 경찰력, 그리고 감옥만 사용하여 나라를 통치할 수는 없다. 문화적 기초가 필요하다."고 말한다.

그러나 현재 부닥쳐 있는 문제들을 해결하려면 몇 개의 공식 발표로는 안 되고 차원이 다른 유교적 부활이 있어야 한다고 장은 말한다. 또 일반인들도 다시 공자와 연결되어야 한다고 말한다. 그렇게 하기 위해 정부는 캉유웨이의 주장을 받아들여 국가가 설립한 조직을 활용해 유교사원을 통한 '국가종교'를 서양의 기독교 교회들처럼 권장하라고 말한다. "민간 단계에 어떻게 정치체계와 기초를 다시 세울 것인지가 과제이다. 서양의 종교 조직은 유사한 믿음을 가진 사람들이 모이는 교회라는 것이 있다. 정부는 일반 대중 안에서 문화의 기초를 다시 살릴 수 있는 조건을 만들 수는 있겠지만 그 자체가 종교활동을 할 수는 없다."고 장은 설명했다.

이러한 거대한 유교 복원 운동 없이는 중국은 불행하게 될 것이라고 장은 말한다. "중국인의 삶과 문화는 전에 보지 못한 재난을 목전에 두고 있다. 세계에 개방된 후 중국은 경제개발을 이루었으나 중국 문화는 아직도 비어 있다. 중국은 자체의 문화를 완전히 거스르면서 현대화를 이룬 유일한 나라이다. 도덕적 기준을 잃었다. 서양에서는 하느님이 사람들의 도덕적 기준을 세운다. 중국에는 신이 없다. 사람들은 행동에 대한 도덕적 자제력이 없다. 만일 서양에서 사람들이 하느님을 더 이상 믿지 않게 된다면 어떤 일이 일어날지 상상할 수 있는가? 중국은 도덕적 재난을 겪고 있으며, 이것은 중국 역사상 가장 무서운 재난이다."라고 장은 말한다.

그렇다고 자기 주장이 먹힐 것이라고 장이 낙관하는 것은 아니다. "향후 20년 혹은 30년 안에 내 아이디어가 실현될 것이라는 희망은 없다. 왜냐하면 유교의 복원은 아직 피상적인 것이기 때문이다. 아이디어 하나가 실현되는 데는 몇 세대가 필요하다. 유교를 다시 세우는 것은 큰 건물을 세우는 것과 같다. 지금 그 건물은 무너져 있다. 내가 지금 하고 있는 것은 새 설계도면으로 그림 전체를 그리고 있는 것이다. 새로운 설계도면을 그리고 모든 사람이 그것에 합의하게 하는 것은 어려운 일이다. 유교를 다시 세우는 일은 한 사람이 할 수 있는 일이 아니다."

하지만 장이 홀로인 것만은 아니다. 새로운 공자에 대한 흥미는 단지 정부 홍보활동이나 학술지에 국한된 것이 아니다. 공산당 고위 인사가 공자를 받아들임에 따라 중화인민공화국에서는 전에 보지 못하던 중국의 오랜 철학과 종교를 수용하려는 태도가 조성되고, 그에 따라 공자의 후손인 리차드 쿵같은 중국인 일부는 유교의 유산을 재발견하고 있다. 방향을 잃고 장칭이 말한 도덕적 재난이 계속되는 사회에서 중국인들은 인도력과 영적 영양분을 서양이 아니라 그들 자신의 역사와 전통에서 찾는다. 그리고 그런 탐색은 불가피하게 공자로 이어진다.

융성하는 현자의 재발견은 북경 교외에 있는 시하이 공자 아카데미에서도 볼 수 있다. 이 조직의 창립자이며 교장인 펑저는 130명(3세부터 13세)에게 매일 엄격한 옛날식의 유학교육을 실시한다. 아이들은 새벽 동틀 무렵 함께 모여 자랑스럽게 벽에 걸어 놓은 공자 영정을 향해 공손히 절한다. 그러고 나서 3시간 동안 유학 고전을 집중적으로 배운다. 이 어린아이들은 선생님이 지시하는 대로 『논어』, 『맹자』, 『효경』 등 여러 책을 300번씩 되풀이하여 읽고 모든 단어를 비롯하여 책 전체를 완전히 기억하게 된다. 잃어버린 제국 시대의 과거시험을 연상시키는 이런 고전에 대한 강경한 교육은 공산당이 나라를 통치하기 시작한 후에는 사실상 없어졌던 것이다. 펑저는 중국 고대문화에 대한 개인적 추구를 마치고 이 학교를 세웠다. 3학년 때 대학을 그만둔 그는 칸트와 헤겔 같은 서양 철학자들의 책을 중국어 번역본으로 발간하는 출판회사를 차렸다. 1999년경 그는 자신의 사업에 회의를 느끼기 시작했다. '나는 왜 중국의 철학자들을 외면하고 외국인들의 책만 퍼트리고 있을까?' 그 당시 중국 고전에 대한 풍부한 지식은커녕 어느 정도 아는 사람도 거의 없었다. 사실 몇십 년 동안 중국의 고전에 대하여 심각하게 생각해 본 사람은 거의 없었다. 그는 고대 철학에 대하여 그를 가르칠 만한 몇 사람을 찾았고, 중요한 유학자들의 저서를 포함한 고대 철학에 대한 책자를 우선 중국어로 내고 그다음에 영어로 발간하기 시작했다.

중국 전통에 대한 펑저의 발견은 단순히 좋은 사업 아이템을 얻은 것보다 더 의미 있는 것이었다. 고전을 읽을수록 그는 현재 중국의 문제에 대한 해답이 그 책들 안에 들어 있다고 믿게 되었다. 중국의 전통, 확실하게 얘기하자면 유교 전통이 도덕적 기초가 모자란 중국 사회에 윤리와 질서를 어떻게 가져다줄 수 있는지 알아냈다. "중국을 구하기 위해 사람들은 문화의 복원부터 시작해야 한다. 도덕적으로 행동하지 않는 사람이 너무 많아 믿음을 세울 수가 없다. 유교의 가장 중요한 면은 타인을 대하는 방법을 터득하는 것이다. 유교를 근간으로 하여 모두를 위한 조화로운 사회를 세우는 것이 중국을 강국으로 만드는 길이다."라고 펑저는 말한다. 2006년, 펑저는 고전을 발간하는 것만으로는 충분치 않다고 보고 학원을 세우기로 결정했다. "국민의 문화적 르네상스의 중요한 일환으로 아주 어릴 때부터 교육이 필요하다고 결정지었다."[17]

펑저의 유학학교에 아이들을 보내는 부모들은 중국 사회에 대한 그의 우려에 대해서도, 또한 공자가 그것을 해결할 수 있는 사람이라는 것에 대하여 공감한다. 이 새로운 중국 부모 세대에게 공자는 더 이상 마오가 말하는 억압자가 아니라 오늘날 중국의 침몰을 막는 해결사이다. 리셰후아는 열 살짜리 딸 팡무쯔를 일반 공립학교를 그만두게 하고 펑저의 아카데미에 넣었다. "딸에게 중국 고전의 기초를 갖게 해 주고 싶었다. 이 학교에서는 어떻게 하면 다른 사람들과 좋은 관계를 맺으며 윤리적 인간이 될 수 있는지 가르친다. 좋은 인간이 되는 길을 모르면 어떻게 사회에 이로운 사람이 될 수 있을까?"라고 그녀는 딸을 이 학교에 보내는 이유를 설명한다. 여섯 살된 딸을 펑저의 학교에 보내는 먀오란은 유학 공부를 현대 중국을 혼란하게 만드는 힘을 상쇄하는 힘으로 본다. "돈을 너무 중히 여긴다. 자식들에게 줄 수 있는 가장 큰 선물은 돈이 아니라 그들이 자라서 올바른 결정을 할 수 있는 영적 버팀목이다."라고 먀오는 말한다.[18]

이런 열의에도 불구하고 장칭과 마찬가지로 펑저의 목소리는 현대 중국의 귀가 째지는 불협화음에 묻혀 있다. 비슷한 유학 아카데미들이 중국 여기저기에 등장하고 있지만 그런 고전교육을 받는 어린아이들의 수는 14억 인구의 국가에서 거의 의미 없는 숫자이다. 그러나 펑저는 그의 노력이 이제 나타나기 시작한, 언젠가는 불가피하게 도래할 중국 문화 르네상스의 일부일 뿐이라고 믿는다. 더 부유해지고 더 자신만만 해지는 중국이라는 국가는 과거에서 그 미래를 찾을 것이라고 그는 믿는다. "어떻게 사람들이 서로를 대해야 하는가, 혹은 사회에서 어떤 존재가 되어야 할 것인가에 대한 공자의 가르침은 유교가 다시 중국 사회의 생동하는 일부분이 되게 할 것이다."라고 펑저는 말한다.

스티븐 루안과 친구들은 정치나 자식 교육, 부패의 척결과는 아무 상관없는 이유로 공자를 다시 찾고 있다. 완전히 개인적인 이유로 말이다. 북경의 번잡한 왕푸징 쇼핑 거리에 있는 우위타이 찻집에서 매달 열리는 클럽('Bamboo for Living Culture Club') 회합에서는 중국의 고전 철학과 문학에 대해 토의한다. 공자와 추종자들은 이들의 대화에서 가장 중요한 주제이다. 어느 일요일 아침 모임에서 12명 정도의 회원이 송나라 시대의 정치가이자 학자였던 범중엄(范仲淹)에 대하여 토론한다. 연극에서 쓰는 요란한 고대 의상을 입은 사람을 포함하여 모든 사람은 범중엄이 지은 책의 구절을 돌아가며 읽는다. 그리고 나서 루안은 범중엄 자신, 그의 인생, 그리고 중국철학에 끼친 공로 등에 대한 강의를 한다. 범중엄은 정부정책을 변화시키려는 큰 생각을 가졌으나 결국 마치 왕안석처럼 오래 영향력을 행사하지 못하고 좌절한 개혁자였다. 그러나 클럽 회원들은 그의 업적에 공명하고 있다. "그때도 오늘날같이 개혁에 대한 말만 많고 행동은 많지 않았다."라고 한 회원이 말한다. 이 클럽의 지도자 중 한 사람인 레이빈은 범중엄으로부터 받은 교훈에 대하여 자세히 설명한다. "중국인은 이상주의자들이고, 좋은 아이디어를 갖고 있으며 그것을 실현하기 위해 열심히 노력한다. 난 인생을 허비하고 있다는 느낌을 종종 받는데, 범중엄에 대해 배우면서 무엇인가를 열망하게 되었다."고 말한다.

대중 연설 그룹에서 만나 친구가 된 금융기업의 중역인 루안과 자동차회사 관계 업체에서 일하는 레이는 중국 고전에 대하여 공통적인 흥미를 갖고 있는 것을 알고 나서 2005년에 문화 클럽을 창립했다. 그들의 동기는 배움을 통하여 자신의 발전을 이루기 위한 유학적 모색이었다. "새로운 것을 배우고 양적·질적으로 지식을 발전시키는 것은 나에게 아주 중요한 일이었다."고 루안은 말한다. 그는 그 결과로 더 나은 인간이 되었다고 믿는다. "다른 사람에게 대접받고 싶은 만큼 그를 대접하라."는 공자의 가장 유명한 구절을 인용하면서 그는 말한다. "나는 이 구절을 마음속에서 계속 되새기고 있다. 과거에 아내와 다투게 되면 소리를 지르곤 했다. 그러나 이제는 나 자신을 억제한다. 아내의 요구를 들어주려는 노력을 한다." 레이도 동의한다. 전통적인 중국철학을 배우는 것은 "나의 개인적 생활과 집에서나 직장에서 일어나는 다른 사람과의 관계에 도움이 되며, 또한 영적으로도 도움이 된다."고 레이는 말한다. "중국 문화는 나를 더 관대하게 만들었다. 더 합리적으로 행동하면서 스트레스도 많이 줄었다. 이런 새로운 것들을 배우면서 나는 지혜를 얻고 문제 해결에 대한 도움을 받는다."[19]

루안과 레이는 이 나라에 쏟아져 들어온 서양의 영향이 중국 자체의 유산을 대신할 수 없다고 믿는다. "나에게 중국 문화는 서양의 문화보다 더 많은 영적 영양을 의미한다."고 루안은 말한다. "자기 자신을 더 발전시키고 지식을 더 쌓으려 노력하면 사회 전반을 발전시킬 수 있다." 레이는 더 나아가 현대 중국의 윤리 붕괴는 서양문명의 침투에서 비롯됐다고 비난한다. "지금 중국인은 타인에게 관심이 없다. 연민도 사라졌다. 자기 수양도 더 이상 없다."고 레이는 말한다. "아메리칸드림은 중국인으로 하여금 성공을 찬미하게 하였다. 그러나 중국인은 그 꿈의 본질은 배우지 않았다. 그들이 배운 것은 자신을 위해 물건을 소유하는 것뿐이다. 거대한 도덕적 저하가 있어 왔다. 서양 문명의 폭격으로 중국 자체를 상실해 버렸다."

호텔 매니저이자 다른 클럽 멤버인 정완룽은 서양을 따라잡아야 하는 필요성이 중국으로 하여금 자체 전통을 희생하게 만들었다고 탄식한다. "서양에서 배우고 서양의 기술을 받아들여야 하는 압력 때문에 중국의 문화적 진보는 더욱 후퇴하였다. 문화적 발전이 충분치 못하다. 잃어버린 문화를 중국이 다시 회복하는 데는 오랜 시간이 걸릴 것이다."라고 그는 말한다.

그러나 루안과 레이의 클럽에는 희망이 있다. 공자는 도를 실현하기 위해서는 보통 사람들이 번영해야 한다고 생각했으므로, 가난에서 벗어나고 있는 중국에는 공자가 말한 바로 그런 일이 일어나고 있으며, 따라서 중국의 전통과 다시 연결하려는 국가적 운동이 될 전선에 자기들이 서 있다고 그들은 믿는다. "나아지는 경제 속에서 더 나아진 삶을 살고 있는 국민들은 이제 문화에 집중할 수 있다. 더 많은 사람들이 우리 운동에 참여할 것이다. 문화적 르네상스가 일어날 것이다."라고 레이는 말한다.

그러면 누가 그런 움직임을 이끌까? "공자가 중국을 미래로 인도할 수 있다."라고 정완룽은 말한다.

새로운 시대, 새로운 공자를 찾아서

중국 동부 산동성에 있는 공자의 고향인 취푸를 찾아가는 것은 한때 꽤 수고스러운 일이었다. 20세기 대부분 동안 취푸 가까이에는 주요 도시도 없고 공자도 서러움을 받는 처지여서 취푸로 가는 길을 신경 쓰는 사람도 거의 없었다. 그러나 공산당 정부가 현자를 권장하고 있는 지금은 자기를 드러내고 싶어하는 당간부들이 아주 쉽게 찾을 수 있게 길이 잘 닦여 있다. 북경과 상해를 연결하는 최신식 고속 열차가 취푸에 정차하기 시작한 이래, 북경에서 출발하여 2시간 남짓 편안하게 앉아 있으면 취푸에 도착한다. 아마 고급스러운 새 취푸역만큼 중국서 벌어지고 있는 공자의 부활을 확실히 증명하는 것은 없을 것이다. 40년 전만 해도 북경 호위병이 취푸로 몰려와 유서 깊은 공자사원을 엉망으로 만들었다. 오늘날에는 북경에서 여행자들이 취푸로 몰려와 사원의 평화로운 마당에서 위대한 현자를 재발견하고 있다.

2013년 나도 그곳을 여행했다. 현대 중국에서의 공자의 의미를 찾으려는 나는 공자의 고향이야말로 그에 대해 제일 잘 알 수 있는 장소일 것이라고 생각했다. 2,500년 전 현자가 살고 가르쳤던 취푸는 유학 연구의 심장이었다. 한나라의 역사가였던 사마천은 연구차 취푸를 방문하여 고전에 몰두하며 공자의 가르침을 받아들이는 학자들의 공동체를 설립하였다. 공산당이 위대한 현자를 공격하고 취푸의 유학을 억압하였으나 정부가 공자를 다시 공식적으로 승인함에 따라 옛적의 그런 공동체도 부활되었다.

그중 돤옌핑이란 뛰어난 학자가 있다. 취푸에서 태어난 그는 공자에 대하여 가르치며 그의 일생 대부분을 보냈다. 공자에 대한 공산당의 태도가 누그러지기 시작할 즈음 열 살이었던 그는 『논어』와 다른 서적들을 읽기 시작하였고 유학에 매혹되었다. 그 책들에서 중국의 오랜 지혜를 발견했으며 "그것은 나의 개인적 가치를 성장시켰다."고 그는 말한다. 고등학생이 되었을 때 밤늦게까지 『맹자』를 읽으면서 학교 공부를 게을리하게 되었다. 그 결과로 대학입학에 실패하고 발전기 수리업을 하는 아버지를 도와 기술자가 되었다. 그러다 공자에 대한 정부의 태도가 바뀌면서 중요한 기회가 그에게 다가왔음을 알았다. "마오가 죽기 전에는 감히 공자를 말하는 사람이 없었다. 그러한 폐쇄적인 문화는 일반 사람들이 만든 것이 아니라 외부의 압력에 의한 것이었다. 마오가 죽은 후 옛날을 기억한 사람들은 유교에 대하여 말하기 시작했다. 유교문화를 퍼트리기로 나는 작정했다."고 돤은 말한다.

그 노력의 결과로 돤은 2009년 취푸 구 지역에 위치한 옛 학교 건물에서 마르크스와 마오를 배우며 자란 세대에게 공자를 재소개하기 위해 취푸 유교학원을 세웠다. 학원 기숙사에서 사는 13명의 십 대 아이들은 마치 제국 시대의 과거시험을 준비하듯 매주 6일 동안 사서(四書)를 외운다. 또 붓글씨와 전통 그림을 배울 수도 있다. 교실 책상은 붓에서 튄 먹물이 사방으로 튀어 있다. 옷장 안에는 의식에서 사용하는 빨갛고 노란 예복이 들어 있다.

　학교의 설립 목적은 새 세대의 유학자들을 양성하여 중국이 유학의 도(道)라는 올바른 길을 가게 하는 것이다. "장차 중국에는 유교문화가 퍼져 나가 번영이 도래할 것이다. 유학은 지혜로 가득 차 있다. 그리하여 나라 전체가 세계적 경쟁력을 갖춘 나라로 발전할 수 있게 기여할 것이다. 공자를 통하여 새로운 길을 모색함으로써 중국의 정치 발전을 도모할 지침을 제시할 것이다."라고 돤은 말한다. 그런데 이런 말을 하면서도 공자가 과연 승리할 것인지에 대해서 그는 확신하지 못한다. 나라가 부유해짐에 따라 서양이 사회에 끼치는 영향은 더욱 커지고 있다. 그는 만일 중국인들이 공자보다 서양을 선택한다면 나라는 파괴될 것이라고 믿는다. "미국의 민주주의 이상은 중국인들이 오랫동안 익숙하게 지켜 온 정신적 체계와는 맞지 않는다."며 마치 리콴유가 말하는 것처럼 설명한다. 그는 공자가 위험한 서양사상에 대한 방어벽이 될 수 있다고 믿는다. 그는 "공자에 대하여 배우는 것은 중국인의 지혜를 상승시켜 세계화에 대한 더 나은 대처를 가능하게 한다."고 덧붙였다.

　서양문화의 무엇이 문제인지 묻자, 그는 "중국인은 도덕과 규칙에 가치를 둔다. 집에서 아버지는 권위 자체이고 나라에서는 황제가 핵심이다. 유교는 순종과 따름을 소중히 여긴다. 민주주의는 나라를 혼란하게 만들 수 있다. 물질적인 서양문화, 순종하지 않은 서양문화는 중국의 발전에 맞지 않는다."라고 말한다. 그렇다면 서양의 자유주의로부터의 위험을 어떻게 피할 수 있을까? "우리는 정부의 말을 경청하고 관리를 존경할 필요가 있다. 유교는 권위주의적 정부를 지지한다. 옛날부터 유교는 그렇게 해 왔다."고 돤은 계속 말했다.

　당혹한 마음으로 학원을 나와 취푸의 어두워진 진흙길을 걸었다. 돤의 공자는 민중들을 조용하게 하고, 복종하게 하며, 정권을 쥐고 있는 사람들에 대한 도전을 짓밟는, 즉 옛 황제들이 백성에게 요구했던 공자이다. 나는 중국의 오랜 역사를 통해 존재한 많은 공자 중 이러한 공자가 오늘날 필요한 공자일까 하는 의심이 든다. 이러한 공자가 나라가 당연히 향유해야 할 미래로 중국을 인도할 공자일까? 돤은 그렇게 생각하는 것이 확실하다. 대화 중에 물었다. 만일 어느 학생이 정부가 뭔가 잘못하고 있다고 불평하면 어떻게 하겠느냐는 질문에, 돤은 "공부에만 열중하고 정치에는 개입하지 말라고 말해 줄 것이다."라고 대답했다.

다음 날 아침, 영혼을 좀 맑게 해 줄 날씨를 기대하며 일어났다. 현자의 자손(76대손)이며 취푸에서 태어난 쿵레이화는 취푸의 유명한 공자사원 정문 밖에 있는 '공자 논어 낭독센터'를 경영하고 있다. 누구나 담당자 앞에서 『논어』의 구절을 반복하는 식으로 공자에 대한 지식을 시험해 볼 수 있다. 30개의 구절을 제대로 읊은 사람은 사원에 무료 입장이 허락된다. 내가 방문한 때는 취푸시 정부가 센터를 오픈한 지 6주밖에 안 된 시기였는데도 이미 3,000명 정도가 이 시험을 쳤고 놀랍게도 그중 80퍼센트가 무료 입장권을 획득했다.

돤과 마찬가지로 쿵레이화도 중국인들을 사로잡고 있는 사회에 만연한 물질주의를 비롯한 현대의 악에 대항하기 위해서 중국은 공자가 필요하다고 믿는다. "사상이 들떠 있는 이 나라의 국민들에게는 공자사상이 더욱 필요하다. 사회에서 반문명적 행동을 하는 사람들은 욕심이 너무 많아서이다. 모든 것을 채울 수는 없다. 유교는 사람들의 말과 행동이 합리적이고 도덕적이어야 할 것을 요구한다. 그것이 우리가 유교사상을 지지하는 중요한 이유이다."라고 쿵은 설명한다.

이러한 말에 대하여 논쟁을 벌이는 것은 쉬운 일이 아니다. 오늘의 중국에는 돈이 의무, 책임, 연민보다 더 우위에 있다. 그러나 취푸에는 이 센터에 자금을 지원한 시 정부를 포함하여 쿵의 메시지를 받아들이는 듯이 보이는 흔적은 거의 없다. 도시의 관리들은 공자가 일자리와 현금을 많이 벌어들이기를 확실히 기대하고 있다. 식당, 붓글씨와 기타 장신구를 파는 가게, 그리고 관광객을 상대하는 장사가 번창하고 있다. 호화 호텔 샹그릴라도 건설 중이다. 식당들은 고추 소스로 덮인 훈연한 두부와 땅콩이 들어 있는 바삭바삭한(사실 너무 마른) 팬케이크를 포함한 산둥 음식을 흉내 낸 것을 '공자 음식'이라며 광고하고 있다. 중국에서 늘 그렇듯 공자는 큰 사업의 밑천이 되고 있다. 취푸에서 공자는 물질주의와 싸우기는커녕 오히려 촉진하고 있다.

쿵레이화와 계속 대화하며 나는 더 많은 중국인들이 공자의 가르침을 따르면 어떻게 될 것인지 물었다. "『논어』가 사회 안정과 질서를 유지하는 역할을 할 것이다."라고 쿵은 주장한다. 규칙과 규정도 도움이 되겠지만 "사회의 질서를 도모하기 위해서는 법만으로는 충분하지 않다. 더 필요한 것은 전통과 문화이다."라고 덧붙여 말한다. 된처럼 쿵은 국민을 평화롭게 하기 위해서는 궁극적으로 공자가 필요하다고 주장한다. 공자의 가르침을 잘 따르지 않는 국가에서 종사하려면 어쩔 수 없이 공자의 신성한 사상을 뒤로 하고 타협해야 했던 그 많은 제국 시대의 관리들처럼 아마도 쿵은 그 나름대로는 의도가 올바를 것이다.

나는 조용한 정원과 오래된 나무들 사이에서 마음의 위안을 얻으려고 길 건너 공자사원으로 들어갔다. 본당으로 이어진 정교하게 목재로 지은 정자들은 1,000년 전 송나라 시대까지 역사를 거슬러 올라간다. 그러나 사원은 나를 더 냉소하게 만들 뿐이다. 사원에는 지금은 공자를 추켜세우고 있지만 바로 그 정권에 의하여 자행되었던 잔인한 공격의 흔적이 아직 남아 있다. 홍위병들이 때려 부수지 않은 조그만 책상들 위에는 그들이 흘려 쓴 읽기 힘든 페인트 글씨와 콘크리트 자국이 남아 있다. 그중 하나에는 "혁명은 죄악이 아니다."라고 낙서처럼 쓰여 있다. 홍위병들이 태워 버린 공자상을 대신하여 공산당이 세운 새 공자상은 우리가 주로 보아 온 선인 같은 흰 수염의 지혜자가 아닌 다른 모습이다. 여기서는 다시 중국 제국 시대의 '무관의 왕'으로 묘사되고 있다. 둘레에 작은 구슬들이 매달려 있는 모자는 옛 황제들이 썼던 것과 같은 모양이다. 본당 가까이 서 있던 한 직원은 위엄 있는 목소리로 "공자에게 절하시오! 당신들의 가족을 위해서 절하시오!"라고 소리지른다.

바로 이것이 현대 중국 지도자들이 원하는 공자의 의미가 무엇인지를 보여 준다. 그것은 권력에 절하라는 것이고, 현상 유지에 절하라는 것이다. 결혼식에서 장인, 장모에게 절하는 것에 동의한 나였지만, 나는 아직도 절을 중요하게 여기지 않으며 특히 압제에 의한 강요된 절을 의미할 때는 더욱 그러하다. 결국 그것이 중국이 유교를 부활시키려는 노력 뒤에 숨은 진실이다. 이름만 공산당인 오늘날의 독재자들은 무제와 명태조처럼 공자의 명성을 오용하고 있다. 즉, 중국의 가장 위대한 현자가 가르친 대로 위에서 지시하는 '조화'를 고분고분하게 복종하며 받아들이라고 무지한 민중을 설득하려는 것이다. 탄압 정부는 다시 한 번 현란한 유교의 의상을 걸치고 자기들의 부패와 잔인성을 숨기며 일반 중국인을 속여, 공자가 고대 전통을 통해 가르친 국민이 원하고 국민에 적합한 정부를 가졌다고 국민으로 하여금 믿게 한다. 그래서 오늘날 부활한 공자라면 차라리 공자 없는 중국이 더 나은 것이 아닐까?

수년 전 공자에 대한 연구를 시작하기 전의 나였다면 그런 질문에 확실히 "그렇다."고 대답했을 것이다. 내가 알고 있던 공자는 민주주의자, 개혁자, 여성운동가들이 혐오하던 제국 시대의 압제자이고, 전족의 옹호자이며, 부모의 독재를 옹호한 공자였다. 그러나 그의 말과 그의 역사에 대하여 알게 된 지금은 중국인 혹은 우리 모두에게도 공자가 있는 세상이 없는 세상보다 더 나을 것이라고 생각한다. 아주 오래전에 시작한 모든 교리와 믿음에는 현대사회에는 더 이상 어울리지 않는 사상과 관습이 존재한다. 아마 성경을 아직도 엄격하게 따른다면 우리는 지금도 종을 부리고 있을 것이다. 또 힌두교 아내들은 남편의 화장터에서 불타는 장작에 몸을 던져야 할 것이다. 기본 가르침과 반대되는 행동을 합리화하는 데 모든 신앙은 때로 이용됐다. 십자군은 예수의 이름으로 살육했으며, 오사마 빈 라덴은 알라의 이름으로 테러를 감행했다. 그럼에도 불구하고 우리는 성경, 코란, 베다(고대 브라만교 경전)를 버리지 않았다. 바티칸의 역사는 대부분 부패와 탐욕의 역사였으며, 페도파일(paedophile, 소아성애자) 신부들은 벌받지 않고 있다. 그럼에도 우리는 예수도, 복음도 버리지 않고 있다. 유교도 다르지 않다. 공자가 현자-왕을 믿은 것도 복종하는 아들의 의무를 믿은 것도 사실이다. 또 그의 가르침은 여러 세기 동안 독재정권을 합리화하는 목적으로 이용되었다. 그러나 그렇다고 공자가 오늘날 우리에게 가치 없는 존재라고 할 수는 없다.

중국은 떠오르는 세계적인 파워이며 고속으로 경제개발을 이룬 경이로운 나라인지는 모르나, 영혼도 없이 목적도 없이 표류하는 사회라는 비판도 적지 않다. 그것은 중국을 내부에서 부식시키고, 갑작스러운 폭력 상황에 취약해지면서 나라는 불안정하게 되고, 그것은 아시아의 평화까지 위협할 수 있다. 거리에서 죽어 가는 두 살짜리 어린아이를 모른 척하는 곳도 중국이고, 돈 몇 푼을 벌자고 유아를 독살하는 곳도 중국이다. 정부 관리들이 부를 축적하고 법 위에 군림하는 곳도 중국이다.

이 책을 준비하고 집필하는 과정에서 알게 된 공자는 중국이 필요로 하는 것을 공급할 수 있다. 그 공자는 군주의 부하도 아니었고 압제의 수단도 아니었다. 완전하지 않은지는 모르겠지만 공자는 경계 없는 인류애와 변함없는 투지의 목소리였다. 명성, 부, 지위를 위해 그의 원칙을 타협하는 것을 거부한 사람이었다. 비도덕적인 사람이나 오용하는 정권의 의도에도 굴복하지 않았다. 그가 살았던 시대의 가장 힘 있는 권력자들에게도 면전에서 '틀렸다'고 말했다. 그는 부나 태생이 아닌, 진실성과 자비로움에 의하여 사람들을 평가했다. 그는 심지어 자신을 비웃을 수도 있었다. 그는 모든 사람들이 의무를 다하고, 자신의 복지보다는 가족과 공동체의 복지를 우선하는 사회를 갈망했다. 그는 이기심과 전쟁이 진동하는 세계를 사심 없고 평화로운 세계로 바꾸려 했다. 그는 우리 자신을 먼저 개선하면 완전한 사회가 이루어질 것이라고 생각했다. 무엇보다도 그는 더 나은 사람이 되기 위하여 시간을 할애하고 노력하는 사람은 세계를 바꿀 힘을 갖게 된다고 생각했다.

그에 대한 평판이 그의 의도와 그토록 달랐던 사실은 공자의 역사에서 중대한 재앙이다. 그는 여성을 억압하고, 개인의 자유에 대한 공적이며, 독재에 대한 헌신적인 추종 등 불의를 조장한다고 공격을 받아 왔다. 사실상 그의 가르침에 내재한 치명적 결함은 다른 곳에 있다. 즉, 궁극적으로는 잘못된 것으로 증명된 인류애에 대한 끊임없는 신뢰이다. 공자는 인간이 선천적으로 선하다고 믿었기 때문에 자신의 완성을 추구하고, 명예롭고, 품위 있으며, 지혜롭게 행동하기를 바랄 것이라고 마음속 깊이 믿었다. 그의 철학 전체는 이러한 믿음에 기초하였다. 그리고 그의 생애 동안, 이어서 사후 2,500년 동안 인간들은 그를 계속 실망시켰다. 공자의 비극은 그의 비전과 목적을 지키겠다고 서약한 많은 사람들이 그렇게 자주 현자의 믿음을 배반했다는 사실이다. 그리고 그들은 오늘날에도 여전히 그렇게 하고 있다.

그러나 중국의 새로운 세대나, 그 후 세대나, 그 후의 후 세대는 다시 자기들의 『논어』를 배운 결과로 관광지에서 무료 입장권을 얻는 것보다 훨씬 더 큰 것을 얻게 될지 모른다. 우리가 희망하는 것은 그들이 현자의 오랜 글을 읽으면서 자기들에게 특별한 의미를 주는, 자기들의 마음을 여는, 그리고 정부가 떠벌리는 구호와 옹졸한 목적을 벗어난, 자기들 자신의 공자를 발견하는 것이다. 어쩌면 그들은 새로운 시대를 열어젖히는 새로운 공자를 찾아낼 수도 있다.

후주(Notes)

서장 공자가 바꾼 세상

1. James Legge, trans., *The Confucian Analects, The Great Learning, and The Doctrine of the Mean* (repr., New York: Cosimo, 2009), 97.

2. D. C. Lau, trans., *Analects* (New York: Penguin, 1979), VII:33.

3. Deborah Sommer, "Images for Iconoclasts: Images of Confucius in the Cultural Revolution," *East West Connections* 7, no. 1 (2007).

4. Lionel M. Jensen, *Manufacturing Confucianism: Chinese Traditions and Universal Civilization* (Durham, NC: Duke University Press, 1997), 5, 9.

5. Reginald Fleming Johnston, *Confucianism in Modern China* (Vancouver, BC: Soul Care Publishing, 2008), 59.

6. *Analects*, VII:21 (Legge translation); XI:12 (Lau translation).

7. Lee Dian Rainey, *Confucius and Confucianism: The Essentials* (West Sussex, UK: Wiley-Blackwell, 2010), 203; *The Doctrine of the Mean*, XXXIII:2.

8. Legge, trans., *The Confucian Analects, The Great Learning, and The Doctrine of the Mean*, 99; *Analects*, IX:5, XIV:35 (Lau translation).

9. Quoted in Wm. Theodore de Bary, ed., *Sources of Chinese Tradition*, vol. 2, 2nd ed. (New York: Columbia University Press, 2001), 578; *Analects* (Lau translation), 52.

10. Zhang Wei Wei, "Eight Ideas Behind China's Success," *New York Times*, September 30, 2009.

1장 인간 공자

1. Much of this opening story is from Chapter XI of the *Spring and Autumn Annals*. Other details are from Sima Qian's narrative (*Records of the Historian*, 6–7, in the Yang and Yang translation). What I've presented here is just one version of the events of the Xiagu summit. I think it is the most likely and reliable of the versions. Sima Qian tells us a tale in which the duke of Qi hatched no kidnapping plot. This omission is curious, since the *Zuo Commentary*, which features that plot, predates his narrative, and Sima Qian was just the type of dramatic storyteller who would have gobbled up such a yarn. Yet Sima Qian's own version has Confucius shaming the duke into a disadvantaged

negotiating position merely by pointing out his breaches of ceremonial propriety, which which seems a bit hard to believe.

2. This tidbit is from Sima Qian, *Records of the Historian* (unless otherwise noted, the references to this work are always to the Yang and Yang translation).

3. Ibid., 1.

4. The story about Sheliang He's heroism in battle is from the *Zuo Commentary* to Chapter IX of the *Spring and Autumn Annals*. The details of his marriage are from a text called the *Kongzi Jiayu* (School Sayings of Confucius), Chapter 39. The translation is from Lionel M. Jensen, "Wise Man of the Wilds: Fatherlessness, Fertility, and the Mythic Exemplar, Kongzi," *Early China* 20 (1995): 417.

5. On Confucius's conception, see Robert Eno, "The Background of the Kong Family of Lu and the Origins of Ruism," *Early China* 28 (2003): 2, among other sources; for Jensen's view, see Jensen, "Wise Man of the Wilds."

6. This tale is from Fung Yu-lan, *A History of Chinese Philosophy*, vol. 2, *The Period of Classical Learning*, translated by Derk Bodde (Princeton, NJ: Princeton University Press, 1983), 129. You can find some of the myths surrounding Confucius's birth in Michael Nylan and Thomas Wilson, *Lives of Confucius: Civilization's Greatest Sage Through the Ages* (New York: Doubleday, 2010), 91–93.

7. Sima Qian, *Records of the Historian*, 1.

8. *Analects*, II:4 (Lau translation).

9. *Analects*, IX:6 (Lau translation); Sima Qian, *Records of the Historian*, 2.

10. *Mencius*, translated by James Legge, online at the Chinese Text Project, http://ctext.org/mengzi, II:2.

11. Sima Qian, *Records of the Historian*, 2.

12. Ibid., 3.

13. Ibid., 4.

14. Ibid., 22; *Mencius*, II:3. See D. C. Lau's translation of the *Analects*, p. 196.

15. *Analects*, VI:3, V:9, XI:9 (Lau translation).

16. Ibid., V:12, 7.

17. Ibid., XVII:5.

18. Sima Qian, *Records of the Historian*, 8. There is some confusion in the historical record and debate among scholars over when Confucius might have taken the post as minister of crime.

19. Ibid.

20. Much of the section on the conflict between Confucius and the noble families is from the *Zuo Commentary* to the *Spring and Autumn Annals*, Chapter XI. For an interesting and detailed look at the possible origins of the plan, consult Annping Chin's *The Authentic Confucius: A Life of Thought and Politics* (New York: Scribner, 2007), esp. 29–31. Generally, Annping Chin's first chapter offers some very useful insights into Confucius's role in the politics of Lu at this point in his life.

21. Sima Qian, *Records of the Historian*, 9. Also see *Analects*, XVIII:4.

22. *Mencius*, VI:26.

23. The quotation about his wife's family is from the *Kongzi Jiayu*, Chapter 39, translated for this book by Lin Yang. The information about the son-in-law is from *Analects*, V:1 (Lau translation).

24. *Analects*, X:1, 2, 3, 6, 8, 12, 20 (Lau translation).

25. *Analects*, XIV:43 (Lau translation), XVII:20 (Legge translation).

26. *Analects*, VII:16, VII:19 (Lau translation), XI:26 (Legge translation).

27. *Analects*, XIX:24–25 (Legge translation).

28. *Analects*, VII:3 (Lau translation).

29. *Mencius*, V:13; Sima Qian, *Records of the Historian*, 19. Annping Chin makes a valiant effort to figure out Confucius's route. See Chin, *Authentic Confucius*, 85–87.

30. *Analects*, XVII:7 (Lau translation).

31. Sima Qian, *Records of the Historian*, 10.

32. *Analects*, VI: 28 (Lau translation); Sima Qian, *Records of the Historian*, 11.

33. Sima Qian, *Records of the Historian*, 11.

34. *Analects*, XV:2 (Lau translation); Sima Qian, *Records of the Historian*, 17.

35. *Analects*, XV:2 (Lau translation); quoted in Chin, *Authentic Confucius*, 106.

36. Sima Qian, *Records of the Historian*, 18.

37. Ibid., 19; *Analects*, XVIII:5 (Lau translation).

38. *Analects*, XVIII:6 (Lau translation).

39. *Analects*, XVI:2 (Legge translation).

40. Ibid., XIII:3.

41. *Analects*, II:20 (Lau translation).

42. Ibid., XII:2.

43. Ibid., XVII:6, XII:22, VII:26.

44. Ibid., XIII:1, XII:17, II:1.

45. Ibid., XV:1, XIII:20.

46. Sima Qian, *Records of the Historian*, 21.

47. *Zuo Commentary*, Chapter XII; *Analects*, XI:17 (Lau translation).

48. See Chin, *Authentic Confucius*, 138–141.

49. *Analects*, VII:1 (Lau translation).

50. Sima Qian, *Records of the Historian*, 22.

51. For a summary of views on Confucius's connection to the Five Classics, see Xinzhong Yao, *An Introduction to Confucianism* (New York: Cambridge University Press, 2009), 53–54. For a neat summary of the history of the Five Classics themselves, see pp. 57–63 in the same work.

52. Sima Qian, *Records of the Historian*, 25–26. A few other details are from Nylan and Wilson, *Lives of Confucius*, 1–3.

2장 현자로 불린 공자

1. Sima Qian, *Records of the Historian*, 26; Legge, trans., *The Confucian Analects, The Great Learning, and The Doctrine of the Mean*, 90. Some scholars are convinced that the story of Duke Ai's sacrifices was written into history long after that time.

2. Sima Qian, *Records of the Historian*, 26.

3. *Mencius*, III:4.

4. *Mencius*, II:1; Sima Qian, *Records of the Historian*, 70.

5. *Mencius*, II:22.

6. Ibid., III:14, II:15; Sima Qian, *Records of the Historian*, 70.

7. *Mencius*, II:6.

8. *Mencius*, VI:7.

9. Fung Yu-lan, *A History of Chinese Philosophy*, vol. 1, *The Period of Philosophers*, translated by Derk Bodde (Princeton, NJ: Princeton University Press, 1983), 279.

10. Xunzi, *Xunzi: Basic Writings*, Burton Watson, trans. (New York: Columbia University Press, 2003), 130.

11. Ibid., 161, 162, 163–164.

12. *Mencius*, III:14.

13. *Mozi*, translated by W. P. Mei, online at http://ctext.org/mozi, Chapter 39, "Anti-Confucianism."

14. *Zhuangzi*, translated by Burton Watson, online at "The Complete Works of Chuang Tzu," Terebess Asia Online, http://terebess.hu/english/chuangtzu.html, Chapter 26, "External Things."

15. Zhuangzi, "The Robber Zhi" (Legge translation).

16. *Han Feizi*, translated by W. K. Liao, online at University of Virginia website Traditions of Exemplary Women, www2.iath.virginia.edu/saxon/servlet/SaxonServlet?source=xwomen/texts/listtexts.xml&style=xwomen/xsl/dynaxml.xsl&chunk.id=d1.1&toc.depth=1&toc.id=0&doc.lang=bilingual, Chapter XLIX, "Five Vermin: A Pathological Analysis of Politics." I adapted the translation slightly for clarity.

17. *Han Feizi*, Chapter XLVII, "Eight Fallacies."

18. Sima Qian, in K. E. Brashier, ed., *The First Emperor: Selections from the Historical Records*, translated by Raymond Dawson (Oxford: Oxford University Press, 2009), 72–74.

19. Ibid., 29.

20. Ibid., 76–78.

21. Mark Edward Lewis, *The Early Chinese Empires: Qin and Han* (Cambridge, MA: Belknap Press, 2007), 53–54.

22. Sima Qian, in Brashier, ed., 47–49.

23. See Jack L. Dull, "Anti-Qin Rebels: No Peasant Leaders Here," *Modern China* 9, no. 3 (1983): esp. 309.

24. Wm. Theodore de Bary and Irene Bloom, compilers, *Sources of Chinese Tradition*, vol. 1, 2nd ed., (New York: Columbia University Press, 2000), 230.

25. Homer Dubs, *History of the Former Han Dynasty*, 2 vols. (Baltimore: Waverly Press, 1944). The quotations are from Dubs's introduction to Chapter 1 on Gaozu's reign; de Bary and Bloom, comps., *Sources*, 1:285.

26. Ibid., 1:288, 286–287.

27. Sima Qian, in Burton Watson, trans., *Records of the Grand Historian* (New York: Columbia University Press, 1961), 37.

28. Quoted in John K. Shryock, *The Origin and Development of the Cult of Confucius: An Introductory Study* (New York: Paragon, 1966), 40.

29. Sima Qian, in Watson, trans., *Records of the Grand Historian*, 410.

30. Alan T. Wood, *Limits to Autocracy: From Sung Neo-Confucianism to a Doctrine of Political Rights* (Honolulu: University of Hawaii Press, 1995), 55.

31. Fung Yu-lan, *History of Chinese Philosophy*, 2:72.

32. This translation is from de Bary and Bloom, comps., *Sources*, 1:299.

33. Wing-tsit Chan, *Sourcebook in Chinese Philosophy*, (Princeton, NJ: Princeton University Press, 1989), 276, 285; de Bary and Bloom, comps., *Sources*, 1:298, 301.

34. Quoted in Shryock, *Cult of Confucius*, 51–53.

35. This translation of Dong's memorial is from Fung Yu-lan, *History of Chinese Philosophy*, 2:17.

36. Translated in de Bary and Bloom, comps., *Sources*, 1:311.

37. Fung Yu-lan, *History of Chinese Philosophy*, 2:17.

38. This figure is from Cai Liang, a professor at the University of Arkansas, who was kind enough to share an unpublished draft of a manuscript that later became the book *Witchcraft and the Rise of the First Confucian Empire*, published by the State University of New York Press in 2014.

39. Sima Qian, *Records of the Historian*, 26.

40. This is discussed in Keith Nathaniel Knapp, *Selfless Offspring: Filial Children and Social Order in Medieval China* (Honolulu: University of Hawaii Press, 2005), 22.

41. Fung Yu-lan, *History of Chinese Philosophy*, 2:17, 2:139; quoted in Keith Nathaniel Knapp, "The Confucian Tradition in China," in *The Wiley-Blackwell Companion to Chinese Religions*, Randall L. Nadeau, ed. (Oxford: Wiley-Blackwell, 2012), 157–158.

3장 무관의 제왕이 된 공자

1. De Bary and Bloom, comps., *Sources*, 1:583–595.

2. Ibid., 1:570, 572.

3. Ibid., 1:600.

4. Historian Dieter Kuhn makes this case in *The Age of Confucian Rule: The Song Transformation of China* (Cambridge, MA: Belknap Press, 2009), esp. 29.

5. Quoted in ibid., 31.

6. Ibid., 1, 39.

7. Translation in Shryock, *Cult of Confucius*, 154.

8. De Bary and Bloom, comps., *Sources*, 1:638; quoted in Wm. Theodore de Bary, *The Trouble with Confucianism* (Cambridge, MA: Harvard University Press, 1996), 51.

9. Kuhn, *Age of Confucian Rule*, 121; Peter K. Bol, *Neo-Confucianism in History* (Cambridge: Harvard University Press, 2008), 125–126.

10. For a detailed discussion of the ideological differences between Wang and Sima, see Peter K. Bol, *"This Culture of Ours": Intellectual Transitions in T'ang and Sung China* (Stanford, CA: Stanford University Press, 1992), esp. Chapter 7.

11. De Bary and Bloom, comps., *Sources*, 1:609.

12. Ibid., 1:614.

13. Ibid., 1:613.

14. Patricia Buckley Ebrey, *Chinese Civilization: A Sourcebook*, 2nd ed. (New York: Free Press, 1993), no. 35.

15. De Bary and Bloom, comps., *Sources*, 1:668.

16. Chan, *Sourcebook in Chinese Philosophy*, 588, 591.

17. Kuhn, *Age of Confucian Rule*, 103.

18. De Bary and Bloom, comps., *Sources*, 1:702.

19. Ibid., 1:729.

20. Ibid., 1:669.

21. Ibid., 1:733; quoted in Kuhn, *Age of Confucian Rule*, 105.

22. De Bary and Bloom, comps., *Sources*, 1:777.

23. Ibid., 1:778.

24. For a good summary of Confucianism's history in early Korea, see Key P. Yang and Gregory Henderson, "An Outline History of Korean Confucianism: Part I. The Early Period and Yi Factionalism," *Journal of Asian Studies* 18, no. 1 (1958).

25. Peter H. Lee and Wm. Theodore de Bary, eds., *Sources of Korean Tradition*, vol. 1, *From Early Times Through the Sixteenth Century* (New York: Columbia University Press, 1997), 253.

26. Quoted in Martina Deuchler, *The Confucian Transformation of Korea: A Study of Society and Ideology* (Cambridge, MA: Harvard University Press, 1992), 17.

27. My summary of the Confucianization of Korea is based on Martina Deuchler's work.

28. Deuchler, *Confucian Transformation*, 128.

29. Herman Ooms, "Neo-Confucianism and the Formation of Early Tokugawa Ideology: Contours of a Problem," in *Confucianism in Tokugawa Culture*, Peter Nosco, ed. (Honolulu: University of Hawaii Press, 1997), 28–29.

30. Wm. Theodore De Bary, Carol Gluck, and Arthur E. Tiedemann, eds., *Sources of Japanese Tradition*, vol. 2, *Part One* (New York: Columbia University Press, 2006), 46.

31. For more, see Ooms, "Neo-Confucianism," esp. 32, 59.

32. See Kiri Paramore, "The Nationalization of Confucianism: Academism, Examinations, and Bureaucratic Governance in the Late Tokugawa State," *Journal of Japanese Studies* 38, no. 1 (2012): 26.

33. Quoted in Conrad Totman, *Early Modern Japan* (Berkeley: University of California Press, 1993), 470.

34. The description of the imperial ceremony is from Legge, trans., *The Confucian Analects, The Great Learning, and The Doctrine of the Mean*, 91–92.

1. This translation is from Teng Ssu-yu and John King Fairbank, *China's Response to the West: A Documentary Survey, 1839–1923* (New York: Atheneum, 1963), 152–153.

2. Liang Ch'i-ch'ao, *Intellectual Trends in the Ch'ing Period*, translated by Immanuel C. Y. Hsu (Cambridge, MA: Harvard University Press, 1959), 98.

3. Simon Winchester, *The Man Who Loved China: The Fantastic Story of the Eccentric Scientist Who Unlocked the Mysteries of the Middle Kingdom* (New York: Harper, 2008), 57.

4. Joseph Needham, *Science and Civilization in China*, vol. 2, *History of Scientific Thought* (Cambridge, UK: Cambridge University Press, 1956), 1, 15.

5. *Analects*, VII:21, XIII:4 (Legge translation).

6. See, for instance, John K. Fairbank, Alexander Eckstein, and L. S. Yang. "Economic Change in Early Modern China: An Analytic Framework," *Economic Development and Cultural Change* 9, no. 1 (1960): 6 (Part 1). Also see Lin, Justin Yifu. "The Needham Puzzle: Why the Industrial Revolution Did Not Originate in China," *Economic Development and Cultural Change* 43, no. 2 (1995):269–292.

7. De Bary, ed., *Sources*, 2:238–239.

8. Ibid., 2:240.

9. Ibid., 2:248, 253.

10. Ibid., 2:261.

11. Ibid.

12. Ibid., 2:268–269.

13. *Book of Rites*, translated by James Legge, online at University of Virginia website Traditions of Exemplary Women website, www2.iath.virginia.edu/saxon/servlet/SaxonServlet?source=xwomen/texts/listtexts.xml&style=xwomen/xsl/dynaxml.xsl&chunk.id=d1.1&toc.depth=1&toc.id=0&doc.lang=bilingual; Chan, *Sourcebook in Chinese Philosophy*, 735.

14. De Bary, ed., *Sources*, 2:273; Chan, *Sourcebook in Chinese Philosophy*, 733.

15. De Bary, ed., *Sources*, 2: 266–67; Liang Ch'i-ch'ao, *Intellectual Trends*, 95.

16. De Bary, ed., *Sources*, 2:282.

17. Liang Ch'i-ch'ao, *Intellectual Trends*, 94.

18. De Bary, ed., *Sources*, 2:277–278.

19. Ibid., 2:278–280.

20. Ibid., 2:270.

21. Teng and Fairbank, *China's Response*, 177–178.

22. De Bary, ed., *Sources*, 2:286.

23. Chow Tse-tsung, *The May 4th Movement: Intellectual Revolution in Modern China* (Cambridge, MA: Harvard University Press, 1964), 300; de Bary, ed., *Sources*, 2:355–356; quoted in Chow, *May 4th*, 59; translation from Teng and Fairbank, *China's Response*, 242–244.

24. All quotations and other details from Lu Xun's short stories are from *Selected Stories of Lu Hsun*, translated by Yang Hsien-yi and Gladys Yang (Beijing: Foreign Languages Press, 1972).

25. Lin Yutang, "Confucius as I Know Him," *China Critic* 4, no. 1 (1931): 5–9, online at www.chinaheritagequarterly.org/features.php?searchterm=030_confucius .inc&issue=030.

26. Mao Zedong, *On New Democracy*, 1940, online at www.marxists.org/reference/archive/mao/selected-works/volume-2/mswv2_26.htm.

27. Hung Kwangszu, "Criticize the Doctrines of Confucius and Mencius to Consolidate the Dictatorship of the Proletariat," *Peking Review*, April 18, 1975.

28. Much of the tale of the Red Guards' attack on Qufu is summarized from a detailed account by a Chinese journalist, Wang Liang, which can be found in a chapter called "The Confucian Temple Tragedy of the Cultural Revolution" in Thomas A. Wilson, *On Sacred Grounds: Culture, Society, Politics, and the Formation of the Cult of Confucius* (Cambridge, MA: Harvard University Press, 2003). I also drew from Joseph Esherick, Paul Pickowicz, and Andrew George Walder, *The Cultural Revolution as History* (Stanford, CA: Stanford University Press, 2006), 84–92.

29. Wang Liang, "Confucian Temple Tragedy," 377–378.

30. Ibid., 378.

31. Ibid., 379.

32. Ibid., 383.

33. Mao Zedong, "Speeches at the Second Session of the Eighth Party Congress: The First Speech, May 8, 1958," www.marxists.org/reference/archive/mao/selected-works /volume-8/mswv8_10.htm.

34. De Bary, *Trouble with Confucianism*, ix.

5장 공자가 만든 효자

1. The estimate of Vincent Lo's fortune is from *Forbes*, March 2013.

2. All quotes from Vincent and Adrian Lo are from author's interview, June 2013.

3. Lin Yutang, *My Country and My People* (London: William Heinemann, 1936), 167.

4. Francis L. K. Hsu, *Under the Ancestors' Shadow: Kinship, Personality and Social Mobility in China* (Stanford, CA: Stanford University Press, 1971), 265.

5. Knapp, *Selfless Offspring*, 3. I am greatly indebted to Dr. Knapp's work on filial piety, which has heavily influenced the historical perspective presented in this chapter.

6. Quote from Kam Louie, *Critiques of Confucius in Contemporary China* (Hong Kong: Chinese University Press, 1980), 8.

7. For a history of the early development of the *xiao* concept, see Keith Nathaniel Knapp, "The *Ru* Reinterpretation of *Xiao*," *Early China* 20 (1995): 195–222. The quotations from Confucius are from *Analects*, II:7, 6, and 5 (Lau translation).

8. *Classic of Filial Piety*, translated by James Legge, online at Chinese Text Project, http://ctext.org/xiao-jing, Chapters X, VI; *Analects*, IV:19 (Lau translation).

9. *Analects*, I:11, XVII:21 (Lau translation).

10. *Book of Rites*, Chapter X, Section I.

11. *Twenty-Four Filial Exemplars*, translated by David Jordan, http://pages.ucsd.edu/~dkjordan/chin/shiaw/shiaw00.html, No. 14, "He Strangled a Tiger to Save His Father"; No. 11, "He Let Mosquitoes Consume His Blood"; and No. 16, "He Tasted Dung with an Anxious Heart."

12. Ibid., No. 1, "The Feeling of Filial Piety Moved Heaven," and No. 13, "He Buried His Son for His Mother."

13. Ibid., No. 23, "He Wept Until the Bamboo Sprouted."

14. Ibid., No. 6, "He Sold Himself to Bury His Father."

15. Much of this analysis of the development of the Asian family and Confucianism is from Knapp, *Selfless Offspring*, esp. 14–24.

16. De Bary and Bloom, comps., *Sources*, 1:790.

17. *Classic of Filial Piety*, Chapters I, IX.

18. Ibid., Chapters X (p. 30), II (p. 18), I (p. 16).

19. Ibid., Chapters V (p. 21), I, XIII.

20. Legge, trans., *The Great Learning*, in *The Confucian Analects, The Great Learning, and The Doctrine of the Mean*, IX:3; *Classic of Filial Piety*, Chapter XI; *Analects*, I:2 (Lau translation).

21. *Classic of Filial Piety*, Chapter XV (p. 33).

22. *Analects*, IV:18 (Lau translation); *Book of Rites*, Chapter X, Section I; *Analects*, IV:26 (Legge translation).

23. *Analects*, XIII:18 (Lau translation); Chin, *Authentic Confucius*, 111–112.

24. *Han Feizi*, Book 19, Chapter 49.

25. *Analects*, XV:24, 37, VI:30 (Legge translation); *Great Learning*, IX:1.

26. Bertrand Russell, *The Problem of China* (London: George Allen and Unwin, 1922).

27. Yutang, *My Country and My People*, 167, 172–173.

28. Ibid., 169; de Bary, ed., *Sources*, 2:353–354.

29. Wesley Yang, "Paper Tigers," *New York Magazine*, May 8, 2011.

30. All quotes from Wang are from author's interview, June 2013.

31. All quotes from Woon are from author's interview, January 2013.

32. You can watch the video on YouTube at www.youtube.com/watch?v=ybxNkpS5q-g.

33. All quotes from Lee are from author's interview, May 2013.

34. "New Filial Piety Law Takes Effect to Much Criticism in China," *South China Morning Post*, July 1, 2013.

35. "A Look Back at China's Filial Piety Culture," *People's Daily*, May 16, 2012.

36. All quotes from Feng Wang are from author's interview.

37. "Challenges of Population Aging in China: Evidence from the National Baseline Survey of the China Health and Retirement Longitudinal Study," May 2013,11.

38. All quotes from Na are from author's interview, June 2013.

39. All quotes from Zhang are from author's interview, June 2013.

40. All quotes from Wang are from author's interview, September 2013.

6장 공자가 만든 교육열

1. All quotes from Oh are from author's interview, May 2013.

2. All quotes from Lee are from author's interview, May 2013.

3. Amy Chua, *Battle Hymn of the Tiger Mother* (New York: Penguin, 2011), 5.

4. Allison Pearson, "Why We All Need a Tiger Mother," *Telegraph*, January 13, 2011.

5. *Analects*, XIX:7, XVII:8 (Lau translation).

6. Xunzi, *Xunzi: Basic Writings*, Watson, trans., 162, 15.

7. *Analects*, IV:17, XV:30 (Lau translation).

8. *Great Learning*, introduction.

9. *Doctrine of the Mean*, XX:10; *Great Learning*, introduction.

10. *Analects*, XV:31, 21 (Lau translation).

11. *Analects*, VIII:12 (Legge translation).

12. *Analects*, V:28, VII:2 (Lau translation); Sima Qian, *Records of the Historian*, 22.

13. Sima Qian, *Records of the Historian*, 11–12.

14. Fung Yu-lan, *History of Chinese Philosophy*, 1:48.

15. *Analects*, VII:7 (Lau translation); Fung Yu-lan, *History of Chinese Philosophy*, 1:49.

16. Ebrey, *Chinese Civilization*, No. 54.

17. Ibid., No. 30.

18. Ichisada Miyazaki, *China's Examination Hell: The Civil Service Examinations of Imperial China*, translated by Conrad Schirokauer (New Haven, CT: Yale University Press, 1981), 13.

19. Ibid., 17.

20. Quotes from author's interviews with Wang, Zhao, Liu, and Lin, June 2013.

21. All quotes from Kim Jong Hun are from an interview by Lina Yoon for this book in 2013.

22. Author's interview with Jeon, May 2013.

23. De Bary and Bloom, comps., *Sources*, 1:615; the quotation from Morris Chang is from my interview with him in 2009, which appeared in *Time*, "Rebooting the Dragon," July 27, 2009.

24. All quotes from Kim Eun Sil are from author's interview, May 2013.

25. *Analects*, VII:8 (Lau translation).

26. All quotes from Chen are from author's interview, 2011.

27. The translation from the *Liberty Times* is from a blog post on the *Wall Street Journal*'s website, "Debate Swarms Around Taiwan Confucius Requirement," posted

April 7, 2011. The Crane quotation is from "Confucius in the Schools . . . Taiwan Schools," *The Useless Tree*, April 10, 2011.

    28. Quote from Lai is from author's interview, 2011.

7장 공자가 만든 여성혐오

    1. All quotes from Pae are from author's interview, May 2013.

    2. Chad Steinberg, "Can Women Save Japan (and Asia Too)?" October 2012, International Monetary Fund, www.imf.org/external/pubs/ft/fandd/2012/09/steinberg.htm.

    3. All quotes from Bae are from author's interview, May 2013.

    4. Julia Kristeva, *About Chinese Women*, translated by Anita Barrows (New York: Marion Boyars, 1986), 66; de Bary, ed., *Sources*, 2:392; Li-hsiang Lisa Rosenlee, *Confucianism and Women: A Philosophical Interpretation* (Albany: State University of New York Press, 2006), 1.

    5. *Analects*, II:20 (Lau translation).

    6. *Analects*, XVII: 25 (from de Bary and Bloom, comps., *Sources*, vol. 1).

    7. *Analects*, VIII:20 (Lau translation).

    8. Ibid., IX:18, XVI:7 (Lau translation).

    9. *Book of Rites*, VII:18.

    10. *Mencius*, III:4.

    11. *Book of Rites*, Book X, Section I; quoted in Patricia Ebrey, "Women in Traditional China," Asia Society, http://asiasociety.org/countries/traditions/women-traditional-china.

    12. Speech delivered by Hu Shi in 1933 entitled "Social Disintegration and Readjustment," which can be found online at http://csua.berkeley.edu/~mrl/HuShih/

    13. *Mencius*, III:7.

    14. *Book of Rites*, Book IX, Section III.

    15. Chan, *Sourcebook in Chinese Philosophy*, 277.

    16. *Discussions in White Tiger Pavilion*, translated by Tjan Tjoe Som, published by Hyperion Press, 1973, online at University of Virginia website Traditions of Exemplary Women website, www2.iath.virginia.edu/saxon/servlet/SaxonServlet?source=xwomen/texts/listtexts.xml&style=xwomen/xsl/dynaxml.xsl&chunk.id=d1.1&toc.depth=1&toc.id=0&doc.lang=bilingual, Chapter XXIX. I altered the original translation slightly in this narrative for clarity.

    17. Tu Wei-Ming, "Probing the 'Three Bonds' and 'Five Relationships' in Confucian Humanism," in *Confucianism and the Family*, Walter H. Slote and George A. De Vos, eds. (Albany: State University of New York Press, 1998), 122.

    18. Tu, "Probing the 'Three Bonds,'" 122–123.

    19. De Bary and Bloom, comps., *Sources*, 1:830; Ebrey, *Chinese Civilization*, No. 17.

    20. De Bary and Bloom, comps., *Sources*, 1:828–829.

    21. *Book of Rites*, Book I, Section I; de Bary and Bloom, comps., *Sources*, 1:828.

    22. *Book of Rites*, Book X, Section I; de Bary and Bloom, comps., *Sources*, 1:829.

23. *Mencius*, IV:26.

24. De Bary and Bloom, comps., *Sources*, 1:826–827.

25. Ibid., 1:822; Patricia Buckley Ebrey, *The Inner Quarters: Marriage and the Lives of Chinese Women in the Sung Period* (Berkeley: University of California Press, 1992), 186; Susan Mann and Cheng Yu-yin, eds., *Under Confucian Eyes: Writings on Gender in Chinese History* (Berkeley: University of California Press, 2001), 151–152.

26. *Biographies of Exemplary Women*, in Albert Richard O'Hara, *Position of Women in Early China* (Hong Kong: Orient Publishing, 1946), 39–42.

27. Ibid., 117.

28. Howard S. Levy, *Chinese Footbinding: The History of a Curious Erotic Custom* (New York: Bell, 1967), 225–226. Levy shares many such tales of horror.

29. Lin, *My Country and My People*, 160; *Classic of Filial Piety*, Chapter I; C. Fred Blake, "Foot-Binding in Neo-Confucian China and the Appropriation of Female Labor," *Signs* 19, no. 3 (1994): 695, 708.

30. Quoted in Ebrey, *Inner Quarters*, 199.

31. Ebrey, *Chinese Civilization*, No. 56.

32. De Bary, ed., *Sources*, 2:354.

33. Kristeva, *About Chinese Women*, 75.

34. De Bary, ed., *Sources*, 2:392, 394.

35. Ibid., 2:395.

36. All quotes from Rosenlee are from emails sent to the author in 2013, except where otherwise noted.

37. Ibid., 154, 149, 159. For a full explanation of Rosenlee's analysis, see Chapter 7 of her book.

8장 공자를 불러낸 기업

1. All quotes from Jin are from author's interview, June 2013.

2. All quotes from Lu are from author's interview, 2013.

3. Dale Carnegie, *How to Win Friends and Influence People* (New York: Pocket Books, 1998), 12.

4. *Great Learning*, X:19.

5. *Analects*, I:5, XX:2 (Legge translation).

6. Ibid., XII:7, XIII:9; *Great Learning*, X:9.

7. *Mencius*, I:7.

8. *Analects*, XII:9 (Legge translation).

9. *Mencius*, I:3.

10. De Bary and Bloom, comps., *Sources*, 1:357.

11. Ibid., 1:362, 360.

12. Ibid., 1:363.

13. *Analects*, I:14, IV:9 (Lau translation).

14. Ibid., IV:16, IV:5; *Great Learning*, X:7.

15. De Bary and Bloom, comps., *Sources*, 1:361.

16. Ibid., 1:357–358.

17. Quote from Zelin is from author's interview, May 2013. See Albert Feuerwerker, "The State and the Economy in Late Imperial China," *Theory and Society* 13, no. 3 (1984), 305, 308.

18. Angus Maddison, "The West and the Rest in the World Economy: 1000–2030: Maddisonian and Malthusian interpretations," *World Economics* 9, no. 4 (2008): 87, 170.

19. Max Weber, *The Religion of China: Confucianism and Daoism*, translated by Hans H. Gerth (New York: Macmillan, 1951), 248.

20. Ibid., 229, 237, 242.

21. Ibid., 244–245.

22. Fairbank et.al., "Economic Change in Early Modern China," 15.

23. Roderick MacFarquhar, "The Post-Confucian Challenge," *The Economist*, February 9, 1980, 68.

24. Ibid., 71.

25. Ibid.

26. Ezra F. Vogel, *Japan as Number One: Lessons for America* (Bloomington, IN: iUniverse, 1999; originally published by Harvard University Press, 1979), 226, 254.

27. Min Chen, *Asian Management Systems* (London: Thomson Learning, 2004), 25.

28. Fareed Zakaria, "A Conversation with Lee Kuan Yew," *Foreign Affairs*, March/April 1994.

29. Barbara Crossette, "Western Influence Worries Singapore Chief," *New York Times*, January 4, 1987.

30. Habibullah Khan, "Social Policy in Singapore: A Confucian Model?" World Bank, 2001, 20.

31. Tan Chwee Huat, "Confucianism and Nation Building in Singapore," *International Journal of Social Economics* 16, no. 8 (1989): 9.

32. Han Fook Kwang, Warren Fernandez, and Sumiko Tan, *Lee Kuan Yew: The Man and His Ideas* (Singapore: Times Editions, 1998), 196.

33. Mortimer Zukerman, "Japan Inc. Unravels," *U.S. News & World Report*, August 9, 1998.

34. "Poll: 'Young Chinese Use 'Daddies' to Get Ahead," WSJ.com, August 20, 2013.

35. See Bruce Stanley, "Korean Air Bucks Tradition to Fix Problems," *Wall Street Journal*, January 9, 2006.

36. All quotes from Yoo are from author's interview, May 2013.

37. All quotes from Liu are from the author's interview, December 2009, except where noted. Portions of this section also appeared in an article written by the author in *Time* magazine, "Lenovo's Legend Returns," May 10, 2010.

38. These quotations are from an email sent to the author by Liu Chuanzhi. Small changes have been made for grammar and clarity.

1. The transcript of the interview can be found on the website of the Prime Minister of Singapore, www.pmo.gov.sg/content/pmosite/mediacentre/speechesninterviews/primeminister/2010/April/transcript_of_primeministerleehsienloongsinterviewwithustelevisi.html.

2. "Confucian Ethics for Schools," *Straits Times*, February 4, 1982, 1.

3. Government of Singapore, White Paper on Shared Values, 1991, graph 41.

4. "Singapore: A Most Un-Confucian Government," November 28, 2005, Useless Tree, http://uselesstree.typepad.com/useless_tree/2005/11/singapore_a_mos.html.

5. *Analects*, VIII:9, 21 (Lau translation); *Doctrine of the Mean*, XX:12.

6. J. Mason Gentzler, ed., *Changing China: Readings in the History of China from the Opium War to the Present* (New York: Praeger, 1977), 172.

7. *Analects*, XII:11 (Lau translation).

8. Samuel P. Huntington, *The Third Wave: Democratization in the Late Twentieth Century* (Norman: University of Oklahoma Press, 1993), 300.

9. *Analects*, XIII:15 (Lau translation).

10. Ibid., XIII:6, II:19.

11. *Analects*, II: 3; XII:19, XX:2 (Lau translation); *Doctrine of the Mean*, XXXIII:4; *Mencius*, II:3.

12. Francis Fukuyama, "Confucianism and Democracy," *Journal of Democracy* 6, no. 2 (1995): 26.

13. Sun Yat-sen, *The Three Principles of the People*, "Principle of Democracy, Lecture One," 1924, 169, 171.

14. *Analects*, XV:25 (Lau translation); *Great Learning*, X:5.

15. *Mencius*, VII:60, I:6.

16. Ibid., V:5, IV:2.

17. Ibid., I:15.

18. Sun Yat-sen, "Principle of Democracy"; Kim Dae Jung, "Is Culture Destiny? The Myth of Asia's Anti-Democratic Values," *Foreign Affairs*, November/December 1994.

19. De Bary et al., *Sources of Japanese Tradition*, 48–49.

20. Quoted in Bol, *Neo-Confucianism in History*, 133; Fung Yu-lan, *History of Chinese Philosophy*, 2:565.

21. Quoted in Wood, *Limits to Autocracy*, 113, 96, 120. I made a slight adjustment for clarity in the first quotation.

22. The details of Liu Ji's and Song Lien's ideas are from John W. Dardess, *Confucianism and Autocracy: Professional Elites in the Founding of the Ming Dynasty* (Berkeley: University of California Press, 1983), 134–139, 165–166.

23. Zhengyuan Fu, *Autocratic Tradition and Chinese Politics* (Cambridge, UK: Cambridge University Press, 1993), 58–59; Wood, *Limits to Autocracy*, 111.

24. Dardess, *Confucianism and Autocracy*, 216.

25. Ibid., 5, 132–133, 184–185.

26. Ibid., 209, 223, 240.

27. *Analects*, VIII:13 (Lau translation).

28. United Nations, "Capital Punishment and Implementation of the Safeguards Guaranteeing Protection of the Rights of Those Facing the Death Penalty," December 2009.

29. Kim Dae Jung, "Is Culture Destiny?; Han Fook Kwang et al., *Lee Kuan Yew*, 380, 383; Zakaria, "A Conversation."

30. Han Fook Kwang et al., *Lee Kuan Yew*, 89; "Government's Hard-Nosed Approach Defended," *Straits Times*, April 20, 1987.

31. Zakaria, "A Conversation"; Han Fook Kwang et al., *Lee Kuan Yew*, 147, 407–409.

32. Eric X. Li, "Democracy Is Not the Answer," *Huffington Post*, May 16, 2012, www.huffingtonpost.com/eric-x-li/democracy-is-not-the-answ_b_1520172.html.

33. Chris Patten, *East and West: The Last Governor of Hong Kong on Power, Freedom, and the Future* (London: Macmillan, 1998), 155; Fukuyama, "Confucianism and Democracy," 30.

34. Text of speech printed in the *Straits Times*, February 8, 1982, 14.

35. "Confucian Ethics for Schools," *Straits Times*, February 4 1982, 1; *Straits Times*, February 8, 1982.

36. Quoted in Eddie C. Y. Kuo, "Confucianism as Political Discourse in Singapore: The Case of an Incomplete Revitalization Movement," in Tu Wei-ming, *Confucian Traditions in East Asian Modernity: Moral Education and Economic Culture in Japan and the Four Mini-Dragons* (Cambridge, MA: Harvard University Press, 1996), 300.

37. Quoted in Kuo, "Confucianism as Political Discourse," 299; *Straits Times*, March 10, 1982, 43.

38. Tan Chwee Huat, "Confucianism and Nation Building," 5.

39. Government of Singapore, White Paper on Shared Values, graphs 2, 39.

40. Ibid., graphs 24, 26, 25, 28.

10장 공자를 불러낸 중국

1. "Xi Underlines Morality During Confucius Site Visits," Xinhua, November 28, 2013.

2. Abigail Lamberton, "The Kongs of Qufu: Power and Privilege in Late Imperial China," in Thomas A. Wilson, *On Sacred Grounds*, 328. Lamberton's article goes into great detail about the wealth and influence of the Kongs during the imperial age.

3. All quotes from Kong are from author's interview, September 2011.

4. De Bary, ed., *Sources*, 2:576, 578.

5. The selections from Gu Mu's speech are from Wm. Theodore De Bary, "The New Confucianism in Beijing," *American Scholar* 64, no. 2 (1995): 181–182.

6. Ibid.

7. Quoted in Daniel A. Bell, "China's Leaders Rediscover Confucianism," *International Herald Tribune*, September 14, 2006.

8. Francis Fukuyama, "China Is Looking to Its Dynastic Past to Shape Its Future," *Financial Times*, July 12, 2011.

9. Daniel A. Bell and Eric Li, "In Defense of How China Picks Its Leaders," *Financial Times*, November 11, 2012.

10. Zhang Weiwei, "Eight Ideas Behind China's Success," *New York Times*, September 30, 2009.

11. "Modern China Needs Some Old Thinking," *China Daily*, July 31, 2006.

12. All quotes form Liu are from author's interview, July 2013.

13. Kam Louie, "Confucius the Chameleon: Dubious Envoy for 'Brand China,'" *Boundary 2* 38, no. 1 (2011): 77–78.

14. Website of Hanban, http://english.hanban.org/index.html. The by-laws are published on the Hanban website. Mosher's testimony, originally presented to the US House of Representatives' Committee on Foreign Affairs, Subcommittee on Oversight and Investigations, can be found at Steven W. Mosher, "Confucius Institutes: Trojan Horses with Chinese Characteristics," March 28, 2012, Population Research Institute website, http://pop.org/content/confucius-institutes-trojan-horses-chinese-characteristics.

15. All quotes from Jiang are from author's interview, April 2012, except where noted.

16. Jiang Qing and Daniel A. Bell, "A Confucian Constitution for China," *New York Times*, July 10, 2012.

17. All quotes from Feng are from author's interview, March 2012.

18. All quotes from Li and Miao are from author's interviews, March 2012.

19. All quotes from Luan and Lei are from author's interviews, July 2013.

20. All quotes from Zheng are from author's interview, July 2013.

참고문헌

주요 고전 및 역사서

논어(論語, *The Analects*): 다른 어느 문헌보다 공자에 대한 기본 정보가 『논어』에 많이 실려 있다(공자가 직접 저술하지는 않았지만). 여러 개의 번역본이 이용되었다. 가장 많이 인용한 것은 펭귄북스(Penguin Books)가 1979년에 출판한 라우(D. C. Lau)가 번역·분석한 『논어』였다. 또 2009년에 코시모 클래식(Cosimo Classics)이 재출간한 '서양의 중국학 수호성인'으로 알려진 레그(James Legge)의 『논어』와 『대학』, 『중용』도 많이 인용했다. 레그의 번역은 '중국 문헌 프로젝트'(the Chinese Text Project)의 온라인 http://ctext.org/analects에서도 찾을 수 있다.

열녀전(列女傳, *Biographies of Exemplary Women*): 오해라(Albert Richard O'hara)는 오리엔트 퍼블리싱(Orient Publishing)이 1946년에 홍콩에서 출판한 저서 『초기 중국 사회에서의 여성의 위치』(*Position of Women in Early China*)에 전기 일부를 포함했다.

예기(禮記, *The Books of Rites*): 버지니아 대학교가 웹사이트 '탁월한 여성의 전통(the Traditions of Exemplary Women)'-http://www2.iath.virginia.edu/saxon/servlet/SaxonServlet?-source=xwomen/texts/listtexts.xml&style=xwomen/xsl/dynaxml.xsl&chunk.id=d1.1&toc.depth=1&toc.id=0&doc.lang=bilingual-에 올린 제임스 레그의 1885년 번역본을 사용했다.

효경(孝經, *The Classic of Filial Piety*): 이 유력한 문헌과 관련해서는 제임스 레그의 번역본을 참고했다. '중국 문헌 프로젝트'의 온라인 http://ctext.org/analects에서 찾을 수 있다.

백호의주(白虎議奏, *Discussions in White Tiger Pavilion*): 이 한나라 시대 문헌도 버지니아 대학교 웹사이트(위 『예기』 참조)에 있다. 원문은 曾珠森(Tjan Tjoe Som)이 번역했으며 하이페리언 프레스(Hyperion Press)가 1973년 간행했다.

중용(中庸, *The Doctrine of the Mean*): 코시모 클래식(Cosimo Classics)이 2009년에 재출간한 제임스 레그 편찬 『논어』와 『대학』, 『중용』을 참조했다.

대학(大學, *The Great Learning*): 여기서도 제임스 레그의 같은 2009년 편찬한 『논어』와 『대학』, 『중용』을 참조했다.

한비자(韓非子, *Han Feizi*): 랴오(W. K. Liao)가 1936년에 번역한 한비자의 문헌은 버지니아 대학교의 웹사이트(위 『예기』 참조)에서 볼 수 있다.

한서(韓書, *The Hanshu*): 또 한 번 이 호머 덥스(Homer Dubs)의 번역문을 웹사이트(위 『예기』 참조)에 올려 준 버지니아 대학교에 감사한다. 초본은 웨이벌리 프레스(Waverly Press)가 1944년에 볼티모어에서 출간했다. 이 웹사이트에는 설명과 소개가 포함되어 있어 사용하기 편리할 뿐만 아니라 매우 유용하다.

맹자(孟子, *Mencius, or Mengzi*): 제임스 레그의 『맹자』 번역본은 '중국 문헌 프로젝트'의 온라인 http://ctext.org/analects에서 찾을 수 있다.

묵자(墨子, *Mozi*): 묵자의 문헌 일부는 '중국 문헌 프로젝트'의 온라인 http://ctext.org/analects에서 찾을 수 있다. 영어 번역본은 메이(W. P. Mei)의 『묵자의 윤리와 정치』(*The Ethical and Political Works of Motes*)를 참조했다.

사기(史記, *Records of the Historian*): 사마천의 「공자열전」은 공자의 총체적 역사를 수록하려는 첫 시도였다. 이 책에서는 여러 번역본을 인용했다. 인간 공자에 대해서는 1975년에 홍콩 커머셜 프레스(Commercial Press)가 출간한 양셰이(Yang Hsieh-yi)와 글래디스 양(Gladys Yang)의 번역본을 참조했다. 사마천의 청나라 기록은 옥스포드 대학교 출판부에서 2009년 출간한 브래시어(K. E. Brashier) 편집, 레이먼드 도슨(Raymond Dawson)이 저술한 『첫 황제: 사기 선집』(*The First Emperor : Selections from the Historical Records*)을 참조했다. 우 황제와 한나라에 대한 자료는 콜럼비아 대학교 출판부가 1961년에 출간했고 버튼 왓슨(Burton Watson)이 번역한 『대역사가의 기록』(*Records of the Grand Historian*)을 참조했다.

춘추좌전(春秋左傳, *The Spring and Autumn Annals and the Zuo Commentary*): 『논어』에 살을 더하는 문헌이다. 버지니아 대학교 웹사이트(위 『예기』 참조)에서 제임스 레그의 1872년 번역본을 확인할 수 있다. 레그의 원문을 이 책자에 의역하여 사용했다.

24효(二十四孝, *The Twenty-Four Filial Exemplars*): 캘리포니아 대학교 샌디에이고의 데이비드 조던(David Jordan) 교수의 번역을 참조했다. 해당 문헌은 http://weber.ucsd.edu/~dkjordan/chin/shiaw/shiaw00.html에서 볼 수 있다.

순자(荀子, *Xunzi*): 일부 『순자』에 대한 버튼 왓슨의 번역은 2003년에 콜럼비아 대학교 출판부가 출간했다.

장자(莊子, *Zhuangzi*): 이 책자에 인용된 문구는 거의 제임스 레그의 1891년 번역본을 근거로 했다. 번역은 '중국 문헌 프로젝트'의 온라인 http://ctext.org/analects에서도 찾을 수 있다. 버튼 왓슨의 번역도 일부 참조했는데, 『장자 완역본』(The Complete Works of Chuang Tzu)이라는 이름으로 테레베스 아시아 온라인(Terebess Asia Online) http://terebess.hu/english/chuangtzu.html에서 볼 수 있다.

고전 및 역사서 모음집

중국의 철학과 역사 자료를 모아 편찬한 번역 자료도 일부 활용하였다.

Chan, Wing-tsit, trans. *A Sourcebook in Chinese Philosophy*. Princeton, NJ: Princeton University Press, 1989.

De Bary, Wm. Theodore, ed. *Sources of Chinese Tradition*, vol. 2, 2nd ed. New York: Columbia University Press, 2001.

De Bary, Wm. Theodore, and Irene Bloom, compilers. *Sources of Chinese Tradition*, vol. 1, 2nd ed. New York: Columbia University Press, 2000.

Ebrey, Patricia Buckley. *Chinese Civilization: A Sourcebook*, 2nd ed. New York: Free Press, 1993.

Gardner, Daniel K. The Four Books: *The Basic Teachings of the Late Confucian Tradition*. Indianapolis: Hackett, 2007.

Gentzler, J. Mason, ed. *Changing China: Readings in the History of China from the Opium War to the Present*. New York: Praeger, 1977.

Teng Ssu-yu and John King Fairbank. *China's Response to the West: A Documentary Survey, 1839–1923*. New York: Atheneum, 1963.

기타 참고문헌

Ackerly, Brooke A. "Is Liberalism the Only Way Toward Democracy? Confucianism and Democracy." *Political Theory* 33, no. 4 (2005): 547–576.

Bell, Daniel A. *China's New Confucianism: Politics and Everyday Life in a Changing Society*. Princeton, NJ: Princeton University Press, 2008.

Blake, C. Fred. "Foot-Binding in Neo-Confucian China and the Appropriation of Female Labor." *Signs* 19, no. 3 (1994): 676–712.

Bodde, Derk. "The Idea of Social Classes in Han and Pre-Han China." In W. L. Idema and E. Zurcher, eds., *Thought and Law in Qin and Han China: Studies Dedicated to Anthony Hulsewe on the Occasion of His Eightieth Birthday*. Leiden: E. J. Brill, 1990, 26–41.

Bol, Peter K. *"This Culture of Ours": Intellectual Transitions in T'ang and Sung China*.

Stanford, CA: Stanford University Press, 1992

_____. *Neo-Confucianism in History*. Cambridge, MA: Harvard University Press, 2008.

Chang, Carsun. *The Development of Neo-Confucian Thought*. London: Vision, 1958.

Chang, Wonsuk, and Leah Kalmanson, eds. *Confucianism in Context: Classic Philosophy and Contemporary Issues, East Asia and Beyond*. Albany: State University of New York Press, 2010.

Chen, Min. *Asian Management Systems*. London: Thomson Learning, 2004.

Chin, Annping. *The Authentic Confucius: A Life of Thought and Politics*. New York: Scribner, 2007.

Chow Tse-tsung. *The May 4th Movement: Intellectual Revolution in Modern China*. Cambridge, MA: Harvard University Press, 1964.

Chua, Amy. *Battle Hymn of the Tiger Mother*. New York: Penguin, 2011.

Clements, Jonathan. *Confucius: A Biography*. Stroud, UK: Sutton, 2004.

Csikszentmihalyi, Mark. "Confucius and the Analects in the Han." In Bryan W. Van Norden, ed., *Confucius and the Analects: New Essays*. New York: Oxford University Press, 2002.

Dardess, John W. *Confucianism and Autocracy: Professional Elites in the Founding of the Ming Dynasty*. Berkeley, University of California Press, 1983.

De Bary, Wm. Theodore. "The New Confucianism in Beijing." *American Scholar* 64, no. 2 (1995): 175 – 189.

_____. *The Trouble with Confucianism*. Cambridge, MA: Harvard University Press, 1996.

_____. *Asian Values and Human Rights*: A Confucian Communitarian Perspective. Cambridge, MA: Harvard University Press, 2000.

De Bary, Wm. Theodore, Carol Gluck, and Arthur E. Tiedemann, eds. *Sources of Japanese Tradition*, vol. 2, Part 1. New York: Columbia University Press, 2006.

Deuchler, Martina. *The Confucian Transformation of Korea: A Study of Society and Ideology*. Cambridge, MA: Harvard University Press, 1992.

Dotson, John. "The Confucian Revival in the Propaganda Narratives of the Chinese Government." Staff Research Report for the US-China Economic and Security Review Commission, July 2011.

Dubs, Homer H. "The Victory of Han Confucianism." *Journal of the American Oriental Society* 58, no. 3 (1938): 435 – 449.

Dull, Jack L. "Anti-Qin Rebels: No Peasant Leaders Here." *Modern China* 9, no. 3 (1983): 285 – 318.

Ebrey, Patricia Buckley. *The Inner Quarters: Marriage and the Lives of Chinese Women in the Sung Period*. Berkeley: University of California Press, 1992.

Elman, Benjamin A. *A Cultural History of Civil Examinations in Late Imperial China*. Berkeley: University of California Press, 2000.

Elstein, David. "Why Early Confucianism Cannot Generate Democracy." *Dao* 9 (2010): 427 – 443.

Englehart, Neil A. "Rights and Culture in the Asian Values Argument: The Rise and Fall of Confucian Ethics in Singapore." *Human Rights Quarterly* 22, no. 2 (2000): 548 – 568.

Eno, Robert. "The Background of the Kong Family of Lu and the Origins of Ruism." *Early China* 28 (2003).

Esherick, Joseph, Paul Pickowicz, and Andrew George Walder. *The Cultural Revolution as History*. Stanford, CA: Stanford University Press, 2006.

Fairbank, John K., Alexander Eckstein, and L. S. Yang. "Economic Change in Early Modern China: An Analytic Framework," Part 1. *Economic Development and Cultural Change* 9, no. 1 (1960): 1 – 26.

Fairbank, John King, and Liu Kwang-ching, eds. *The Cambridge History of China*, vol. 11, *Late Qing, 1800–1911,* Part 2. Cambridge, UK: Cambridge University Press, 1980.

Feuerwerker, Albert. "The State and the Economy in Late Imperial China." *Theory and Society* 13, no. 3 (1984): 297 – 326.

Fingarette, Herbert. *Confucius: The Secular as Sacred.* Long Grove, IL: Waveland Press, 1998.

Fu, Zhengyuan. *Autocratic Tradition and Chinese Politics.* Cambridge, UK: Cambridge University Press, 1993.

Fukuyama, Francis. "Confucianism and Democracy." *Journal of Democracy* 6, no. 2 (1995): 20 – 33.

Fung Yu-lan. *A History of Chinese Philosophy*, vol. 1, *The Period of Philosophers*, translated by Derk Bodde. Princeton, NJ: Princeton University Press, 1983.

_____. *A History of Chinese Philosophy*, vol. 2, *The Period of Classical Learning*, translated by Derk Bodde. Princeton, NJ: Princeton University Press, 1983.

Gao, Xiongya. Pearl S. *Buck's Chinese Women Characters.* Cranbury, NJ: Associated University Presses, 2000.

Goldin, Paul. R. *Confucianism.* Berkeley: University of California Press, 2011.

Goossaert, Vincent. "1898: The Beginning of the End for Chinese Religion?" *Journal of Asian Studies* 65, no. 2 (2006): 307 – 336.

Gregor, A. James. "Confucianism and the Political Thought of Sun Yat-Sen." *Philosophy East and West* 31, no. 1 (1981): 55 – 70.

Han Fook Kwang, Warren Fernandez, and Sumiko Tan. Lee Kuan Yew: *The Man and His Ideas.* Singapore: Times Editions, 1998.

Harrell, Stevan. "Why Do the Chinese Work So Hard? Reflections on an Entrepreneurial Ethic." *Modern China* 11, no. 2. (1985): 203 – 226.

Hicks, G. L., and S. G. Redding. "The Story of the East Asian 'Economic Miracle': Part 1: Economic Theory Be Damned." *Euro-Asia Business Review* 2, no. 3 (1983). 24 – 32.

_____. "The Story of the East Asian 'Economic Miracle': Part 2: The Culture Connection." *Euro-Asia Business Review* 2, no. 4 (1983): 18 – 22.

Hill, John S. "Confucianism and the Art of Chinese Management." *Journal of Asia*

Business Studies 1, no. 1 (2006).

Hofstede, Geert, and Michael Harris Bond. "The Confucius Connection: From Cultural Roots to Economic Growth." *Organizational Dynamics* 16, no. 4 (1988): 5 – 21.

Holzman, Donald. "The Place of Filial Piety in Ancient China." *Journal of the American Oriental Society* 118, no. 2 (1998): 185 – 199.

Hsiao, Kung-chuan. *A Modern China and a New World: K'ang Yu-wei, Reformer and Utopian, 1858–1927.* Seattle: University of Washington Press, 1975.

Hsu, Francis L. K. *Under the Ancestors' Shadow: Kinship, Personality and Social Mobility in China.* Stanford, CA: Stanford University Press, 1971.

Huang, Chun-chieh. *Taiwan in Transformation: The Challenge of a New Democracy in an Old Civilization.* New Brunswick, NJ: Transaction, 2006.

Huang, Yong. "Government by Propriety: Why the Political Is Also Personal," in Lin Jianfu, ed., *The Kingly Culture, Social Renovation, and the Sustained Development in a Global Age.* Taipei: National Taiwan University Press, 2013, 101 – 165.

Huntington, Samuel P. *The Third Wave: Democratization in the Late Twentieth Century.* Norman: University of Oklahoma Press, 1993.

Hutton, Eric L. "Han Feizi's Criticism of Confucianism and Its Implications for Virtue Ethics." *Journal of Moral Philosophy* 5 (2008): 423 – 453.

James, Harold. "Family Values or Crony Capitalism?" *Capitalism and Society* 3, no. 1(2008).

Jensen, Lionel M. "Wise Man of the Wilds: Fatherlessness, Fertility, and the Mythic Exemplar, Kongzi." *Early China* 20 (1995): 407 – 437.

_____. *Manufacturing Confucianism: Chinese Traditions and Universal Civilization.* Durham, NC: Duke University Press, 1997.

Johnston, Reginald Fleming. *Confucianism in Modern China.* Vancouver, BC: Soul Care Publishing, 2008.

Kahn, Herman. *World Economic Development: 1979 and Beyond.* Boulder: Westview Press, 1979.

Kaizuka, Shigeki. *Confucius: His Life and Thought,* translated by Geoffrey Bkownas. Mineola, NJ: Dover Publications, 2002.

Khan, Habibullah. "Social Policy in Singapore: A Confucian Model?" World Bank, 2001.

Kim Dae Jung. "Is Culture Destiny? The Myth of Asia's Anti-Democratic Values." *Foreign Affairs,* November/December 1994.

Knapp, Keith Nathaniel. "The *Ru* Reinterpretation of *Xiao.*" *Early China* 20 (1995): 195 – 222.

_____. *Selfless Offspring: Filial Children and Social Order in Medieval China.* Honolulu: University of Hawaii Press, 2005.

_____. "The Confucian Tradition in China," in Randall L. Nadeau, ed., *The Wiley-Blackwell Companion to Chinese Religions.* Oxford: Wiley-Blackwell

Press, 2012, 147 – 170.

Kristeva, Julia. *About Chinese Women*, translated by Anita Barrows. New York: Marion Boyars, 1986.

Kuhn, Dieter. *The Age of Confucian Rule: The Song Transformation of China*. Cambridge, MA: Belknap Press, 2009.

Kuhn, Philip A. *Chinese Among Others: Emigration in Modern Times*. Lanham, MD: Rowman and Littlefield, 2009.

Kwong, Luke S. K. "Chinese Politics at the Crossroads: Reflections on the Hundred Days Reform of 1898." *Modern Asian Studies* 34, no. 3 (2000): 663 – 695.

Lee, Peter H., and Wm. Theodore de Bary, eds. *Sources of Korean Tradition*, vol. 1, *From Early Times Through the Sixteenth Century*. New York: Columbia University Press, 1997.

Levy, Howard S. *Chinese Footbinding: The History of a Curious Erotic Custom*. New York: Bell Publishing, 1967.

Lew, Seok-Choon, Woo-Young Choi, and Hye Suk Wang. "Confucian Ethics and the Spirit of Capitalism in Korea: The Significance of Filial Piety." *Journal of East Asian Studies* 11, no. 2 (2011): 171 – 196.

Lewis, Mark Edward. *The Early Chinese Empires: Qin and Han*. Cambridge, MA: Belknap Press, 2007.

Liang Ch'i-ch'ao. *Intellectual Trends in the Ch'ing Period*, translated by Immanuel C. Y. Hsu. Cambridge, MA: Harvard University Press, 1959.

Lin, Justin Yifu. "The Needham Puzzle: Why the Industrial Revolution Did Not Originate in China." *Economic Development and Cultural Change* 43, no. 2 (1995): 269 – 292.

Lin Yutang. "Confucius as I Know Him." China Critic 4, no. 1 (1931): 5 – 9. Reproduced at www.chinaheritagequarterly.org/features.php?searchterm = 030_confucius.inc&issue = 030.

_____. *My Country and My People*. London: William Heinemann, 1936.

Long, Roderick T. "Austro-Libertarian Themes in Early Confucianism." *Journal of Libertarian Studies* 17, no. 3 (2003): 35 – 62.

Louie, Kam. *Critiques of Confucius in Contemporary China*. Hong Kong: Chinese University Press, 1980.

_____. *Theorizing Chinese Masculinity: Society and Gender in China*. Cambridge, UK: Cambridge University Press, 2002.

_____. "Confucius the Chameleon: Dubious Envoy for 'Brand China.'" *Boundary 2* 38, no. 1 (2011): 77 – 100.

Lu Xun. *Selected Stories of Lu Hsun*, translated by Yang Hsien-yi and Gladys Yang. Beijing: Foreign Languages Press, 1972.

MacFarquhar, Roderick. "The Post-Confucian Challenge." *The Economist*, February 9, 1980.

Maddison, Angus. "The West and the Rest in the World Economy, 1000 – 2030: Maddisonian and Malthusian interpretations," *World Economics* 9, no. 4

(2008) 75 – 99.

Mahbubani, Kishore. "The Pacific Way." *Foreign Affairs*, January/February 1995.

Mann, Susan, and Cheng Yu-yin, eds. *Under Confucian Eyes: Writings on Gender in Chinese History*. Berkeley: University of California Press, 2001.

Miyazaki, Ichisada. *China's Examination Hell: The Civil Service Examinations of Imperial China*, translated by Conrad Schirokauer. New Haven, CT: Yale University Press, 1981.

Nathan, Andrew. *Chinese Democracy*. Berkeley: University of California Press, 1986.

Needham, Joseph. *Science and Civilization in China*, vol. 2, *History of Scientific Thought*. Cambridge, UK: Cambridge University Press, 1956.

_____. *The Grand Titration: Science and Society in East and West*. Toronto: University of Toronto Press, 1979.

Nosco, Peter, ed. *Confucianism in Tokugawa Culture*. Honolulu: University of Hawaii Press, 1997.

Nylan, Michael. "Confucian Piety and Individualism in Han China." *Journal of the American Oriental Society* 116, no. 1 (1996): 1 – 27.

Nylan, Michael, and Thomas Wilson. *Lives of Confucius: Civilization's Greatest Sage Through the Ages*. New York: Doubleday, 2010.

O'Brien, Patrick K. "The Needham Question Updated: A Historiographical Survey and Elaboration." *History of Technology* 29 (2009): 7 – 28.

O'Dwyer, Shaun. "Democracy and Confucian Values." *Philosophy East and West* 53, no. 1 (2003): 39 – 63.

Oldstone-Moore, Jennifer. *Confucianism: Origins, Beliefs, Practices, Holy Texts, Sacred Places*. Oxford: Oxford University Press, 2002.

Paradise, James F. "China and International Harmony: The Role of Confucius Institutes in Bolstering Beijing's Soft Power." *Asian Survey* 49, no. 4 (2009): 647 – 669.

Paramore, Kiri. "The Nationalization of Confucianism: Academism, Examinations, and Bureaucratic Governance in the Late Tokugawa State." *Journal of Japanese Studies* 38, no. 1 (2012): 25 – 53.

Park, Chung Hee. *To Build a Nation*. Washington, DC: Acropolis Books, 1971.

Patten, Chris. *East and West: The Last Governor of Hong Kong on Power, Freedom, and the Future*. London: Macmillan, 1998.

Rainey, Lee Dian. *Confucius and Confucianism: The Essentials*. West Sussex, UK: Wiley-Blackwell, 2010.

Ramírez, Luis Felipe. "Culture, Government and Development in South Korea." *Asian Culture and History* 2, no.1 (2010): 71 – 81.

Reid, T. R. *Confucius Lives Next Door: What Living in the East Teaches Us About Living in the West*. New York: Vintage, 2009.

Rosenlee, Li-hsiang Lisa. *Confucianism and Women: A Philosophical Interpretation*. Albany: State University of New York Press, 2006.

Russell, Bertrand. *The Problem of China*. London: George Allen and Unwin, 1922.

Schuman, Michael. *The Miracle: The Epic Story of Asia's Quest for Wealth*. New York: HarperBusiness, 2009.

Sellmann, James D., and Sharon Rowe. "The Feminine in Confucius." *Asian Culture Quarterly* 26, no. 3 (1998).

Shryock, John K. *The Origin and Development of the Cult of Confucius: An Introductory Study*. New York: Paragon, 1966.

Shun, Kwong-loi, and David B. Wong, eds. *Confucian Ethics: A Comparative Study of Self, Autonomy, and Community*. Cambridge, UK: Cambridge University Press, 2004.

Slote, Walter H., and George A. De Vos, eds. *Confucianism and the Family*. Albany: State University of New York Press, 1998.

Sommer, Deborah. "Images for Iconoclasts: Images of Confucius in the Cultural Revolution." *East West Connections* 7, no. 1 (2007): 1 – 23.

Spence, Jonathan. "Confucius." *Wilson Quarterly*, Autumn 1993.

Sun Yat-sen. *San Min Chu I: The Three Principles of the People*. Frank W. Price, trans. L. T. Chen, ed. Shanghai: China Committee Institute of Pacific Relations, 1927.

Tan, Charlene. "'Our Shared Values' in Singapore: A Confucian Perspective." *Educational Theory* 62, no. 4 (2012): 449 – 463.

Tan Chwee Huat. "Confucianism and Nation Building in Singapore." *International Journal of Social Economics* 16, no. 8 (1989): 5 – 16.

Tan Soo Kee. "Influence of Confucianism on Korean Corporate Culture." *Asian Profile* 36, no.1 (2008): 9 – 20.

Tan Sor-hoon. "Authoritative Master Kong (Confucius) in an Authoritarian Age." *Dao* 9 (2010): 137 – 149.

Tay Wei Leong. "Kang Youwei: The Martin Luther of Confucianism and His Vision of Confucian Modernity and Nation." In Haneda Masashi, ed., *Secularization, Religion and the State*. Tokyo: University of Tokyo Center for Philosophy, 2010.

Taylor, Rodney Leon. *Confucianism*. New York: Chelsea House, 2004.

Thompson, Mark R. "Pacific Asia After 'Asian Values': Authoritarianism, Democracy, and 'Good Governance.'" *Third World Quarterly* 25, no. 6 (2004): 1079 – 1095.

Tillman, Hoyt Cleveland. *Confucian Discourse and Chu Hsi's Ascendancy*. Honolulu: University of Hawaii Press, 1992.

Totman, Conrad. *Early Modern Japan*. Berkeley: University of California Press, 1993.

Tu Wei-ming. "The Rise of Industrial East Asia: The Role of Confucian Values." *Copenhagen Papers in East and Southeast Asian Studies*, no. 4 (1989): 81 – 97.

_____. *Confucian Traditions in East Asian Modernity: Moral Education and Economic Culture in Japan and the Four Mini-Dragons*. Cambridge, MA: Harvard University Press, 1996.

Twitchett, Denis, and Michael Loewe, eds. *The Cambridge History of China*, vol. 1, *The Qin and Han Empires*, 221 BC – 220 AD. Cambridge, UK: Cambridge

University Press, 1996.

Vogel, Ezra F. *Japan as Number One: Lessons for America*. Bloomington, IN: iUniverse, 1999. (Originally published by Harvard University Press in 1979.)

Weber, Max. *The Religion of China: Confucianism and Daoism*, translated by Hans H. Gerth. New York: Macmillan, 1951.

Whyte, Martin King. "The Social Roots of China's Economic Development." *China Quarterly*, no. 144 (1995): 999 – 1019.

_____. "The Chinese Family and Economic Development: Obstacle or Engine?" *Economic Development and Cultural Change* 45, no. 1 (1996): 1 – 30.

Wilson, Thomas A. *On Sacred Grounds: Culture, Society, Politics, and the Formation of the Cult of Confucius*. Cambridge, MA: Harvard University Press, 2003.

Winchester, Simon. *The Man Who Loved China: The Fantastic Story of the Eccentric Scientist Who Unlocked the Mysteries of the Middle Kingdom*. New York: Harper, 2008.

Winckler, Edwin A., and Susan Greenhalgh, eds. *Contending Approaches to the Political Economy of Taiwan*. Armonk, NY: M. E. Sharpe, 1988.

Woo, Terry. "Confucianism and Feminism." In Arvind Sharma and Katherine K. Young, eds., *Feminism in World Religions*. Albany: State University of New York Press, 1999.

Wood, Alan T. *Limits to Autocracy: From Sung Neo-Confucianism to a Doctrine of Political Rights*. Honolulu: University of Hawaii Press, 1995.

Yang, Key P., and Gregory Henderson. "An Outline History of Korean Confucianism: Part I: The Early Period and Yi Factionalism." *Journal of Asian Studies* 18, no. 1(1958): 81 – 101.

Yao, Xinzhong. *An Introduction to Confucianism*. New York: Cambridge University Press, 2009.

Yi Il Cheong. "Formulation of Confucianism in the Social Welfare Systems of East Asia." *KATHA*, no. 1 (2005).

Yu Dan. *Confucius from the Heart: Ancient Wisdom for Today's World*, translated by Ester Tyldesley (London: Pan Books, 2010).

Zakaria, Fareed. "A Conversation with Lee Kuan Yew." Foreign *Affairs*, March/April 1994.

Zelin, Madeleine. *The Merchants of Zigong: Industrial Entrepreneurship in Early Modern China*. New York: Columbia University Press, 2005.

Zhang Tong and Barry Schwartz. "Confucius and the Cultural Revolution: A Study in Collective Memory." *International Journal of Politics, Culture and Society* 11, no. 2 (1997).

옮긴이의 글

　국적상으로 옮긴이는 외국인이지만 열두 살 때까지 한국에서 자랐으므로, 나름 유교사상이 몸에 많이 배어 있다는 사실을 알게 모르게 의식하며 살아온 것 같다. 아니, 어쩌면 몸과 마음이 한참 왕성하게 커 나가던 시기에 이민을 갔으므로 그 당시의 사고방식이나 습관들이 오히려 호박(琥珀)처럼 뇌리에 굳어 버렸을지도 모른다.

　그러한 내게 이번 번역은 신선한 충격이었다. 직업이 번역가인 사람의 장점이자 단점이 많은 독서량과 그에 따른 학자연(學者然)하는 속물 근성이라고 생각한다. 그런데 솔직히 말해 유교사상에 대해서는 좋게는 효도, 나쁘게는 가부장적이거나 경직된 가족관계 정도밖에 모르면서 공자와 유교는 대충 아노라 치부하였다. 물론 착각이었다.

　이 저서에 수록되어 있듯이 공자는 시대별로 당시의 집권자들의 필요에 따라 정의되었다. 그러나 인간 공자는 사상적 타협을 거부하면서 때론 좌절하기도 하고, 자기의 신념마저 배반할 수밖에 없었던 보통의 인간이기도 했다.

　이 책은 서양인의 눈을 통해 관찰되고 분석된 유교에 관한 이야기이다. 그런 점에서 이 책은 기존의 공자나 논어에 대한 책들과 다른 특별한 의미와 위치를 점유한다고 믿고 있다.

필자도 인간인지라 번역에 많은 허점이 있었다. 특히 저자가 인용한 중국문헌의 영문번역 인용구를 다시 한글로 번역하면서 많이 혼란스러웠는데, '지식의 날개' 편집진의 적절한 편집이 큰 도움이 됐다. 훌륭한 도서를 번역하게 된 것에 감사한다.

공자 탄신 2567번째 기념일을 앞두고
옮긴이 Terence Kim